ビギナーズ犯罪法

守山　正
安部哲夫
［編著］

成文堂

はしがき

　本書は成文堂刊『ビギナーズ・シリーズ』（少年法、刑事政策、犯罪学は既刊）の一つに加えたもので、「犯罪法」というタイトルを付した。「犯罪法」は聞きなれない用語ではあるが、その名をかざした意図は、本書「第1講総説」でも説明したとおり、個々の犯罪類型ごとに犯罪に関する法規範の意義づけと適用、さらには問題の所在について考究するところにある。そこで、従来の「刑法各論」とは異なる概念として、刑事法体系の中に新たに「犯罪法」を位置づけたものである。簡潔に言えば、「犯罪法」は刑法と刑事政策の知見の融合や架橋を目指すものである。これまでの刑法各則の解釈論あるいは犯罪の対策論を別個に論ずるのではなく、総合的な刑事法の視野から犯罪事件や犯罪現象を考察し、それぞれの問題につき各種の刑事政策的ないし犯罪学的な視点も含めて、法の適用、ひいては社会的な解決法を検討しようと企図したのである。

　近年、大学における教育の主眼として「学士力の向上」が謳われているが、その学士力の一つに総合的な問題解決力が掲げられている。とくに法学分野においては、犯罪と規範にかかわる問題を法的及び社会的に考察する視点は重要である。それは、法曹をめざす者のみならず、警察官、検察事務官、刑務官、法務教官、保護観察官、家庭裁判所調査官といった多種多様な刑事司法機関、少年保護機関の職種においても求められるものであろう。それゆえ、刑事判例を対象とした法解釈上の課題を論ずるだけでなく、幅広い視点から犯罪行為や犯罪現象の問題なども加味して法の適用問題を論じるのが本書の狙いとするところである。

　そのような狙いから、本書の考察対象は刑法典上の犯罪だけに限っていない。実際、刑法典、特別法を分け隔てなく、それらの重要論点を取り扱っているところに本書の特色がある。これまで犯罪にかかわる法令研究は、刑法解釈論者を中心に、主に刑法典の法令適用とその解釈論上の理論的整合性を競い合う形ですすめられてきた。しかし、実社会における犯罪は刑法典に記

載されたものに限られるものではなく、むしろその多くは、薬物犯罪や交通犯罪などに代表されるように、特別法に規定されている犯罪であり、裁判で扱われる事件も、大半が特別法上の犯罪である。とくに、特別法には法の目的が記述されているのが通例であり、この目的規定は当該法令の趣旨を理解し、法令の解釈において有用である。したがって、本書が犯罪の類型ごとに、特別法を中心として検討している理由もここにある。

　特別法は、実務上の必要性から法曹実務家を中心に解説されることが多い。本書の構成は、実務上取り扱われることが多い領域をテーマに設定し、実務的視座との調和をはかるものでもある。実際、犯罪にかかわる研究では、幅広いアプローチによる解決が要求される。そこで、犯罪事件に対する法令の適用に限定するのではなく、法政策全般に向けた多様な視点から、問題解決に向けた取組みを行うことが重要である。それを手助けするために、本書では各章末に「事例と解説」を設定した。

　また、巻末には「犯罪関連法令年表」を掲載した。この目的は、犯罪法がいかに時代の波の影響を受けて推移しているか、いわば犯罪法を「時代の鏡」として描くことである。それを補助する意味で、著名事件や犯罪法に影響を与えた政府の動きなども掲げており、これらの動きが立法や改正の契機となったことが理解されるはずである。

　本書の執筆陣は、法学教育にかかわる立場にあって、かつ刑事政策への関心を強くもつ論者から構成されている。本書は、従来の刑法学のように硬直的思考に囚われるのではなく、「体系的思考」から「問題的思考」の流れに沿って（平野龍一博士）、現に生じている犯罪に対する法的対応の在り方について、犯罪領域ごとに論じるように構成した。その意味で、従来の体系重視の視点は控えられている。

　編者らは、刑法各論と特別法の融合をいち早く強調した『犯罪各論』（西原春夫、1974 年筑摩書房・1991 年成文堂）に共感し、社会問題（犯罪概念）ごとの規範定立と、問題状況の現在、法の適用の課題などについて改めて問いなおす思いから、本書の刊行を企画した。大学の授業などで学生に対する指導の体験から、環境犯罪や交通犯罪、性犯罪、薬物犯罪、サイバー犯罪、家庭内犯罪、児童福祉犯罪といった問題状況にも対応した「犯罪法」の構築を

すすめる必要性を痛感したからである。幸いなことに、多くの執筆者の方々に本書の企画趣旨を理解していただき、協力を得ることができた。企画段階から長時間を要し、苦労を強いた執筆者・協力者の方々に改めて深謝したい。

　本書が上記の意図するところを十分に発揮できたかどうかは、「犯罪法」の概念が学界において、今後どのように定着するかにかかっていると思われる。もっとも、本書では「犯罪法」の講学上、不十分な事項がないわけではない。読者諸氏の批判を仰ぎながら、今後は、さらに本書を充実させ洗練された文献に育て上げることができれば、編者の望外の喜びである。

　最後に、本書を世に送り出すことができたのは、この企画に理解と賛同をして頂いた成文堂社長阿部成一氏、また、長期間にわたる編集作業に辛抱強く付き合って頂いた編集部篠崎雄彦氏の支えがあったからに他ならない。記して感謝したい。

2020 年 3 月 26 日

　　　　　　　　　　　　　　　　　　　編　者

　　　　　　　　　　　　　　　　　守　山　　　正
　　　　　　　　　　　　　　　　　安　部　哲　夫

法令略称

公職にある者等のあっせん行為による利得等の処罰に関する法律	あっせん利得処罰法
あん摩マッサージ指圧師、はり師、きゆう師等に関する法律	あはき法
医薬品、医療機器等の品質、有効性及び安全性の確保等に関する法律	医薬品・医療機器等法（薬機法）（（旧）薬事法）
外国人の技能実習の適正な実施及び技能実習生の保護に関する法律	外国人技能実習適正化法
海賊行為の処罰及び海賊行為への対処に関する法律	海賊対処法
外国為替及び外国貿易法	外為法
海洋汚染及び海上災害の防止に関する法律	海洋汚染防止法
火炎びんの使用等の処罰に関する法律	火炎びん処罰法
感染症の予防及び感染症の患者に対する医療に関する法律	感染症予防法
行政執行法人の労働関係に関する法律	行労法
金融商品取引法	金商法（（旧）証券取引法）
ヒトに関するクローン技術等の規制に関する法律	クローン技術規制法
刑事訴訟法	刑訴法
不当景品類及び不当表示防止法	景品表示法
人の健康に係る公害犯罪の処罰に関する法律	公害罪法
航空の危険を生じさせる行為等の処罰に関する法律	航空危険行為等処罰法
国際刑事裁判所に関するローマ規程	国際刑事裁判所ローマ規程
国際的な組織犯罪の防止に関する国際連合条約を補足する人（特に女性及び児童）の取引を防止し、抑止し及び処罰するための議定書	国際組織犯罪防止条約人身取引議定書
個人情報の保護に関する法律	個人情報保護法
再生医療等の安全性の確保等に関する法律	再生医療安全性確保法
サリン等による人身被害の防止に関する法律	サリン防止法
集団殺害罪の防止及び処罰に関する条約	ジェノサイド条約
私事性的画像記録の提供等による被害の防止に関する法律	私事性的画像被害防止法（リベンジポルノ防止法）
児童買春、児童ポルノに係る行為等の規制及び処罰並びに児童の保護等に関する法律	児童買春・児童ポルノ禁止法
自動車の運転により人を死傷させる行為等の処罰に関する法律	自動車運転死傷行為処罰法
自動車損害賠償保障法	自賠法

自動車の保管場所の確保等に関する法律	車庫法
市民的及び政治的権利に関する国際規約	自由権規約
柔道整復師法	柔整法
銃砲刀剣類所持等取締法	銃刀法
出資の受入れ、預り金及び金利等の取締りに関する法律	出資法
あらゆる形態の人種差別の撤廃に関する国際条約	人種差別撤廃条約
民間事業者による信書の送達に関する法律	信書便法
人身売買及び他人の売春からの搾取の禁止に関する条約	人身売買禁止条約
ストーカー行為等の規制等に関する法律	ストーカー規制法
青少年健全（保護）育成条例	青少年健全育成条例
精神保健及び精神障害者福祉に関する法律	精神保健福祉法（（旧）精神衛生法）
臓器の移植に関する法律	臓器移植法
組織的な犯罪の処罰及び犯罪収益の規制等に関する法律	組織的犯罪処罰法
鳥獣の保護及び管理並びに狩猟の適正化に関する法律	鳥獣保護管理法
インターネット異性紹介事業を利用して児童を誘引する行為の規制等に関する法律	出会い系サイト規制法
電気通信事業法	電通事法
道路交通法	道交法
盗犯等ノ防止及処分ニ関スル法律	盗犯等防止法
労働者派遣事業の適正な運営の確保及び派遣労働者の保護等に関する法律	労働者派遣法
特殊開錠用具の所持の禁止等に関する法律	特殊開錠用具所持禁止法（ピッキング防止法）
私的独占の禁止及び公正取引の確保に関する法律	独占禁止法
特定秘密の保護に関する法律	特定秘密保護法
重要施設の周辺地域の上空における小型無人機等の飛行の禁止に関する法律	ドローン等規制法
出入国管理及び難民認定法	入管法
廃棄物の処理及び清掃に関する法律	廃棄物処理法
配偶者からの暴力の防止及び被害者の保護等に関する法律	配偶者暴力防止法（DV防止法）
航空機の強取等の処罰に関する法律	ハイジャック処罰法
破壊活動防止法	破防法
犯罪による収益の移転防止に関する法律	犯罪収益移転防止法
特殊開錠用具の所持の禁止等に関する法律	ピッキング防止法
人質による強要行為等の処罰に関する法律	人質強要処罰法
風俗営業等の規制及び業務の適正化等に関する法律	風営適正化法

不正競争防止法	不競法
不正アクセス行為の禁止等に関する法律	不正アクセス禁止法
本邦外出身者に対する不当な差別的言動の解消に向けた取組の推進に関する法律	ヘイトスピーチ対策法
特定商取引に関する法律	訪問販売法
暴力行為等処罰ニ関スル法律	暴力行為等処罰法
暴力団員による不当な行為の防止等に関する法律	暴力団対策法
自動車の保管場所の確保等に関する法律	保管場所法
保健師助産師看護師法	保助看法
国際的な協力の下に規制薬物に係る不正行為を助長する行為等の防止を図るための麻薬及び向精神薬取締法等の特例等に関する法律	麻薬特例法
無限連鎖講の防止に関する法律	無限連鎖講防止法
労働者派遣事業の適正な運営の確保及び派遣労働者の保護等に関する法律	労働者派遣法

　　※ここに取りあげた略称は、本書において使用されているものであり、犯罪白書、警察白書、判例六法（有斐閣）、国立国会図書館法令索引、各官庁の使用語例を参考にした。なお、巻末に犯罪関連法令の制定及び改正等について、年代順に法令の整備状況を概観する便宜のため、「犯罪関連法令年表」を付してある。

目　　次

コラム一覧

第 1 講 ◆ 「犯罪法」総説

キーワード

犯罪法／法規範／犯罪各論／特別刑法／イギリス法

1 犯罪法とは

1 犯罪法と刑法

「犯罪法」という用語は、あまり聞き慣れない言葉ではあるが、本書は「犯罪法」を対象として扱う解説書である。犯罪に関する法令を扱う点では同じであるが、よく見られる「刑法」あるいは「刑法各論」に関する解説書ではない。「犯罪法」とは、とりあえず「犯罪を規定する法令の総称」とでもいうべきであって、そこで、以下のように、種々の類似概念がみられるので、これらの違いを説明する必要がある。

そもそも「犯罪法」と「刑法」とはどこが違うのか。わが国の 264ヶ条からなる刑法典、すなわち狭義の「刑法」と比べてみよう。刑法とは何か。この問いに対する解説は多様であるが、ここでは、よく知られる殺人罪の規定（199条）を考えてみよう。すなわち、「人を殺したる者は、死刑又は無期若しくは 5 年以上の懲役に処する」という文言を分析してみると、このきわめて短い文言の中にも多くの意味合いがあり、種々の説明がなされている。第 1 に、わが国において人を殺すことは犯罪であること、つまり「人を殺すなかれ」とする禁止規範を宣言しているのであり、これを行えば死刑またはそのほかの刑罰が科されることを示した、国民に対する警告のメッセージであるといえる。ここでは一般抑止の機能を果たす。第 2 に、罪刑法定主義の観点から、「人を殺す」行為を行わない限り、死刑以下の刑罰を科さないとする人権保障的な意味もある。これは、国家権力の恣意的な運用を戒めるために、国家に対する規制として機能する。そして、第 3 に、裁判官に対するメ

ッセージとして、殺人行為が行われた場合に、死刑、懲役刑の刑罰あるいは量刑の範囲を示して、これらから選択するように命じている。いわば裁判規範としての機能である。この文言をよくみると、「人を殺す行為」については詳細な説明がなく、逆に刑罰については比較的詳細な規定が置かれており、このように考えると、「刑法」は「刑罰法」的色彩の濃い法令といえよう。

　これに対して、後述するように、「犯罪法」はこれらの文言から、行為つまり犯罪の部分を抽出して議論しようとするものである。殺人罪においては、「人を殺す」ことにまずは注視し、これをわが国の刑法典が犯罪類型に含めていることに意味合いを見いだす作業から開始する。しかし、それだけであれば、とくに犯罪法という用語を使用しなくても刑法でも十分議論できるように思われるかもしれない。現に、刑法の各論や総論の教科書では、「人を殺す」行為を解釈し、種々の態様について（たとえば、不作為犯、不能犯、間接正犯、共犯などに該当する場合を含め）指摘している。さらに言えば、「人を殺す」行為は刑法典だけに規定されているわけではない。たとえば、やや特殊ではあるが、ハイジャック防止法（航空機の強取等の処罰に関する法律）第 12 条や海賊対処法（海賊行為の処罰及び海賊行為への対処に関する法律）第 4 条にも規定がみられる。このように、殺人行為は特別法にも規定があり、そこで、「人を殺す」行為が発生する場面を刑法典だけに限定するのではなく、特別法を含む「犯罪法」の中で議論し、どのような場面を想定してこのような法令違反が規定されているのかを考察する必要がある。

2　犯罪法と刑罰法

　法学を学んだ者なら誰でも、犯罪の対概念は刑罰であることを理解している。まさしく「犯罪と刑罰」は、古く 18 世紀の著名な啓蒙思想家チェザーレ・ベッカリーアが自らの書名にも示したように、しばしばワンセットで論じられるからである。刑法はこの意味で、犯罪法であり刑罰法でもある。

　それでは、「犯罪法」と「刑罰法」との違いは何か。それは文字通り、一定の行為に対して、その行為そのものの「犯罪」性を問題にするのか、これに対する国家の反動（制裁）としての「刑罰」を問題にするのかの違いであ

る。両者は事象をみる方向性の違いともいえる。言い換えると、一定の行為を（人々の行動規範である）法規範違反（侵害）としての視点からみるのか、一定の行為が刑罰を科すに値する（当罰的）行為とみるかの相異である。もちろん、「犯罪法」でもあっても、犯罪を規定するかぎり刑罰を伴う（もっとも、親族相盗例（刑法 244 条 1 項）や犯人隠匿罪・証拠隠滅罪（刑法 105 条）、盗品等関与罪（刑法 257 条）のように、刑の免除が規定される場合もある。）。犯罪と刑罰は相補的な関係にある。この点で、しばしば刑罰を伴わない行為は犯罪とはいえないのかという疑問が生じる。この代表例は、売春防止法における売春行為があげられよう。すなわち、同法は第 3 条で、「何人も、売春をし、又はその相手方となつてはならない。」と規定するが、売春そのものを行う行為に対する処罰規定を欠いており、むしろ、売春を助長する（斡旋や場所の提供などの）周辺行為を処罰の対象としている。そこで、刑罰を伴う行為を犯罪と呼ぶとすれば、売春行為は法規範上、禁止されながら、犯罪ではないことになる。こうした禁止行為に対する不処罰は未成年者喫煙禁止法・飲酒禁止法に反する未成年者の喫煙行為・飲酒行為や、自治体の青少年健全育成条例における自主規制条項や訓示規定にも散見される。

　しかしながら、これらの法律や条例には法規範が国民に提示されている点は他の法令と同様であって、この意味でも「犯罪法」の機能を果たしていると考えられ、現に、本書でも売春防止法などをとり扱っている。

　このような例は別として、一般に、一定の行為を犯罪、つまり国家や社会の規範に反する行為としてみるか、あるいは刑の対象となる行為とみるかでは、大きな相異がある。本書は、一定の行為にどのような刑罰を科すかという関心よりも、まずもって、その行為が国家や社会の規範に違反していること、さらに違反している程度に対して関心を向けるものである。要するに、法規範違反行為がまさに「犯罪」であり、これに対応するのが「犯罪法」であると捉えるのである。

3 犯罪法の意義

　このように「犯罪法」はそれぞれの法域において、何を犯罪として規制するかを明示する犯罪カタログであるといえる。国家が犯罪カタログを示すこ

とは、市民の行動統制としての行為規範性に重要な意味をもつ。すなわち、市民の生命や身体、財産、自由、名誉といった法律上保護すべき利益（法益）の保護や、社会秩序の維持（生活安全の確保や経済活動の安定を含む）、国家機構や国家の機能の保持など、それぞれ個人的法益、社会的法益、国家的法益という類型で概念化された刑法と同じように、市民に向けて何が犯罪であるか、つまり法規範違反行為を明示しているのが「犯罪法」である。繰り返しになるが、「犯罪法」にも「刑法」にも等しく犯罪行為とそれに対応する刑罰が規定されているから、本質的な相違はないといえるが、両者は上述のように根本的なパースペクティブが異なるのである。とりわけ、立法の作業において、社会のなかで現実に発生した一定の規範違反行為のうち、国民や社会における被害度や規範違反度が深刻であって、国家として放置できないとされた行為がこの犯罪カタログに追加され（いわゆる犯罪化）、次にそれに相応した刑罰が選択されるのが一般であろう。この意味でまず犯罪行為を選択する作業が先にあり、刑罰の選択がその次にくるという構図も「犯罪法」の意義を強めることになろう。

4　犯罪法と特別刑法

　刑法各論の体系書がそうであるように、そのほとんどは「刑法典」の第2編「罪」の各章・各条項の解説、解釈に終始しており、関連する「特別刑法」の領域については、わずかに言及するにとどまっている。犯罪の実際の現象面からみれば、それに適用される法令は行政刑法を含む特別法犯であることが多く、刑法犯に含まれる犯罪概念以上に重要な犯罪事象も存在する。なかでも、交通犯罪関係の道路交通法、自動車運転死傷行為処罰法などは、適用数が示すように、われわれの日常生活に大きな影響を与えている（平成29年で検察庁新規受理人員で比較すると、刑法犯は全体の約20％にすぎない。これは約44％を占める過失運転致死傷等が刑法から抜けたことも影響している）。

　そこで、刑法犯と特別法犯は有機的に結合して理解する必要があり、現に、刑法8条では、「この編の規定は、他の法令の罪についても適用する」と規定し、刑法典の総論規定は特別法犯の解釈にも適用される。このように、特別刑法又は特別法犯は、刑法又は刑法犯の補助的なものにとどまら

ず、複雑な現代社会に対応するものであり、特別刑法の意義に鑑みると、事例によっては刑法以上に犯罪への対応として特別法が果たす意義は大きいと言わなければならない。

これに対して、刑法犯は、一般的には殺人、傷害、窃盗、詐欺といった伝統的な自然犯概念に呼応した犯罪類型が中心であるが、上述したように、新しい時代に発生する種々の社会問題に対して刑法典上の規定だけでは的確な対応をとることが困難な場合が少なくなく、新たな法規範の確立ないしは新たな犯罪類型化が、現に、これまでにも多く求められてきた。本書でも扱う交通犯罪や環境犯罪、コンピュータ関連犯罪、薬物犯罪などがその典型である。これらを横断的に理解するには、従来の学習と違って、特別法犯を重点的に取り扱う犯罪各論の視点が求められる。それが本書の意図する「犯罪法」の構想である。たとえば、近年しばしば報道される道路交通上の「あおり運転」は暴行罪や強要罪といった刑法適用事例もみられるが、そのレベルに達しない場合でも一定の危険性、とくに高速道路上ではその危険性は著しく高い。この意味でも、道交法に「あおり運転罪」の創設といった議論が社会内で生まれるのは当然であり、善良な運転行為を要求する社会的ニーズの観点から、これを法規範まで高めることの是非を論じる場は「犯罪法」ということになろう。

さらに、「犯罪法」の利点として、とりわけ特別法の多くの法令が立法目的や用語の定義を掲げていることにある。たとえば前述の道路交通法では、「この法律は、道路における危険を防止し、その他交通の安全と円滑を図り、及び道路の交通に起因する障害の防止に資することを目的とする。」（第1条）と規定され、あるいは無免許運転の定義として、概略「法令の規定による運転の免許を受けている者又は道路交通法第107条の2の規定により国際運転免許証若しくは外国運転免許証で運転することができるとされている者でなければ運転することができないこととされている自動車を当該免許を受けないで又は当該国際運転免許証若しくは外国運転免許証を所持しないで、道路において、運転することをいう。」（第2条）などと規定されており、立法の目的や用語の定義が明瞭である。このような規定は当然ながら、法文の解釈において疑義や異議が入り込む余地を少なくして、法に対する国民の理

解を増進させることにも連なっている。刑法において、立法趣旨、法益や文言などについて各種の解釈や見解の対立が生じていることとは対照的である。また 2017 年に改正された刑法の性犯罪規定について、一部の論者から単独の特別法として規定した方がよいとの意見も聞かれたが、その意図はまさに立法趣旨を明らかにする意味だと考えられ、上述のように、特定犯罪類型ごとの特別刑法ないし「犯罪法」の果たす役割が大きいことを示すものである。

　「犯罪法」は、このように、刑法各論とは異なる問題意識から犯罪概念を構築し、市民に対して行為規範侵害としての犯罪類型を示し、行動の抑制を促すものである。刑法が制裁規範として裁判所を拘束するものであるとすれば、犯罪法は人の行為を統制する行為規範として、市民を統制する機能を有するものといえる。

5　犯罪法と類似の視点

　本書の問題意識は、刑法各論という概念を避けて、「犯罪各論」と称する概念を用いることで、社会の実情に応じた法学の展開を活き活きと描きだそうとする試みとも共通している。なかでも、西原春夫『犯罪各論』（筑摩書房 1974 年。成文堂（改訂版）1993 年）は、その嚆矢ともいえる試みであった。この意図について西原博士は、「第一に従来の刑法各論がとっていたような、法典の編別ごと、被害者法益の種類ごとの犯罪の分類を解体すること、第二に、犯罪を、犯罪学ないし社会学の観点をも加味して、社会生活の実態における人間行動の類型ごとに配分しなおすこと、そして第三に、刑法上の犯罪と特別法上の犯罪とを、新たな犯罪グループのもとで有機的に結合させること」（1993 年版「はしがき」）と記述している。そして、より具体的には、「犯罪は決して刑法上の犯罪ばかりでなく、無数の特別法、とりわけ行政取締法規の中にばらまかれた、刑を科される行為をも含む」（1 頁）、「複雑化する現代社会の中で、行政取締法規はますます肥大化せざるをえないばかりか、それは、国民の日常生活との接触という点で、むしろ刑法より親密なものになりつつある」（2 頁）、「刑法典上の個々の犯罪を考える場合に、これら行政取締法規違反との関連を顧慮せざるをえない分野がますます拡大している

のに、刑法各論は少なくとも体系的にこの要請に応じえない」（同頁）としているのである。なお、このような視点からの試みは、上記のほか、他書にも散見される。

　本書の「犯罪法」の目指すところも同じであり、法益概念から構成された刑法典上の刑法各則規定の解釈を中心とする「刑法各論」の構成から解放され、新たな視点で個々の犯罪概念を犯罪学ないしは刑事政策の視点から構成しなおし、新たな犯罪類型ごとに問題を整理することを目標とした。それゆえに、本書は、犯罪学や刑事政策の領域において獲得されてきた知見（法の生成）と刑法学において蓄積された判例等（法の適用）の理解を融合させることを目的とする。したがって本書『ビギナーズ犯罪法』では、今日の個々の類型に見られる犯罪現象について統計等を用いて説明するとともに、それらの犯罪の成立をめぐる議論にもスポットを当てることとしたい。

6　犯罪学の視点
　欧米の犯罪学の領域においても同様に、パースペクティブの相異がみられる。すなわち、特定行為の研究において、「犯罪」行為自体を研究するのか、それに対してどのような「刑罰」の適用または執行が適切であるのかを研究するのかの相異である。かつて、前者は今日でも幅広く使用される犯罪学（criminology）、後者は、近年ほとんど使用されない刑罰学（penology）という用語が使用された。実質的には、犯罪学の用語を好む研究者には心理学や社会学の専門家が多く、刑罰学を指向したのは法学者であったというのがその背景にはあるが、これも特定行為に対するパースペクティブの相異といえるであろう。さらに、アメリカでは1970年代に、法規範に違反し刑罰を科すべき「犯罪とは何か」という議論が展開された。いわゆる「被害者なき犯罪（victimless crime）」あるいは「過犯罪化（over-criminalization）」に関する論争である。これは、一部の犯罪化された行為（たとえば、同性愛、獣姦、自殺、売春、薬物など）は、一般の道徳規範には違反するとしても、国家が定めるべき法規範に違反するものとまではいえないのではないかとの議論を生じさせ、非犯罪化（de-criminalization）が主張されたのであった。この議論の根底には、市民生活への国家権力の介入を嫌う思想があるが、いずれにせよ、こ

のように、一般の国民からすれば、まずは何が犯罪行為であるのかが重要であって、これに対する刑罰や刑罰の程度への関心は二次的であると思われる。もっとも、近年、非犯罪化をすすめる議論は衰退し、むしろ犯罪化をすすめる状況の方が多く見られる。

7　イギリス法

　他国に目を向ければ、犯罪法の伝統は、イギリス法に見られる。したがって、イギリス法研究者の中には、現在の問題状況に照らして、政策的視点も含む「犯罪法」の必要性を強く感じる論者がいても不思議ではない。イギリス刑事法の特徴は、統合的な単一の刑法典を中心としたものではなく、全部ではないにせよ、テーマごとに単独法を制定する傾向である。たとえば、生命侵害にかかわる殺人法 'Homicide Act 1957'（のちに Murder Act 1965）や、一定の犯罪ごとに類型化された刑事規範である窃盗法 'Theft Act 1968' あるいは文書及び通貨偽造法 'Forgery and Counterfeiting Act 1981'、データ保護法 'Data Protection Act 1984'、コンピュータ不正使用法 'Computer Misuse Act 1990'、性犯罪法 'Sexual Offences Act 2003' といった個別の立法は、判例主義による広汎なコモンロー上の犯罪を類型ごとに立法化してきたという事情があるとはいえ、現在の状況に即応しようとする姿勢であり、犯罪抑止という刑事政策的関心に根ざすものと考えられる。

　このうち性犯罪法は、従来各種の法令に散在した性犯罪規定を統合したもので、これによって性犯罪法の統一が図られ、47個の犯罪類型がまとめられたのである。この中には、犯罪成立の鍵となる「同意（consent）」を要件化したり、インターネット社会に伴う児童への勧誘行為（glooming）などのように犯罪の前段階となる行為も犯罪化している。さらに、同法には性犯罪者登録制度の改正、予防的行政命令の導入など刑事政策的視点が多く盛り込まれており、これらの点も注目されるところである。まさしく、性にかかわる「犯罪法」の形式をとっている。

　さらに言えば、「犯罪法」は英米法の 'criminal law' に該当する用語でもある。通常、この 'criminal law' は「刑法」と訳されることが多く、両者の概念は混交している。もっとも、'criminal law' にも、各犯罪行為のカタログが

表示され、これに対する個別的な刑罰が規定されており、この限りではわが
国の刑法典と変わりがないから、「刑法」と訳されてもあながち誤りとはい
えない。また、米国カリフォルニア州などのように、しばしばこの種の法典
を 'penal law'、すなわち「刑罰法」と称している。'penal law' である以上、
一定の行為に対して、規範違反である点はもちろん間接的に評価されている
としても、本筋ではどのような刑罰や制裁を科すかが議論の中心にあること
になる。

2　現代社会における犯罪法の意義

1　犯罪法の時代

　これまでみてきたように、「犯罪法」は国民に対して国家がどのような行
為を法規範違反、つまり「犯罪」とするかを明示する法令であるとする視点
であり、我々の日常の社会生活においてはきわめて重要な意味がある。なぜ
なら、われわれはそのような法規範に違反しない生活が求められるし、多く
の国民は刑事司法機関と関わることを好まないからである。

　一般的な規範が刑事規範に高められた現象が、わが国の 2000 年前後、す
なわち 20 世紀から 21 世紀への転換期にみられた。この時期はしばしば「刑
事立法の時代」とも呼ばれ、多くの犯罪に関連する法令が相次いで立法化さ
れたのである（巻末の「犯罪法令年表」を参照）。法令名を挙げただけでも、
「児童買春・児童ポルノ禁止法」(1999 年)、「不正アクセス禁止法」(同)、
「ストーカー規制法」(2000 年)、「出会い系サイト規制法」(2003 年) などが
あり、その後のそれぞれの改正法を含めて、この時期はまさに法規範の転換
点であるといえよう。これらの一連の動きを一部の論者は刑罰の強化である
と指摘するが[6]、それよりも法規範の強化の側面が目立つといえる。これらは
まさに時代のニーズに対応した特別刑法の立法化であり、いわば上述の犯罪
化の立法現象である。しかも、刑法と異なって特別刑法であるがゆえに、ほ
とんどの法令には第一条に「目的」が掲げられ、国民にとってその立法趣旨
が理解可能である。たとえば、児童買春・児童ポルノ禁止法では「児童の権
利擁護」、不正アクセス禁止法では「高度情報通信社会の健全な発展」、スト

ーカー規制法は「個人の身体・自由・名誉に対する危害発生防止と国民生活
の安全・平穏」、さらに出会い系サイト規制法は「異性紹介事業に起因する
犯罪からの児童の保護、ひいては児童の健全育成」である。このような目的
規定は、国民の規範意識を覚醒するのに非常に有効である。

　これらの立法措置は大きな社会変動によって生じた価値観の変化への対応
であるといえるが、これらの法令で規制された行為が法規範に違反すること
を国民に明示した意義は大きい。とくにわが国は、かつて新立法や法改正に
は他国に比べてきわめて慎重であるとされてきたが、これらの動きは異例で
ある。もちろん、これらの行為には一定の刑罰が科されるが、国民側からみ
れば、刑罰の詳細や軽重に対する関心や知識はそれほど高くなく、むしろ、
これらの法令に示された行為が禁止され、処罰の分水嶺となる規範が示され
たことの意味の方がはるかに大きい。

2　近年の犯罪法の事例

　本書にも独立の事項として「親密領域に関する犯罪」の中にストーキング
問題は扱われているが、ここではストーキング対処法としてのストーカー規
制法を、犯罪法つまり法規範の視点から考えてみたい（第 23 講も参照）。

　ストーキング問題への対応は立法者としては悩ましい問題である。実際、
諸外国の例をみても、1990 年代にすでに深刻な社会問題となっていたが、
ストーキング行為に対する犯罪化は比較的最近のことである。なぜなら、ス
トーキングという固有の行為があるわけではなく、つきまといなどの行為が
反復継続して対象者に一定の脅威を与える状況になったときに、はじめてス
トーキングの問題として発現するからである。つまり、ストーキングの定義
自体が困難なのである。実際、イギリス法では、最初のストーキング法とさ
れる 1997 年ハラスメント保護法（The Protection from Harassment Act 1997）で
は、当初ストーキングという用語さえ見られず（その後の改正で挿入）、たん
にハラスメントの一種として規定されたにすぎなかったし、その内容も被害
者保護を重視するものであって、「犯罪法」としての性格はあいまいであっ
た。その後、議会内外の激しい議論の末に、法改正［2012 年自由保護法
（The Protection of Freedoms Act 2012）］がなされたものの、「ストーキング」の

定義問題は回避され、ストーキングに該当する各種行為を例示するにとどまっている（同法によってハラスメント保護法に「ストーキング各種行為条項」を挿入した[7]）。これらの法令に共通するストーキングの構成要件は「一連目的行動（course of conduct）」であって、これによって、単なるハラスメントから犯罪に高められ、処罰が可能となった[8]。「一連目的行動」についてはわずかに、同一対象者への行動が複数回に及ぶことを規定するだけで、正確な定義は見当たらない。もっとも、同様の用語が使用されている他の法制では、オーストラリア・ニューサウスウェーズ州において「一定の目的の継続性が証明される複数回から構成される行動パターン」などと規定されている。

　それでは、わが国の法はどうか。2000 年成立のストーカー規制法もイギリス法と同様の状況がみられる。というのも、「ストーカー行為」の定義は行っているものの、実質的には、第 2 条に列挙された行為（つきまとい等）が基本にあり、「同一の者に対し、つきまとい等（第 1 項第 1 号から第 4 号まで及び第 5 号（電子メールの送信等に係る部分に限る。）に掲げる行為については、身体の安全、住居等の平穏若しくは名誉が害され、又は行動の自由が著しく害される不安を覚えさせるような方法により行われる場合に限る。）を反復してすること」（第 2 条 3 項）を「ストーカー行為」とし、他のつきまとい等の行為と区別して、独立の行為「ストーカー行為罪」（第 18 条）として犯罪化している。要するに、第 2 条に限定列挙された行為を継続反復して身体の安全等が害され、対象者の不安を覚醒する行為とされるのである。したがって、それ以外のつきまとい等の行為は犯罪とはされておらず、警告や禁止命令の対象となるにすぎない。

　ここで問題となるのは、憲法で保障される市民的自由との関係である。すなわち、憲法第 13 条が保障する幸福追求に含まれる行動の自由をどう保障するかにある。この視点を重視すれば、つきまとい等の行為が少なくとも一回的なものは、依然として行動の自由に含まれると解され、これが複数回繰りかえされることによって、はじめて法規範侵害へと接近し、場合によっては「警告」や「禁止命令」の対象となるが、それでもまだ犯罪を構成するものとはなりにくい。

　この問題は上述のイギリスでも議論の対象となっており、閾値を設定する

ことは困難な場合が少なくない。わが国の法制では具体的な回数は設定されておらず、前述のとおり「身体の安全、住居等の平穏若しくは名誉が害され、又は行動の自由が著しく害される不安を覚えさせるような方法により行われる場合」を法規範侵害として処罰するのである。つまり、つきまとい等の回数ではなく、その程度が犯罪か否かの分水嶺であるといえるが、この基準はいわば被害者側の視点で設定されており、行為者側からみれば、第 3 条の禁止条項はあるとはいえ、法規範としての意味合いは希薄であると言わざるをえない。

　言い換えると、ストーカー規制法もイギリス法と同様、被害者を重視する法令であり、加害者へのアプローチが乏しい点が特徴である。要するに、被害者がいかに加害者から離れ、身の安全を図るか、公的機関がそれをいかに支援するかが主要な内容である。この意味で、繰り返しになるが、加害者に対する法規範を示す「犯罪法」としての体裁は整えられていないというべきであろう。ただ、早めの被害者救済という意味合いから「ストーカー行為罪」が設定されているが、この犯罪は傷害や殺人といった実害が発生する以前に処罰が可能であるから、近年の世界的な傾向としての「処罰の早期化」の一面ともいえよう。

　このように、法規範違反としての「ストーカー行為罪」の問題を考えてみると、とりわけ親密関係にある男女間、現・元配偶者間で発生するストーカー行為においては、加害者への規範注入、つまり「つきまとい等」の行為は相手に対する脅威となることを説示する機能は期待できない。多くの論者が指摘するように、加害者本人に、他人の「身体の安全、住居等の平穏若しくは名誉が害され、又は行動の自由が著しく害される不安を覚えさせる」という自覚に乏しいことが少なくない。その意味で、ストーカー規制に関しては、刑罰を用いた法規範の注入だけでなく、カウンセリング等の加害者へのアプローチが種々の領域で必要であることが強調されてよい。

3　本書の構成

1　犯罪の実態と犯罪法

　犯罪法はどのように構成されるべきか。繰り返し述べたように、犯罪法は刑法各論と異なるのであり、刑法典の条文にそった解説だけでは意味をなさない。むしろ、まず犯罪現象から読み解くことが重要である。なぜなら、犯罪現象、あるいは犯罪統計は、現時点において、どのような法規範が侵害されているのか、その質や量を考察することで、現代社会において必要な法規範の注入が課題となって浮かび上がるからである。そのためには法務省法務総合研究所が毎年編集している『犯罪白書』、あるいは警察庁編集の『警察白書』を参考にしなければならない。犯罪白書や警察白書は刑事政策や犯罪学において犯罪現象やそれに対する対応の諸策を分析するうえで重要な資料であるが、犯罪法では、そこに表れている犯罪そのものに目を向け、どのような事象が犯罪として適用されているか、さらにはどのように対応されているかを法政策的に考察するものである。犯罪法の類型は、刑法典の序列や法益の種類に準拠しないので、体系性があるわけではないし、類型化はできても刑法学特有の体系性を求めることが主要な課題ではない。ときに、刑法解釈学は「硬直的体系的思考に囚われている」とさえ指摘され、刑法学の体系的思考を転じて問題的思考が強調されたことがあるが、まさしく犯罪法では問題的思考を重視する。

2　犯罪類型

　本書で示される犯罪類型は、比較的最近、社会的に問題となってきた事象を中心に構成されている。現代的視点でもって、市民の行動規範として問題化された事象について類型別に論じることは、犯罪の定義や統制、そして犯罪者への処遇のあり方にも通じる議論をするうえで参考になるものと思われる。本書で展開される犯罪法の類型は、第2講以下の構成のとおりであるが、これを類型別に整理すると次のようになる。

（1）　生命・身体に関する犯罪

　これは「人身に対する犯罪」と称される犯罪類型であり、生命侵害にかかわる犯罪として、刑法典上の殺人（199条）、嘱託殺人・自殺関与（202条）、傷害致死（205条）、監禁致死（221条）、強盗致死（240条）、強盗強制性交等致死（241条）、強制性交・わいせつ等致死（181条）、遺棄等致死（219条）といった故意による犯罪類型のほか、過失致死（210条）、業務上過失致死（211条）などの過失による犯罪類型がある。致死類型は、個々の犯罪基本行為の実行によって生命侵害を生じさせる類型であり「結果的加重犯」と称するものである。さらに刑法典以外でも、航空機の強取等の処罰に関する法律（ハイジャック処罰法1970年）や人質による強要行為の処罰に関する法律（人質強要処罰法1978年）、組織的犯罪処罰法3条における組織的殺人など（1999年）、さらには海賊行為処罰法（2009年）や自動車運転死傷行為処罰法（2013年）などにおいても、人間の生命に対する侵害行為を厳しく規制するための規範が設定されている。

　また、身体の安全を守るべくこれに危害を加える行為を規制する犯罪として、刑法典上の暴行（208条）、傷害（204条）、遺棄（217条）などがあげられるほか、暴力行為等処罰法（1926年）において集団暴行罪（同法1条）や銃刀使用傷害罪（同法1条の2）、常習的傷害罪（同法1条の3）といった加重類型が設けられている。

（2）　自由及び人格・プライバシーに関する犯罪

　これには、まず行動の自由に関する犯罪と性的自由に関する犯罪が類型化される。前者には、刑法典において逮捕・監禁（220条）、脅迫（222条）や強要（223条）、略取誘拐（224条以下）が規定されるほか、2005年に導入された人身売買罪（226条の2）などがあげられる。また後者にあっては、刑法典上に、強制わいせつ（176条）、強制性交等（177条）、監護者わいせつ性交等（179条）への規制規範が整備されているが、児童買春・児童ポルノ禁止法（1999年）などのように、児童の性的保護を目的とした特別法に反する行為もここに関連してくる。

　また人格・プライバシーに関する犯罪とは、人格への非難や侵害から個人の尊厳を守るために規範化された犯罪類型である。刑法典上の名誉棄損

（230 条）、侮辱（231 条）、個人の秘密を保護する信書開封（133 条）や秘密漏示（134 条）がこれにあたる。このほか、近年の「私事性的画像の提供等による被害の防止に関する法律（以下、私事性的画像被害防止法）」（2014 年）の整備により、ストーカー行為に伴う被害の拡散を防ぐ手立てとして新たな対応が講じられている。

(3)　財産に関する犯罪

　いわゆる財産犯の領域は、古典的な犯罪類型として刑法典上に列挙されるものから構成されている。これには「領得罪」としての窃盗（235 条）をはじめ、不動産侵奪（235 条の 2）、強盗（236 条）、昏睡強盗（239 条）、詐欺（246 条）、電子計算機使用詐欺（246 条の 2）、背任（247 条）、準詐欺（248 条）、恐喝（259 条）、横領（252 条）、業務上横領（253 条）、遺失物等横領（254 条）のほか、「毀棄罪」としての公用文書毀棄（258 条）、私用文書毀棄（259 条）、建造物損壊（260 条）、器物損壊（261 条）、境界損壊（262 条の 2）等、さらには「隠匿罪」としての信書隠匿（263 条）の類型がある。また刑法典には、領得物の追及を困難にして窃盗等を助長することになる盗品等の有償・無償の譲受けや運搬、保管、有償処分のあっせん（256 条）といった「盗品関与罪」の規定が置かれている。

　刑法典以外では、会社法 960 条以下や保険業法 322 条以下等に特別背任罪の規定が設けられ、取締役等の背任行為に対して、刑法典上の背任罪より重い法定刑が導入されている。また盗犯等防止法 2 条（1930 年）には、凶器を携えて行う常習特殊強窃盗や 2 人以上の集団で行う常習特殊強窃盗に対して、窃盗や強盗より重い刑罰が設定されている。また、組織的犯罪処罰法 3 条（1999 年）は、団体活動として行われた詐欺や恐喝、建造物損壊について重罰化規定を置いている。さらには、景品表示法（1962 年）は誇大広告等の不当表示を禁止するが（4 条）、これに違反する場合に出される「措置命令」に従わない者に刑罰を科す規定を置いている（36 条）。このような消費者保護の観点から、刑法典の詐欺罪規定を補填する形で、経済犯罪の類型が存在している。

(4)　社会安全に関する犯罪

　この犯罪類型として、まず①公共安全に関する犯罪があげられるが、これ

には刑法典上の社会法益を侵害する犯罪類型である騒乱（106 条）、多衆不解散（107 条）、現住建造物等放火（108 条）、爆発物破裂（117 条）、ガス漏出・同致死傷（118 条）、現住建造物等浸害（119 条）、往来危険（125 条）、汽車転覆等・同致死傷（126 条）などがある。また個人の生命・身体への危害に通じる凶器準備集合及び結集（208 条の 2）も公共安全への侵害として位置づけられる。またさらに、特別法犯である爆発物取締罰則（1884 年）や軽犯罪法（1948 年）、銃砲刀剣類所持等取締法（1965 年）、暴力団対策法（1991 年）も公共安全にとって重要な規制法令である。

　次に②交通に関する犯罪があげられる。この類型の犯罪として、刑法典上の業務上過失致死（211 条）の規定が適用された時代が長く続いていたが、厳罰化を求める交通犯罪被害者の声や社会の処罰感情の高まりをうけ、2001 年に危険運転致死傷（旧 208 条の 2）が新設された。さらに、2007 年に自動車運転過失致死傷（旧 211 条 2 項）が新設されることになって、業務上過失致死傷とは区分されることになった。その後 2013 年には、自動車運転死傷行為処罰法が整備され、人身を害する交通犯罪の規制を束ねている。こうした交通犯罪の集約化は、本書の扱う犯罪法の典型ともいえる。また、交通犯罪の増加とともに道路交通法（1960 年）は幾度にもおよぶ改正を繰り返してきた。行政罰（反則金）のみならず刑事罰の強化にその特徴がみられる。このほか、道路運送車両法（1951 年）や自動車損害賠償保障法（1955 年）、自動車保管場所法（1962 年）も交通犯罪にかかわる規制法である。

　さらに③薬物に関する犯罪を公共安全に関する犯罪の類型として取り扱う。わが国が薬物規制を本格的に行うようになったのは、20 世紀後半のことである。それまでは、刑法典に「第 14 章あへん煙に関する罪」（あへん煙の輸入・製造・販売・販売目的の所持規制 136 条、あへん煙吸食器具輸入等の規制 137 条、税関職員によるあへん煙等の輸入等の規制 138 条、あへん煙吸食の禁止と場所提供の規制 139 条、あへん煙等所持の規制 140 条、本章の罪の未遂 141 条）があるのみであった。戦後、GHQ の指導もあって大麻取締法（1948 年）、毒物劇物取締法（1950 年）、覚せい剤取締法（1951 年）、麻薬取締法（1953 年：1990 年に麻薬及び向精神薬取締法に改編）、あへん法（1954 年）、薬事法（1960 年：2014 年に医薬品医療機器等法に改編）等が整備され、今日の薬

物犯罪の内容がほぼ確立した。その後、麻薬特例法（1991 年）や犯罪収益移転防止法（2007 年）が制定されて、輸入・頒布等による収益をもくろむ薬物犯罪への統制がいっそう強化されている。このように薬物犯罪撲滅のため、薬物犯罪を類型化して刑事規範を確立することの意味は大きい。

　最後に④環境に関する犯罪をとりあげる。1960 年代のわが国は、経済成長の一方で深刻な「公害」問題に直面した。これに対して、公害対策基本法（1967 年）の制定とともに、大気汚染防止法（1968 年）や水質汚濁防止法（1970 年）が制定されたが、さらには「人の健康に係る公害犯罪の処罰に関する法律（公害罪法）」（1970 年）が整備されるに至っている。国際社会が環境問題に注目しはじめると、わが国も環境基本法（1993 年）を整備して（公害対策基本法の廃止）、環境問題への取組みを行政的に強化している。たとえば、その取組みとして騒音規制法（1968 年）の活用等もその例であるが、鳥獣保護管理法（2002 年）による「生物多様性の確保」にもその姿勢を見出すことができる。また近年、生活ゴミや産業廃棄物などの不法投棄については廃棄物処理法（1970 年）の運用により厳しい統制がなされている。

(5)　社会生活に関する犯罪

　ここでは、人々の暮らしのなかで生じる問題から、犯罪として規制している領域を取りあげる。まずは、①労働に関する領域に着目しよう。これは憲法 27 条及び 28 条で保障された労働基本権とかかわる問題であり、労働者の基本権を守り、使用者がこれを侵害することを規制する刑事罰規定をこれまで「労働刑法」という名で扱ってきた。組合闘争の激しかった時代には、不当労働行為（労働組合法（1949 年）7 条）に対する労働委員会の審査（同法 27 条）、救済命令（同法 27 条の 12）を経て、命令違反に科される刑罰（同法 28 条）が活用された。また労働基準法（1947 年）には、3 条以下、種々の禁止規定が盛り込まれている。たとえば、国籍等による差別的待遇の禁止（3 条）、女性であることを理由になされる賃金差別の禁止（4 条）、強制労働の禁止（5 条）、中間搾取の禁止（6 条）、賠償予定の禁止（16 条）、前借金と賃金との相殺禁止（17 条）等、使用者に一定の行為規範を示して刑事罰を科す規定を置いている。これらは、いささか古い形態とはいえ、労働時間の遵守（32 条以下）等、働くすべての者が自らの生活を確保するうえで、今日でも

重要な意味をもつ。また、最低賃金法（1959 年）や労働安全衛生法（1972年）における罰則規定に掲げられている行為も「労働犯罪」を考える対象である。

また、②企業の経済活動に伴う犯罪類型も、人々の消費生活を害する犯罪として構成することができる。「経済刑法」として扱われたこの類型は、行為者や企業管理者（責任者）のみでなく、法人（企業）自体を処罰の対象として構成する必要性が高い。この類型には、「私的独占の禁止及び公正取引の確保に関する法律（独占禁止法）」（1947 年）や「外国為替及び外国貿易管理法（外為法）」（1979 年）、不正競争防止法（1993 年）、金融商品取引法（名称を証券取引法から変更 2007 年）のほか、消費者被害が直接的で顕著な「出資の受入れ、預り金及び金利等の取締りに関する法律（出資法）」（1954 年）や「無限連鎖講の防止に関する法律（ねずみ講防止法）」（1978 年）、特定商取引法（2000 年：旧訪問販売法 1976 年）等があげられる。

人々の暮らしにかかわる問題は、③医療の分野にも及んでいる。最先端技術が発展するにつれ、これにかかわる専門家にも高い能力が要求される。医師法 17 条が医業務を資格のある医師に限定し、資格ある看護師でなければ、療養上の世話や診療の補助をおこなうことができないのも（保健師助産師看護師法 31 条）、医療行為の専門性から生じるところである。生命や健康という人々の生存にかかわる業務には、胎児など人の始期の問題から脳死問題など人の終期の問題があふれている。前者は、中絶（堕胎）の犯罪性に関する問題を呼び起こし、後者は安楽死・尊厳死といった終末期医療の葛藤問題との対峙である。何をどのような基準で合法化するのか、立法的解決が必要な領域である。裏返していえば、どのような場合に犯罪として禁止すべきなのか、検討すべき課題がここにある。科学の進展がもたらした結果と人道的倫理との調和をどのようにはかるか、困難な問題でもある。それゆえにこそ、犯罪法類型として扱う意義も大きい。

(6) 公的機関等の活動及び公共の利益に関する犯罪

刑法典では国家的法益に対する侵害として扱われる犯罪類型である。本書の構成では、①公職及び政治活動・選挙に関する犯罪と、②公務に関する犯罪、③国家の存立を危うくする犯罪をとりあげている。

　まず①公職にかかわる者の犯罪としては、公務員の地位から生じる政治的中立性や公務の公正・公平さを確保する目的のため、国家公務員法（1947年）や地方公務員法（1950年）には、それぞれ政治的行為の禁止規定が設けられている（国公法102条、地公法36条）。ただし、国家公務員法には罰則があるが（国公法11条1項19号）、地方公務員法には罰則はない。職務上知りえた秘密を守る義務に反する行為は、禁止とともに処罰規定がおかれている（国公法100条及び109条12号、地公法34条及び60条）。公務員の不正に関しては、刑法典上に職権乱用（193条）以下の犯罪処罰規定が置かれ、賄賂犯罪も収賄・受託収賄（197条）から、あっせん収賄（197条の4）にいたるまで多岐にわたる。また特別法犯罪として「公職にある者のあっせん行為による利得等の処罰に関する法律（あっせん利得処罰法）」（2001年）が賄賂犯罪を補填している。民主主義を支えるための政治及び選挙を守る犯罪の類型としては政治資金規正法（1948年）や公職選挙法（1950年）、政党助成法（1994年）に、関連する犯罪類型がある。

　次いで②公務に関する犯罪として、刑法典上に公務執行妨害（95条1項及び2項）が規定され、公務の適切な遂行が行われることを保護している。また封印破棄（96条）や強制執行妨害（96条の3）の規定は、公務遂行を円滑にかつ確実にすすめるためのものである。また誤りのない裁判の進行確保のため、偽証（169条）を犯罪とするとともに、証拠隠滅（104条）や証人等威迫（105条の2）が規制されている。

　さらに③国家の存立にかかわる犯罪は、刑法典上の規定として最重視されるものである。内乱（77条）、内乱予備・陰謀（78条）、内乱幇助（79条）、外患誘致（81条）、外患援助（82条）など国家を脅かす行為への厳しい規制が示されている。このほか外国との関係性を害する行為の規制として、外国国章・国旗の損傷（92条）、外国との私戦予備・陰謀（93条）の規定が置かれている。

(7)　新たな事象に関する犯罪

　本書の特色は、新たな事象に関する犯罪の類型化にもある。ここでは、①サイバー空間に関する犯罪、②少年の福祉に関する犯罪、③親密圏における犯罪、④人種差別に関する犯罪をとりあげる。

①サイバー空間に関する犯罪は、「ネット犯罪」と称される犯罪類型であり、ネット活用型の詐欺、名誉棄損、侮辱等といった刑法典上の犯罪も含まれるが、特別法犯罪として、不正アクセス禁止法（1999 年）により禁じられた他人のパスワードの不正利用に典型的な犯罪類型を見ることができる。ハッキングやフィッシング、さらには PC 遠隔操作など現代型の犯罪への対応がすすめられてきている。また著作権法に触れる海賊版の頒布などもサイバー犯罪に関連する。

②少年の福祉に関する犯罪は、特別法犯罪の集合的犯罪類型である。児童福祉法（1947 年）が禁じる児童（18 歳未満者）への有害行為の類型が少年の福祉を害する最大のものともいえるが、未成年者喫煙禁止法（1900 年）や未成年者飲酒禁止法（1922 年）に該当する監護者や営業者の喫煙・飲酒の助長行為、労働基準法の年少者保護規定、各自治体の青少年保護健全育成条例において禁止された青少年への有害行為（淫行、タトゥ等）、児童買春・児童ポルノ禁止法（1999 年）、出会い系サイト規制法（2003 年）など多岐にわたる。

③親密圏における犯罪類型は、刑法典上には、親族間での犯罪に対する伝統的な処理ともいうべき親族相盗の特例（244 条）、犯人蔵匿及び証拠隠滅の特例（105 条）に親族ゆえの温情主義的不介入が規定されている。近年は親密圏であっても法的介入をすすめるための犯罪化が展開されてきた。ストーカー規制法（2000 年）が反復する深刻な「つきまとい」等を犯罪として類型化し、DV 防止法（2001 年）も裁判所が命じた接近禁止命令違反を犯罪とした。家庭内または親密な関係の問題であるとして静観するのではなく、被害者を前にして躊躇ない刑事介入の必要性が高まったものである。リベンジポルノ対策法（2014 年）も同様である。児童虐待事案も例外とは思われないが、なお児童虐待そのものの犯罪化は講じられていない（身体的虐待の多くは傷害罪で処理されるにすぎない）。

④人種差別に関する犯罪は、今日の新たな問題状況に応じた犯罪類型である。ヘイトクライムやヘイトスピーチへの規制をいかに行うか、国際的な基準に照らして、わが国でも立法対策を講じる必要性が高まっている。しかし、「本邦外出身者に対する不当な差別的言動の解消に向けた取組の推進に関する法律（ヘイトスピーチ解消法）」（2016 年）が整備されたものの、ヘイト

スピーチそのものが刑事規制の対象として犯罪化されたわけではない。なお課題はあるものの、人種差別撤廃条約（1963年）をはじめとする国際環境と歩調を合わせつつ、わが国における新たな犯罪概念の構成を検討すべき時期にあるものと思われる。

4　まとめ

　以上、本講では犯罪法と刑法の違いを説明しつつ、行為規範の確立と犯罪の防止という視点から犯罪法の意義を論じてきた。従来の刑法典上の犯罪だけでは犯罪現象をとらえきれないという思いから、特別法犯罪を織り込んで本書の構成を図ったものである。現代社会には、環境犯罪やサイバー犯罪などのように、刑法規範の枠組みを超えた事象が多く出現している。それらを類型化してグループごとに論じることは、新たな時代への対応として意味のあることと考える。

　上述したように、犯罪類型ごとに試みた論述であるがゆえに、本講は刑法典各本条すべてを網羅するものではない。たとえば、偽造犯罪のように、刑法各論において議論すべき重要な論題が欠けている部分もある。本書全体としても、犯罪類型としては、なお未完であると認めざるを得ない。そうとはいえ、本書が試みた類型論は、体系化になじむものではないとしても、社会に深刻な影響を与える行為を犯罪として概念化して規範形成する類型を構築することは、行為規範のありようを市民に問うものとなるのではないかと考えている。AI技術の展開によってもたらされる新たな犯罪類型についても、検討しなければならない状況にある。本書に欠け落ちた部分は、今後の課題であるが、まずは本書の試みがこうした状況に対応する、その第一歩となることを期待したい。

1　チェザーレ・ベッカリーア（小谷眞男訳）『犯罪と刑罰』（東京大学出版会、2011年）。ドストエフスキーの作品『罪と罰』がおそらく最もなじみのあるタイトルであろうが、わが国の雑誌名にも「罪と罰」（刑事政策研究会）や「犯罪と刑罰」（刑法読書会）のように、こうした表記が用いられている。
2　辰井聡子「性犯罪に関する刑法改正〜強制性交等罪の検討を中心に」刑事法ジャー

ナル 5 号（2018 年）4〜9 頁参照。

3　そのような試みの類似構成として川崎友己『犯罪タイポロジー』（成文堂、2010 年）がある。もっとも、同書には「犯罪法」という用語はなく、特段の説明はみられない。他方、「犯罪各論」という用語は、本文中に取りあげた西原春夫のほか、木村光江『刑法』（東京大学出版会、第 4 版 2017 年）でも用いられているが、それは、「犯罪総論」との対比的なくくりにすぎない。そのほか、町野朔『犯罪各論の現在（いま）』（有斐閣、1996 年）では書名として用いられている。

4　守山　正『イギリス犯罪学研究Ⅰ』（成文堂、2011 年）127 頁以下、なお仲道祐樹「イギリスにおける性犯罪規定」刑事法ジャーナル 45 号（2015 年）13 頁以下も参照。

5　S. H. ケイディッシュ（井上正仁訳）「アメリカ刑事司法の動向」刑法雑誌 24 第 1 号（1980 年）1〜27 頁。

6　これを指摘する論稿として、井田良「変革の時代における刑法学の在り方」学術の動向 11 巻 3 号（2006 年）56〜59 頁。

7　守山　正『イギリス犯罪学研究Ⅱ』（2017 年）126〜127 頁。

8　守山　正「海外におけるストーキング対策　イギリス」同編『ストーキングの現状と対策』（成文堂、2019 年）313 頁以下。

9　前掲書は、全編を通じて、加害者へのアプローチを強調する（とくに第 3 章「ストーキング加害者へのアプローチ」参照）。

10　平野龍一『刑法総論Ⅰ』（有斐閣、1972 年）「はしがき」参照。

（守山　正・安部哲夫）

第 **2** 講◆生命侵害に関する犯罪

キーワード

殺人／傷害致死／過失致死／結果的加重犯／因果関係／故意／事実の錯誤／結果的加重犯

関連法令

刑法／自動車運転死傷行為処罰法／臓器移植法／母体保護法

1　生命という法益の重要性

　生命は、刑法が刑罰を使用して保護しようとしている法益の中で最重要なものである。生命は、身体、自由、名誉、財産といった他の個人的法益の存立条件であり、また、社会はその構成員の社会的活動から成り立っており、その社会活動はその構成員の存在を前提条件としているからである。このことは、基本的人権の尊重、国民主権を基本原理とする日本国憲法の有する価値体系からも根拠づけられる。そして、その生命という法益の重要性は、生命を保護法益とする犯罪の多種多様性という形で示されている。

1　生命侵害犯罪

　刑法典第 2 編各則の犯罪カタログ上、生命を侵害する犯罪として、殺人罪（199 条）、過失致死罪（210 条、211 条）、傷害致死罪（205 条）がある。いずれの条文も、行為者がその行為によって他人を死亡させたことだけが規定されており、その犯行方法や行為態様は制限されていない。また、その行為が殺意をもって行われた場合も、傷害ないし暴行の故意を持って行われた場合にも、殺人の故意も傷害・暴行の故意なく行われた場合にも刑罰の対象とされている。主観面の差異によって、その法定刑に差が設けられているに過ぎない。例えば、財産罪は故意犯のみを刑罰の対象としているに過ぎないし、

また行為態様によって法定刑に差が設けられている。生命（そして身体もであるが）という法益は重要な法益であるからこそ、いかなる意図を持ったいかなる行為からも、その侵害を防止しようとしているのである。

2　結果的加重犯

傷害致死罪のように、基本となる犯罪からそれが想定した結果を超える重大な結果が発生した場合を一つの犯罪類型とし、基本となる犯罪と重い結果に対する過失犯とを単純にプラスしたよりも重い刑罰を科している場合を結果的加重犯というが（傷害致死罪も傷害罪と過失致死罪を単純にプラスしたよりも重い刑を法定刑としている）、傷害致死罪以外にも刑法典には多くの結果的加重犯である「致死傷罪」が存在する。

往来妨害致死傷罪（124条2項）、汽車転覆等致死罪（126条3項）、浄水汚染等致死傷罪（145条）、水道毒物等混入致死罪（146条）、強制わいせつ等致死傷罪（181条）、特別公務員権利濫用等致死傷罪（196条）、同意堕胎致死傷罪（213条）、業務上堕胎致死傷罪（214条）、不同意堕胎致死傷罪（216条）、遺棄等致死傷罪（219条）、逮捕等致死傷罪（221条）強盗致死傷罪（240条）、強盗・強制性交等致死罪（241条3項）、建造物損壊致死傷罪（260条）の14の規定がこれである。

また、刑法典以外にも、特別刑法の中に多くの致死傷罪が存在している。例えば、図表2-1のように、海賊行為に伴って人を死傷させた場合や航空機のハイジャックや航空中の航空機の墜落・破壊あるいは業務中の航空機の機能喪失などの行為に伴って人を死亡させた場合に対する重罰規定や、さらには工場等の事業活動に伴って人の健康に有害な物質を排出させて人を死傷させた場合についての処罰規定などが存在している。

このように生命（身体）を対象とした結果的加重犯が多数存在することは、どのような犯罪行為を契機として生命（身体）侵害が生じたとしてもその場合を重く処罰することで、生命（身体）を広く保護する態度を示したものである。

図表 2‐1　特別刑法における致死傷罪

法律名		処罰の対象行為
海賊行為の処罰及び海賊行為への対処に関する法律（平成 21 年 6 月 24 日法律第 55 号）	第 4 条	海賊行為致死傷罪（傷害：無期又は 6 年以下の懲役、死亡：死刑又は無期懲役）
航空機の強取等の処罰に関する法律（昭和 45 年 5 月 18 日法律第 78 号）	第 2 条	航空機強取等致死罪（死刑又は無期懲役）
航空の危険を生じさせる行為等の処罰に関する法律（昭和 49 年 6 月 19 日法律第 87 号）	第 2 条 3 項	航空機墜落等致死罪（死刑又は無期若しくは 7 年以上の有期懲役）
	第 3 条 2 項	航空機機能喪失等致死罪（無期又は 3 年以上の有期懲役）
自動車の運転により人を死傷させる行為等の処罰に関する法律（平成 25 年 11 月 27 日法律第 86 号）	第 2 条	危険運転致死傷罪（傷害：15 年以下の懲役、死亡：1 年以上の有期懲役）
	第 3 条	準危険運転致死傷罪（傷害：12 年以下の懲役、死亡：15 年以下の懲役）
	第 5 条	過失運転致死傷罪（7 年以下の懲役・禁錮又は 100 万以下の罰金）
人の健康に係る公害犯罪の処罰に関する法律（昭和 45 年 12 月 25 日法律第 142 号）	第 2 条 2 項	有害物質排出致死傷罪（7 年以下の懲役又は 500 万円以下の罰金）
	第 3 条 2 項	業務上過失有害物質排出致死傷罪（2 年以下の懲役・禁錮又は 300 万以下の罰金）

3　殺人に関する規定

　殺人罪については、刑法典は、199 条の規定する殺人既遂犯を処罰するだけでなく、その未遂罪（203 条、43 条、44 条）も殺人予備罪（201 条）も処罰する規定をおいている。刑法は、刑罰という国民の人権を制限する峻厳な法

効果を持っているので、基本的には犯罪結果が発生した場合にのみ、そのことを発動条件として犯罪抑止を目的として刑罰を科す。殺人についていえば、ある人が殺害された場合に初めてその殺人事件に相応しい刑罰を科す。その意味で刑罰は犯罪結果（法益侵害）が生じたことに対する応報としての性質を持っているのである。しかしながら、生命は重要な法益であるから、生命侵害をしなくともその危険性を生じさせる行為をしただけでも、そればかりかその殺人の準備行為をしただけでも処罰することで、生命の安全をできるだけ早い時点から守ろうとしているのである。

　さらにまた、生命（身体）を侵害した行為を処罰するだけでなく、生命（身体）に対する危険性を発生させる行為を処罰することで、できるだけ早い時点から刑罰を使用して介入することで、生命（身体）が侵害されることのないよう保護することを目的とした犯罪も存在する（このような犯罪を危険犯という。なお、危険犯は、その行為により生命・身体の危険性が実際に発生した場合を処罰する具体的危険犯と生命・身体の危険性を生じさせると評価される種類の行為が行われた場合に処罰する抽象的危険犯とに分類される）。

　たとえば、後述の堕胎罪並びに遺棄罪はこのような危険犯（抽象的危険犯）である。さらに、火炎びん処罰法 2 条（火炎びんを使用して、人の生命、身体又は財産に危険を生じさせた者を 7 年以下の懲役に処する）、放射線を発散させて人の生命等に危険を生じさせる行為等の処罰に関する法律 3 条（放射性物質をみだりに扱うことその他の方法で、核燃料物質の原子核分裂の連鎖反応を引き起こし、または放射線を発散させて、人の生命、身体又は財産に危険を生じさせた者を無期又は 2 年以上の有期懲役に処する）、公害罪法 2 条 1 項（工場等の事業活動に伴って人の健康を害する物質を排出し、公衆の生命又は身体に危険を生じさせた者を 2 年以下の懲役・禁錮又は 200 万円以下の罰金に処する）のように特別刑法にも危険犯（具体的危険犯）を処罰する規定が存在している。

2　生命の保護範囲

1　人の意義

　生物としての「ヒト」は、精子と卵子の結合、受精卵の形成、子宮内着床

と胎盤の形成開始、胎芽、胎児というプロセスを経て出生し、成長・老化し、そして死に至る。このプロセスにおいてヒトの生命の開始は受精卵の形成時点である。しかし、刑法典は、ヒトの生命を、受精卵の子宮内膜への着床後出生前の段階を堕胎罪（212条以下）の対象である「胎児」として、出生後を殺人罪の対象である「人」として保護している。（なお、産科医療では、受精後8週間未満を胎芽として胎児と区別するが、刑法では両者を含む意味で胎児という言葉を使用している）。

　したがって、受精卵が子宮内膜に着床することを妨げる行為は堕胎罪の対象とならない。また、受精卵ないし胚を損壊する行為は、堕胎罪でも殺人罪でもない。刑法典は受精卵を生命として保護の対象としていないのである。

○コラム1　受精卵の法的地位について

　人工授精により試験管の中で生成された受精卵を損壊する行為については、上述したように堕胎罪も殺人罪も適用することはできない。それでは、この行為を刑法上どのように評価すべきであろうか。受精卵ないし胚の法的地位が問題となる。

　この点につき、①受精卵を器物損壊罪にいう「物」として評価すべきであるという説と②受精卵・胚を「人」へと成長しうる「人の生命の萌芽」として、通常のヒトの組織・細胞と異なり特別に尊重すべきものとする立場（総合科学技術会議生命倫理専門調査会『ヒト胚の取扱いに関する基本的な考え方』）がある。①の立場は、カットした毛髪のように人の身体から分離されたものは「物」として評価されること、ペットである動物の生命侵害も器物損壊として評価されることなどを根拠としている。したがって、この立場からは、受精卵の損壊行為も器物損壊罪として処罰されることになる。ただし、この立場を前提にすると、受精卵が所有権の対象となることを認めることにもなり、所有者の自由な処分を認めざるを得なくなるという問題点がある。②の立場からは、受精卵の保護についてはそのための特別な法律を必要とすることになり、現在の法状態では処罰の対象とできないということになる。

2　人の始期と人の終期

　人の生命は、前述したように包括的かつ早期から保護されるのに対し、胎

児の生命は、故意の堕胎行為（自然の分娩期に先立って胎児を人為的に母体外に排出することあるいは母胎内で殺害すること）からのみ保護されている。胎児の生命を保護する212条の法定刑は1年以下の懲役であり、199条と比べると極めて軽い。しかも、母体保護法（昭和23年7月13日法律156号。旧優生保護法が平成8年の改正で改称された）によって一定の条件下で堕胎手術が許容される。実際に毎年10万件を超える堕胎手術が母体保護法に基づいて行われおり、堕胎行為に対して堕胎罪が適用される事例はほとんど存在しない。その意味においても、胎児と人の区別基準は重要な意義を持つのである。

　また、ある者の身体をナイフで刺した場合には、殺人罪・傷害致死罪・傷害罪が問題となるが、その者が既に死亡していれば死体損壊罪（190条）が成立するにすぎない。そして、殺人と死体損壊の区別基準をどの時点とするかが人の終期の問題である。

3　人の始期の判定基準

　民法3条1項は私権の享有は出生に始まるとしており、胎児と人の区別は出生によって画されるといってよいであろう。しかし、出生は、陣痛開始から独立呼吸開始までの一定のプロセスであるから、そのどの時点を人の生命としての保護開始時点とするかがまさしく問題となる。

　人の始期については、①陣痛開始説、②一部露出説、③全部露出説、④独立呼吸開始説の各説が存在する。　民法では③が通説であるが、刑法の判例（大判大正8年12月13日刑録25輯1367頁）・通説は②説である。この点に関連しては、㋐胎児と人とで刑法的な保護に大きな差があるから判断基準が明確であること、㋑生命の保護に空白期間がないことが重要である。㋐の点で陣痛開始説は妥当でない。分娩作用の開始である陣痛（開口陣痛）の開始時点が明確でないからである。また、㋑の点で独立呼吸開始説は妥当でない。全部露出後、独立呼吸開始前の攻撃により胎児が死亡した場合に堕胎罪でも殺人罪でも保護できないからである。また、全部露出説によるときも、一部露出後に胎児に傷害を加えた場合には堕胎罪も傷害罪も成立しないことになり、㋑の点で問題が生じる。以上の点から一部露出説が妥当である。なお、

一部露出説に対しては、とりわけ全部露出説から、人か否かは生命の価値の差異により決定すべきであって、胎児の母体からの一部露出による直接攻撃性の有無によって決めるべきでないとの強い批判が向けられる。しかしながら、出生の前後で生命それ自体の価値に変化が生ずる訳でない。それゆえ、堕胎行為以外での攻撃可能性の有無により刑法上の保護価値に差を設けることに十分な理由があるといってよいだろう。

4　人の終期の判定基準

　人の終期については、①総合説（三兆候説ともいう）と②脳死説の対立がある。①説は、⑦脈拍の停止、④呼吸の停止、⑨瞳孔の散大・対光反射の消失の3徴候で死を判定する考え方であり、②説は全脳の機能の不可逆的停止で死を判定する考え方である。ただ、総合説の⑨は脳死の、⑦④は心臓死の徴候であるから、両説の違いは脳死だが心臓がなお機能している状態を死とするかしないかという点にあるにすぎない。その意味では、総合説は心臓死を人の終期の決定的ポイントとするのに対し、脳死説はそれを脳死に求めているのである。このような状態は、脳死状態の患者が人工心肺装置により心肺機能が維持されているという場合しか通常は考えられないであろう。実際に、人の終期をめぐる議論は、臓器移植手術、とりわけ心臓移植手術の是非並びに正当化をめぐって生じたものである。

(1)　臓器移植法と人の終期

　1997年（平成9年）に脳死臨調の答申（1992年）を受けて成立した臓器の移植に関する法律（臓器移植法）は、本人が事前に臓器提供の意思を書面で表示し遺族がこれを拒まない場合（ないし遺族がいない場合）には法律上の脳死判定を経て脳死状態の者から臓器を摘出することができるとした（同法6条）。さらに、2009年の改正において、事前に臓器提供の意思表示をしている者が少なく移植用の臓器が不足していること、意思表示能力を欠く15歳未満の者については臓器提出ができず、子供に対する臓器移植が不可能であったことから、6条1項に2号を付け加えて、本人の意思が不明であっても遺族の書面に承諾があれば移植のために臓器を摘出できるものとした（図表2-2が示すように、この改正によりドナー数は飛躍的に増加をした。しかしなが

図表2-2　日本における脳死ドナー数の推移

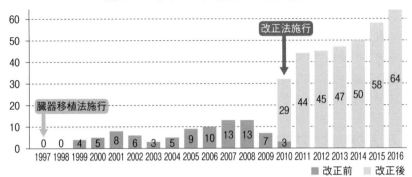

移植 52（2・3）「わが国における臓器移植のための臓器摘出の現状と実績（2017）」
（出典）一般社団法人日本移植学会 HP（http://www.asas.or.jp/jst/general/number/）

ら、ドナー不足が解消した訳でない）。このことと、6条2項が旧規定にあった
「『脳死した者の身体』とは、その身体から移植術に使用されるための臓器が
摘出されることとなる者であって脳幹を含む全脳の機能が不可逆的に停止す
るに至ったと判定された者の身体をいう」の下線部の文言を削除したこと
で、少なくとも臓器移植法による臓器移植の場面では脳死説をとることが明
確にされた。ただし、本人が臓器提供をしない意思表示をしている場合ない
し脳死判定に従わない意思表示をしている場合には、脳死判定は行わないこ
ととしている（同法6条2項、3項）。本人に拒否権を認めているという意味
では選択的脳死説をとったものというべきであろう。

　なお、臓器の移植に関する法律施行規則2条によれば、①深昏睡、②瞳孔
の固定、③脳幹反射の喪失、④平坦脳波、⑤自発呼吸の消失の条件を充足
し、かつ6時間経過後にも変化のない場合に脳死と判定されることとなって
いる。

（2）　人の終期

　臓器移植以外の場面でも脳死説を採用すべきか否かが問題である。

　判例、たとえば札幌高判昭和61年3月24日（高刑集39巻1号8頁）は、
死体だと思って遺棄したが生体の可能性があったという事案について総合説
を前提とした死亡時刻認定をしており、また大阪地判平成5年7月9日（判

時 1473 号 156 頁）は、被告人の暴行によって脳死状態に陥った被害者の人工
心肺装置を脳死判定後に医師が取り外し心臓死したという事例について、心
臓死と暴行との因果関係を認定し傷害致死を認めている。さらに、前橋地判
平成 31 年 4 月 24 日（LEX/DB25563208）は、死亡するかもしれないことを認
識しながら幼児に暴行を加えた結果、幼児が臨床的脳死状態に陥った事例に
ついて殺人未遂を認めている。したがって、判例は臓器移植以外の場面で
は、なお総合説を基本的に採用しているといってよいであろう。

3 生命を侵害する犯罪①

1 殺人罪

（1） 成立要件

　殺人罪は代表的な故意結果犯であり、その成立要件は、①実行行為、②結
果、③因果関係、④故意である。

　実行行為とは自然の死期に先立って生命短縮する行為をいう。それゆえ、
呪い殺すために藁人形に五寸釘を打ちこむ行為（丑の刻参り）のように科学
的に見ておよそ殺人の危険性のない行為（不能犯）、あるいは墜落して乗客
が死亡することを期待して切符を渡して飛行機に搭乗させる行為のようにそ
の危険性はゼロではないが、今日の社会の日常生活において受け入れられて
いる程度の危険性しか持っていない行為は、殺人の実行行為とはいえない
（許された危険）。さらにまた、実行行為は、ナイフで刺殺する、バットで撲
殺するというように一定の動作による犯行（作為）の場合も、子供に授乳せ
ずに衰弱死させる、溺れかけている子供を救助せず溺死させるといった一定
の期待される動作をしないことによる犯行（不作為）の場合もある。なお、
不作為を殺人として処罰するためには、その者に被害者との関係において刑
罰を科してでもその動作に出ることを強制すべき事情（法的作為義務を基礎
付ける事情＝作為義務）があることが必要である。

　さらに、この実行行為と死亡結果との間には、その行為によって当該結果
が発生したという関係（因果関係）が必要である。①因果関係は、その行為
がなければその結果が発生しなかったという関係（条件関係）の存在を前提

にして、②その行為が持っていた危険性が結果に実現したと評価できる場合に認められる（この点については本講事例2を参照のこと）。

故意とは、構成要件該当事実の認識・認容である。殺人の構成要件該当事実は「Aをナイフで刺し出血多量死させる」という、それが実現したら殺人罪の構成要件に該当する事実の認識・認容である。殺人の故意を人を殺すことの認識・認容と定義するが、定義なので人となっているだけで、実際には必ず具体的な誰かである。そこで、Aだと人違いしてBを殺してしまった場合（客体の錯誤という）やAを殺すつもりでAを狙ってピストルを発射したところ弾丸がそれてそばにいたBを殺してしまったという場合（方法の錯誤という）にBを殺したことについて殺人罪の成立を認めてよいかが問題となる（事実の錯誤という）。判例・通説は、実際の客体がAとBと異なっていても、人を殺害する意思を持って行為を行い、その結果人が死亡しているのであるから、発生した結果について殺人罪を認めることができるとする立場（法定的符合説）を採用している。他方で、故意を認めるためには、侵害した具体的な法益の認識・認容が必要であるとして、方法の錯誤の場合には、Aに対する殺人未遂とBに対する過失致死という結論をとる立場（具体的符合説）も有力に主張されている（上述の法定的符合説は、Aに対する殺人未遂とBに対する殺人既遂を認める）。

(2) 殺人規定の特色

わが国の刑法典の殺人罪の特色は、全ての殺人事件を199条1条のみで処理しようとしている点にあり、そのために法定刑の幅が非常に広いことである（刑の上限は死刑であり、刑の下限は5年の懲役である）。ドイツをはじめとする外国の刑法では、計画的ないしは悪質な動機に基づく殺人である謀殺罪とその他の殺人である故殺罪を区別して規定してあるものも多い。また、旧刑法典は、殺人を謀殺、故殺、毒殺などの7つの類型に区分して規定していた。なお、かつては200条に尊属殺規定が存在したが、現在では削除されている（この点につき本講コラム3参照）。これらは、犯罪類型の形で犯罪の悪質性についての規範的評価の差を明示したものであるが、現行の殺人罪規定は、すべてを量刑事情に位置付けている。したがって、計画的な殺人か否か、殺害方法の残虐性、被害者との関係、動機・目的などのすべての具体的

事情は罪名の場面ではなく量刑の場面で考慮される。その意味では、公平か
つ適正な裁判のためには裁判官と裁判員の判断が極めて重要である（殺人事
件は裁判員裁判の対象事件である）。

○コラム2　殺人事件の動向と量刑

　戦後の殺人事件の認知件数は、1954年（昭和29年）の3081件をピ
ークとし、1989年（平成元年）までは減少傾向にあった。その後2008
年（平成20年）までは1200件から1450件の間の横ばい状況であった
が、その後また減少傾向にあり、1000件を下回っている。

　下記の図表のように殺人事件の量刑は幅広い。また、殺人罪の法定刑の下
限は5年であり、情状酌量により3年の刑期まで減軽し執行猶予判決を受
ける可能がある（25条以下参照）。実際にも有期懲役のうち平均しておよそ
25パーセントの者に執行猶予判決が出されている。

図表2-3　最近5年間の第1審裁判所における殺人罪終局処理人員の動向

	総数	死刑	無期懲役	有期懲役	執行猶予	執行猶予率
平成29	242	3	7	224	57	25.4
28	327	1	9	307	81	26.4
27	321	2	7	305	78	25.6
26	281	0	2	272	67	24.6
25	331	2	6	310	87	28.1

（出典）犯罪白書平成30年度版～平成26年度版

図表2-4　平成29年の第1審裁判所における殺人罪終局処理人員

刑　期	人　数
死刑	3
無期懲役	21
25年を超え30年以下	4
20年を超え25年以下	3
15年を超え20年以下	26
10年を超え15年以下	40
7年を超え10年以下	30
5年を超え7年以下	22
3年を超え5年以下	23
2年以上3年以下	76（57－執行猶予）

（出典）犯罪白書平成30年度版

(3)　罪数処理

　人の生命はそれぞれ保護の対象とすべきであるから、被害者の数だけ殺人罪は成立する。1個の爆弾を破裂させて複数の被害者を出したという場合は複数の殺人罪が成立し、観念的競合（54条1項）で処理され、連続殺人犯のように複数回の殺人行為の場合には併合罪（45条以下）として処理される。

　また、強盗殺人（240条）のように殺人罪の刑を加重した規定の場合には、その規定が優先的に適用される。特別刑法においても、人質殺害罪（人質による強要行為等の処罰に関する法律4条）や組織的殺人罪（組織的な犯罪の処罰及び犯罪収益の規制等に関する法律3条1項7号）といった加重規定が存在する。航空機をハイジャックをした犯人が人質を殺害した場合や複数人のテロリストが組織的に殺人行為をした場合には、これらの規定が適用される。

(4)　未遂罪・予備罪

　前述したように、殺人未遂ないし殺人予備まで処罰範囲を拡張することで、生命という法益の保護の早期化を図っている。殺人予備罪（201条）は、殺人のための凶器の準備など殺人目的での準備行為を広く処罰するものである。未遂罪は、たとえば殺人的でねらいを定めてピストルの引き金に指をかけるなどの生命を侵害する危険性のある行為を開始した時点（実行の着手時点）でその成立が認められる。

○コラム3　尊属殺人規定と憲法14条

　削除前の200条は、自己又は配偶者の直系尊属（例えば父母、祖父母、曾祖父母）に対する殺人について、199条の刑を加重し、死刑又は無期懲役の法定刑を規定していた。この規定は、最大判昭和48年4月4日（刑集27巻3号265頁）において憲法14条（法の下の平等）に違反し違憲・無効であるとされ、その後1997年の刑法一部改正によって削除された。なお、尊属殺人規定を違憲・無効とした判決の多数意見中8名の裁判官は、その理由を、尊属に対する報恩尊重を目的として刑を加重すること自体は妥当であるが、法定刑を死刑・無期懲役としている点がその目的達成に必要な限度を遥かに超えるものであって、その意味で不合理な差別的扱いであるという点に求めていた。対象となった事案では、父親から性的虐待を繰り返し受けていた娘が思い余って父親を殺害したという事件であり同情すべき事情

がありながら、どんなに情状酌量しても執行猶予がつけられないということが問題となった。これに対して、尊属殺人罪を特別に規定すること自体が、刑罰で報恩尊重という道徳観を強制するものであり合理的な差別と言えないという6名の裁判官の意見も付されていた。そのため、判例は尊属傷害致死罪（旧205条2項）や尊属遺棄罪（旧218条2項）や尊属逮捕監禁罪（旧220条2項）を合憲としていた（例えば尊属傷害致死罪について、最判昭和49年9月26日刑集28巻6号329頁）。刑法の一部改正では、それらの尊属規定も併せてすべて削除された。この改正では、被害者が尊属であったことで、そうでない場合と比べ、一律に刑を重くするのは妥当でないという考え方を反映したものであるといえよう。

2 自殺関与罪・同意殺人罪

（1） 成立要件

202条は、前段で人を教唆して自殺させた者及び人を幇助して自殺をさせた者を処罰し（自殺関与罪）、後段では、嘱託を受けて人を殺害した者及び承諾を得て人を殺害した者を処罰している（同意殺人罪）。自殺教唆とは自殺をする意思のない者に自殺をする意思を生じさせることをいい、自殺幇助とは、自殺のための薬剤を入手してあげるなど自殺を容易にする行為全般をいう。また、嘱託殺人は被殺者からの依頼を受けて殺害をする場合であり、承諾殺人は殺害者が被殺者の了承を得て殺害する場合である。自殺関与罪も同意殺人罪も自殺者および被殺者が自己の死に同意しているという点で、前者は単なる殺人の教唆や幇助よりも（199条、61条、62・63条）、後者は同意のない者を殺す（199条）場合よりも刑を減軽した規定となっている。さらに、同意殺人は被殺者自身にとっては、他者の手を借りての自殺行為である。その点からすると、自殺関与罪も同意殺人罪も、他者の自殺に関わる犯罪として評価することができる。

（2） 被害者の承諾と202条

たとえば、自己の所有する高級腕時計を自分自身で壊しても、友人に依頼して壊してもらっても器物損壊罪で処罰されることはないし、友人に依頼されてピアスのための穴を耳にあけても傷害罪で処罰されることはない。個人

的法益は法益主体がその法益を自由に利用処分して円滑な社会生活を営むために保護されるものであるから、本来自由に処分可能であり、法はその自己決定権を尊重する（被害者の承諾）。このように被害者が法益侵害を承諾している場合には、承諾に基づく行為はそもそも法益侵害それ自体が否定され構成要件に該当しない（自由、財産に対する罪―被害者が同意をしている以上、自由侵害や財産侵害それ自体が否定される）。あるいは構成要件に該当はするが、その違法性が阻却される（身体に対する罪では同意があっても身体傷害は存在するが、刑罰による要保護性が否定される）。

　このことを前提とすると、202条はなぜ被害者の承諾があるにもかかわらず、身体に対する罪と同様に違法性が阻却されず、刑が減軽されるにとどまり、犯罪として処罰されるのかの合理的な説明が必要となる。また、特に自殺関与罪については、自殺行為それ自体は犯罪として処罰されないのにその教唆・幇助はなぜ処罰されるのかについて理論的な根拠づけが必要となる。たとえば、ドイツ刑法は、216条で嘱託殺人を規定しているが、自殺行為は適法であるから、その共犯も処罰に値しないとして自殺関与罪に関する規定は存在せず、犯罪でないとされているのである。

(3)　同意殺人の処罰根拠

　生命についても身体その他の個人的法益と全く同様に法益主体に処分権限を認める立場に立つと、①その処罰根拠を当該個人の生命維持についての家族その他関係者の経済的利益・精神的利益の保護あるいは個人の社会貢献を前提にした社会的利益の保護に求めるか（関係者利益説・社会的利益説）、②生命についての被害者の処分意思は任意性が認められないとするか（不任意推定説）にその処罰根拠を求めざるを得ない。①については、関係者利益説からは関係者全員の同意があれば違法性が阻却されることになるが、202条の規定と調和しない。また、社会的利益説は、実質的には生命の法益主体を社会に求めることになり妥当でない。さらにこの説によると自殺未遂も処罰せざるを得なくなるであろう。②による場合には、処分意思が任意でない以上199条が適用されるべきであり、202条を適用する根拠がうまく説明できないであろう。したがって、同意殺人の処罰根拠は、生命についての処分権限はパターナリズムの観点から制限されるという点に求めざるを得ない。生

命は全ての個人的法益の存立条件であり、また自己決定の前提条件でもあるから、自己決定権の尊重・個人的法益の尊重のために当該個人の存在維持を目的として、その処分権限を制約しているのである。なお、この立場を前提とする場合には、同意殺人罪の未遂犯処罰（202条、203条）の存在から、生命に危険のある傷害についても処分権限は制限されているものと解される。

(4) 自殺関与罪の処罰根拠

わが国では、下記の図表2‒5のように近時減少傾向にあるものの、現在でもなお年間2万人を超える自殺者が存在する。自殺行為それ自体は犯罪とはされず自殺未遂者は処罰されない。その不処罰の法的な説明として、①自殺適法説、②自殺可罰的違法性阻却説、③責任阻却説がある。いずれの立場からも、自殺者は処罰されないが、自殺教唆・幇助者が処罰されることをどのように説明するかが問題となる。

自殺行為は他害行為でなく私的領域内での事柄であるから適法であると考えることも可能であるが、自殺を適法とすると自殺を阻止する行為が強要罪を構成することとなり、その点で①説には問題がある。また、前述したように、生命については処分権が制限され個人に完全な処分権を認めない以上、自殺それ自体も法秩序によって否定的評価を受けるというべきであろう。このことは、自殺の認知件数の数値の高さからも妥当だといえよう。ただ自殺行為の抑止は刑罰をもって行うべきなく、自殺の原因を除去すべく社会政策によって行うべきである。このように刑法・刑罰による抑止は相当でないという意味から自殺の可罰的違法性が阻却されると考えるべきである。これに対して、自殺関与行為は、他者の生命侵害に関わる行為であり、またそれに刑罰を科し抑止することで自殺者の生命保護に役立つといえるので可罰的違法性を認めることができよう。生命に対する処分権限は制限されているとはいえ、その範囲内で処分意思は尊重されるので、通常の殺人教唆・幇助とは異なる特別な犯罪類型として規定されているのである。

(5) 199条と202条の区別

形式的には同意に基づく殺人、あるいは自殺教唆・幇助であっても、同意ないし自殺意思が有効でなければ202条ではなく199条の成立が問題となる。判例によれば、①処分する法益の意味・処分の意味を理解する能力がな

図表 2 - 5　自殺者数の年度推移

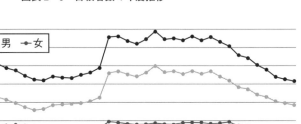

出典：厚生労働省社会・援護局総務課自殺対策推進室、警察庁生活安全局生活安全企画課「平成 30 年度中
　　　における自殺の状況」

い場合（最決昭和 27 年 2 月 21 日刑集 6 巻 2 号 275 頁。重度の精神障害者で自殺
のなんたるかを理解しない者を利用して自殺させた事案）、②処分意思が強制に
よる場合（福岡高判宮崎支部平成元年 3 月 24 日高刑集 42 巻 2 号 103 頁。高齢の
被害者から借金をしていた被告人が殺害して返済を逃れようとして、被害者が犯
罪を犯し官憲が迫っており、逮捕されれば刑務所に入れられ、身内の者にも迷惑
がかかるなどと欺罔して、精神的に追い詰めて自殺させた事案）、③処分意思が
欺罔に基づくものである場合（最判昭和 33 年 11 月 21 日刑集 12 巻 15 号 3519
頁—心中を持ちかけられた被告人が、関係を清算するために追死の意思もないの
に追死をするふりをして自殺をさせた事案）に被害者の有効な処分意思を否定
して、殺人の間接正犯を認めている。（この点については、本講事例 1 を参照
のこと）。

4　生命を侵害する犯罪②

1　傷害致死罪

　傷害致死罪の成立要件は、①傷害行為、②死亡結果、③因果関係、④傷害
あるいは暴行の故意、⑤死亡結果の予見可能性（学説は責任主義の立場から成
立要件としているが、判例—最判昭和 32 年 2 月 26 日刑集 11 巻 2 号 906 頁その他

は不要であるとする）である。

　暴行の故意で行為を行い、傷害結果が発生した場合は傷害罪であり、さらに傷害結果だけでなく死亡した場合には傷害致死罪が成立する。傷害致死罪は傷害罪の結果的加重犯の場合と暴行罪の結果的加重犯（これは、暴行から傷害さらに死亡という形での二重の結果的加重犯といえよう）の場合がある。

　暴行・傷害行為が直接の死因となった場合だけでなく、被害者が暴行を避けようとして逃走する途中で階段から転落して死亡した場合のように、暴行・傷害行為と被害者の逃走行為、そしてそれによる死亡との間に因果関係が認められる場合には傷害致死罪が成立する。暴行を避けるためにやむを得ず海中に飛び込み被害者が死亡した事例につき傷害致死を認めたもの（大判大正 8 年 7 月 31 日刑録 25 輯 899 頁）、マンションの一室で複数人から長時間暴行を受けた被害者が、隙を見て逃走する際に被告人たちの追跡を逃れるために高速道路に進入し、走行中の車に轢かれ死亡した事案について、「被害者が逃走しようとして高速道路に侵入したことは、それ自体極めて危険な行為というほかないが、被害者は、被告人らから長時間激しくかつ執ような暴行を受け、被告人らに対し極度の恐怖感を抱き、必死に逃走を図る過程で、とっさにそのような行動を選択したものと認められ、その行動が、被告人らの暴行から逃れる方法として、著しく不自然、不相当であったとはいえない。そうすると、被害者が高速道路に侵入して死亡したのは、被告人らの暴行に起因するものと評価できる」として、暴行と交通事故死に因果関係を認めて傷害致死としたもの（最決平成 15 年 7 月 16 日刑集 57 巻 7 号 950 頁）がある。

2　危険運転致死傷罪

（1）　立法の経緯とその罪質

　1999 年 11 月に東名高速道路において悪質な酩酊運転のトラックが渋滞中の車両に追突し、追突された車両が炎上し車内で幼い二人の姉妹が焼死するという悲惨な事故が発生した（東名高速飲酒運転二児死亡事件）。その後、その運転手には業務上過失致死罪で 4 年の懲役が言い渡された。被害者遺族である両親が、いわば走る凶器と化しているような悪質な運転手の刑があまり

にも軽いと訴え署名運動をしたことを契機に、悪質な運転に厳罰を科すべきであるとの国民世論が盛り上がり、それに応える形で、2001 年の刑法一部改正において、危険運転致死傷罪が 208 条の 2 として暴行罪の後ろに挿入された。

　その後の 2004 年の改正で、法定刑の上限を 15 年から 20 年に引き上げるとともに、それまでは 4 輪車のみを処罰の対象としていたのを 2 輪車にも拡大し、さらに 2013 年には、自動車の運転により人を死傷させる行為等の処罰に関する法律（自動車運転死傷行為処罰法）に 208 条の 2 の危険運転致死傷罪と 211 条 2 項の自動車運転過失致死傷罪が移されると同時に、準危険運転致死傷罪や無免許運転による事故に対する加重処罰規定など、悪質な交通事故に対応する規定の充実が図られた。

　危険運転致死傷罪は、導入時に 208 条の 2 に位置づけられたように、危険運転行為を暴行類似のものと位置づけ、危険運転の認識・認容を暴行の故意類似の故意と評価して、交通事犯を故意犯として処罰することを意図したものであった。その意味で、204 条ないし 205 条の特別類型であるといえる。したがって、運転者が危険運転行為の際に傷害の故意を有していた場合には危険運転致死傷罪のみが適用されることになる。

(2)　危険運転致死傷罪

　自動車運転死傷行為処罰法 2 条は、危険運転行為（2 条 1 号から 6 号に規定されている行為）を行い、人を負傷させた者は 15 年以下の懲役に処し、人を死亡させた者は 1 年以上の有期懲役に処すると規定している。

　危険運転行為とは、

　　①酩酊運転型―アルコールまたは薬物の影響により正常な運転が困難な状態で自動車を走行させる行為

　　②高速度運転型―進行を制御することが困難な高速度で自動車を走行させる行為

　　③技能欠如運転型―進行を制御する技能を有しないで自動車を走行させる行為

　　④妨害運転型―人または車の進行を妨害する目的で、走行中の自動車の直前に侵入し、その他通行中の人または車に著しく接近し、かつ、重

大な交通の危険を生じさせる速度で運転する行為

⑤赤信号無視運転型―赤色信号またはこれに相当する信号をことさらに無視し、かつ、重大な交通の危険を生じさせる速度で運転する行為

⑥通行禁止道路進行型―通行禁止道路を進行し、かつ、重大な交通の危険を生じさせる速度で運転する行為

をいう。

(3) 準危険運転致死傷罪

2013 年の立法で新設された準危険運転致死傷罪（同法 3 条）は、以下の規定である。

> **1 項** アルコールまたは薬物の影響により，その走行中に正常な運転に支障が生じるおそれがある状態自動車を運転し，よって，そのアルコールまたは薬物の影響により正常な運転が困難な状態に陥り，人を負傷させた者は 12 年以下の懲役，人を死亡させた者は 15 年以下の懲役に処する。
>
> **2 項** 自動車の運転に支障を及ぼすおそれがある病気として政令で定めるものの影響により，その走行中に正常な運転に支障が生じるおそれがある状態で，自動車を運転し，よって，その病気の影響により正常な運転が困難な状態に陥り，人を死傷させた者も，前項と同様とする。

この規定は、危険運転致死傷罪の酩酊運転型について、「正常な運転が困難な状態で自動車を走行させる」ことについての故意を緩和して、「走行中に正常な運転に支障が生じるおそれがある状態」とその認識・認容があれば処罰できるとしたものである。「正常な運転に支障が生じるおそれがある状態」とは、正常な運転が困難な状態にまで至らないが、自動車の運転に必要な注意力その他の能力が相当程度低下している状態をいう。2 項にいう「病気」は、政令（政令第 166 号 3 条）に規定されており、運転能力を欠くおそれのある統合失調症、てんかん、一過性の意識障害、低血糖症、躁鬱病、重度の睡眠障害が挙げられている。

3　過失致死傷罪

（1）　犯罪の性質

　上述したように生命（身体）という法益は重要であるから、故意による侵害行為だけでなく、過失（不注意）による侵害行為からも保護すべく刑罰を科している。ただし、故意犯と比べると過失犯の場合には法定刑はきわめて軽いものとなっている。それは、行為により法益侵害結果が発生したことが刑罰の発動条件であるが、科される刑罰の量は、その行為をしたことについて行為者に対する非難の量により最終的には決定されることになるからである。殺人と過失致死で同じように一人の人が死亡した場合に、法益侵害結果は同一であるが、行為者に故意のある場合と過失しかない場合とでは、行為者の法規範遵守に対する態度に違いがあり、故意がある場合の方が非難の程度が高いと考えられているのである。

　過失とは、行為にあたり結果の発生が予見できるにもかかわらず、予見された結果を回避するために必要な措置をとることなくその行為をして、結果を発生させてしまった場合に認められる。たとえば、小学校近くの生活道路を自車で制限速度を超えて運転中の X が、路地から小学生が急に飛び出してくるとブレーキをかけても間に合わず轢いてしまうことを予想したにもかかわらず、スピードを落とすこともなく走行して、飛び出してきた小学生を轢いて死亡させたという場合に、小学生を轢いてしまうことの予見が可能であったにもかかわらず、スピードを落とすという必要な措置を取らなかったことで過失を認定することになる。この過失犯の本質を、結果予見義務を中心に考える立場（旧過失犯論）と結果回避義務を中心に考える立場（新過失犯論）とが主張されている。しかし、どちらの立場をとっても、過失犯の処罰にあたり結果予見可能性と結果回避可能性が必要であることにちがいはない。

（2）　犯罪類型と成立要件

　①業務上過失の業務性は、（a）社会生活上の地位に基づき反復・継続して行う行為であって、（b）他人の生命・身体に危害を加えるおそれがあるものをいい、必ずしも職業としての活動や営利目的の活動である必要はない（最判昭和 33 年 4 月 18 日刑集 12 巻 6 号 1090 頁）。また、人の生命・身体の危険を

図表 2-6　死傷を伴う過失犯罪

過失致死罪	210 条	50 万円以下の罰金
業務上過失致死傷罪	211 条前段	5 年以下の懲役若しくは禁錮または 100 万円以下の罰金
重過失致死傷罪	211 条後段	〃
過失運転致死傷罪	自動車運転死傷行為処罰法 5 条	7 年以下の懲役若しくは禁錮または 100 万円以下の罰金
※過失致傷罪	209 条	30 万円以下の罰金又は科料 親告罪

防止することを義務内容とする業務もこれに含まれる（最決昭和 60 年 10 月 21 日刑集 39 巻 6 号 362 頁）。業務上過失がある場合について、通常の過失と比較して刑が加重される根拠は、他人の生命・身体に対する危険性を有する一定の業務を行う権限が与えられていることに基づいて、業務者には特別な注意義務が課される点に求められる。

　②211 条後段の「重大な過失」とは、死傷結果を予見することが容易な場合並びに結果を回避することが容易であった場合を意味する。判例では、農作業中に飼育している大型の闘犬を放し飼いにしたために、近くの公園で遊んでいた幼児が噛まれて死亡した事案（那覇地判沖縄支部平成 7 年 10 月 31 日判時 1571 号 153 頁）、妻と自宅で口論になり、妻が文化包丁を持ち出したので、これに対抗するために日本刀を持ち出し、それでふすまを突いたところ、たまたまふすまの奥にいた長男の胸部に刺さり、長男が死亡した事案（神戸地判平成 11 年 2 月 1 日判時 1671 号 161 頁）、自転車を運転中の被告人が、信号機がなく見通しの困難な場所において確認不十分のまま交通量の多い幹線道路を横断しようとしたことで、これとの衝突を避けようとした車両などが事故を起こし、車両に衝突した歩道上の歩行者 2 名が死亡した事案（大阪地判平成 23 年 11 月 28 日判タ 1373 号 250 頁）、自転車の通行の禁止されている歩行者専用道路を、左耳にイヤホンをつけ音楽を再生し、飲料の容器を持った右手でハンドルを握り、左手でスマートフォンを操作しながら電動アシスト自転車で進行した末、前方の歩行者に気づかず、スマートフォンをズボン

のポケットにしまうために前方を注視せずに走行して自車を歩行者に追突させて死亡させた事案（横浜地判川崎支部平成 30 年 8 月 27 日 LEX/DB 25561546）などで重過失が認定されている。

③過失運転致死傷罪は、当初 2007 年に 211 条 2 項に自動車運転過失致死傷罪として新設され、2013 年に自動車運転死傷行為処罰法 5 条に移された。危険運転致死傷罪が適用できない悪質な交通事犯に対処するために、業務上過失致死傷罪の 5 年より重い 7 年の懲役を規定したものである。

5　生命に対する危険を発生させる犯罪

1　堕胎罪

　判例・通説によると、堕胎とは①自然の分娩期に先立って胎児を母体外に排出すること、②母体内で胎児を殺害すること（大判明治 44 年 12 月 8 日刑録12 巻 849 頁）と理解されている。これに対して、堕胎を胎児殺と理解する有力説もある。後者の立場によると、堕胎罪は胎児の生命を侵害する犯罪とい

図表 2 - 7　堕胎に関する犯罪類型

自己堕胎罪 （212 条）	妊婦が薬物その他の方法で堕胎すること	1 年以下の懲役
同意堕胎罪 （213 条 1 項）	妊婦の嘱託・承諾に基づき堕胎させること	2 年以下の懲役
同意堕胎致死傷罪 （213 条 2 項）	1 項の行為により妊婦に死傷結果が発生した場合	3 月以上 5 年以下の懲役
業務上堕胎罪 （214 条 1 項）	医師・助産師・薬剤師・医療品販売業者が，妊婦の嘱託・承諾に基づいて堕胎させること	3 月以上 5 年以下の懲役
業務上堕胎致死傷罪 （214 条 2 項）	1 項の行為により妊婦に死傷結果が発生した場合	6 月以上 7 年以下の懲役
不同意堕胎罪 （215 条 1 項・2 項）	妊婦の同意なく堕胎をさせること・その未遂	6 月以上 7 年以下の懲役
不同意堕胎致死傷罪	215 条の行為により妊婦に死傷結果が生じた場合	傷害の罪と比較して重い刑により処断

うことになるのに対し、判例・通説によると、堕胎罪は胎児の生命に対する危険犯だということになる。両者の違いは、堕胎行為を行なったが胎児が死亡しなかった場合に堕胎罪として処罰しないかどうかという点にある。もちろん、十分な未熟児医療をすることを前提にした堕胎行為は処罰に値しないが、少なくとも生命に対する具体的な危険性のある堕胎行為は処罰すべきであるから、判例・通説が妥当である。

　この立場を前提とすると、母体から排出した胎児を作為によって殺害した場合には、堕胎罪と殺人罪が成立し、また排出後の胎児を放置して死亡させた場合には、堕胎罪と保護責任者遺棄致死罪が成立することになろう（最決昭和 63 年 1 月 19 日刑集 42 巻 1 号 1 頁）。

　堕胎罪の保護法益は、胎児の生命だけでなく妊婦の生命・身体も含まれる。出産も堕胎手術も妊婦の生命・身体に対してリスクを有しているからである。

　自己堕胎罪は、妊婦自身による堕胎行為はその生命・身体に対しては自傷行為であり違法でないから、胎児の生命のみを保護法益とする犯罪である。これに対し、不同意堕胎罪は、妊婦の意思に反する堕胎行為であり、妊婦の嘱託・承諾に基づく同意堕胎罪や業務上堕胎罪と比して法定刑が重くなっているのは、保護法益に含まれている妊婦の生命・身体に対する危険との関係で違法性が高いと評価されているからである。さらに堕胎行為の持つ妊婦の生命・身体に対するリスクが実現した場合につき堕胎致死傷罪が規定されている。

○コラム 4　堕胎罪・母体保護法と国の人口政策

　堕胎罪・母体保護法という法制度は、制定されたときの国の人口政策と緊密な関連性を有している。1869 年に明治政府は堕胎禁止令を出し、その後旧刑法、そして現行刑法に堕胎罪規定が設けられた。これは、当時の欧化政策の 1 つとしてキリスト教の持つ倫理観の影響を受けたものではあったが、家父長制度下での家の存続・維持という理由、さらには富国強兵・殖産産業政策のための人口増加政策推進という理由から導入されたものであった。その後、1940 年に国民優生法が制定されたが、これはナチス・ドイ

ツの断種法を手本としたもので、「悪質な遺伝性疾患の素質を有する者の増加を防ぎ、健全な素質を有する者の増加を図る」ことを目的とし、前者の目的のための優生手術の実施、そして、後者の目的のための中絶手術の規制強化を規定したものであった。その立法過程で、強制的な優生手術の規定は創設したものの、その実施を凍結する措置をとったために、実質的には、優生学的理由でない中絶の規制強化が前面に出ることとなったが、それは当時の戦時体制下での人口増強策を色濃く反映したものであった。その後、戦後すぐの 1948 年に国民優生法を改正する形で優生保護法が制定された。優生保護法は、「①優生上の見地から不良な子孫の出生を防止するとともに、②母体の生命健康を保護すること」を目的とし、①については、優生手術の対象を、本人、配偶者、4 親等内の血族に遺伝性疾患、ハンセン病、さらには非遺伝性の精神病・精神薄弱のある者にまで拡大し、遺伝性疾患等の遺伝を防止するために公益上必要と優生保護委員会が認めた場合には本人の同意なしに強制的に不妊手術を行うことができるものとしていた。実際に同法に基づいて、1993 年まで強制不妊手術が実施されており、その数は少なくとも 1 万 6500 件であるとされている。そして、2019 年に旧優生保護法に基づく優生手術等を受けた者に対する一時金の支給等に関する法律が成立し、強制不妊手術の被害者に一時金が支給されることになった。また、②については、戦争によって領土を失い、戦地からの引き上げと戦時による農地の荒廃による食糧危機の中で、戦後の爆発的な人口増加を回避するための人口抑制策の一環として、中絶手術を一定の条件下で許容し、他方で中絶手術を医学的に管理することで母性の生命健康を保護しようとしたものであった。そして、1996 年に優生保護法の規定から優生手術に関する規定をすべて削除し、母性保護の目的による不妊手術・人工妊娠中絶のみの規定内容とし、それに合わせて法律名を変更したのが現在の母体保護法である。この改正により母性保護を中心におく法制度になったともいえよう。しかし、この母体保護法についても、「性と生殖に関する健康と権利（リプロダクティブ・ヘルス／ライツ）」の観点から問題点が指摘されている。

2 遺棄罪

(1) 遺棄罪

判例・通説によると生命・身体に対する危険犯であり（大判大正 4 年 5 月 21 日刑録 21 輯 670 頁）、生命・身体の安全が保護法益である。なお、生命に対する危険犯であるとする立場も有力である。両者の差異は、遺棄行為が生命に対する危険性を持たないが身体に対する危険性を持つ場合に処罰するか否かにある。ただ、現実問題として、そのような事例は稀有であるから実質的には両者の結論にほとんど違いがない。

(2) 犯罪類型

遺棄罪にいう遺棄とは、「老年、幼年、身体障害、疾病」のある者で、「扶助を要する者」を、移置（場所的に移動して危険な状態におくこと）あるいは置去り（危険な場所に放置して立去り、場所的離隔を生じさせること）にすることをいう。

扶助を要する者とは、他人の助力がなければ自ら日常生活を営むべき動作ができない者をいう。疾病のある者（病者）は、広く解されていて、負傷者、高度な酩酊者、飢餓者も含む。「生存に必要な保護をしない」（＝不保護）とは、たとえば幼児に食事を与えないとか、病人に適切な治療を受けさせないなどの不作為をいう。その意味で不保護罪は真正不作為犯（不作為犯のうち条文に不作為が規定してあるもの）である。

保護責任者とは、親権者や介護義務者のように、要扶助者を保護すべき義務のある者をいうが、それが不真正不作為犯（不作為犯のうち条文の文言は作為犯であることが想定される犯罪を不作為で実現する場合をいう）で要求される

図表 2－8　遺棄に関する犯罪類型

	主　体	行　為	客　体	法定刑
単純遺棄罪（217）	限定なし	遺棄	老年・幼年・身体障害・疾病＋扶助を要する者	1 年以下の懲役
保護責任者遺棄罪（218）	保護責任者	遺棄　不保護	同じ（条文の表現方法は異なっているが）	3 月以上 5 年以下の懲役

作為義務と同一か否かについて議論がある（この点については、以下のコラムを参照）。

　219 条は 217 条並びに 218 条の結果的加重犯の規定である。「傷害の罪と比較して、重い刑により処断する」とは、法定刑の上限も下限も重い方にするということである。たとえば保護責任者遺棄の場合、傷害罪の法定刑は上限 15 年、下限が 1 月であり、保護責任者遺棄罪は法定刑の上限が 5 年、下限が 3 月であるから、上限を 15 年、下限を 3 月として、最終的な刑期を決定することになる。

○コラム 5　217 条と 218 条の遺棄概念について

　遺棄罪の成立要件については、① 移置・置去りと作為・不作為との関係と②作為義務と保護責任との関係の理解に基づいて、さまざまな立場に分かれている。

　①の点について

（1）　移置＝作為、置去り＝不作為

（2）　移置＝作為（a）＋不作為（b）、置去り＝作為（c）＋不作為（d）

　（a）　要扶助者を危険な場所に移動させて放置する

　（b）　要扶助者が危険な場所に移動しようとしているのを阻止しない

　（c）　要扶助者が保護者に接近しようとするのを妨害する

　（d）　保護者が要扶助者に接近しない

　②の点について

（ア）　作為義務＝保護責任　作為義務の発生根拠と保護責任の根拠は同じである。

（イ）　作為義務≠保護責任　作為義務の発生根拠と保護責任の根拠は違う。

　これらの概念に対する判例・学説は以下のとおりである。

Ⅰ説（判例）（1）＋（ア）　217 条の遺棄は移置のみ　218 条の遺棄には移置と置去りが含まれる。

Ⅱ説　（2）＋（ア）　217 条の遺棄は（a）・（c）218 条の遺棄は、（a）・（b）・（c）・（d）が含まれる。

Ⅲ説　（2）＋（ア）不作為である（b）・（d）は 218 条の不保護概念に包摂さ

れる。

217条・218条の遺棄＝（a）・（c）

Ⅳ説 （2）＋（イ）　保護責任は親権者・介護義務者など継続的な保護関係
の存在を前提とする。

作為義務者の不保護は217条に不保護の規定がないので処罰しない。

そのこととのバランスで（b）（d）は218条のみで処罰する。

218条の不保護の処罰には、作為義務＋継続的な保護関係が必要

Ⅴ説 （2）＋（イ）

217条・218条の遺棄＝（a）・（b）・（c）・（d）

217条で不作為による遺棄を処罰するためには作為義務が必要

218条で不作為による遺棄を処罰するためには、作為義務＋継続的保
護関係が必要

6　事例と解説

【事例1】　Xは、Yとの交際を周囲から反対されていたこともあり、別れ話
を持ち出したが、Yはこれに応じず心中することを持ちかけてきた。一度はY
の熱意に負けて心中することに応じたもののその後気が変わり、Yが自殺する
形で死んでくれれば好都合と考えて，Yに対して、あたかも自分もすぐ後を追
って自殺するように装って、あらかじめ用意した毒薬を渡した。YはXもす
ぐに自殺するものと信じて、自ら毒薬を飲んで死亡した。

この事例は、Xとの心中をするためにY自身が自らの意思で毒薬を飲み
死亡しており、自殺を行なったといえる。しかし、Yが自殺意思を持ったの
は、Xが自分と心中をするため追死を約束したからである。この点を形式的
に評価すると、XはYに自殺教唆をして自殺させている（202条前段の自殺
教唆罪）。しかし、追死するというのは嘘であり、Yはその嘘がなければ自
殺する意思が生じなかったのであるから、その意思は無効ではないか、Xは
心中を偽装してYを殺したのではないかが問題となる（偽装心中事件）。そ

こで、この事例では、①嘘に基づく被害者の同意は有効か無効か―この事例
では嘘に基づく自殺意思が有効かが直接の問題であるが、自殺関与も同意殺
人も被害者の自己決定権の尊重という共通の問題点を有するので、同じ問題
として処理されるのである、②被害者の同意が無効であるとした場合に、X
の行為はどのように評価されるのかが問題となる。

　判例（最判昭和 33 年 11 月 21 日刑集 12 巻 15 号 3519 頁）は、「本件被害者は
被告人の欺罔の結果被告人の追死を予期して死を決意したものであり、その
決意は真意に添わない重大な瑕疵ある意思であることが明らかである。そし
てこのように被告人に追死の意思がないに拘らず被害者を欺罔し被告人の追
死を誤信させて自殺させた被告人の所為は通常の殺人罪に該当するもの」と
判示して、①の点について、嘘の内容がその嘘がなければ同意することがな
かったと言えるほど被害者の意思決定にとり重要な場合にはその同意は無効
であるという立場を取っている（重要説・真意説）。これに対して、本件の被
害者は、自分が処分する法益の内容については正確に理解しており、単にそ
の動機に錯誤があったに過ぎない。嘘の内容が処分する法益に関する場合の
み同意を無効とすべきであるという考え方が有力に主張されている（法益関
係的錯誤説）。この立場の論者は、この事例で殺人罪を認めることは、実質
的には、刑罰が生命保護ではなく「追死してくれる」という被害者の期待を
保護することになり妥当でないと批判するのである。

　被害者の承諾がある場合に違法性が阻却ないし違法性が減少するのは、法
益処分についての被害者の自己決定権を尊重するからである。それゆえ、そ
の法益処分意思は、自己決定に基づくもの、つまり、自らの意思により選択
されたものでなければならない。

　法益関係的錯誤説は、処分する法益の内容を質・量ともに正確に認識して
いる限り、その選択は任意なものと評価できるとするものである。しかし、
処分する法益の内容を認識していない場合には任意の処分とはいえないとし
ても、その認識があれば常に任意の処分であるとはいえないであろう。たと
えば母親が子供の臓器移植に必要であるとの嘘により肝臓の一部の切除に同
意したような場合には有効な同意とはすべきではないであろう。やはり、本
事例では、処分する法益の内容を正確に認識していたとしても、虚偽の内容

が死の選択にとり決定的な条件に関するものである場合には、自由な選択とは言えない。虚偽の内容が自由な選択を阻害する程度に重大な影響を与えたといえる場合に承諾の存在を否定する重要説が妥当であろう。

②の点について、自殺意思が有効であるとした場合は、Ｙが自殺行為という正犯行為を行い、Ｘの行為は自殺教唆と評価されることになる。これに対して、自殺意思を無効とした場合にＸに殺人罪の成立を認めるためには、欺罔行為が殺人の実行行為と評価されなければならない。ここでは被害者の行為を利用した犯罪（間接正犯）の成否が問題となる。被害者を利用した間接正犯を認めるためには間接正犯者の行為が被害者の行為・結果発生を支配するものでなければならず、本事例では欺罔行為は行為動機を与えたに過ぎず支配したとはいえないとする立場も有力に主張されている。しかし、欺罔行為によって自殺をすることの決定的な動機を与えられた場合には被害者の規範的障害はそれによって除去されたと評価でき、欺罔行為に殺人の実行行為性を認めても問題ないであろう。

【事例2】　高速道路の追い越し車線をスポーツカーで走行のＸは，前を行くＡの運転する乗用車が，両者の車間距離が迫っているにも関わらず，スピードを上げることも走行車線に車線を変更することもせず自車の走行の邪魔になったことからひどく腹を立て，1発殴ってやろうと決意をすると，Ａに自車の前照灯をパッシングするなどの合図を送り，Ｆサービスエリアの侵入路近くの走行車線上に停車させ，自車もその後方に停車させた上で，降車してＡ車に向かっていった。Ｘは，車の窓を開けて「どうかしましたか。」と尋ねたＡの顔面をいきなり数発殴りつけ，さらに運転席のドアを開けてＡを車外に引きずり出して暴行を続けようとした。Ａは，とっさに車のキーを抜いてズボンのポケットに入れた上で車外に出て，これ以上暴行を振るわれてもかなわないと考えて，「お詫びです。これで美味しいものでも食べて機嫌を直して下さい。」と言いながら3万円を差し出した。これを見たＸは，「そういうことなら，ゆるしてやるよ」といいながらお金を受け取り，Ａ車を離れて悠然と自車に乗って立ち去った。

　Ａは，自車に戻り車を直ちに発車させようとしたが，甲から受けた暴行による動揺から，キーを抜き取ったことは覚えていたが，とっさそれをズボンに入

れたのを忘れて，車内をくまなく探しまわってその場にさらに 10 分間停車を
続けてしまった。その頃，A の停車する走行車線を高速で走っていた乙は，F
サービスエリアの進入路を示す表示板に気を取られていたために停車中の A
車の存在に気づくのが遅れ，高速度のまま同車に後ろから衝突したために A
は死亡するに至った。

　本事例と類似の事案である最決平成 16 年 10 月 19 日（刑集 58 巻 7 号 645
頁）では，高速道路の追い越し車線上に自車および後続トラックを停車させ
たことが自動車運転上の過失として評価され，停車中のトラックに追突した
後続車の運転者等が死傷したことについて過失致死傷罪を認めるための因果
関係が問題となった。当該判例は，①夜明け前の薄暗い高速道路の追い越し
車線に自車並びに後続トラックを停車させた過失行為は，それ自体後続車の
追突等による人身事故につながる重大な危険性を有していたこと，②本件事
故は，トラックが被告人が立ち去った後もなお危険な現場に停車させ続けた
ことなど，他人の行動等が介在して発生したものであるが，それらは被告人
の過失行為及びこれと密接に関連してされた一連の暴行等に誘発されたもの
であったという点から，過失行為と被害者らの死傷との間に因果関係を認め
ている。
　判例・通説は，条件関係の存在を前提にして，実行行為の有する危険性が
結果に実現したと評価できる場合に刑法上の因果関係を認めているが，その
判断にあたり，特に実行行為の後に第 3 者ないし被害者の行為が介在して結
果が発生した事例において，（ア）介在行為が存在しなかったとしても，ほ
ぼ同じ結果が発生したといえる場合（介在行為の結果発生への寄与度が低い場
合―最決平成 2 年 11 月 20 日刑集 44 巻 8 号 837 頁）には，実行行為の持つ危険
性が結果に実現したとし，（イ）介在行為によって結果が発生したといえる
場合（介在行為の結果への寄与度が高い場合）に，当該介在行為を実行行為が
誘発したといえる場合にも，実行行為の介在行為を誘発する危険性が結果に
実現したと評価して因果関係を認めているのである。
　本事例についても，高速道路の走行車線上に車を停車させることは，それ
自体追突による死傷事故を起こす危険を有するものであり，また追突による

死亡事故は、AがXの立ち去った後も10分間停車を続けたことにより引き起こされているが、そのことは、Xが走行車線上に自車とAの車両を停車させた過失行為とそれに密接に関連する暴行という一連の行為により誘発されたものであるから、過失行為と追突による死亡との間に因果関係を認めることが可能である。そうすると、XにはAに対する自動車運転過失致死罪が成立することになる。

【事例3】　産婦人科医Xは，妊娠26週を経過しているにも関わらず，妊婦Yの依頼を受けて中絶手術を実施し，排出した胎児をそのまま医院内に放置して54時間後に死亡させるに至った（最決昭和63年1月19日刑集42巻1号1頁の事案による）。また，Xが直後に排出した胎児の顔をガーゼで覆い窒息死させた。

　医師Xの中絶手術は、業務上堕胎罪の構成要件に該当する。母体保護法により堕胎罪の違法性阻却されるためには、①期間制限（現在は妊娠満22週以内）、②適応事由の充足が必要である。①の要件は、高度未熟児医療による生命保続可能性の有無に関する要件であり、生命保続可能性のない時点の堕胎のみが許容されているのである。この事例では、すでに①の要件を満たしていないので母体保護法による正当化は認められない。

　問題の中心は、自然の分娩期に先立って母体外に排出された胎児を放置して死亡させた点の法的評価である。胎児と人との区別基準それ自体は、通常の出産プロセスを前提にした議論であるが、判例・通説の一部露出説も全部露出説も、胎児と母体との分離を問題としているのであるから、このケースでもその基準をそのまま使用することができよう。そして、一部露出説に従っても全部露出説に従っても母体外に排出された胎児は「人」として保護されることになろう。

　参考判例事案では、（ア）未熟児医療設備の整った病院の医療を受けさせれば、短期間内に死亡することはなく、むしろ生育の可能性のあることを認識し、（イ）当該医療を受けさせるための措置をとることが迅速容易にできたことを認定した上で、保護責任者遺棄致死罪の成立が認められている。

　学説には、上述の①の要件にいう生命保続可能性の有無で区別をし、生命

保続可能性のある時点で排出された胎児に対しての排出後の攻撃について
は、殺人罪ないし保護責任者遺棄致死が問題となりうるが、生命保続可能性
のない時点で排出された胎児は「人」として保護されないとする立場があ
る。この立場は適法な人工妊娠中絶後の行為を不可罰とすることを意図した
ものであるが、排出された胎児を中絶手術と関係のない第三者が殺害しても
殺人罪が成立しないとするのは妥当でないであろう。生命保続可能性の有無
にかかわらず排出された胎児は「人」として保護されるべきである。ただ
し、当該排出胎児について生育可能性が存在しない場合には、作為義務を認
めることができないので、不作為犯の成立は否定されるべきであろう。本事
例の場合には 54 時間後に死亡したというのであるから、生育可能性を認め
ることができる。それゆえ、そのまま放置して死亡させてしまった場合には
保護責任者遺棄致死罪が、作為により殺害した場合には殺人罪が成立しうる。

参考文献

・高橋則夫『刑法各論（第 3 版）』（成文堂、2018 年）
・井田　良『講義刑法学・各論』（有斐閣、2016 年）
・松原芳博『刑法各論』（日本評論社、2016 年）
・山口　厚『新判例から見た刑法（第 3 版）』（有斐閣、2015 年）

（中空壽雅）

第3講◆身体の安全に関する犯罪

キーワード

暴行罪／傷害罪／暴行・傷害概念／胎児性傷害／同意傷害／凶器準備集合・結集罪／現場助勢罪

関連法令

刑法／暴力行為等処罰法

1　はじめに

　身体の安全に関する犯罪の究極のものは、生命そのものを害する犯罪（殺人や自殺関与・同意殺人のほか、傷害致死、監禁致死といった故意の結果的加重犯類型、および過失犯類型を含む）である。これについては前講の対象としているので、ここでは、人の身体の安全を脅かす加害行為、すなわち「暴力」を取り扱うことにする。

　およそ、暴力は絶対的悪であり、平和的社会にあっては許されることのない害悪である。いかなる問題の解決にあたっても、暴力を手段とするものは認められない。そのことは、日本国憲法の基盤となる「平和主義」からも敷衍されるが、新たな憲法秩序のもとで、昭和22（1947）年の刑法一部改正により、刑法208条（暴行罪）の法定刑の上限を、懲役1年から現行の懲役2年にまで引き上げたことにも象徴される。その折には、親告罪とされてきた暴行罪は、非親告罪化されている。また暴力行為を繰り返す集団に対しては、すでに大正時代に暴力行為等処罰法（1926年）が整備され、加重処罰規定が設けられていたが、戦後の暴力団抗争事件に起因して、昭和33（1958）年、刑法典上に凶器準備集合罪（208条の2）や証人威迫罪（105条の2）が新設され、あわせて暴力的性犯罪の摘発に向け、共同強姦を親告罪から除外したのも（180条2項）、暴力的集団行為への刑事規制に向けた姿勢を示すもの

であった。暴力団対策は、その後暴力団対策法（1991 年）や暴力団排除条例
（2009 年以降に各自治体で整備）の登場により強化された。このように社会一
般の暴力否定への姿勢は強まってきた。それはさらに、家庭内で生じる暴力
にも及んでいる。法が家庭に介入することには慎重でなければならないにし
ても、児童虐待やドメスティック・バイオレンスに対しては刑事法的介入も
辞さない場面があるという認識が、ようやく共有されてきているのである。

2   暴力行為（暴行と傷害）の近時の動向

　暴力行為は、社会が経済的にも政治的にも不安定であって、人心が混乱し
ている状況下において生じやすい。わが国の戦後の警察統計を見ても、傷
害・暴行事件が最も多かったのは、1950 年代のことであることがわかる
（1950 年代後半には傷害罪の認知件数で 7 万件を超え、暴行罪の認知件数は 4 万
5000 件を超えていた。図表 3 - 1 参照、以下同様）。この時期は暴力団の組織拡
充期であり、暴力団の抗争事件が絶えなかったし、また 60 年安保闘争期を
控えて、公安事件や労働闘争事件が絶えなかった時代である。この時期、
1958 年に刑法典に凶器準備集合罪・結集罪が導入されている。その後高度
経済成長期を迎え、70 年代・80 年代を通じ、傷害事件の認知件数は 3 万件
を下回り、暴行事件は 2 万件を下回っている（90 年代半ばまでには、傷害罪
で 2 万件を下回り、暴行罪で 1 万件を下回った）。しかし、バブル崩壊後の 90
年代後半以降、ふたたび増加傾向が認められ、2005 年までに、傷害罪の認
知件数は約 3 万 5000 件、暴行罪の認知件数は約 3 万件に膨れ上がっている。
最近では、2017 年の傷害罪認知件数が 2 万 3286 件、暴行罪認知件数が 3 万
1013 件であるので、多少落ち着いた印象がある（平成 30 年版犯罪白書 4 頁参
照）。

　図表 3 - 2 は、警察統計から平成 21（2009）年から平成 30（2018）年まで
の 10 年間の傷害罪の検挙件数の動向を見たものである。ここで重要なのは、
加害者と被害者との関係である。面識のある関係が 2018 年には 68％に及ん
でいることである（検挙件数 1 万 8601 件のうち面識なしが 1 万 2715 件）。近時
の特質として、加害者と被害者との関係性に注目すべき事件が多くあるが、

図表 3‑1　戦後 70 年の傷害罪・暴行罪認知件数の推移

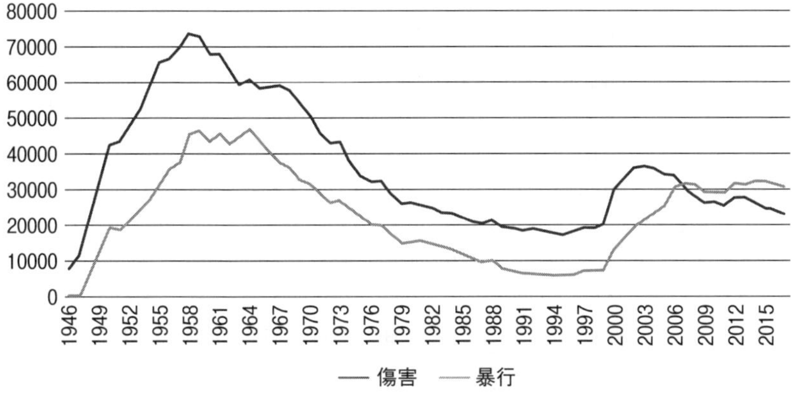

― 傷害　― 暴行

（出典：法務総合研究所・各年度の犯罪白書）

図表 3‑2　傷害検挙件数（被害者・加害者関係別）の推移

年次 区分	H21	H22	H23	H24	H25	H26	H27	H28	H29	H30
検挙件数（件）	18,991	19,093	18,591	20,590	20,444	20,180	19,558	19,427	18,919	18,601
面識なし	7,888	7,502	7,320	7,502	7,425	6,866	6,586	6,577	6,221	5,886
面識あり	11,103	11,591	11,271	13,088	13,019	13,314	12,972	12,850	12,698	12,715
親族	2,447	2,789	2,694	3,704	3,636	4,377	4,411	4,517	4,614	4,733
うち配偶者	1,282	1,523	1,415	2,183	2,154	2,697	2,652	2,659	2,682	2,684
うち親	408	458	502	565	633	677	697	688	729	770
うち子	253	294	283	345	304	434	470	565	580	708
知人、友人	5,084	5,335	5,264	5,711	5,726	5,347	5,091	4,860	4,712	4,536
職場関係者	1,486	1,447	1,423	1,599	1,749	1,692	1,759	1,831	1,833	1,933
その他	2,086	2,020	1,890	2,074	1,908	1,898	1,711	1,642	1,539	1,513

（出典：警察庁『平成 30 年の刑法犯に関する統計資料』2019 年）

暴力事件も例外ではない。むしろ、近時の家庭内暴力、とりわけ配偶者間暴力（DV 事案）や児童虐待事案が増加していることを考えると、犯罪の背景・原因に光をあててその防止対策を講じるとともに、適切な司法処理が求められる問題であることがわかる。図表 3‑3 は平成 21 年から 30 年までの暴行罪検挙件数の推移である。図表 3‑2 と同様に、面識ありの関係が、平

図表 3 - 3　暴行罪検挙件数（被害者・加害者関係別）の推移

年次 区分	H21	H22	H23	H24	H25	H26	H27	H28	H29	H30
検挙件数（件）	21,006	21,529	21,541	23,167	22,717	24,297	25,101	25,319	25,273	26,137
面識なし	13,104	12,922	12,926	13,111	12,745	12,866	12,660	12,408	11,973	11,573
面識あり	7,902	8,607	8,615	10,056	9,972	11,431	12,441	12,911	13,300	14,564
親族	1,973	2,492	2,667	3,483	3,485	4,498	5,621	6,147	6,441	7,410
うち配偶者	1,082	1,452	1,518	2,121	2,135	2,953	3,743	4,032	4,225	4,830
うち親	320	377	434	524	511	570	700	747	792	851
うち子	149	189	233	283	319	394	511	666	668	941
知人、友人	3,140	3,347	3,163	3,609	3,504	3,812	3,753	3,761	3,821	3,933
職場関係者	929	991	925	1,031	1,054	1,124	1,241	1,215	1,250	1,392
その他	1,860	1,777	1,860	1,933	1,929	1,997	1,826	1,788	1,788	1,829

（出典：警察庁『平成 30 年の刑法犯に関する統計資料』2019 年）

成 30 年には 44.3％となり、高率である。

3　暴行の意義

　暴力行為は、刑法上「暴行」という言葉で概念化されている。身体への直接的な暴力的な加害（殴る・蹴る等）であるものや、何らかの手段によって被害者に苦痛を与えるもの、あるいは人以外のものに向けられた不法な行動によって被害者に影響を与えるものなど、種々のものが想定される。ここでは、刑法の条文において、暴行概念がどのように整理されるか示しておく。

　「暴行」は強盗罪や公務執行妨害罪など種々の犯罪概念を構成する要素（構成要件要素）となっている。ただし、その犯罪の特性から暴行の概念は一様ではない。最も広範な暴行概念は、騒乱罪（106 条）や多衆不解散罪（107条）において、それぞれ「多衆で集合して暴行又は脅迫をした」「暴行又は脅迫をするため多衆が集合し……、解散しなかった」、あるいは内乱罪（77条）における「暴動」といったように、不法な有形力の行使が人に向けられたものであるか物に向けられているかを問わない。建物に向かって石を投擲

する行為もここでいう暴行に該当するし、建物を占拠する行為も暴行にあたるとされる（最判昭和35年12月8日刑集14巻13号1818頁）。これを最広義の暴行概念という。

　また、不法な有形力行使が、直接に人に向けられたものでなくても、間接的に身体に強い物理的影響力を与える場合がある。これは広義の暴行概念である。たとえば公務執行妨害罪（95条1項）において、「公務員が職務を執行するに当たり、これに対して暴行又は脅迫を加えた」場合や職務強要罪（95条2項）において「公務員に、ある処分をさせ、若しくはさせないため、又はその職を辞させるために、暴行又は脅迫を加えた」場合がこれにあたる。さらには加重逃走罪（98条）、逃走援助罪（100条2項）、特別公務員暴行陵虐罪（195条）、強要罪（223条1項）における暴行がこの例である。これらにおける暴行は、人以外のものに向けられ有形力行使を含むと解されており、この意味で広義の暴行概念に包含される。

　暴行罪（208条）にいう暴行とは、直接に人の身体に向けられた不法な有形力の行使をいう。これが狭義の暴行概念である。傷害の結果を引き起こすべきものである必要はなく、着衣をつかみ引っ張る行為も暴行にあたる（大判昭和8年4月15日刑集12巻427頁）。また、人の身体に触れることも不要で四畳半の狭い部屋で日本刀を振り回す行為（最決昭和39年1月28日刑集18巻1号31頁）や自動車による幅寄せ行為（東京高判昭和50年4月15日刑事裁判月報7巻4号480頁）なども被害者に恐怖心を生じさせ身体への侵害を高める行為であり、狭義の暴行にあたる。

　さらには、最狭義の暴行概念がある。たとえば強盗罪（236条）では「暴行又は脅迫を用いて」他人の財物を強取することや、強制わいせつ罪（176条）や強制性交等罪（177条）では、「暴行又は脅迫を用いて」13歳以上の者に、わいせつな行為をしたり、性交等を行うことが犯罪として規制されている。ここでいう。暴行は、単に人に向けられた不法な有形力であればよいわけではない。財物の強取や性的な欲望を満たそうとするための暴行であるからには、目的達成のために相手の抵抗・反抗を抑圧できる程度に強いものでなければならない。被害者に抵抗の余地が残されている場合には、強盗罪や強制わいせつ罪等は成立しない。とくに性犯罪の被害者側が抗拒不能の状態

であったかどうかが暴行概念を充足する鍵となる。

　このように、構成要件によって暴行概念に開きがあるのは、犯罪概念を構
成する罪質に違いがあり、その犯罪の遂行手段として当該暴行をどう位置づ
けるかにかかわるからである。

4　傷害罪（傷害の意義）

　刑法典は、人身に対する犯罪として何よりも故意の生命侵害を重く処罰し
（第 26 章殺人の罪）、次いで身体への故意の侵害（第 27 章傷害の罪）、さらに
身体への過失による侵害（第 28 章過失傷害）、さらには胎児及び懐胎女子に
対する侵害（第 29 章堕胎罪）、老幼障害疾病者への侵害（第 30 章遺棄罪）を
整備している。

　このうちここでは傷害罪（第 27 章）について説明しよう。暴力にかかわ
る犯罪として重要であるからであり、それは殺人の章に次ぐ位置（204 条）
に据えられているからでもある。刑法典には暴力行為を否定する考え方が基
盤にあるとはいえ、およそ人を直接に害しない場合には、犯罪としての統制
についてはなお消極的である。

　刑法が注目するのは、結果として人の身体が害されたかどうかにある。そ
れゆえに、傷害罪規定（204 条）がまず置かれ、暴行を加えたものであって
も傷害にいたらなかった場合を暴行罪（208 条）として概念化する。この意
味では、暴行と傷害は原因行為と結果の関係として捉えられる。身体を害さ
ない程度の暴行は、したがって法的非難の対象としては軽く位置づけられて
いる。付言すれば、民法 822 条が親の子に対する懲戒権を規定していること
で、躾と称する虐待を招く一因ともなっていることや、教師の懲戒権を規定
する学校教育法 11 条がそのただし書きで体罰を禁止するとしながらも、水
戸五中事件（コラム 6 参照）の東京高裁判決が、教育上必要なある程度の有
形力の行使は体罰には当たらず頭を平手でたたく程度の行為は暴行罪を構成
しないとしたことで（東京高判昭和 56 年 4 月 1 日判時 1007 号 133 頁）、「けが
をさせなければよい」という教育現場の風潮をひきだすことになったことに
は、留意しておく必要がある。

○コラム 6　水戸五中事件

　1976（昭和 51）年 5 月、体育教師 K は体力診断実施に際して補助係となった中学 2 年生の A がふざけていたのを注意するため、A の頭部を数回殴打した。数日後、A は脳内出血で死亡したが、家族は殴打されたことを知らされずに A の遺体が火葬されたこともあって、事件性があるとした検察庁も、殴打と死亡との因果関係の証明の困難さゆえに、傷害致死（205条）ではなく、殴打の場面を他の生徒らに目撃されていたことから、K を暴行罪（208 条）で起訴するにいたったものである。

　第一審の水戸簡易裁判所は、複数の生徒の目撃証言を重く見て「体罰」の事実を確認し、暴行罪の成立を認め、K に対し罰金 3 万円を言渡した。しかし K はこれを控訴して「体罰」の事実を争ったところ、東京高裁は、1981（昭和 56）年 4 月、「教師が生徒を励ましたり、注意したりする時に肩や背中などを軽くたたく程度の身体的接触（スキンシップ）による方法が相互の親近感ないしは一体感を醸成させる効果をもたらすのと同様に、生徒の好ましからざる行状についてたしなめたり、警告したり、叱責したりするときに、単なる身体的接触よりもやや強度の外的刺激（有形力の行使）を生徒の身体に与えることが、（中略）教育上肝要な注意喚起行為ないしは覚醒行為として機能し、効果があることも明らかであるから、（中略）有形力の行使とみられる外形をもった行為は学校教育上の懲戒行為としては、一切許容されないとすることは、本来学校教育法の予想するところではない」としたうえで、当該事件について、教育目的から頭部を軽く数回たたいたものと認定して、K の行為を懲戒権行使として相当で、生徒 A に身体的苦痛を与えるような体罰にまでは達していないものと判断し、暴行罪の成立を否定した。

　この東京高裁の判決は、教育上必要な一定限度の有形力の行使は体罰にあたらないことを明言するものであり、その後の教育現場において、傷害にいたらないような生徒への有形力行使は体罰ではなく、正当な懲戒権行使としてうけとめられる風潮を生み出すことになった。

　204 条（傷害罪）は、「人の身体を傷害した者は、15 年以下の懲役又は 50 万円以下の罰金に処する」と規定するが、「身体を傷害」するとは、どのよ

うな行為であろうか。もちろん、人に向けられた不法な有形力行使（狭義の暴行）の結果、身体を害した場合が想定されるが、これにとどまらない。つまり暴行という手段によらずとも、被害者を苦しませるために腹痛を引き起こす食物を提供したり、下剤を服用させたりすることも、さらには細菌やウイルスの感染を狙いとして接触をもった場合でも、不法の無形力の行使として、人の生理的機能を害することになれば（つまり被害者の体調に異変が生じたり、病気に感染させたりすれば）、傷害罪は成立する。

　傷害罪の成立をめぐっては、傷害罪における「傷害」の意味を「人間の生理的機能を害する」ものとする考え方（生理機能障害説）と、身体の完全性を害するものとする考え方（完全性説）とが存在してきた。たとえば創傷や火傷、骨折、痣といった身体上の変異は、たしかに明瞭でわかりやすく、医学的にも診断が容易であって、人の生理的機能を害するものであることから、「傷害」と解しやすい。それゆえ、これらの場合には、学説上の違いに意味はない。しかし、女性の長髪を根元から切断する行為はどうであろうか。この行為は、身体の完全性を侵害することになるであろうから、完全性説に立つことで、傷害罪の成立を可能にする。もっとも、大審院時代のことではあるが、女性の髪を切断する行為は、その被害者の健康を直ちに害することにはならないことを理由として傷害罪の成立を否定した（大判明治 45 年 6 月 20 日刑録 18 輯 896 頁）。

　判例は、そのゆえに生理機能障害説に立つものと解されている。ただし、女性を虐待し、頭髪の全部を根元から不整形に切除裁断する行為について、傷害罪の成立を認めた裁判例もある（東京地判昭和 38 年 3 月 23 日判タ 147 号 92 頁）。思うに、生理的機能と身体の完全性とは対立するものではなく、完全性を損ねたことに伴って生じる健康や精神状態への影響を考えると、両者をあわせて傷害概念を構築することが妥当である。傷害概念が法的概念であることを考えると、当該行為及び法益侵害の社会的意味合いを念頭におくことも重要である。必ずしも医学的な診断がつくとは限らない心理的な被害の多くは、被害の実情について社会的な文脈でとらえる必要性も生じてくる。医学的に診断可能なものに限る必要はない。ただその判断の合理的根拠を、医学的診断が提供していることを踏まえておかねばならないだろう。

とくに有形力によらない傷害概念の場合には医学的診断は欠かせない。半年間にわたって深夜に呼びだし音を鳴らしつづけ、また無言電話をかけつづけて被害者に不安感を与え、不眠状態に陥らせ、極度の心身疲労の結果、精神衰弱症に至らせた事案や（東京地判昭和 54 年 8 月 10 日判時 943 号 122 頁）、約 1 年半にわたり、隣家の被害者らに向けて連日朝から深夜あるいは翌未明までラジオの音量と目覚ましアラームの音量を大にして鳴らし続け、被害者をして精神的ストレスを与えて慢性頭痛症及び睡眠障害、耳鳴り症に陥らせた事案（最高裁決定平成 17 年 3 月 29 日刑集 59 巻 2 号 54 頁）、病毒の感染（最判昭和 27 年 6 月 6 日刑集 6 巻 6 号 795 頁）や、強度の恐怖心を生じさせて精神障害に陥れる場合（名古屋地判平成 6 年 1 月 18 日判タ 858 号 272 頁）、さらには、監禁行為とその際に加えられた暴行・脅迫により再体験症状及び過覚醒症状といった精神症状が継続して発現していることから認定された「心的外傷後ストレス障害（PTSD）」の発症（最決平成 24 年 7 月 24 日刑集 66 巻 8 号 709 頁）などが、無形的方法による傷害の例である。

○コラム 7　PTSD と傷害罪

　PTSD（Post Traumatic Stress Disorder）は、精神医学的障害として診断される「心的外傷後ストレス障害」であり、戦争や災害、犯罪、虐待などの被害体験により、直接の被害が去ったあとも精神的不安定や不眠、過剰な警戒感、感情鈍麻、被害の追体験などが生じる症状である。1995 年に発生した阪神淡路大震災や地下鉄サリン事件以後、注目されるようになった。一般的には精神的障害が生理的機能に重大な影響を与えるものとして、傷害概念に包含されてきたが、PTSD が医学的に重大な精神的障害をともなう症状を呈するものとして裁判所も認識するようになった。監禁事件や性犯罪の被害者、あるいは虐待事件の被害者など、被害そのものが継続的に常態化している事案において顕著な症状がみられるケースが多い。新潟で女児が 10 年ちかくにわたり監禁されていた事件（2000 年）や北海道と東京で 4 人の女性が調教目的で監禁されていた事件（2005 年）など、裁判所は PTSD を傷害とうけとめ、監禁致傷罪の成立を認めている。

---

5 胎児性傷害

　胎児に対する傷害は、どのように扱われるのであろうか。母体に対する侵害行為をともなう場合を想定してみると、不同意堕胎罪（215 条）の適用が可能である。ただし、あくまでも堕胎罪の範疇であり、母体に対し傷害の結果が発生すれば不同意堕胎致死傷罪（216 条）が成立する。女子の嘱託又は同意があれば、同意堕胎罪及び同致死傷罪（213 条）が問われることになろう。胎児そのものに対する傷害は法的に擬律されていない。

　しかし、かつて薬害や公害問題が世間に問題を提起した時代、胎児が母体内で影響を受けたまま出生はしたものの、その影響が出生して数カ月後に発生して死亡、あるいは何らかの障害を生じさせるケースが発生していた。この場合、原因を与えた加害者は、どのような刑事責任を負うことになるのだろうか。いわゆる熊本水俣事件において、胎児性傷害が問題となった。侵害行為の時点ではなお胎児であって（胎児傷害）、出生後の障害の発生時には、侵害行為は存しないとみるならば、およそ加害者に業務上過失致死等の責任を負わせることはできない。そこで、第一審の熊本地裁は、行為時には過失致死傷罪の客体たる「人」は存在しないが、「人」の機能の萌芽は認められ、この機能の萌芽に障害を生じさせた場合には、出生後の「人」になってから死傷の結果を発生させる危険があるとして、実行行為時に「人」が存在しなくとも致死罪の成立を肯定し（熊本地判昭和 54 年 3 月 22 日判時 931 号 6 頁）、福岡高裁もこの判決を支持している（福岡高判昭和 57 年 9 月 6 日判時 1059 号 17 頁）。最高裁は、本件に関して次のように判示して、業務上過失致死罪の成立を認めた（最決昭和 63 年 2 月 29 日刑集 42 巻 2 号 314 頁）。

　「胎児に病変を生じさせることは、人である母体の一部に対するものとして、人に病変を生じさせることにほかならない。そして、胎児が出生し人となった後、右病変に起因して死亡するに至った場合には、結局、人に病変を発生させて人に死亡の結果をもたらしたことに帰するから、病変の発生時において客体が人であることを要するとの立場を取ると否とにかかわらず、同罪が成立するものと解するのは相当である。」

　胎児の生存と健全性を保護するうえで、こうした解釈上の解決もひとつの道筋であろうが、胎児の権利の観点から、犯罪法としても何らかの立法的解決を講じることがのぞましいのではなかろうか。

6　同意傷害

　刑法は、被害者が自らの身体を害する行為について同意を与える場合に、これを違法な行為として犯罪化しているであろうか。答えは否である。刑法202条のいわゆる自殺関与や同意殺人に相応する規定は傷害の章には設けられていない。むしろ原則的には、被害者の同意がある場合には犯罪とはされない。法益に対する自己決定が尊重され、法益への侵害性が存在しないからである。むしろ刑法202条の場合が例外であり、法は自己の存在そのものを否定する自己決定を認めないという姿勢をとっている。しかし、身体またはその一部に関しては、法はその処分権を原則どおり容認し、自己の身体について他者による侵害に同意することや、自らこれを望む場合を犯罪とはしていないのである。したがって、構成要件としての同意傷害罪の規定はない。

　このことは、「違法性阻却と被害者の同意」として論じられる問題である。医療における手術などに際し、被害者の同意があって、医療目的の正当性やその方法の相当性など社会観念上も許容できる事案については傷害罪として論及するだけの違法性が阻却されるが、臓器売買目的のための臓器摘出行為は、被害者に同意があるとしても、違法であり傷害罪を構成するであろう。また、性的欲求を満たすための過剰な暴行・傷害（いわゆる SM 行為）は、生命への危険性に関する意識が希薄であり社会的にも許容できないことから、性行為中に同意を得て首を絞め、死亡させた事案につき、傷害致死罪の成立を認めたケースもある（東京高判昭和 52 年 6 月 8 日判時 874 号 103 頁）。さらに、ヤクザの指詰めも、同意を得ての傷害とはいえ、社会観念上認めがたく、違法であって傷害罪を構成する。

7　現場助勢（206 条）と同時傷害の特例（207 条）

現場助勢罪において、傷害又は傷害致死事件に際し、犯行現場で暴力行為の実行行為者の行動をあおるような言動を行う者は、暴力行為そのものを行わなくても「勢いを助け（る）」者として規制されている（206 条。1 年以下の懲役又は 10 万円以下の罰金若しくは科料）。この規定が置かれる理由は、集団的行動あるいは群衆の興奮した状況の中で、暴力行為が過激化する状況が、被害者の身体・生命への危険性をいっそう高めるものであることからでもあるが、現場において、暴力行為を言葉でけしかけたり、拳を振り回すといった動作によって行為者の行動を助勢することが、行為者同様に、暴力事件に関与することであり、それ自体平穏な法秩序を害するものであるからである。いわゆる共犯の類型ではない。行為者との意思の連絡は必要ではなく、興奮した野次馬が現場で助勢的言動をすることで本罪は成立する。幇助者（従犯）の場合は、正犯の刑を減軽する規定が適用されるので（63 条）、その法定刑は、7 年 6 月以下の懲役又は 25 万円以下の罰金となることから、現場助勢者への法的非難の程度はさほど強くはないが、行為者以外の者が暴力的空気を作り出すことを規制することに意味がある。

同時障害の特例（刑法 207 条）は、集団的状況下において発生する傷害事件に対する処理規範である。複数の行為者相互に共犯関係がなくても、同時に被害者への暴行を加えた場合には、それぞれの暴行と生じた傷害の部位が明らかにならなくても、共同正犯者として扱うことが規定されている。本来、相互に意思の連絡のない者が、時間的・場所的に近接した状況で、被害者に暴行を加えた場合、それぞれの暴行の程度と負傷箇所との関連を立証して、それぞれの暴行・傷害の責任を追及するにしても、その関連性が判明しないことが多いだろう。証明可能な範囲で刑事責任を負わせることも一つの考え方であろうが、207 条は、このような場合の特例を設けたのである。暴行者（被告人）が、自らの暴行の結果を特定するようなことができない限りは、共同正犯として全員が同じ責任を負うことが示されており、被告人の側への挙証責任の転換とみることができる。

8 凶器準備集合・結集罪 (208 条の 2)

　刑法 208 条の 2 第 1 項は、次のように規定する。「二人以上の者が、他人の生命、身体又は財産に対し共同して害を加える目的で集合した場合において、凶器を準備して又はその準備があることを知って集合した者は、2 年以下の懲役又は 30 万円以下の罰金に処する。」その 2 項は、前項の場合において「集合させた者は、3 年以下の懲役に処する。」というものである。1 項は凶器準備集合罪、2 項は凶器準備結集罪として区別される。結集させた者への法的非難が重い。本規定が導入されたのは、暴力団の抗争が熾烈化していった時代であり、社会的不安が高まっていた状況にあった。昭和 33 年 (1958 年) に、暴力団対策の要として、惹起される集団的傷害事件や集団的生命侵害事件を事前に抑制するために整備されたものである。201 条が殺人予備行為を規制し、2 年以下の懲役として規定化しているが、208 条の 2 は、集団的な違法行為の当罰性を重く見るものであって、生命及び身体という個人法益に対する侵害とあわせて公共の安全・平穏を脅かされるという意味で、より重大な犯罪行為である。公共危険罪としての性格を有するが、その危険性の表出は抽象的なもので足りる。

　もっとも本罪が成立するためには、共同加害行為の目的が必要であり、また凶器を自ら携行するか、凶器が準備されていることを認識していなければならない。さらには、凶器の存在が欠かせない。ただし、銃刀法に反するような武器そのものである必要はなく、一般に武器といえないものであっても、使用の仕方で凶器となりうるもの（用法上の凶器）であれば、ここでいう「凶器」に該当する。たとえば、長さ 1 メートル前後の角材（最決昭和 45 年 12 月 3 日刑集 24 巻 13 号 1707 頁）や、殴り掛かった段階で闘争の際に使用する意図が表出するようなプラカードも社会通念に照らして危険性を感じさせるものになるとの理由から「凶器」と判断された（東京地判昭和 46 年 3 月 19 日刑月 3 巻 3 号 444 頁）。しかし、他人を殺傷する意図で準備されたダンプカーについては、他人を殺傷する用具として利用される外観を呈しておらず、社会通念上、直ちに他人に危険を抱かせるにたりないとしてその凶器性

を否定した判例もある（最判昭和 47 年 3 月 14 日刑集 26 巻 2 号 187 頁）。本規
定の運用は、集団行動や表現活動の規制に通じる場合もありうることから、
慎重に行われる必要があることはいうまでもない。刑法一部改正にあたった
国会審議においても、本条が労働運動や市民運動の統制に濫用されるおそれ
が指摘され、強い反対の声が示されている。

9　暴力行為等処罰法

　凶器準備集合・結集罪は集団的犯罪の特性に着目し、刑事規制の前倒しを
狙いとするものであるが、同種の法令として大正 15 年（1926 年）に整備さ
れたのが「暴力行為等処罰ニ関スル法律」（暴力行為等処罰法）である。本法
令も、集団的な暴力行為や常習的な脅迫行為に対する特別立法として整備さ
れたが、この時期は「大正デモクラシー」の社会的風潮にあって、政府への
批判活動や社会運動への統制が強化されていった時代であり、初期の治安維
持法が制定されたのも大正 14 年（1925 年）であった。この時期、本法令が
人身に対する犯罪の防止を目的としつつ、社会秩序を脅かす行為を重大な犯
罪として規制するために整備された。平成期の組織犯罪処罰法（1999 年）の
制定にも通じるものがある。

　このように大正末期の治安立法のひとつとして整備された法令であるが、
刑法典において規制されている暴行罪（208 条）、脅迫罪（222 条）、器物損壊
罪（261 条）といった暴力行為について集団的威力を示し、又は凶器を示し、
数人共同して実行する行為を主に規制するものであって、刑法典上の人身に
向けられた犯罪を補完している。犯罪白書の統計においては、特別法犯では
なく刑法犯の一部に計上されている。平成 29 年には 48 件が認知され、43
件（70 人・検挙率 89.6%）が検挙されている（平成 30 年版犯罪白書 4 頁）。

　具体的には以下の条文に示されるように、集団犯罪や常習犯罪等を統制し
ている（以下の条文は一部省略のうえ、現代仮名に改めた）。

　　第 1 条　団体若しくは多衆の威力を示し、団体若しくは多衆を仮装して
　　威力を示し、又は凶器を示し若しくは数人共同して刑法第 208 条、第 222

条又は第261条の罪を犯したる者は、3年以下の懲役又は30万円以下の罰金に処す。（集団暴行・脅迫・器物損壊罪）

　第1条の2　第1項　鉄砲又は刀剣類を用いて人の身体を傷害したる者は、1年以上15年以下の懲役に処す。（加重傷害罪）

　第1条の3　常習として刑法第204条、第208条、第222条又は第261条の罪を犯したる者、人を傷害したるものなるときは1年以上15年以下の懲役に処し、その他の場合に在りては3月以上5年以下の懲役に処す。（常習傷害・常習暴行・常習脅迫・常習器物損壊罪）

　第2条1項　財産上不正の利益を得又は得しむる目的を以て第1条の方法により面会を強請又は強談威迫の行為を為したる者は1年以下の懲役又は10万円以下の罰金に処す。（集団強請強談罪）

　　2項　常習として故なく面会を強請し又は強談威迫の行為を為したる者の罰また前項に同じ。（常習強請強談罪）

　第3条1項　第1条の方法により刑法199条、第204条、第208条、第222条、第223条、第234条、第260条、又は第261条の罪を犯さしむる目的を以て金品その他の財産上の利益若しくは職務を供与し又はその申込み若しくは約束を為したる者及び情を知りて供与を受け又はその要求若しくは約束を為したる者は6月以下の懲役又は10万円以下の罰金に処す。（集団による生命身体等危害を与える行為の約束に関する罪）

　　2項　第1条の方法により刑法第95条の罪を犯さしむる目的を以て前項の行為を為したる者は6月以下の懲役若しくは禁錮又は10万円以下の罰金に処す。（集団による公務執行妨害・職務強要の約束に関する罪）

10　事例と解説

【事例1】　Xは片側2車線の高速道路上の追越し車線（右側）を100 kmで走行中、後方から120 kmのスピードで進行してきたYの車両に急速に接近され、ハイビームで走行車線をゆずるように促された。これに憤慨したXは、意図的にスピードをおとし、後続するYに急ブレーキを踏ませることになった。そこで、Yは走行車線（左側）にハンドルを切ってXを左から追い抜こうとしたが、Xはますます興奮してYの走行を妨害するため、Y車両の前方へと移動して追い抜きを阻止すると、Yは右車線へ進路をかえて一気に加速し

た。それでも X の妨害は 10 km にわたって継続する。Y は、高速道路上に他
の車両が増えてきたこともあり、事故を回避するためスピードをダウン（時速
80 km）させたところ、X は、Y を威圧するために、車両と車両の幅が 30 cm に
なるまでに幅寄せして走行し、Y の車両を高速道路上に停止させるに至った。

　本件 X の行為は、Y の運転する車両に急速に接近され、ハイビームで走
行車線をゆずるよう威迫された結果、憤慨して興奮し、常軌を逸する行動に
出たものである。急速な接近も、ハイビームも程度や状況に左右されるが、
いわゆる「あおり運転」といえなくない。あおられて身の危険を感じ、不安
に陥る運転者の精神状態や身体への危険の高まりを考えれば、Y の行為自体
も暴行として把握できる。問題は、その後憤慨した X が 10 km にわたって
Y の走行を妨害し、果ては Y を威圧するために車両を幅寄せする行為であ
る。これら一連の行為は、継続して Y に加えられた暴行ととらえられる。
そのうえ、高速道路上で無謀に停止させる行為はさらに危険な暴行である。
道交法上、危険回避措置の問題も生じるが、「走行の妨害」と「幅寄せ」、
「強制的な停車」がそれぞれ暴行罪を構成するものとなろう。したがって、
Y がいずれかの段階でケガをすることがあれば、自動車運転過失傷害ではな
く、故意の傷害罪に問われることになるし、停車させられた Y が後続車に
追突されて死亡した場合には、傷害致死罪（上限 20 年）として訴追するこ
とも可能である。もっとも、2017 年 6 月に東名高速で発生したあおり運転の
のちに強制的に停車させられた被害者が後続のトラックに追突され死亡した
事件について、2018 年 12 月、横浜地裁（裁判員裁判）は、危険運転致死罪
を適用した（懲役 18 年。ただし、2019 年 12 月 6 日東京高裁は破棄差戻した）。
　こうした問題は、モータリゼーションが我が国にひろがった昭和 40 年代
に認識されはじめている。いやがらせのために自車を他車に接近させる行為
や通行人を脅かす行為が暴行罪を構成するものとされ、約 10 メートル前方
を歩いていた歩行者を驚かす目的で自車を発進させ、歩行者の右側すれすれ
に時速 30 km のスピードで疾走させた結果、歩行者に接触して死亡させた
という事案について、暴行の結果の致死傷すなわち傷害致死罪を適用した事
案などがある（大阪高判昭和 49 年 7 月 17 日刑事裁判月報 6 巻 7 号 815 頁）。

　高速道路上に走行中の車両をみだりに停止させる行為そのものは、本来、車両の安全運行を害するものであり、危険な運転である。いわゆる「あおり運転」に象徴される危険な運転については、安全運転義務違反（道交法70条）とともに車間距離保持義務違反（同26条）が問われる可能性がある。「あおり運転」が、こうした道交法上の規制対象になるとはいえ、重大な結果を招来しやすいものである以上、法的非難をもっと的確に行うことが必要である。現行法令の適用には限界があるというのであれば、立法論的な問題解決が必要である。

> 【事例2】　Ａは、暴走族グループＶのメンバーであったが、深夜にリーダ格のＢから電話があり、対立するグループＷがＶの集会場所である町はずれの河川敷にある小屋に火をつけにくるとの情報があることを告げられた。その小屋にはＢが愛用する改造バイク数台が保管されており、Ａはこれらを守らなければならないという気概を強くした。Ｂの話では、その小屋に鉄パイプ十数本と金属バットを運びこんだので、おまえもすぐに来てほしい、と呼び出された。Ａは、Ｂの求めに応じ、他のメンバーとともに急ぎ駆け付け、グループＷの襲撃を10数名のメンバーとともに待ち受けた。しかし未明に現れたのはグループＷではなく、県警のパトカー10台ほどであり、Ａは、Ｂとともに逮捕された。グループＷのメンバーも事前に拘束されていた。

　本事例は、集団的抗争事件が発生して、人の生命や身体の安全を害することを未然に防ぐための法適用の問題である。本事例では、双方の主力メンバーを捕捉して乱闘自体を未然に防ぐことができた。そのことは傷害・暴行事件の防止にとどまらず、社会の平穏を守って、市民の不安感を取り除くことにもなる。Ａは、河川敷の小屋に鉄パイプ等が運びこまれていることを知って、かつ他人の生命・身体・財産を共同して害する目的をもって、二人以上が集合している場所に出向いているので、刑法208条の2（凶器準備集合罪）の1項後段に該当しそうである。

　ここで検討すべきことは、鉄パイプや金属バットが凶器といえるかどうかである。それ自体が凶器となる日本刀やけん銃でなくても、社会通念上、使用の仕方によって十分に人の身体に危害を加えることを想定しやすい物は、

凶器準備集合罪にいう凶器となりうると考えられる。石つぶてとして使う目的で集められた小石は、凶器と判断されづらいが（殺傷の危険性や殺傷能力が弱い）、鉄パイプや金属バットは、闘争の道具として一般に観念されているので、凶器性に問題はない。凶器準備集合罪の適用は、実際に暴力行為が着手されていなくとも、独立して成立するので、事前に防止できたことで208条の2の適用を排除する必要はない。

　問題は、AもBも、そしてグループⅤも、積極的な攻撃意思ではなく、Wからの攻撃から身体・財産を守るために凶器を準備したという点にある。しかし、消極的な迎撃目的であったとしても、本罪の公共危険罪としての性格に目を向ければ、刑法208条の2の適用を排除する理由に乏しい（最判昭和58年11月22日刑集37巻9号1507頁は、迎撃形態であっても、襲撃があった際には相手方の生命・身体・財産に共同して害を加える意思があれば共同加害目的があるものとしている）。

　以上により、Aには208条の2第1項の「集合罪」が成立する。またBについては、Aに働きかけて凶器を準備した場所に集合させたものであり、208条の2第2項の「結集罪」が成立し、Aに対する法的非難より重い法定刑の範囲で処罰されることになる。

参考文献
・高橋則夫『刑法各論（第3版）』（成文堂、2018年）
・西田典之ほか編『判例刑法各論（第7版）』（有斐閣、2018年）
・松原芳博『刑法各論』（日本評論社、2016年）
・山口　厚『刑法各論（第2版）』（有斐閣、2014年）
・佐久間　修『刑法各論（第2版）』（成文堂、2012年）
・法務総合研究所『平成元年版犯罪白書（昭和の刑事政策）』（大蔵省印刷局、1990年）
・西原春夫ほか編『判例刑法研究 第5巻　個人法益に対する罪1』（有斐閣、1980年）

（安部哲夫）

第 **4** 講◆行動の自由に関する犯罪

キーワード

強要／脅迫／監禁／略取・誘拐／人身売買／人身取引／人身取引報告書
(米)／傷害と PTSD ／人身保護請求／外国人技能実習生制度

関連法令

刑法／出入国管理及び難民認定法／人身保護法／人質処罰法／人身売買
及び売春からの搾取禁止条約／人身取引議定書／外国人技能実習法／精
神保健福祉法（旧精神衛生法）

1　行動の自由に関する犯罪とは

　わが国の刑法は、個人的法益として、個人の生命、身体、自由、名誉、財
産を保護している。刑法の保護する個人の法益について、国家が守るべき法
益の価値の高い順番に並べると上記のような順番になり、実際に刑法の体系
もこれに従う。すなわち、「自由」は 3 番目に重要な個人的法益ということ
になるが、自由を侵害されることで被害者の健康に重大な侵害が及ぶことが
あり得る。それどころか、自由に対する侵害は身体への侵害以上に深刻な影
響を被害者に及ぼすこともあり得る。その意味でも「自由」は刑法によって
保護されるべき必要性の高い法益である（これらの「自由」のうち、性的自由
については第 5 講参照）。このうち、「行動の自由」に関する罪については、
刑法典において、①脅迫・強要罪（刑 222 条・223 条）、②逮捕・監禁罪（刑
220 条）、③略取・誘拐及び人身売買罪（刑 224 条から 229 条）がある。また、
いわゆる外国人技能実習生制度も、労働搾取を目的とした人身取引になり得
るという観点からは「行動の自由」をめぐる問題であり、近年問題提起が行
われている。

2　脅迫・強要罪（刑法 222 条, 223 条）

「脅迫」とは、人に恐怖心を生じさせ、その意思決定の自由を制約するような害悪を告知することである。告知の内容が一般的な人に恐怖心を抱かせるものである必要がある。脅迫罪は意思決定の自由に危険を及ぼす危険犯であると言える。また、「脅迫」行為は、多くの犯罪においてその目的を達成するための手段、つまり構成要件の一つとしても位置付けられている。この観点から脅迫の概念については、以下に分けることができる。①広義の脅迫。恐怖心を起こさせる目的で他人に害悪を告知する一行為の一切を意味し、害悪の内容や性質、またどのような方法で告知を行ったかについては問わない（ex. 公務執行妨害罪、職務強要罪（刑 95 条）、加重逃走罪（刑 98 条）、逃走援助罪（刑 100 条）の手段としての「脅迫」）、②狭義の脅迫。告知される害悪の種類が特定され、およそ人を畏怖させるのに適した程度（ex. 脅迫罪）から一定の作為・不作為を強要するに適した程度の脅迫（ex. 強要罪）を意味する。③最狭義の脅迫。被害者の反抗を抑圧するに足りる程度の恐怖心を起こすことを意味する（ex. 強盗罪 刑 236 条）、または被害者の抵抗を著しく困難ならしめる程度の脅迫を意味する（ex. 強制性交等罪 刑 177 条）。

ところで、脅迫罪の構成要件は、本人または親族の「生命、身体、自由、名誉または財産に対し害を加える旨を告知して人を脅迫すること」であり、例えば親友や恋人に対してこれらの害悪を与える旨を告知しても、脅迫罪は成立しない。では、害悪はそれ自体が犯罪を構成するようなものであることを要するか。判例によれば、告訴する意思がないのに告訴する旨の告知をすることは、「権利行使の範囲を逸脱したる行為」であり、脅迫行為にあたる（大判大正 3 年 12 月 1 日刑録 20 輯 2303 頁）。しかし、告訴を実際に行えば適法であるのに、その予告が違法となるのはおかしいと言わざるを得ない。違法な事実の告知のみが脅迫にあたると解するべきであろう。

また、脅迫罪の客体は自然人であり、これには乳児や幼児も含まれるが、意思活動能力を有する者であることを要する。脅迫罪の客体についていえば、同じ害悪を告知されても、小心者とそうでない人によって、畏怖の有無

が生じる可能性がある。脅迫罪の成立がこういった客体の属性に左右されて
しまうと、その成立範囲が不明確になる。従って、一般的に恐怖心を生じさ
せるような行為を行ったか否かを基準として脅迫罪の成立を考慮する必要が
ある。一方、被害者が法人の場合に脅迫罪が成立し得るかについてはこれを
消極的にとらえる判例がある（大阪高判昭 61 年 12 月 16 日高刑集 39 巻 4 号 592
頁）が、学説には積極的にとらえるものもある。

　一方、強要罪（刑 223 条）の構成要件は、本人または親族の「生命、身
体、自由、名誉もしくは財産に対し害を加える旨を告知して脅迫し、または
暴行を用いて、人に義務のないことを行わせ、または権利の行使を妨害する
こと」である。その客体は脅迫罪の場合と同じく、意思能力者たる自然人で
あるが、「脅迫や暴行を直接受けた人」と「義務のないことを行わせられ、
または権利の行使を妨害された人」は必ずしも同じでなくてよい。また構成
要件中の「義務」や「権利」については、必ずしも法律上のものに限られ
ず、道徳的な義務も含むと解すべきであろう。たとえば相手方を脅迫して謝
罪させるような場合に、たとえ相手方に道徳的には謝罪する義務があって
も、法的な義務がない場合には、強要罪が成立すると考えられる。

3　逮捕・監禁罪（刑法 220 条）

　逮捕・監禁罪の保護法益は、現在の場所から任意に立ち去ることを妨げら
れないという「身体活動の自由」（場所的移動の自由）である。逮捕は行為者
が被害者の身体を直接的に拘束することであり、その手段方法に制限はな
い。欺罔や脅迫などの無形的方法も含まれる。監禁は被害者が現在いる一定
の場所から移動できないようにすることをいう。一定の場所とは囲まれた場
所である必要はない。被害者の身体活動の自由が拘束された時点で既遂とな
り、拘束が継続している限りは法益侵害は継続し、犯罪は終了しない（継続
犯）。被害者を逮捕し、引き続いて監禁した場合は、包括して 220 条の単純
一罪が成立するにすぎない（最判昭 28 年 6 月 17 日刑集 7 巻 6 号 1289 頁）。

　ところで、本罪の成立には、「身体活動の自由」を制限されているという
意識が被害者にあること必要であろうか。すなわち、乳児や就寝中のものに

図表 4 - 1　逮捕監禁罪の認知件数（うち少年比）・検挙率（2008～2018 年）

出典：警察庁「平成 30 年の刑法犯に関する統計資料」から作成した。

対する監禁罪は成立するのだろうか。「身体活動の自由」とは、「行動しよう
と思えば行動できる自由」であると考えるべきであり、そのような立場から
は、これらの者に対しても監禁罪は成立するといえる（京都地判昭和 45 年 10
月 12 日刑月 2 巻 10 号 1164 頁）。また、逮捕・監禁行為により、被害者が死傷
した場合は逮捕監禁致死傷罪が成立する。逮捕・監禁の結果的加重犯であ
り、死傷の結果は、逮捕監禁行為の結果である必要がある。一方、単に監禁
の機会を利用して被害者に傷害を加えた場合は、監禁罪と傷害罪の併合罪に
なる。法定刑については、「傷害罪の罪と比較して、重い刑により処断する」
と定められており、逮捕・監禁の法定刑と、傷害罪又は傷害致死罪の法定刑
とを比較して、上限・下限ともに重い方に従って処断される。

○コラム 8　精神障害者とその家族をどう支援するか

　近年、重い障害を抱えた家族を長期間、狭い部屋や檻の中に閉じ込めて外
部との接触を遮断し、十分な栄養や世話を与えず、重大な健康被害を負わせ
たり、死亡させたりする事件に社会的耳目が集まっている。2017 年 12
月には大阪府で、精神疾患のあった当時 30 代の長女を 17 年間にわたり
自宅内のプレハブ小屋に閉じ込め、充分な食事を与えず、全裸に近い状態で
放置したため、この長女が凍死するという痛ましい事件が発生し、50 代の

両親が監禁罪と保護責任者遺棄致死罪で逮捕された。また、2018年4月にも兵庫県において、障がいを抱えた40代の長男を24年間、木の檻の中に閉じ込めていた70代の父親が監禁罪で逮捕され、起訴された。(この父親には懲役1年6月執行猶予3年の判決が下された)。1900年施行の「精神病者監護法」のもとでは、精神疾患を抱える子どもを親が自宅に監禁することは「私宅監置」として合法だった時代もあった。この背景には精神病院や支援制度が不十分だったこともある。その後、1950年に成立した「精神衛生法（現行の精神保健福祉法）」により、私宅監置は廃止されており、ここで挙げた家族による監禁が法律的にも倫理的にも許されないことはもちろんである。しかし精神障害を持つ者の世話や関わりをその家族だけが抱え、場合によっては精神障害を持つ者本人から加えられる暴力にも悩みながらも、支援制度に見放され地域から孤立してしまい、八方塞がりになってしまう家族も少なくないと思われる。地方自治体の福祉課や民間支援団体、また地域の協働体制のもと、こうした家族を支えることこそが重要であろう。

4 逮捕・監禁の具体的事例

逮捕・監禁致傷のケースとして、1990年11月3日に新潟県三条市の路上で当時9歳の女児が誘拐され、その後同県柏崎市内の犯人（当時28歳）の自宅に9年2ヵ月に渡り監禁された事件がある。加害者は「逃げたら埋めて殺す」と脅したり、スタンガンやプロレスの技を使用して暴行を与え続け、女児に対し加害者の部屋のベッドの上から動くことを禁じ、監禁を続けた。被害者は絶え間ない監視と暴力にさらされ、いわゆる学習性無力の状態に陥り、縛られなくなってからも逃げ出せなかったと裁判で証言している。被害者は身体的影響のみならず、解離性障害や強い精神的苦痛によるPTSDも発症した。

加害者は、未成年者略取誘拐と逮捕・監禁致傷罪、また被害者が筋力の著しい低下やPTSDを発症したことから傷害罪でも逮捕されたが、新潟地検はこのうち、傷害（PTSD発症）は起訴事実から外した。第2回公判前日になって検察は被告人を窃盗罪（被害女性の服の万引き）で追起訴し、併合罪を

適用して15年を求刑した。裁判所も、併合罪加重の範囲内で懲役14年を言渡した（新潟地判平成14年1月22日判時1780号150頁）。窃盗の被害額が少額（約2400円）であったことから、微罪によって併合罪加重を行なったことには批判も向けられた。

　控訴審は一審は刑法47条を誤って適用したとして破棄し、被告人に対して懲役14年を言渡した（東京高判平成14年12月10日判時1812号152頁）。双方が上告。最高裁は、刑法47条の趣旨は、併合罪の構成単位である各罪についてあらかじめ個別的な量刑判断を行なった上合算することは法律上予定されておらず、一定の制約を課していると解した控訴審の判断は相当ではないとし、原判決には刑法47条を誤って解釈し適用した法令違反があるとし、控訴を棄却。被告人に対する懲役15年の刑が確定した（最判平成15年7月10日刑集57巻7号903頁）。

　なお、この事件を契機として2005年刑法改正により、逮捕監禁致傷罪の法定刑の上限が10年から15年に引き上げられた。

5　略取・誘拐の罪（刑法224条以下）

　略取誘拐罪（拐取罪ともいう）は暴行・脅迫または欺罔・誘惑を手段として、人を現在の生活環境から離脱させ、自己または第三者の支配下に置く犯罪である。暴行・脅迫を手段とする場合が略取であり、欺罔・誘惑を手段とする場合が誘拐である。本罪は、刑法において、逮捕・監禁の罪、脅迫の罪の後に規定されており、自由に対する罪であることは間違いないが、その保護法益はいかなる自由であろうか。本罪においては「日常生活において他人から支配を受けることからの自由」が第一次的な保護法益であると言える。また上で述べた「逮捕・監禁罪」に比べると、略取・誘拐罪では（その目的がいかなるものであっても）、被害者の安全が危機にさらされる可能性が高い。したがって、被害者の「安全」をも第二次的保護法益として加えるべきであるとする見解もある。略取・誘拐罪の類型としては以下のものがある。

　まず、未成年略取誘拐罪（刑224条）については、客体は未成年であることが必要である。民法753条は、未成年であっても婚姻すれば成人としてみ

図表4‑2 略取誘拐・人身売買の認知件数（うち少年比）・検挙率（2008～2018年）

（件）

350 300 250 200 150 100 50 0

| 2008 | 2009 | 2010 | 2011 | 2012 | 2013 | 2014 | 2015 | 2016 | 2017 | 2018 (年) |

155 156 186 153 190 185 199 192 228 239 304

91 89.7 81.2 86.3 91.1 86.5 89.9 91.7 88.2 97.9 93.1

■ 略取誘拐・人身売買（認知件数）　■ うち少年　— 検挙率

出典：警察庁「平成30年の刑法犯に関する統計資料」から作成した。

　なす（成年擬制）が、本罪の関係では適用されない。本罪の成立については、被害者が未成年であることの認識・認容を故意として必要とする。未成年者略取誘拐罪は後述するその他の拐取罪と違い、目的を要件としないのは、未成年者は一人で生活する能力が成人に比べ低く、したがって従前の生活環境、人的環境から引き離されることで、その安全が危機にさらされる可能性がいっそう高いからである。

　営利目的等略取罪（刑225条）は、営利、わいせつ、結婚または生命もしくは身体に対する加害の目的で、人を拐取し、または誘拐する犯罪である。営利の目的とは、自ら利益を得ること、または第三者に利益を得させることを目的とすることをいう。身代金目的略取罪・身代金要求罪（刑225の2）等がある。"生命・身体に対する加害の目的"とする部分は、臓器摘出を目的とした拐取犯罪を防止すべく、国連による「人身取引議定書」の要求に基づき、2005年刑法改正によりに追加された。本罪は営利目的の拐取を除き、親告罪であるとされてきたが、2017年刑法改正によって、わいせつ・結婚目的の略取、誘拐罪等も非親告罪化された。改正前は、刑法229条はその但書で「ただし、略取され、誘拐され、又は売買された者が犯人と婚姻をしたときは、婚姻の無効又は取消しの裁判が確定した後でなければ、告訴の効力がない」と規定していた。つまり、わいせつや結婚を目的として被害者が略

取された場合、その後加害者と被害者が婚姻すれば、その婚姻が無効又は取
消されない限り、被害者は加害者を告訴することができなかったのである。
拐取され、半ば強制的に婚姻関係を結ばされる被害者もいたであろうことを
考えると、非親告罪化により一部の国ではいまだ慣習として行なわれている
「誘拐婚」をわが国においても可能とした状況が改善された。

6　人身売買罪（刑法 226 条の 2）

　人身売買とは、人の買受・受け渡しを売買金を介在させて行うことであ
る。多くの場合労働契約の延長線上にあり、国際間で人身売買が行われるケ
ースではとくに、被害者も自身の密入国や不法滞在等の、法に違反した状態
が発覚されることを恐れて、救済を求めにくく、多くの暗数があることが当
然に予想される。人身売買は国際的には human trafficking とも呼ばれ、人身
取引と称されることもある。「人身取引」の定義は、「国際的な組織犯罪の防
止に関する国際連合条約を補足する人の取引を防止し、抑止し及び処罰する
ための議定書（人身取引議定書)」第 3 条に基づくものである。第 3 条は以下
のように規定している。第 3 条『人身取引』とは、搾取の目的で、暴力その
他の形態の強制力による脅迫若しくはその行使、誘拐、詐欺、欺もう、権力
の濫用若しくはぜい弱な立場に乗ずること又は他の者を支配下に置く者の同
意を得る目的で行われる金銭若しくは利益の授受の手段を用いて、人を獲得
し、輸送し、引き渡し、蔵匿し、又は収受することをいう。搾取には、少な
くとも、他の者を売春させて搾取することその他の形態の性的搾取、強制的
な労働若しくは役務の提供、奴隷化若しくはこれに類する行為、隷属又は臓
器の摘出を含める。（外務省訳：http://www.mofa.go.jp/mofaj/gaiko/treaty/pdfstreaty162_1a.
pdf）2020 年 3 月 13 日最終閲覧）

　わが国は長い間、これらの犯罪形態への対応が遅れてきた。こうした姿勢
が批判され、アメリカ国務省により毎年発表されている「人身取引報告書
（Trafficking in Persons Report)」（略して「TIP レポート」）では、その 2004 年版
において、わが国の人身取引への取り組みの遅れが批判された。これを契機
として 2005 年 6 月が刑法一部改正され、人身売買罪（226 条の 2）が新設さ

図表 4-3　人身売買の被害者数・検挙人員・検挙件数（2001〜217 年）

	H13	H14	H15	H16	H17	H18	H19	H20	H21	H22	H23	H24	H25	H26	H27	H28	H29
被害者数	65	55	83	77	117	58	43	36	17	37	25	27	17	24	49	46	42
検挙人員	40	28	41	58	83	78	41	33	24	24	33	54	37	33	42	46	30
検挙件数	64	44	51	79	81	72	40	36	28	19	25	44	25	32	44	44	46

出典：警察庁 HP　https://www.npa.go.jp/bureau/safetylife/hoan/jinshintorihiki/index.html

れた。本罪は、人を買い受けた者を処罰し（1 項）、とくに被害者が未成年である場合（2 項）、さらに営利、わいせつ、結婚または生命もしくは身体に対する加害の目的で人を買い受けた場合（3 項）にはさらに重く処罰される。これは人身売買の被害者は危険な状態に置かれることが多いことから、営利やわいせつという目的を証明できなくても、処罰に値するという考えに裏打ちされていることは言うまでもない。人を売り渡した者も、同様である（同条 4 項）、国外に人を移送する目的で人を売買した者も同様である（同条 5 項）。

　既に述べたように、人身売買についてはかなりの暗数の数があると思われるが、2001 年以降の被害者数、検挙人員、検挙件数の数は図表 4-3 のようになる。また、平成 25 年（2013 年）以降についてみてみると、検挙人員のうち、それぞれ 10 人（25 年）、6 人（26 年）、7 人（27 年）、5 人（28 年）、3 人（29 年）がいわゆるブローカーであり、人身売買が複雑な構造をなしていることがよく分かる。

　また、平成 29 年（2017 年）について述べれば、国籍・地域別に被疑者の数を見ると、日本が 28 人であるほか、タイが 3 人、フィリピンが 5 人、ベトナム、ブラジルが 1 人、となっている。日本以外の被害者が意外と少ないのは、やはり、外国人被害者はそもそも言語のハードルがあり、警察や被害者支援団体に助けを求めにくいこと、また自身が不法滞在等で強制送還されることを恐れてしまうことなどが容易に想像されるから、実際には国外の被害者の数ははるかに多いと思われる。他方で、被疑者については職業別でみると、風俗店等関係者 16 人（53.3%）、無職 3 人（10.0%）、その他（会社員、自営業等）11 人（36.7%）、となっている（警察庁保安課広報資料「平成 29 年における人身取引事犯の検挙状況等について」https://www.npa.go.jp/bureau/safetylife/hoan/jinshintorihiki/h29jintorijoukyou.pdf 2019 年 6 月 30 日最終閲覧）。

　人身売買の被害者が国外から来日した場合はとくに、被害者の国の政府や支援団体と協力しながら、被害者の回復や帰国を支援する必要がある。また、人身取引の被害者は経済状態の悪い国の人々が多いことを考えると、人身取引の対策には事後の被害者の保護や加害者の訴追だけでなく、経済後発国における教育・福祉政策を日本がどう支援するかという視点も重要であろう。国際協力機構（JICA）は人身取引の対策として、「4 つの P」が重要であるとする。これらは「Policy（政策）」、つまり、「人身取引防止法」の制定など立法による対策、また人身取引に関する二国間・地域合意書の作成等、「Prevention（予防）」、貧困国・地域における奨学金制度の充実、Safe Migration プログラム、人身取引防止のための啓発キャンペーン、「保護（Protection）」、被害者のためのシェルターの整備、安全な帰郷、帰国支援、コミュニティ直帰支援等、そして「訴追（Prosecution）」、法的枠組みや人身取引犯罪捜査の強化等、である（JICA ウェッブサイト https://www.jica.go.jp/project/thailand/0800136/activities/related.html 2019 年 5 月 28 日最終閲覧）。

　なお、上記の「TIP レポート」では、アメリカの「人身取引被害者保護法」に照らし、各国政府の施策が評価されている。日本は 2001 年の TIP レポート発行開始以来、常に「第 2 階層（Tier 2）」として分類されてきた（合計 4 階層ある）。この「第 2 階層」とは、人身取引の被害者保護の最低基準を満たしていない、という評価であり、最上位である「第 1 階層」の評価が与

えられていないのは、G8 の中では日本とロシアのみであった。しかし、2017 年の国際組織犯罪防止条約（TOC）の批准、内閣府が JK ビジネス対策を開始したこと等が評価され、2018 年に初めて「第 1 階層」と評価され、2019 年版 TIP レポートでもその評価を維持している。近年はいわゆる JK ビジネスやガールズバー、またアダルトビデオへの出演の強制といった性的搾取を内容とする被害も、人身取引の温床として注意する必要がある。さらに、以下で述べる外国人研修・技能実習生制度も労働搾取型の人身取引として問題になるケースが増加してきている。

7　労働搾取型人身取引と司法的救済

　1960 年代頃から海外に現地法人を有する企業による社員教育が活発に行われてきたが、これを 1993 年に国が制度化したのが「外国人研修・技能実習制度」である。その狙いは、発展途上国の労働者がわが国で培われた技能や技術を習得後、母国に持ち帰り、その国の経済的な発展を望むことである。これらの研修・技能実習生は「出入国管理及び難民認定法」（以下「入管法」）のもとで、日本国内における 1 年間の「研修」やその後さらに 2 年間の「特定活動」という名目で労働をすることが可能であるが、「入管法」が 2010 年 7 月に改正されるまでは、研修生の期間には労働諸法令の適用がなかった。また研修生がその後、技能実習生となってからは労働法諸法令が適用されたが、実際にはそれが遵守されていないケースも少なくなかった。

　外国人研修・技能実習生制度は実際には、農業、漁業、食品加工業等のわが国で人手不足の分野において、労働法諸法令の適用を受けない低賃金労働者を確保する制度として悪用される面もあった。技能実習生たちは母国の送出機関を通じて来日し、団体監理型受入（事業協同組合等が受け入れの責任を持ち、その指導・監督のもと、実習実施機関である中小零細企業に送り込む）をとっている形態が大部分である。技能実習生たちは母国の送出機関に多額の保証金を支払うために借金しているケースも多く、劣悪な労働環境におかれても逃げ出すこともできず、長時間の労働に苦しめられるケースが多く指摘されてきた。上述の「改正入管法」のもとでは、「外国人研修・技能実習制

度」は技能実習を中心とする内容に変更され、新たに「技能実習」という在留資格が創設され、1年目の実務研修についても労働法諸法令が適用されることとなった。また、研修・技能実習生の母国の送出機関による保証金徴収及び労働契約の不履行に係る違約金を定める契約をすることが完全に禁止されることとなった。しかしこの「入管法」改正によっても、違法な受け入れは後を絶たず、パスポートや在留資格カードを取り上げて、監禁に近いような状態で労働させている問題が指摘されてきた。

　2017年11月1日「外国人の技能実習の適正な実施及び技能実習生の保護に関する法律」（以下、「外国人技能実習法」）が施行された。「外国人技能実習法」は第111条第5号で、実施機関による技能実習生の意思に反した旅券又は在留カードの保管に対しては、6月以下の懲役又は50万円以下の罰金を規定している。このことは労働搾取に対する一定の抑止効果として機能することが期待される。一方、実習中の報酬については「報酬の額が日本人が従事する場合の報酬の額と同等以上であること」（外国人技能実習法第9条9号）としているものの、これが実行されていることを監視するシステムの整備が不十分である。また実習生らが労働災害に逢った場合や労働調整が行われる場合、実習生らは強制的に帰国させられることになり、受入機関は時としてこの「強制帰国」を盾に実習生らに過酷な労働を強いる問題も指摘されているが、「外国人技能実習法」ではこれを防止する規定も盛り込まれなかった。厚生労働省が2019年8月に発表したところによると、2018年の調査では、5160事業所において違法残業や賃金未払い等の法令違反が確認され、これは前年から22％増え、5年連続で過去最多を更新したという。ところで、「入管法」については更なる改正が行われ、2019年4月1日より施行されており、そこでは新たな在留資格である「特定技能制度」が導入された。しかし、この制度によっては外国人労働者が働きやすい環境の整備や日本語教育の充実により、共生に向けた対策を本格的に行わない限りは、労働搾取型人身取引を温存させてしまう危険性をぬぐい去ることはできないだろう。

8 事例と解説

> **【事例1】** X は行きつけのコンビニエンス・ストア（以下コンビニ）でおでんを購入して，イートインスペースで食べようとしたところ、スープの中に虫が混入していることに気が付き激高し、店員 Y にクレームをつけた。Y は謝罪し返金を申し出たが、X の怒りは収まらず、「土下座しろ」と Y に告げ、これを拒む Y に対し「土下座しないと、この店の悪い評判を言いふらす」等と脅したところ、店員 Y が土下座した。X はさらに、この土下座の様子をスマホで写真に撮り、自身の Twitter にあげた。

　飲食店は衛生管理を徹底し、食品の製造・調理過程で異物や虫が混入することがないように注意する義務がある。また当然ながら X も虫の混入したおでんを注文し、購入したわけではなく、コンビニは契約の条件を満たさない商品を提供したことになるから、返金や商品の作り直しをして対応しなければいけない。一般に、このような場合購入者がコンビニ側にクレームを付け、謝罪を要求する行為は社会的に相当である場合がある。仮に X がそのおでんを食べて健康に害が及んだ場合や、X はまだ当該おでんを食べておらず、虫が入っていたのを見て「気分が悪くなった」場合には、コンビニ側の民事上の責任が問題とはなるが、ここでは扱わない。そこで、刑事法的視点でみると、この事例では、X は既に謝罪している店員 Y に対し、その名誉に害を加える旨を告知し、土下座行為を強制している。おでんに虫が混入していたことにコンビニ側の落ち度があったとしても、その対応として土下座を求める X の行為が社会的に相当であるとは言えない。なぜならコンビニ側に民事上の責任はあるにせよ、土下座を行う法的な義務はなく、「人に義務のないこと」を行わせており、従って、X の行為はまず強要罪（刑法223条）にあたると言える。判例でも土下座を脅迫により強制した事例に強要罪が適用されている（例えば大津地判平成27年3月18日 D1-Law28231385）。また、X が大声を出して他の客が店に入って来れないようにたことでコンビニの業務に支障が出れば、威力業務妨害罪も成立し得る（刑法234条）。また、

土下座強要後も X がクレームをつけ、正当な理由もないのにコンビニに居座り続ければ不退去罪（刑法130条後段）にあたる可能性もある。さらに、X が店員の土下座の様子を Twitter にあげたことは、店員の社会的信用を害する事実を不特定多数の人に認識させたことになり名誉毀損罪（刑法230条）が成立することにもなろう。これらの犯罪すべてが成立した場合、それぞれ別の行為が各々の犯罪を構成することになり、併合罪（刑法45条）の関係にあると言えよう。

> 【事例2】　被告人 X は離婚係争中の妻 Y との間に3歳の男児 V がいるが、Y は X と別居しその両親と同居し平穏な生活を送りながら V を育てている。Y は交際当時から続く X からの暴力に嫌気がさし、X に対し離婚訴訟を提起し係争中であった。ある日 Y が近所の公園 V を遊ばしている際、Y がスマホに集中して V に注意を払っていないのをいいことに、X は砂場で遊ぶ V を後ろから近づき抱きかかえて、付近に停めていた自分の自動車に乗せ、追いかけてきた Y を振り払い、自動車を発進した。約7時間後、X は同県内の別の公園横において V と車内にいるところを警察に発見され、逮捕された。

　X と Y は V に対して共同親権を有しており、親権を有する者がその子どもを連れ去った場合、未成年者略取誘拐罪が成立するか否かが問題となる。V は Y のもとで平穏な生活を送っていたのであり、そのような環境から有形力を用いて連れ去り、自己の支配下に置いた X の行為は未成年者略取罪の構成要件に該当する。なぜなら、X がたとえ V に対する親愛の情から V を連れ去り、V を畏怖させる行為をしていなかったとしても、まだ3歳の V 自身には自分の生活環境について判断、選択する能力がないからである。一般に、親権者の一方である被告人が子どもを連れ去った事例において、被告人が親権者であることが違法性を阻却するか否かについては、個別具体的に考慮されるべき事情であると解される。X に対しては未成年者拐取罪が成立すると考えられている。
　また、Y が V を国外に連れ出そうとした場合には、国外移送略取罪（刑法226条）の成立が問題となる。たとえば別居中の夫が、共同親権者のひとりである妻の監護のもとで平穏に暮らしていた長女（2歳）を夫の母国である

オランダに連れ去る目的で、有形力を用いて入院していた病院から引き離し、自動車に乗せて発進した行為に対して国外移送略取罪の成立が認められた（最決平成 15 年 3 月 18 日刑集 57 巻 3 号 371 頁）。

　なお、2013 年 5 月 22 日、国際間の子の奪取の民事上の処理に関するハーグ条約の締結が第 183 回通常国会において承認され、6 月 12 日に「国際的な子の奪取の民事上の側面に関する条約の実施に関する法律」が成立した。これにより、国際結婚した夫婦の子を夫婦のいずれかが連れ去った場合には、連れ去られる前の居住国の司法制度のもとで手続きを進めることが可能になった。ハーグ条約締結国間であれば（2019 年 10 月現在 101 か国が締結済み）、もし離婚の協議中に、子が他方の親権者にその母国に連れ去られてしまったような場合には、外務省を通じて子を元の居住国である日本に連れ戻し、わが国の民事法に基づいて司法的処理をすることができるようになったのである。

参考文献

・高橋則夫『刑法各論（第 3 版）』（成文堂、2018 年）
・佐伯仁志「刑法における自由の保護」法曹時報 67 巻 9 号（2015 年）
・佐藤陽子「監禁罪の保護法益」山口厚・佐伯仁志編『刑法判例百選 II 各論（第 7 版）』（有斐閣、2014 年）
・杉山博亮「略取・誘拐・人身売買罪の保護法益」町野朔他編『刑法・刑事政策と福祉―岩井宜子先生古稀祝賀論文集』（尚学社、2012 年）
・松原芳博「自由に対する罪・その 2」法学セミナー No. 688（2012 年）
・井田　良「併合罪と量刑―『新潟女性監禁事件』最高裁判決をめぐって」ジュリスト No. 1251（2003 年）
・野村　稔『刑法各論』（青林書院、2002 年）

（平山真理）

第 5 講◆性に関する犯罪

キーワード

性犯罪／強制性交等罪／強制わいせつ罪／性売買／売買春／人身取引／
性的プライバシー／盗撮

関連法令

刑法／売春防止法／迷惑防止条例／リベンジポルノ防止法／配偶者暴力
防止法

1　性に関する犯罪

　「性」は、生殖という自然現象としての側面をもつだけでなく、愛情や享
楽といった人為的・文化的な側面をもっており、「性」に関する事柄は多岐
に及ぶ。こうした「性」は、人間性・人格と深くつながっているものであ
り、個人にとって、人生における最も重大な関心事の一つであろうし、共同
体・社会にとっても最も重大な関心事の一つである。そして、このような
「性」に関する事柄についての社会的なルール（法や道徳、習俗）が存在し、
性的な事柄に関する秩序が形成されている。性に関する犯罪（以下、性犯罪）
は、その性的な秩序に違反することに対して刑事規制がなされるものである
が、一義的に定義することは困難である。なぜなら、時代や社会によっても
その概念は異なるからであり、近年では性をめぐる世界的な社会状況の変化
に伴い、各国で性犯罪規定の改正が相次いでいる。このような流れから、わ
が国でも、後述のとおり、2017 年に大規模な刑法改正が行われている。そ
こで、現行法の状況を個別に概観していくことにする。

（1）　性犯罪の諸規定

　性犯罪の典型は、刑法（明治 40 年制定）の第 22 章（わいせつ、強制性交
及び重婚の罪）を中心に規定されており、第 22 章の諸犯罪類型を保護法益と

いう観点から分類すると、二つに大別できる。まず、①強制性交等罪（2017年刑法改正。旧強姦罪）や強制わいせつ罪のように、個人的法益に対する罪に位置づけられ、性的自由ないし性的自己決定（以下、性的自由）を侵害するとされる犯罪類型がある。第 22 章に規定されていないが、強盗・強制性交等及び同致死罪（刑法 241 条）もここに含むことができる。また、②公然わいせつ罪やわいせつ物頒布等罪のように、社会的法益に対する罪に位置づけられ、善良な性風俗を侵害するとされる犯罪類型がある（②については、第 15 講を参照）。

　他にも、③性売買に関連する犯罪類型がある。主に、売春防止法（1956年）、風営適正化法（1948 年。旧風営法）などの法令が関係する。売春防止法は、売春を「人としての尊厳を害し、性道徳に反し、社会の善良の風俗をみだすもの」（第 1 条）としており、性道徳や性風俗を侵害する犯罪類型とされる。しかし、売春が人身取引と密接に関連することを考えれば、売春は性的自由の問題としての側面もある。そこで性売買に関連する犯罪類型については、①・②とは別に位置づけた方がよいと思われる（売春防止法、風営適正化法については、第 15 講参照）。

　そして、個人の性に関連する事柄は、最も他人に隠したい、他人からの支配を受けたくない、高度に私的な事柄であり、そのような④性的プライバシーを侵害する犯罪類型も性犯罪の一種といえよう。盗撮のような行為の一部に対しては、名誉毀損罪の問題とされることもあるが、いわゆる迷惑防止条例による規制がある。また、性的名誉や性的プライバシーを保護するための私事性的画像被害防止法（いわゆるリベンジポルノ防止法）（2014 年）がある（これについては第 6 講参照）。

　このほか、子ども（18 歳未満）の性を保護するための刑事規制に、児童福祉法（1947 年）、児童買春・児童ポルノ禁止法（1999 年）、出会い系サイト規制法（2003 年）、条例ではいわゆる青少年保護育成条例がある（これについては第 22 講を参照）。さらに、恋愛や婚姻などの性愛を中核とする人間関係の中で生じるトラブルも性的周辺領域にあり、ストーカー規制法（2000 年）やDV 防止法（2001 年）も関連することがある。この講では、①、③、④をみてみよう。

(2) 性道徳の変化

　ところで、性犯罪の領域においては、法のあり方や法の解釈・運用に性道徳が大きな影響を及ぼしてきた。性道徳上は、例えば、性的な事柄は（見る者に）羞恥心を引き起こすものであり、性的な事柄を公共の場においてさらけ出すものではないとされている（例えば、「性行為の非公然性の原則」が指摘される）。また、どの社会でも男性と女性とでは、性道徳は異なるとされる。一般に、男性の性的行為は肯定的な評価を受け、男性が性的行為に積極的であることは「男らしさ」として、否定的な評価を受けにくい傾向がある。これに対して、女性の性的行為は否定的な評価を受け、女性が性的行為に積極的であることに対しては、「ふしだら」、「淫乱」といった否定的な評価を受ける傾向がある。女性は性的行為に消極的であることが「女らしさ」と評価される。このような男女における性道徳の違いを「性道徳の二重基準」という。このほか、婚姻制度がある反面、婚外性交（婚前性交や不倫など）は性道徳に反するものと考えられ、諸外国には処罰規定がみられる。生殖に結びつかないような同性愛や自慰行為、獣姦などを自然に反する性的行為として性道徳に反するとする考えもあり、これらもかつて海外では犯罪とされた例がある。

　このような性道徳は（刑）法のあり方や解釈・運用にも影響してきたが、現在は、法と道徳の峻別が求められ、道徳に反していても、法益侵害がない限り犯罪として処罰されるべきではないと考えられている（「被害者なき犯罪」と非犯罪化）。性犯罪においても、性道徳に違反しているかどうかよりも、性的自由ないし性的自己決定を中心にして保護法益を考えるべきであろう。性的自由は、いつ、どこで、だれとどのような性的行為をするかについて自己決定できる性的自己決定を中核としている。

　性犯罪を考える際に、このような性道徳重視志向から性的自由重視志向への変化は、性道徳違反のみを理由とした処罰をしないという性の自由化・寛容化をもたらす。わいせつ物頒布等罪の非犯罪化論や売春におけるセックスワーク論なども、このような変化から生じた議論といえる（コラム11参照）。他方で、性的自由を侵害する行為に対しては、重罰化・厳罰化をもたらしている。これは、性犯罪被害者の多数を占める女性の人権意識が向上している

こと、性的自由の侵害は単に一時的な自由の侵害に止まらず、被害者（特に女性）の人格や尊厳を深く傷つけるものと考えられていることなどが、理由としてあげられよう。

　なお、現代社会における性道徳は、徐々に緩和化、多様化しているように思われる。ネットという公共の場では性情報が氾濫し、草食系男子・肉食系女子というあり方は社会に受容されているようである。バツイチや授かり婚についても強い非難を受けるものではなくなっている。さらに、LGBT（女性同性愛者、男性同性愛者、両性愛者、トランスジェンダー）についても、その権利を認めようとする動きもある。他方で、いわゆる性別役割分担意識とともに伝統的な性道徳意識もまた根強く残っているといえよう。

2　性的自由ないし性的自己決定を侵害する犯罪類型

　強制性交等罪に代表される、性的自由を侵害する犯罪は、性暴力犯罪ともいわれ、被害者の人格や尊厳を深く傷つけるものと考えられる。刑法には、

図表5-1　刑法の性犯罪規定

	わいせつな行為	性交、肛門性交又は口腔性交（以下性交等という。）
暴行又は脅迫を用いて	強制わいせつ罪（刑法第176条）	強制性交等罪（刑法第177条）
人の心神喪失若しくは抗拒不能に乗じ、又は心神を喪失させ、若しくは抗拒不能にさせて	準強制わいせつ罪（刑法第178条第1項）	準強制性交等罪（刑法第178条第2項）
十八歳未満の者に対し、その者を現に監護する者であることによる影響力があることに乗じて	監護者わいせつ罪（刑法第179条第1項）	監護者性交等罪（刑法第179条第2項）
よって人を死傷させた	強制わいせつ致死傷罪準強制わいせつ致死傷罪監護者わいせつ致死傷罪（刑法第181条第1項）	強制性交等致死傷罪準強制性交等致死傷罪監護者性交等致死傷罪（刑法第181条第2項）

性的自由を侵害する犯罪類型として、図表 5 - 1 が示すように、性的行為に関しては「性交、肛門性交又は口腔性交（以下、性交等という。）」と「わいせつな行為」の二つが規定され、その手段に関しては「暴行又は脅迫を用いる」場合、「人の心神喪失若しくは抗拒不能に乗じ、又は心神を喪失させ、若しくは抗拒不能にさせる」場合、「十八歳未満の者に対し、その者を現に監護する者であることによる影響力があることに乗じる」場合の三つが規定されている。

　なお、13 歳未満の者については性的自己決定能力がないものとされている。13 歳未満の者に対する性交等やわいせつな行為は、たとえ外形上その者の同意・承諾があっても、強制性交等罪、強制わいせつ罪を構成する。ただし、行為者には 13 歳未満の者であることの認識は必要であり、例えば、行為者が相手を 15 歳の者と考えて、その同意・承諾を得て 13 歳未満の者と性交等をした場合には、故意がなく、一般的には強制性交等罪は成立しない。

　旧強姦罪には、性的行為として性器結合としての性交（「姦淫」）のみが規定され、また、被害者は女性に限定されていた（旧強姦罪は「暴行又は脅迫を用いて十三歳以上の女子を姦淫した者は…」と規定されていた）。しかし、妊娠のおそれがなくても肛門性交や口腔性交のような身体への挿入をともなう性的侵害は、性交と同様に重大な性的侵害と考えられる。また、当然ながら性的自由は男性にも認められる。そこで、強制性交等罪では、従来はわいせつな行為に位置づけられていた肛門性交や口腔性交を、性交と同等の性的侵害とし、男性も被害者たり得るものとした。なお、手淫、道具等の挿入、素股、カンニリングスは性交等には含まれない（下記の「わいせつな行為」になる）。男性器の挿入行為を伴わない女性間における強制性交等罪の成立は予定されていない。むろん、女性は行為主体となり得るものであり、男性を客体（被害者）とした強制性交等罪は成立し得る。

　他方、強制わいせつ罪における「わいせつな行為」は、性交等以外のわいせつな行為である。「わいせつ」という概念は、公然わいせつ罪（刑法 174条）やわいせつ物頒布等罪（刑法 175 条）においては、「いたずらに性欲を興奮または刺激させ、かつ、普通人の正常な性的羞恥心を害し、善良な性的道

義観念に反すること」と理解される。この理解は、強制わいせつ罪において
も基本的には同様なものとされた（名古屋高金沢支判昭和 36 年 5 月 2 日下刑集
3 巻 5・6 号 399 頁）。ただし、強制わいせつ罪においては性的自由が保護法
益とされることから、「わいせつ」か否かは被害者の性的自由の侵害の有無
に重点をおいて判断すべきである。空港のロビーなどの公共の場で、別れを
惜しんで抱き合って接吻をする行為が公然わいせつ罪とはならなくても、相
手の意に反して、抱きついて接吻する行為は強制わいせつ罪となり得る。こ
のほか、陰部に手を触れる行為、全裸にさせて写真を撮る行為などは強制わ
いせつ罪におけるわいせつな行為とされる。着衣の上から臀部をなでまわす
行為についてもわいせつな行為とされ得る（名古屋高判平成 15 年 6 月 2 日判
時 1834 号 161 頁など）。

○コラム 9　強制わいせつ罪における性的意図

　例えば、行為者に自身の性的欲望を満足させるつもりはなく、単に報復・
復讐を目的として、相手を全裸にして写真を撮る行為は、強制わいせつ罪に
なるだろうか。このような事案で、強制わいせつ罪が成立するためには、行
為者に故意のほかに「性欲を刺激興奮させ、または満足させる等の性的意
図」が必要だと最判昭和 45 年 1 月 29 日刑集 24 巻 1 号 1 頁）は判示し
た。同判決によれば、この事案では強要罪等が成立することがあっても、強
制わいせつ罪は成立しない。このように強制わいせつ罪の成立に性的意図を
必要とするのは、理論的には、性犯罪は行為者の性的欲望を満足させるため
のものであるとする考えがあり、実践的には、医療行為等、客観的な行為態
様のみでは強制わいせつ罪の成否を判断することが難しい場合がある。しか
し、強制わいせつ罪が性的自由を保護法益としているのであれば、性的自由
の侵害があり、その認識が加害者にあれば、強制わいせつ罪の成立を認める
べきであろう。

　借金をする際、貸し手の側からお金を貸す条件としてわいせつ画像のデー
タの送信を要求され、その金を得る目的でわいせつ行為をした事案につい
て、「強制わいせつ罪の成立について犯人が性的意図を有する必要はない」
として強制わいせつ罪の成立を認めた裁判例がある（大阪高判平成 28 年 10
月 27 日）。この上告審（最判平成 29 年 11 月 29 日刑集 71 巻 9 号 467 頁）

は、わいせつな行為には、①行為そのものが持つ性的性質が明確なものと②行為そのものが持つ性的性質が不明確で、行為が行われた際の具体的状況等をも考慮に入れなければ、行為に性的な意味があるかどうかが評価しがたいようなものとがあるとし、①については、強制わいせつ罪の成立に性的意図は不要とした。

　ところで、強制性交等罪や強制わいせつ罪における、暴行・脅迫という要件は、被害者の反抗を著しく困難ならしめる程度のものと解されてきた（最判昭和24年5月10日刑集3巻6号711頁）。このような暴行・脅迫がなければ、たとえ被害者が当該行為に同意していなかったとしても、強制性交等罪や強制わいせつ罪は成立しない。これに対しては、被害者が恐怖のあまり抵

図表5-2　東京都迷惑防止条例（昭和37年10月11日条例第103号）

東京都「公衆に著しく迷惑をかける暴力的不良行為等の防止に関する条例」

（粗暴行為（ぐれん隊行為等）の禁止）
第5条　何人も、正当な理由なく、人を著しく羞恥させ、又は人に不安を覚えさせるような行為であつて、次に掲げるものをしてはならない。
(1)　公共の場所又は公共の乗物において、衣服その他の身に着ける物の上から又は直接に人の身体に触れること。
(2)　公衆便所、公衆浴場、公衆が使用することができる更衣室その他公衆が通常衣服の全部若しくは一部を着けない状態でいる場所又は公共の場所若しくは公共の乗物において、人の通常衣服で隠されている下着又は身体を、写真機その他の機器を用いて撮影し、又は撮影する目的で写真機その他の機器を差し向け、若しくは設置すること。
(3)　前二号に掲げるもののほか、人に対し、公共の場所又は公共の乗物において、卑わいな言動をすること。
　　　　　　　　　　　　　　　　　　（略）
（罰則）
第8条　次の各号のいずれかに該当する者は、6月以下の懲役又は50万円以下の罰金に処する。
(1)　第2条の規定に違反した者
(2)　第5条第1項又は第2項の規定に違反した者（次項に該当する者を除く。）
　　　　　　　　　　　　　　　　　　（略）

抗できない場合や、行為者が職場の上司や教師などで、そもそも抵抗することが困難な場合など、暴行・脅迫がなくても、性的自由の侵害があるとの指摘がある。立法例としても、イギリスやカナダ、スウェーデン、ドイツなどでは、暴行・脅迫等がなくともレイプとして犯罪となり得るような規定（いわゆる「不同意性交罪」）が設けられている。

　強制わいせつ罪は、暴行・脅迫という手段によるわいせつな行為を規定している。しかし、満員電車で身動きがとりにくい状況下において下着を触るなどする電車内における痴漢は、そのわいせつな行為が同時に手段としての暴行と評価でき、強制わいせつ罪が成立し得る。もっとも、強制わいせつ罪の要件を満たさなくても、都道府県ごとにある迷惑防止条例違反に問われる可能性がある（図表2参照）。迷惑防止条例（例えば東京都迷惑防止条例第5条第1項第1号）では、暴行・脅迫の要件が設けられておらず、電車等の「公共の乗物」において、「衣服その他の身に着ける物の上から又は直接に人の身体に触れる」ことにより（同条例第5条第1項柱書を満たしているので）罰則が適用できる。もっとも、実務上、「着衣の下」に触れるかどうかで強制わいせつか条例違反かを区別する基準があるとされるが、胸を触る、キスをするなどの行為も強制わいせつ罪が適用された例があり、必ずしも明確な基準とはいえない。

○コラム10　「貞操」から「性的自由」へ

　強姦罪の保護法益について、旧来、性的自由と貞操とは十分に区別されていなかった。貞操は、婚外性交の禁止ともいえ、特に女性に強く求められた道義的義務であり、家制度を維持するうえでも重要な観念であった。婚姻関係にある女性が行う婚外性交は、その女性の合意を得ていた（いわゆる不倫であった）としても姦通罪（1947年に廃止）となった。また、たとえ女性の意思に反していた（強姦罪の被害者であった）としても、貞操を侵害された女性に、隙や落ち度がないか、十分に抵抗したのかという（道義的）非難の目が向けられた。

　他方で、婚姻関係にある夫による妻の貞操侵害はあり得ないことから、夫婦間において暴行・脅迫を用いて姦淫しても強姦罪は成立しないと考えられ

ていた。このような貞操観念を背景にして理解される「女性の性的自由」
は、男性の性的自由と異なる様相をもつ。戦前には「貞操」の強い影響のも
とに理解された強姦罪は、その規定文言を変えることなく、戦後になって、
「性的自由」を中心とした解釈がなされるようになった。そして、2017 年
刑法改正による強姦罪から強制性交等罪への変化は、理念的には男女間の性
的平等を表しており、「貞操」から「性的自由」の保護への変化が明確にな
ったといえよう。しかし、現実には、性的な事柄に関する男女間の非対称性
がなくなったわけではない。

3　性売買に関連する犯罪類型

　性売買は、人の身体を性的に使用することを目的とした売買行為のことで
ある。売買の対象となる身体は、女性の身体に限られないが、多くの場合、
女性（又は女児）の身体である。その典型例が売春であり、売春防止法の規
制を受ける（第 15 講も参照）。売春防止法は、売春を「対償を受け、又は受
ける約束で、不特定の相手方と性交すること」（同法第 2 条）と定義し、性交
類似行為（肛淫、口淫、手淫、素股等）を含んでいない。性売買を性交類似行
為によって行うことについては風営適正化法の規制を受けるにとどまる（売
春防止法、風営適正化法については、第 15 講も参照）。
　また、売春と密接に関連する犯罪類型として人身取引（トラフィッキング）
がある（人身取引については、第 4 講も参照）。人身取引自体は、強制労働を
させるためであったり、臓器売買のためであったりするが、日本における人
身取引の多くは売春やホステス等をさせるなど、性売買のために行われてい
る。人身取引と性売買の密接な関連性についての認識は古くからある。近代
においては、人身売買は禁止しつつ（1872 年の娼妓解放令など）、売買春は売
春者の自由意思に基づくもの（例えば、1900 年の娼妓取締規則において自由廃
業の規定が設けられた）という建前によって公娼制度が確立・維持された。
しかし、当時の売春婦の実態は、貧困から身売りされ、借金返済のために売
春をするしかないというものであり、実体としての人身売買がなくなったわ

図表5-3　人身取引事犯の検挙状況等

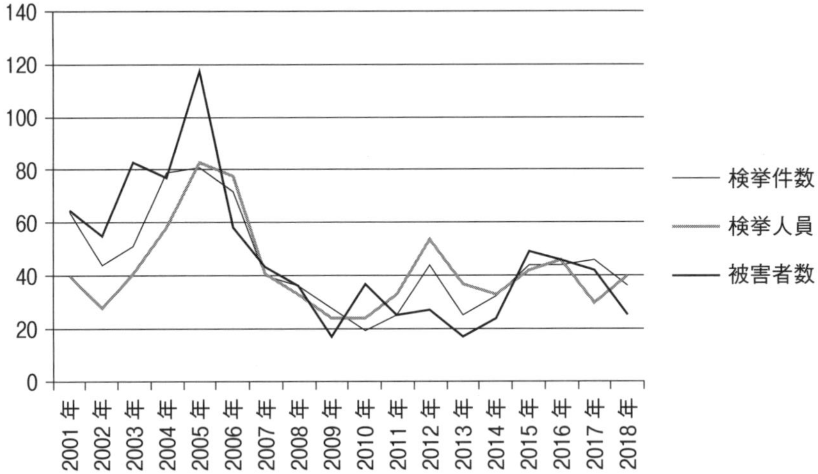

凡例:
—— 検挙件数
—— 検挙人員
—— 被害者数

出典：警察庁 HP　https://www.npa.go.jp/bureau/safetylife/hoan/jinshintorihiki/h30_jinshin.pdf を参考に作成した。

けではなかった。

　戦後、売春防止法の制定により、人身売買もまた防止することができると期待された。しかし、売春防止法は、性交のみを売春の性的行為と捉えており、性交類似行為を含んでおらず、同法3条に関する罰則規定もない。そのため、性交類似行為を行うことを名目とした性風俗営業のもとで、客との自由意思（恋愛）による性交と対償が交わされることに規制が及ばない。結局、売春防止法は「ざる法」と指摘され、人身売買の防止も不十分との指摘があった。そこで、2005年に、刑法第226条の2には人身売買罪が設けられるなど、対策がとられるようになった。もっとも、人身取引事犯の多くは人身売買罪ではなく売春防止法違反などに問われる。

　売春防止法第3条の規定からは、成人間における合意ある売買春それ自体は、売春者も買春者も、違法ではあっても、犯罪とはされていない。しかし、違法である以上、売買春をする契約は法的には無効であり（民法90条の公序良俗違反）、売春者は、口頭で約束をしようと、書面で契約をしていようと、対償を既に得ていようと、契約を履行する（つまり性交する）義務はない。そのため、売春者が性交に応じないからといって、買春者が暴行・脅迫

図表5‐4　売春防止法違反の検挙人員の推移

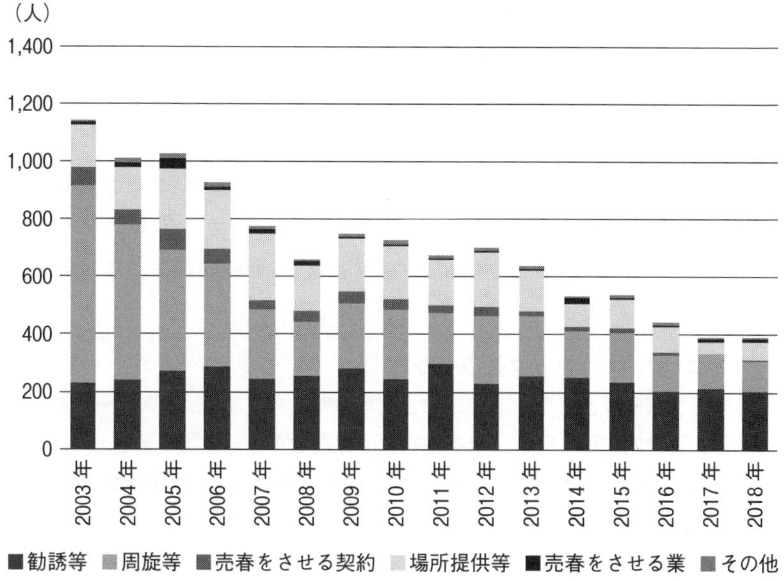

（人）

```
1,400
1,200
1,000
  800
  600
  400
  200
    0
```

| | 2003年 | 2004年 | 2005年 | 2006年 | 2007年 | 2008年 | 2009年 | 2010年 | 2011年 | 2012年 | 2013年 | 2014年 | 2015年 | 2016年 | 2017年 | 2018年 |

■勧誘等　■周旋等　■売春をさせる契約　□場所提供等　■売春をさせる業　■その他

出典：警察白書（平成30年）などを参考にして作成した。

を用いて性交すれば、強制性交等罪が成立する。買春者が金銭（対償）を先に支払った場合のその金銭は、不法原因給付（民法第708条）であるので、返還請求もできない。ただし、売春者も、始めから性交に応じる意思がないにもかかわらず、金銭を得るために、性交に応じるかのごとく相手を欺いて金銭を交付させた場合には、詐欺罪（刑法第246条第1項）が成立し得る（名古屋高判昭和30年12月13日裁特2巻24号1276頁参照。なお、札幌高判昭和27年11月20日高刑集5巻11号2018頁は詐欺罪の成立を否定した例である）。

　売春防止法上、刑事処分の対象となるのは、売春の周旋等（同法第6条）、困惑・脅迫等による売春（同法第7条）、売春をさせた者による売春の対償の収受等（同法第8条）、前貸等による売春（同法第9条）、売春をさせる契約（同法第10条）、売春を行う場所の提供等（同法第11条）、売春をさせる業（同法第12条）など、売春を助長する行為である。売春を助長する行為は、外形上は売春の幇助・教唆にすぎないように思われるが、売春者を支配し管

理することを通して、売春者から性的搾取をする行為（またはその一部）である。そのため、売買春そのものよりも売春を助長する行為の方が違法性・当罰性が高いと考えられている。

　なお、売春者でも、売春の勧誘等をすると刑事処分の対象となる（同法第5条）。出会い系サイトなどのネットの掲示板に書き込むなど、不特定多数の者が見ることができるところで、売春者が売春の勧誘をすると売春勧誘罪が成立し得る。これに対して、売春の相手（買春者）が、売春者を求める形でネットの掲示板に書き込みなどを行う場合には売春勧誘罪とならない。

○コラム 11　セックスワーク論

　売春を職業として合法化しようとする考え方が「セックスワーク論」である。理念的には、売春による被害者は存在せず、売春をするかどうかは性的自己決定の問題と考えられること、現実においては、現在の売春者に労働者としての権利保障が受けられるようにする必要があることが、セックスワーク論を支えている。これに対してセックスワーク否定論は、理念的には、売春は性的自己決定の問題である以上に性的人格（人間の尊厳）の問題であること、現実においては、社会的・経済的な地位の低い女性が売春を選択するという状況が、売春の合法化によって固定化されることを指摘する。いずれの立場も、男女の性的平等を目指し、また売春女性を社会悪として非難するものではないが、買春男性の位置づけに関して対立するものと思われる。

　近年、AV（アダルトビデオ）の契約を強要、あるいは出演を強要するというケースが問題となっている。そもそも、本番行為のある AV への出演は、性交をし、それによって対償を得ることから、売春にならないのだろうか。確かに、売買春は性交の当事者間の性売買であるのに対し、AV への出演においては、性交の当事者たる出演者と AV 制作会社等、性交の当事者とは観念的には区別される者との間の性売買であることから、両者は構造的に区別できるであろう。しかし、売春の対償の支払は必ずしも性交の相手方から得なければならないものではなく、また、売春防止法上の売春の定義（売春防止法）は、売春側からの定義しかなされておらず、性交の相手方の性的欲望

の充足といった要件はなく、文言上は本番行為のある AV への出演は「売春」に含まれ得る。実質的にも、売春の問題が、性の商品化において「人間の尊厳」が害されることにあるとするならば、AV もまた同様の問題を有しているといえる。また、売春防止法では、管理売春を中心とした売春を助長する行為を刑事処分の対象としていることを考えれば、AV 制作会社なども AV 女優などを管理し、支配することを通じて性的搾取をするという実態をもち得る。売春と本番行為のある AV を構造的に区別する意義は乏しい。現状は、AV 出演を有害業務として、労働者派遣法（第 59 条）違反などの労働保護法制において対応している。また、AV 出演強要を淫行勧誘罪で摘発した例もみられる。

4　性的プライバシーを侵害する犯罪類型

　プライバシー（権）は、私生活上の事柄をみだりに公開されない権利などといわれる。性的な事柄は、私生活上の事柄の最たるものであり、そのような性的プライバシーの保護が求められている。性的プライバシーが害されるケースは、大きく 3 つの段階に分けることができよう。第 1 段階は、被害者の意に反して被害者の性的事柄に関する情報を行為者が獲得する段階である。のぞき見や盗撮行為がこれにあたる。第 2 段階は、獲得された被害者の性的事柄に関する情報媒体物を、被害者の意に反して所持する段階がある。ポルノの所持になることがあろう。第 3 段階は、被害者の意に反して、行為者が獲得した被害者の性的事柄に関する情報を公開する段階である。

　まず、第 1 段階である。例えば、温泉旅館などに宿泊する際に、男性が出来心から女性風呂をのぞき見するなどの場合は軽犯罪法（第 1 条第 23 号）違反が成立し得る。また、正当な理由がなく、他人の家のお風呂場や脱衣場、お手洗いなどをひそかにのぞき見するような場合も同様である。もっとも、住居の居住（権）者や建造物の管理（権）者の意に反するなどして、住居や建造物に立ち入れば、住居侵入罪等（刑法第 130 条）が成立する。また、単にのぞき見るだけでなく、撮影して画像・映像にする場合には迷惑防止条例違反となり得る。駅やデパートなどのエスカレーターで、女性のスカートの

中の下着を携帯やスマホについている写真機能で撮影する場合などである（例えば、東京都迷惑防止条例第5条第1項第2号。図表5-2参照）。撮影にいたらなくても、撮影する目的で写真機などを差し向けたり設置した場合も同様である。また、当該盗撮が児童ポルノの製造に該当することも考えられ、児童ポルノ製造罪（児童買春・児童ポルノ禁止法第7条第3項、第7項）が成立することもある。

　次に、第2段階である。単にのぞき見しただけでは記憶にしか残っておらず、その場合は、それ以上の問題は生じない。しかし、撮影し画像・映像がある場合には、その画像・映像が刑法175条にいうわいせつ物に該当することがあるだろう。そのようなわいせつ物を、後で販売しようと考えて所持していた場合は、わいせつ物販売目的所持罪（刑法第175条第2項）が成立する。また、その画像・映像が児童ポルノであった場合、自己の性的好奇心を満たす目的でその物を所持・保管すると児童ポルノ所持罪（児童買春・児童ポルノ禁止法第7条第1項）が成立し得る。

　最後に、第3段階である。例えば、撮影した画像・映像が、性交や性交類似行為をしているようなものであり、写っている者（撮影対象者）の顔が分かるような場合に、それをネット上の動画投稿サイトなどにアップし、不特定多数の者が閲覧できる状態にした場合には公表罪（私事性的画像被害防止法第3条）が成立する（第6講も参照）。

　私事性的画像記録とは、①性交又は性交類似行為に係る人の姿態、②他人が人の性器等（性器、肛門又は乳首をいう。以下この号及び次号において同じ。）を触る行為又は人が他人の性器等を触る行為に係る人の姿態であって性欲を興奮させ又は刺激するもの、③衣服の全部又は一部を着けない人の姿態であって、殊更に人の性的な部位（性器等若しくはその周辺部、臀部又は胸部をいう。）が露出され又は強調されているものであり、かつ、性欲を興奮させ又は刺激するものの、いずれかの人の姿態が撮影された画像に係る電磁的記録のことである。恋人間で、恋愛関係が順調な時に③のような写真を撮って、相互に所持していたが、恋愛関係が破局した後、別れた一方が他方の写真を、フラれた腹いせにSNSなどにアップするような場合にも同法第3条の適用がある。つまり、撮影時に撮影対象者の意思・承諾があり（第1段階に

問題がない）、画像・映像を正当に所持していた（第2段階に問題はない）と
しても、本罪が成立し得る。ただし、撮影対象者が、第三者が閲覧すること
を認識したうえで、任意に撮影を承諾したような場合（AVとして撮られたも
のなど）は、「私事」ではないので、私事性的画像記録ではない。撮影した
画像・映像が児童ポルノであれば、その児童ポルノを不特定若しくは多数の
者に提供するなどした場合には、児童買春・児童ポルノ禁止法第7条第6項
が適用される。

　なお、名誉毀損罪（刑法第230条）の成立は、容易には認められない。例
えば、露天風呂で入浴していた女性の裸体を盗撮し、それを編集したビデオ
を作成し、ビデオ販売店等に陳列した事案の場合、適示された事実が露天風
呂に全裸でいたことだとすれば、それ自体は撮影対象者の名誉を毀損するも
のではないことになろう。しかし、性的関心に向けられたビデオ商品におい
て、「撮影されている女性が、不特定多数の者に販売されるビデオテープに
録画されることを承知の上、自ら進んで裸体をさらしているのではないかと
いう印象を与えかねないものになっている」とすれば、その撮影対象者の名
誉が毀損されているといえ、名誉毀損罪が成立し得る（東京地判平成14年3
月14日 D1-Law.com28075486）。

5　事例と解説

> **【事例1】**　Xは、結婚後1年足らずで、妻Aが出会い系サイトで知り合った
> Bと親密な交際をし、Xに対して離婚の申し出をしたことについて、Aに対す
> る怒りを抑えきれず、Aに対し、段る蹴る等の強烈な暴行・脅迫や性的虐待を
> 繰り返した。Aはそれに耐えられなくなり、子どもを連れて家を出たが、Xは
> Aを探し出し、再三暴力を繰り返したため、Aは警察に相談し、DV防止法に
> よる保護命令を申し立てたところ、裁判所により接近禁止命令（保護命令）が
> 発せられ、Xに送達された。
> 　しかし、XはAと離婚することに納得がいかず、その保護命令に違反して
> でもAに会おうと、A方に向かい、深夜、無施錠の玄関から侵入し、Aの布
> 団の上から馬乗りになり、口を塞いで「騒ぐな、静かにしろ。」といった暴行

を加え、Aが畏怖しているのに乗じてその反抗を抑圧してAに対して性交した。

　本事例は、宇都宮地判（栃木）平成16年4月27日（D1-Law.com28095416）を例にしたものである。

　この事例においては、AがBとの交際をしており、Aの側が「不貞行為」をしていることから、Aは有責配偶者であり、Aの側からは裁判離婚を申し立てることが困難である。協議離婚をするためには、Xの同意が必要であるが、そのXは、Aからの離婚の申し出を断っている。そのため、XとAには離婚が成立しておらず、婚姻関係が法律上続いている。

　さて、Xは、配偶者である妻Aに対し、妻の不倫が原因とはいえ、強烈な暴行・脅迫を繰り返し、保護命令（配偶者暴力防止法第10条）を受けている。それにもかかわらず、Aに接近したことから、罰則（同法第29条）が適用されることは明らかである。仮に被害者であるAが、Xに会うことに同意していたとしても、本罪が成立するものと考えられる（東京高裁平成26年8月5日東高刑時報65巻66頁参照）。また、たとえ法的にはまだ婚姻関係にあるとはいえ、すでに別居状態にある以上、Aの住居に無断で侵入する行為は、住居侵入罪にあたる（刑法第130条）。ところで、Xが暴行を用いてAの反抗を抑圧して性交した点については、いわゆる夫婦間レイプといわれる問題が生じている。本来、夫婦間では、お互いに性交渉を求めかつこれに応ずべき関係にあるとされることから、夫婦間において強制性交等罪（旧強姦罪）が成立しないとも考えられる。しかし、広島高裁松江支部判昭和62年6月18日（高刑集40巻1号71頁）は、実質的には夫婦関係が破たんしているような場合には、お互いに性交渉を求めかつこれに応ずべき関係にあるとはいえず、強姦罪が成立するとした。この事例もまた、夫婦関係は実質的に破たんしているといえることから、強制性交等罪が成立するであろう。

　なお、残された問題は、夫婦間レイプにおいて、強制性交等罪が成立するためには、実質的に夫婦関係が破たんしている場合に限定されるかどうかである。この点、強制性交等罪の構成要件を満たすのであれば、夫婦間といえども強制性交等罪が成立すると考えるべきである。なぜなら性的自由ないし

図表5‐5　被害者と被疑者の関係

強姦罪

強制わいせつ罪

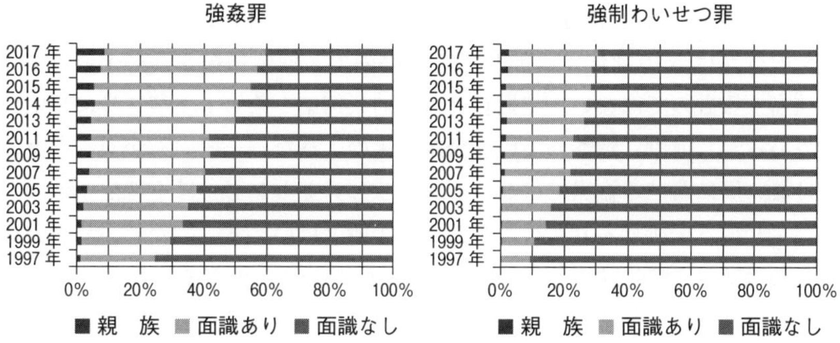

出典：平成30年版犯罪白書より作成した。

性的自己決定権は、婚姻関係を結ぶことで相互に包括的に譲渡されるものではなく、たとえ夫婦間であっても、その性行為のつど、性的自己決定権の行使がなされるべきだからである。なお、いわゆるレイプは夫婦間だけでなく恋人間でも生じ得る（デート・レイプ）。旧強姦罪と強制わいせつ罪における被害者と被疑者の関係をみると（図表5‐5）、強制わいせつ罪に比し旧強姦罪は、親族又は面識があるという関係においても発生しやすいことが分かる。

　結論としては、この事例では、配偶者暴力（DV）防止法の保護命令違反（第10条第1号、第29条）、住居侵入罪（刑法第130条）と強制性交等罪（刑法第177条）が成立し、住居侵入罪と強制性交等罪とは牽連犯の関係になり、科刑上一罪となり、それと配偶者暴力防止法違反とが併合罪になると考えられる。

【事例2】　Xは、ショッピングセンター1階の出入口付近から女性靴売場にかけて、女性客Aの後ろを時間にして5分間程度、距離にして40m付けねらい、背後の1〜3mの距離からデジタルカメラ機能付きの携帯電話で、Aの臀部をねらって約11回撮影した。Aは細身のズボンを着用しており、撮影の際、Xはその携帯電話を自分の腰のあたりまで下げて撮影した。

　この事例は、盗撮行為が問題となっていることから、迷惑防止条例違反を

検討することになる。迷惑防止条例は都道府県ごとに多少の違いがあるが、東京都迷惑防止条例（図表 5 - 2 を参照）に基づいて検討してみる。

　X の行為は A の身体には触れていないので、同条例第 5 条第 1 項第 1 号に該当するものではない。盗撮行為は、同条例第 5 条第 1 項第 2 号に規定されているが、前段に示されている公衆浴場のような、一般の人が衣服を身につけない場における盗撮ではない。ショッピングセンターは不特定多数の者が存在し得る場所であり、後段の公共の場所とはいえる。しかし、X が盗撮したのは A の臀部とはいえズボンの上からであり、下着や身体等、通常衣服で隠されている部位ではないことから、結局、同条例第 5 条第 1 項第 2 号に該当する行為ではないことになる。

　そこで問題となるのは、なお同条例第 5 条第 1 項第 3 号の「卑わいな言動」（卑わい罪）といえるかどうかである。「卑わいな言動」とは、社会通念上、性的道義観念に反する下品でみだらな言語又は動作とされる（最判平成 20 年 11 月 10 日刑集 62 巻 10 号 2853 頁）。このような理解からは、卑わい罪は社会法益を保護しているもののように思われる。しかし、卑わい罪は卑わいな言動を「人に対し」てすることとなっており、個別具体的な個人が被害者として想定されているといえる。また、同条例第 5 条柱書において、「人を著しく羞恥させ、又は人に不安を覚えさせるような行為」であることが要求されていることから、個人的法益としての側面、すなわち性的感情・性的羞恥心を保護している側面も含めるべきである。それゆえ、撮影行為について被害者がこれに気付いていないとしても、これを知れば被害者を著しく羞恥させ、不安を覚えさせるものといえるのであれば、「卑わいな言動」といえ、迷惑防止条例違反が成立することになろう（最決平成 20 年 11 月 10 日参照）。なお、撮影された画像はズボンの上から臀部を撮影したものであり、私事性的画像記録にはならず、仮に撮影対象者が子どもであっても、児童ポルノにもならない。

参考文献
・大阪弁護士会人権擁護委員会性暴力被害検討プロジェクトチーム（編集）『性暴力と刑事司法』（信山社、2014 年）

・上村貞美『性的自由と法』（成文堂、2004 年）

・松沢呉一、スタジオ・ポット編『売る売らないはワタシが決める―売春肯定宣言』
　（ポット出版、2000 年）

・藤目ゆき『性の歴史学―公娼制度・堕胎罪体制から売春防止法・優生保護法体制へ』
　（不二出版、1997 年）

（若尾岳志）

第 **6** 講 ◆ プライバシーと表現に関する犯罪

キーワード

秘密漏示／信書開披／名誉棄損／個人情報／リベンジポルノ／ネット犯罪

関連法令

刑法／不正アクセス防止法／個人情報保護法／私事性的画像被害防止法

1 現代社会における「秘密」「プライバシー」保護の意義

　現代社会では、IT（通信技術）の進展により、コミュニケーションの手段が多様化しており、「秘密」や「プライバシー」の保護はいっそう重要性が増している。個々人は多種多様な固有の情報を有している。それらの中には人に知られたくない情報（秘密）が含まれ、それが漏れて一般に周知されると社会生活上、不都合が生じる場合があるし、それらの情報が悪用され犯罪に利用される場合もある。特殊詐欺などは、この典型的な事例である。したがって、社会的にも法的にも、それを保護する必要性があり、インターネット等、情報を伝達する手段が飛躍的に拡大した現代社会では、個人の社会生活上の情報、つまり個人情報を保護する法的仕組みが講じられている。もとより憲法 21 条 2 項後段は「通信の秘密は、これを侵してはならない。」と規定する。もっとも、かつての通信手段は電信・電話であった時代から現代ではインターネット等の E メールや SNS へと変化していることは周知のとおりである。

　他方で、憲法においては表現の自由を保障している。つまり、自己が獲得した情報を一般社会に発表して意見を表明する自由である。この表現の自由は民主主義の根幹であり、とくにマスメディアは表現の自由の下に、国家政策、政治動向だけでなく犯罪関連情報など種々の情報を発信しているが、この中には個人情報も当然含まれる。他方、国民の側には「知る権利」が保障

され、これらが融合することにより、健全な社会生活が確立されることになる。さらに、個人情報は取り扱いによっては様々な社会的分野で有効活用が期待され（個人情報保護法 1 条参照）、社会発展に資する部分もある。

　しかしながら、後述するように、個人情報の保護と表現の自由はしばしば衝突する。前者は、理論的には「個人のプライバシー」の問題として議論される。プライバシーはもともとアメリカなどでは、「ひとりで放っておいてもらう権利」「他人に干渉されない権利」を意味する人格権として理解されてきたが、こんにちのように高度な情報化社会、IT を駆使したインターネット社会においては、そのような消極的な権利ではなく、「自己の人格情報をコントロールする権利」としての積極的な権利の位置づけがなされている（佐藤 1970 年、1-53 頁、末尾文献参照）。もっとも、情報化社会はさらに複雑であって、一方で多種多様な通信手段で個人情報が世界規模で発信、受信が繰り返され、他方でそれによって個人に関わるプライバシー侵害が多発している。たとえば、e-mail の盗み読み、私的な盗聴・盗撮、PC のクラッキング、それらによる個人情報の漏洩など新形態のサイバー犯罪が多発している（第 19 講参照）。したがって、明治時代に想定された刑法典の仕組みだけでは現代社会に適合せず、従来の特別法に加え新しい法令が相次いで制定されている。

2　表現の自由と刑事法

　表現の自由（憲法 21 条）は、基本的人権の中でも最も重要な人権の一つとして位置づけられている。なぜなら、第 1 に、「表現活動を通じて個人の人格を発展させる自己実現の価値」、第 2 に、「主権者である国民が言論活動を通じて政治的意思決定に関与する自己統治の価値」、第 3 に、「自由に発言できる環境があることで議論が深まり真理に達することができるとする思想の自由市場」という表現の自由を支える根拠があるからである（芦部 2015 年、大沢 2003 年、末尾文献参照）。つまり、表現の自由が保障されていない場合、われわれは豊かな人格を形成することも、適切な政治的意思決定を行うことも、真理を明らかにすることも困難になるのであって、それゆえ、表現の自

由は最大限の尊重が必要とされるのである。

　もっとも、このような価値を有する表現の自由といえども絶対無制限に保障されるわけではなく、限界が存する。それが顕現するのが、刑法の領域においては秘密漏示罪（刑法第134条）、わいせつ物頒布等罪（刑法第175条）、名誉棄損罪・侮辱罪（第230条）などであり、また児童の権利尊重の高まり、高度情報化社会の到来などの関係では、特別法において、不正アクセス禁止法（1999年）、個人情報保護法（2003年）、児童買春・児童ポルノ禁止法（1999年）、私事性的画像被害（リベンジポルノ）防止法（2014年）などが表現の自由の限界を画するものとして存在する。

3　刑法上の秘密に関わる犯罪

　こんにち、親しい私人間で封書のやりとりの機会は減少したとはいえるが、依然として、社会生活上、領収書、契約書、健康診断通知書、納税証明書など重要な文書が封書でやりとりされており、それらの保護も依然として重要である。

　秘密に関する代表的な犯罪としては、信書開封罪、秘密漏示罪、名誉毀損罪、侮辱罪のほか、2011年刑法改正で新設された支払用カード電磁的記録に関する犯罪、不正指令電磁的記録に関する犯罪などがある。

1　信書開封罪（133条）

　本条では、私生活上の個人の秘密の中で信書の秘密を保護するために、「正当な理由がないのに、封をしてある信書を開けた者は、一年以下の懲役又は二十万円以下の罰金」が科される。ここでいう「信書」とは特定人から特定人に宛てた文書で、個人が国家または地方公共団体に、国家または地方公共団体が個人に宛てた信書も含まれ、さらに、この特定人には法人その他の団体も含まれる（郵便法第4条2項。なお信書便法第2条1項では、「特定の受取人に対し差出人の意思を表示し事実を通知する文書」とする）。かつては信書には単なる事実の記載、感情の表現を表示した文書は含まないとされ、自己の意思を伝達する文書に限るとする理解であったが、近年では、幅広く私

生活上知られたくない文書も保護すべきとの理解へと変遷している。こんにち、たとえば写真にも十分な個人情報が含まれている現状からすれば、意思を伝える文書に限定する必要はないとする説が支持されるべきである。

「正当な理由」としては破産管財人の破産者宛の信書の確認、親権者の子供宛信書の開披などこれに当たると考えられている。

「封をしてある」とは、第三者による開封を禁じる趣旨であるから、糊・ホッチキス・セロハンテープなどの接着機能のある物で厳重に外部から認識されない状態にされていることをいう。したがって、当然ながら、葉書さらにE-mailなどは含まれない。すでに開封された信書を受信者以外が閲覧しても本罪には当たらない。

なお、本罪は親告罪である（135条）。

2　秘密漏示罪（134条）

本条1項では「医師、薬剤師、医薬品販売業者、助産師、弁護士、弁護人、公証人又はこれらの職にあった者」、第2項では「宗教、祈祷若しくは祭祀の職にある者又はこれらの職にあった者」が「正当な理由がないのに、その業務上取り扱ったことについて知り得た人の秘密を漏らしたときは、六月以下の懲役又は十万円以下の罰金に処する」と規定し、一定の職にある（あった）者が業務上知り得た秘密を漏らすことを犯罪化している。これらの者は限定列挙であり、いわゆる真正身分犯である。また、本条の保護法益は個人の私生活上の秘密であり、一定の専門職の地位にある者、あった者がその職務の性質上、個人の秘密を知り得ることから、その知り得た情報の漏示を規制するものである。なお、本罪は親告罪である。

これらの主体に関してしばしば議論となるのが、「医師」に歯科医師を含むか、鑑定人になった「医師」に適用できるかである。前者については同じ医療現場において患者と医師との信頼や個人情報を扱う点では異なるところはないことから、歯科医師を含むと一般には解されている。また、後者については判例がある（後掲の事例と解説1を参照）。すなわち、「医師が鑑定事項との関係から、医師であることを前提に鑑定人として選任された以上は、医師としての立場と鑑定人との立場は両立する」として、肯定している（奈良

地裁判決平成 21 年 4 月 25 日判例時報 2048 号 135 頁)。

　本罪の客体は「業務上知りえた個人の秘密」である。これは、一般に知られていないことが本人にとって利益とされ、かつ一般的にみても他人に知られることを欲しない事項をいう。国や地方公共団体の秘密も含まれるかについては、本罪が個人の秘密の保護を目的にすることから、通説では否定されるべきとされる。また、本条にいう「秘密」かどうかは、本人の秘密にする意思が基準となるが、客観的に保護に値する秘密であるかどうかも考慮されるべきとされる。そこで、本人が秘密にしたいと意欲した意思に加えて、社会生活上一般人が他人に知られたくないことが利益であるとする客観事情も考慮して、「秘密」を判断すべきとするのが通説である。行為は、「秘密を漏らした」ことである。いまだ秘密が明らかになっていない状態で他人に告知することをいう。漏示の方法は問わない。他言を禁じて第三者に漏らした場合でも本罪に当たる場合がある。

　もっとも、逆に、法令上、秘密事項を告知する義務が存する場合などがある。この例として、感染症予防法(12 条)、母体保護法(25 条)、精神保健・精神障害者福祉法(24 条、26 条の 2、38 条の 2)がある。

3　名誉毀損・侮辱罪(230 条、231 条)

　名誉毀損罪(230 条)は、「公然と事実を摘示し、人の名誉を毀損した者は、その事実の有無にかかわらず、三年以下の懲役若しくは禁錮又は五十万円以下の罰金に処する」と規定され、不特定または多数の人に個人に関わる具体的な事実を暴露して、人の外部的名誉(通説)を毀損した場合を処罰する。「名誉」には、このほか内部的名誉(人の人格的価値そのもの)、名誉感情(人の人格価値に対する自己評価)が識別されるが、内部的名誉は客観的に存在する名誉であるから侵害されることはあり得ないし、逆に名誉感情は主観的意識であるため、これも保護することには値しないとされる。そこで、外部的名誉、つまり人の社会的評価、客観的なその人の人格的価値が保護される。したがって、人の社会的評価が侵害されることが犯罪成立の要件となる。なお、摘示された事実はその社会的評価を侵害するに足りる程度でなければならないが、事実の内容は真実であると虚偽であるとを問わず、ま

た非公知、公知であることも問わない。死者の名誉も保護されるが（230条2項）、虚偽事実の摘示の場合に限定される。

　名誉毀損罪と侮辱罪との相違は、事実の摘示の有無にある。なぜなら、侮辱罪（231条）では「事実を摘示しなくても、公然と人を侮辱した者は、拘留又は科料に処する」と規定しているからである。通常、外部的名誉を抽象的な事実で侵害する場合がこれに当たり、侮辱罪の教科書的事例としては「A教授は無能である」などの軽蔑的言辞を弄したことなどが該当する。

　刑法上の名誉毀損で最も大きな問題は、230条の2に規定される「公共の利害に関する場合の特例」（いわゆる「事実の証明」）である。なぜなら、まさしく個人の名誉と表現（とくに報道）の自由が衝突する場面だからである。そこで本条は、この両者の利益を調和するために、詳細な規定をおく。簡単に言えば、特定の要件を満たす限り、被告人が事実を証明すれば名誉毀損罪は成立しないという趣旨である。もっとも、条文構成、内容、解釈も多岐にわたり複雑であって、ここでは説明の概略にとどめる。

　基本的な要件としては、①事実の公共性（その事実を公衆の批判にさらすことが公益の福利増進に役立つと認められること）、②目的の公益性（公共の利益を増進させることが動機となって事実を摘示したこと）、③事実の真実性の証明（摘示された事実が真実であると証明されたこと）があれば違法性が阻却される。なお、特例として、犯罪についての事実は「公共の利害に関する事実」としてみなされ（2項）、公務員や公選による公務員の候補者等に関する事実は真実の証明があれば名誉毀損罪として処罰されない（3項）。一般に、犯罪の証明は訴追側が行うが、本条ではその証明は被告側が行い、いわゆる挙証責任の転換がみられる。なお、公共性に役立つと認められるのであれば、私人の私生活上の行状も公共の利害に関する事実とする判例がみられる（最判昭和56年4月16日刑集35巻3号84頁「月刊ペン事件」、下記コラム12参照）。

○コラム12　月刊ペン事件
　表現・報道の自由と名誉毀損との関係が争われた事件である。1976年、雑誌『月刊ペン』（当時、隈部大蔵編集長）が特定宗教団体会長に関する女性問題を特集したところ、この記事が当該会長と女性2名の名誉を毀損した

として名誉毀損罪で刑事告訴され、有罪判決を受けた事件。一審、二審ともに当該記事は刑法 230 条の 2 にいう「公共の利害に関する事実」に該当しないとして隈部編集長に有罪を言い渡した。これらの判決では、「事実の証明」自体の判断が行われなかったため、被告人の上告を受けた最高裁は、被告人の上告自体は退けたものの、審理は不十分として東京地裁に差し戻した（最判昭和 56 年 4 月 16 日刑集 35 巻 3 号 84 頁）。なお、裁判は被告人死亡により差戻審の上告中に終結した。

　この事件の争点は、会員数百万人を抱える宗教団体の会長は「公人」かどうかであり、当たるとすれば会長に関する情報の開示は、真実の証明がなされれば名誉毀損罪に該当しないことになる。それにつき、上記最高裁は「多数の信徒を擁する我が国有数の宗教団体において、（中略）社会一般に対しても少なからず影響を及ぼしている等の事情のある場合には、右会長の女性関係が乱脈を極めており、同会長と関係のあった女性二名が同会長によって国会に送り込まれた等の事実は、『公共の利害に関する事実』に当たる」と判示した。

4　特別法上の秘密に関わる犯罪

　特別法においては、個人の秘密に関わる法令・犯罪はきわめて多種多様である。まず、職業上の守秘義務とこれに対する罰則に関しては、国家公務員法（100 条 1 項・2 項）、地方公務員法（34 条 1 項・2 項）、日米相互防衛援助協定等に伴う秘密保護法（3 条 3 号）、特定秘密の保護に関する法律（23 条）、司法書士法（24 条）、行政書士法（12 条）、公認会計士法（27 条）、営業秘密に関する特別規定として、不正競争防止法（21 条 1 項）などがある。

　また、「通信の秘密」については、電気通信事業法（4 条）、郵便法（80 条）、信書便法（44 条）などが諸規定をおく。

　このほか、近年では個人の秘密や情報の保護として、不正アクセス禁止法、個人情報保護法、私事性的画像記録の提供等による被害の防止に関する法律（私事性的画像被害防止法）などが制定されている。ここでは、新しい動きとしてこれらの法令に焦点を絞って以下に概観する。

1　不正アクセス禁止法

　インターネット（本法では「電気通信回線」）上での不正アクセス行為を禁
止し、これらの行為を処罰し、かつ再発防止措置を定めている。条文自体は
難解であるが、不正アクセス行為は大きく大別して、①なりすまし行為（他
人の ID やパスワード（本法では「識別符号」）を盗み出し無断で用いる行為）、②
アクセス制御を免れる行為（アクセス制御を無断で突破し、ID やパスワードを
用いずに PC やサーバーを利用する行為）、③制御を免れた PC で別の PC、サ
ーバーを利用する行為（②により、アクセス制御がされた PC やサーバーへのア
クセスを行う行為）、の 3 類型（不正アクセス罪）に分かれる（詳細は第 19 講に
ゆずる）。そして、これらの行為を行った者は 3 年以下の懲役又は 100 万円
以下の罰金が科される。また、これらの行為を予防するための規定として、
不正アクセス行為の助長行為（5 条、不正助長罪）に加えて、2013 年改正に
より追加された、他人の識別符号を不正に取得する行為（4 条、不正取得
罪）、他人の ID やパスワードを保管する行為（6 条、不正保管罪）、ID やパス
ワードの入力を要求する行為（7 条、不正入力要求罪）なども禁止され、罰則
が科される（1 年以下の懲役または 50 万円以下の罰金）。

　判例に現れた事例には、1 年 3ヶ月間に 57 回にわたって芸能人や職場同僚
ら 24 人のヤフーメール等のアカウントに侵入したほか、1 年 2ヶ月の間に
女性職員らの個人情報を入手した行為（横浜地判（川崎）平成 28 年 4 月 26 日
D1-Law.com28241551）、②4ヶ月間に約 140 人分の ID とパスワードを使い、
約 1,200 回にわたり個人のフェイスブックの非公開ページなどをのぞき見し
た行為（朝日新聞夕刊平成 28 年 6 月 20 日付）、③近隣の家に設置された無線

図表 6-1　不正アクセス行為の認知件数の推移（平成 25〜29 年）

年　次	2013 年	2014 年	2015 年	2016 年	2017 年
認知件数（件）	2,951	3,545	2,051	1,840	1,202

　出典：国家公安委員会「不正アクセス行為の発生状況及びアクセス制御機能に関する技術の研究状
　　　況」（平成 30 年 3 月 22 日）1 頁
　注：ここでいう認知件数とは、不正アクセス被害の届出を受理した場合のほか、余罪として新たな不
　　　正アクセス行為の事実を確認した場合、報道を踏まえて事業者等に不正アクセス行為の事実を確
　　　認した場合その他関係資料により不正アクセス行為の事実を確認することができた場合におい
　　　て、被疑者が行った犯罪構成要件に該当する行為の数をいう。

LAN を利用して 5 ヶ月にわたり、自宅パソコンから銀行などのサーバーに不正アクセスし、だまされた受信者が打ち込んだ ID やパスワードで自分の銀行口座に計約 510 万円を送金させるなどした行為（東京地判平成 29 年 4 月 27 日判時 2388 号 114 頁）などがある。

2　個人情報保護法

　2003 年に制定され、文字通り、個人情報を保護するための法律であり、高度情報通信の進展に伴い、個人情報の利用が著しく拡大していることに鑑み、個人情報の適正な取り扱いに関して、基本理念及び政府による基本方針の作成、その他の個人情報の保護に関する施策の基本となる事項を定めている（時の法令 1698 号（2003 年）参照）。第 1 条には、「個人情報の有用性に配慮しつつ、個人の権利利益を保護すること」を目的と定める。簡単に言えば、本法では種々の人々、機関が個人情報を扱う際にどのような点に注意すれば合法的に活用できるかという視点も含まれる。2015 年、2016 年には改正が行われている（時の法令 1996 号（2016 年）参照）。

　本法の構成は、第 1 章から第 3 章まで総則、国及び地方公共団体の責務等、個人情報の保護に関する施策等、第 4 章は民間の個人情報取り扱い業者の義務等、第 7 章にその違反に対する罰則が規定される。まず、「個人情報」を定義して「生存する個人に関する情報」（2 条 1 項）とし、当該情報に含まれる氏名、生年月日その他の記述等（文書、図画若しくは電磁的記録で作られる記録）に記載され、若しくは記録され、又は音声、動作その他の方法を用いて表された一切の事項（個人識別符号を除く）であり、これにより特定の個人を識別することができるもので、他の情報と容易に照合することができ、それにより特定の個人を識別することができることとなるものも含まれる（2 条 1 項括弧書き）。また、改正法では、個人識別符号を含むものも「個人情報」とされる（2 条 1 項 2 号）。さらに「個人データ」は個人情報のうち、「個人情報データベース等を構成する個人情報」である（2 条 4 項）。このほか、改正法では個人情報の定義を拡大し、「要配慮個人情報」と「匿名加工情報」を追加した。

　本法には、個人情報取扱者（民間業者）や個人情報保護委員会の委員に対

する罰則規定が設けられている。従来、個人情報が多様な内容を含むがゆえに、取扱業者の義務も多様であって（第15条から第35条まで列挙されている）、一律に直接罰で臨むのが困難であったという事情で間接罰が採用されていたが（主務大臣より改善命令が発せられ、これに違反したときに処罰される）、2014年に発生したベネッセ事件により、2015年に本法が改正され、直接罰も採用された。すなわち、間接罰としては、個人情報取扱事業者は本法が定める義務に違反し、これに関して個人情報保護委員会の改善命令に違反した場合には「六月以下の懲役又は三十万円以下の罰金」（84条）、直接罰としては、「個人情報取扱事業者である場合にあっては、その役員若しくはその従業者又はこれらであった者が、その業務に関して取り扱った個人情報データベース等を自己若しくは第三者の不正な利益を図る目的で提供し、又は盗用したときは、一年以下の懲役又は五十万円以下の罰金に処する」（83条）。

　このほか、2016年の改正内容としては、①従来対象外だった5,000人分以下の個人情報を取り扱う小規模な事業者も本法が適用されること、②個人情報を取得する場合は、あらかじめ本人に利用目的を明示する必要があること、③個人情報を他企業などに第三者提供する場合は、あらかじめ本人から同意を得る必要があること、④本人の同意を得ないで提供できる特例「オプトアウト」には、個人情報保護委員会への届出が必須となること、同時に、第三者提供の事実、その対象項目、提供方法、望まない場合の停止方法などを、あらかじめすべて本人に示さなければならないこと、⑤「人種」「信条」「病歴」などの「要配慮個人情報」はオプトアウト（第三者に情報提供する際に本人に通知し、又は知りうる状態にして提供を可能にすること）では提供できないこと、などである。改正法によって、個人情報を取り扱う業者は一段と強い義務が課され、その意味では個人情報保護の強化が進んだといえる。

　なお、個人情報とプライバシーの両概念はしばしば混同されるが、識別しうる。すなわち、個人情報保護法上の「個人情報」とは、「生きる個人に関する情報で、特定の個人であるものと分かるもの及び他の情報と紐づけることにより容易に特定の個人であると分かるものをいい」（同法第2条第1項）、他方、プライバシーは上述のように「個人に関する私事、私生活あるいはそ

の秘密をいい、他人からの干渉・侵害を受けない権利」である。個人情報保護法上ではプライバシーの保護や取り扱いの規定はないものの、同法はプライバシーを含む個人の権利利益の保護を図るものとされる。さらに、両者の概念を次のように分類し、識別する試みもある（新保2013年、202頁、末尾文献参照）。

まず、個人に関する情報は、①公知、②非公知、③機微の3つに分類される。公知の情報とは、一般に公開されている個人情報である。人が社会生活を送るうえで、氏名や性別などは特定の個人を識別するために不可欠な情報として種々の場面で用いられており、それらはプライバシーにあたらない。②非公知の情報とは、一般に知られていない情報をいう。③機微の情報は、他人に知られることを通常は欲しない非公知の情報である（機微情報は非公知情報の下位概念と理解される）。この分類法に従うと、プライバシーは、③機微情報を含む、②非公知情報をその範囲とする。そして、個人情報は、②、③に加えて①公知情報を含む概念とされ、プライバシーよりもその射程が若干広いものと位置づけられている。もっとも、プライバシーの侵害は直ちに犯罪となることは少なく、一般的には民法上の不法行為として論じられる。

○コラム13 ベネッセ個人情報流出事件

2014年に通信教育最大手のベネッセ・コーポレーションから顧客情報流出が発覚した事件。この事件では、同社が顧客管理を委託していたグループ企業に外部企業から派遣されていたシステム・エンジニアがベネッセ社の情報を以前から名簿業者に売却していたことが発覚し、当該従業員は不正競争防止法違反で逮捕された。買受けた名簿業者がさらに別の名簿業者に情報資料を販売するなどして、最終的に計35社が名簿を手に入れダイレクト・メールなどに使用したとされ、流出した顧客情報は最大で3,504万件に達した。この事件を契機に個人情報保護法が改正され、83条の直接罰規定が新設されたのは前述のとおりである。

---

3 私事性的画像被害防止法

デジタルカメラ、カメラ機能付き携帯電話やスマートフォンの普及、さらにはそれらによって送信ができる SNS などを通じて、誰もが手軽に写真や動画を交換して楽しむ時代が到来した。他方、これに伴って恋人など親密な関係にある者の間で性的な画像や動画を共有することが目立ち、親密な関係が破綻した場合などに、（元）交際相手の同意なしにこれらの私的な性的記録をインターネット上で公表することもしばしば発生している。これが、いわゆる「リベンジポルノ（revenge porn）」である。一度、ネット上に性的記録がアップロードされてしまうと、瞬く間に拡散し、それらの性的記録を削除することはほぼ不可能に近く、半永久的にネット上に曝されることになり、その被害の重さは著しい。

このようなリベンジポルノ問題は、特に 2000 年代から欧米を中心に社会問題化して議論され、各国でリベンジポルノを規制する法制が制定された。わが国でも、2013 年に発生した三鷹ストーカー殺人事件を契機として、リベンジポルノ問題が社会的に認識されるようになり、2014 年に「私事性的画像記録の提供等による被害の防止に関する法律」（私事性的画像被害防止法）が制定され施行されている（時の法令 1974 号（2015 年）参照）。

本法における「私事性的画像記録」とは、「性交又は性交類似行為に係る人の姿態」（2 条 1 項 1 号）、「他人が人の性器等（性器、肛門又は乳首をいう。以下この号及び次号において同じ。）を触る行為又は人が他人の性器等を触る行為に係る人の姿態であって性欲を興奮させ又は刺激するもの」（同 2 号）、「衣服の全部又は一部を着けない人の姿態であって、殊更に人の性的な部位（性器等若しくはその周辺部、臀部又は胸部をいう。）が露出され又は強調されているものであり、かつ、性欲を興奮させ又は刺激するもの」（同 3 号）のいずれかの「人の姿態が撮影された画像において、撮影をした者、撮影対象者及び撮影対象者から提供を受けた者以外に係る電磁的記録その他の記録をいう」（2 条 1 項）。なお、「撮影対象者において第三者が閲覧することを認識した上で、任意に撮影を承諾し又は撮影をしたものを除く」（同）とされ、第三者に公開することを前提として、撮影対象者が任意に撮影に応じたものや自ら撮影したもの、たとえばアダルトビデオやグラビア写真等は、私事性

が否定されるため除外される。

　私事性的画像被害防止法は、私事性的画像記録提供等罪（3条）を規定し、「第三者が撮影対象者を特定することができる方法で、電気通信回線を通じて私事性的画像記録を不特定又は多数の者に提供」する行為（同条1項）、「前項の方法で、私事性的画像記録物を不特定若しくは多数の者に提供し、又は公然と陳列」する行為（同条2項）に対しては3年以下の懲役又は50万円以下の罰金を科し、「前二項の行為をさせる目的で、電気通信回線を通じて私事性的画像記録を提供し、又は私事性的画像記録物を提供」する行為（同条3項）には1年以下の懲役又は30万円以下の罰金に処する。1項は「私事性的画像記録の公表罪」、2項は「私事性的画像記録物の公表罪」、3項を「公表目的提供罪」と称され、1項と2項を併せて「公表罪」と総称され

図表6-2　リベンジポルノに係る事案の相談等件数

	2014 年	2015 年	2016 年	2017 年
相談等件数	110	1,143	1,063	1,243

※ 2014 年は、私事性的画像被害防止法の施行日（11 月 27 日）以降の件数
出典：警察庁「平成 29 年におけるストーカー事案及び配偶者からの暴力事案等への対応状況について」（平成 30 年 3 月 15 日）8 頁。

図表6-3　私事性的画像に係る事案の検挙状況（罪種別内訳）

		2014 年	2015 年	2016 年	2017 年
刑法犯・他の特別法犯		7	250	238	226
	脅迫	1	69	69	56
	児童買春・児童ポルノ禁止法違反	1	56	35	39
	強要	3	25	33	37
	ストーカー規制法違反	0	18	27	26
	名誉毀損	0	15	13	4
	わいせつ物頒布	0	6	7	5
	恐喝、傷害等	2	61	54	59
リベンジポルノ規制法違反		0	53	48	57

※刑法犯・他の特別法犯検挙は複数罪名で検挙した場合は、法定刑が最も重い罪名で計上。
出典：警察庁・前掲 9 頁。

る。なお、これらの犯罪は全て親告罪である（同条4項）。私事性的画像記録の定義は上記のとおりであるが、「私事性的画像記録物」とは、写真、CD-ROM、DVD、USBメモリ等に私事性的画像記録を記録した有体物をいう。1項はインターネットを通じた私事性的画像記録の公表、たとえば、LINEで私事性的画像記録を送信し、いわゆるトークルームに貼り付ける行為、2項は電気通信回線以外で、つまり私事性的画像が記録された有体物の公表、具体的には、写真の壁張りやばら撒き行為、3項は、拡散させる目的で私事性的画像記録を少数人によるLINEグループ内で共有した場合が想定されている。

5　事例と解説

【事例1】　家庭裁判所による依頼に基づいて精神科医Xは、少年保護事件の少年Aの精神鑑定を実施した。その後、Aの少年審判係属中に、Xは、Aの事件を取材していたジャーナリストYの求めに応じて、鑑定のために貸し出された鑑定資料（A及びその実父Bの供述調書等のコピー）と鑑定結果をYに閲覧させた。そして、Yは、それらの資料をもとに少年Aの事件に関する本を出版した。これらの鑑定資料と鑑定結果には、AとBの秘密が記されていたので、AとBはXを秘密漏示罪で告訴した。

　この事例は、奈良市で高校生が自宅に放火し、家族3名を殺害した事件が元になっており、当時社会の耳目を集めた事件であった。その後、少年が送致された家庭裁判所から鑑定を依頼された精神科医Xが、その内容につき、この事件に関して本の出版を計画していた女性ジャーナリスト（元少年鑑別所職員）に鑑定資料や捜査資料等を提示したものであり、業務上知り得た少年A及びその父親Bに関する秘密を漏らしたとして秘密漏示罪に問われた事件である。本件では、家庭裁判所から貸出しを受けた供述調書の写し、鑑定結果を記した鑑定記録書面等を閲覧させた外形的事実は争われていない。問題となったのは、①医師・患者の信頼関係に基づく「医師」の業務と「鑑定人」の業務は決定的に異なるのか、そして、鑑定人が業務上知り得た内容

は秘密漏示罪の対象となるか、②供述調書等は秘密漏示罪の保護すべき「秘密」に当たるか、③当該少年Aに対する誤った世間の認識を正すという少年Aの利益を図る目的、そのために取材に協力する表現の自由による漏示行為は「正当な理由」（違法性阻却事由）に当たるか、④本罪は親告罪であり、鑑定委託者は家庭裁判所であって、当該事件の少年Aや父親Bではないから告訴権者に当たらないのではないか、であった。

　第一審判決（奈良地判平成21年4月15日刑集66巻4号440頁）では、上記争点に関して、①当該少年に対して行った精神鑑定は、医師がその専門的知見と経験に基づいて行うものであるから、秘密漏示罪の医師の「業務」に当たること、②同罪における「秘密」とは非公知の他人に知られないことが本人の利益と認められるもので、本件漏示記録は「秘密」に当たること、③少年に対する誤った認識を正すという鑑定人の思いは主観的に過ぎず、少年審判手続中に記録を閲覧させ、少年のプライバシー等を漏示する行為は正当な理由に当たらないこと、④秘密を漏示された少年A及び父親Bは被害者として当然告訴権を有するとして有罪判決を言い渡した。そこで、被告側は控訴し、上級審では控訴が棄却され、事件は最高裁に移ったが、最高裁も原審の判決を支持し、①と④に関して職権で判示した（最二決平成24年2月13日刑集66巻4号405頁）。

　これまで秘密漏示罪の適用事例はほとんどなく、また、学説においてもあまり議論されない状況がみられた。したがって、本判決は「鑑定人の医師が少年事件記録の写し等を他人に閲覧させる行為に秘密漏示罪が成立すること」を初めて判断した最高裁判決であり、秘密漏示罪における「業務」、「秘密」、「告訴権者」の範囲の拡大が明瞭に認められた点に意義がある。これらの動きの背後には、現代では個人情報を含む医療情報が広く活用される状況にあり、伝統的な医師・患者の信頼関係に合致しない状況が存する事情があったと思われる。

【事例2】　少年X（19歳）は、少女A（17歳）とSNSを通じて知り合い数年間交際していたが、その後Aから別れ話を切り出されたので、Xは交際を継続するようにAを説得したが、Aの意思は変わらなかった。そこで、Xは、

第三者に見せないことを条件にAの同意を得てスマートフォンで以前に撮影
していたAの全身全裸画像ファイル数枚を復讐の目的で、今回はAの同意を
得ずにインターネット上のアダルト動画投稿サイトに「Aは性的に放縦であ
る」との文言を付して投稿して誰もがアクセスし閲覧できる状態にしたうえ
に、かつ、希望者には同動画を2万円で販売した。

　これは三鷹事件（東京地判（立川）平成28年3月15日D1-Law.com28241323）
をベースにしているが、事例は異なっている。この事例において、第一に、
私事性的画像被害防止法の適用が問題となる。Aは当初全身全裸画像の撮影
には同意していたが、第三者が閲覧することは承諾していなかったのである
から、Aの全裸画像ファイルは、同法2条1項3号にいう「衣服の全部又は
一部を着けない人の姿態であって、殊更に人の性的な部位（性器等若しくは
その周辺部臀部又は胸部）が露出され又は強調されているものであり、かつ、
性欲を興奮させ又は刺激するもの」に該当する。また、同画像は全身が写っ
ていることで撮影対象者がAであることを第三者が容易に特定可能であっ
て、この第三者は「撮影対象者の配偶者や友人などが、撮影対象者を特定す
ることができれば足りる」から、人物特定可能の要件も充足されている。し
かも、Xは復讐の目的で行っているので、過失ではなく故意にあたる。以上
から、Xには、私事性的画像記録の公表罪（同法第3条1項）が成立する。
同罪は、3年以下の懲役又は50万円以下の罰金である。
　第二に、Aは17歳であって法令上「児童」であり、Xは児童の全身全裸
動画を営利目的で販売している。児童買春・児童ポルノ禁止法は「児童ポル
ノ」を「写真、電磁的記録に係る記録媒体その他の物であって、（中略）児
童の姿態を視覚により認識することができる方法により描写したもの」と定
義するから、Xが撮影した動画は同法の「児童ポルノ」に当たり、かつ「不
特定若しくは多数の者に提供し、又は公然と陳列した者」といえ、同法7条
6項（児童ポルノ公然陳列罪）が成立する。さらには、「Aは性的に放縦であ
る」等の文言を付して、Aの社会的評価を低下させており場合、刑法230条
の名誉棄損罪も成立する。
　私事性的画像被害防止法における画像公表罪と名誉棄損罪、児童ポルノ公

然陳列罪が成立し、一個の行為でこれらの構成要件に該当するので、観念的
競合として処理される。

参考文献

・警察庁「平成 29 年におけるストーカー事案及び配偶者からの暴力事案等への対応状
　況について」平成 30 年 3 月 15 日
・浅田和茂、井田良編『新基本コンメンタール刑法（第 2 版）』（日本評論社、2017 年）
・渡邊卓也「インターネット短文投稿サイトの画像投稿行為について私事性的画像記録
　提供等罪の成立が認められた事例」法律時報 88 巻 13 号（2016 年）252-255 頁
・芦部信喜（著）、高橋和之（補訂）『憲法（第 6 版）』岩波書店（2015 年）
・白石　豊「私事性的画像記録の提供等による被害の防止に関する法律」自由と正義
　vol. 66 No. 6（2015 年）109-114 頁
・園田　寿「リベンジポルノ防止法について」刑事法ジャーナル No.44（2015 年）47-
　54 頁
・「リベンジポルノによる被害を防止」法学セミナー No.724（2015 年）8 頁
・松井茂記「リベンジ・ポルノと表現の自由（1）（2）」自治研究 91（3）（4）（2015 年）
　52-80, 44-66 頁
・水越壮夫「私事性的画像記録の提供等による被害の防止に関する法律」警察公論
　（2015 年 3 月）38-47 頁
・水越壮夫「私事性的画像記録の提供等による被害の防止に関する法律について」警察
　学論集第 68 巻第 3 号（2015 年）83-102 頁
・皆川宏和「リベンジポルノ対策」時の法令 No. 1974（2015 年）17-28 頁
・法曹時報 66 巻 12 号（2014）256-281 頁
・大塚　仁ほか編『大コンメンタール刑法（第 3 版）』青林書院（2013）16-64 頁
・新保史生「ネットワーク社会における個人情報・プライバシー保護のあり方」電子情
　報通信学会 基礎・境界ソサイエティ Fundamentals Review 6 巻 3 号（2013 年）199-
　209 頁
・判例タイムズ 1373 号（2012）86-89 頁
・高山佳奈子「プライバシーの刑法的保護」法学論叢 160 巻 3・4 号（2007 年）196-
　215 頁
・木村光江「盗撮と名誉棄損罪」現代刑事法 6 巻 7 号（2004 年）91-96 頁
・大沢秀介編『はじめての憲法』（成文堂、2003 年）
・山本雅子「個人情報の無断メール配信と名誉棄損罪」中央学院大学法学論叢 14 巻 1
　＝ 2 号（2001 年）265-290 頁
・佐藤幸治「プライヴァシーの権利（その公法的側面）の憲法論的考察」法学論叢 86

巻 5 号（1970 年）1–53 頁

（渡邉泰洋）

第 7 講◆財産に関する犯罪①

キーワード

窃盗／強盗／恐喝／占有／所有権／不法領得の意思／盗犯等防止法

関連法令

刑法／盗犯等防止法

1 「財産に関する犯罪」の基礎

1 財産犯とは

　財産犯（財産罪ともいう）とは、刑法が「個人の財産権（所有権等）を侵害する行為」を犯罪として規定したものの総称である。憲法 29 条 1 項は、「財産権は、これを侵してはならない」と規定し、財産権を基本的人権の 1 つとしている。そこで、刑法は、235 条以下に、財産犯と、それに対する法定刑を規定して処罰対象とすることにより、個人の財産権を保護しているのである。

　財産犯には、次のような特色がある。まず、財産権の侵害は、事後的な金銭賠償等による回復が容易である（かつ、それで十分といえることも少なくない）。そして、財産権は、法益としての重要度も、相対的に低い（たとえば、刑法 37 条 1 項本文は、「生命、身体、自由又は財産」という順序で法益を列挙しているが、これは法益の重要度の序列を示したものと解される）。そのため、刑法は、財産権の保護にあたり、生命・身体のように網羅的に保護する方式を採用しておらず、①財産権侵害に直結する危険の高い行為態様（物欲・破壊欲の発露として窃盗罪［235 条］、器物損壊罪［261 条］、横領罪［252〜254 条］、背任罪［247 条］等）、②行為態様がとくに悪質なもの（粗暴犯・知能犯として、強盗罪［236 条］、詐欺罪［246 条］、恐喝罪［249 条］等）に分けて処罰対象としている。つまり、財産犯は、その内部で細分化されているという特色

を有している（故意に生命を奪う行為は、すべて殺人罪［199条］として網羅的に、つまり一括りに処罰されるのとは、対照的である）。そのことが、財産犯の分類を複雑化し、初学者にとって財産犯を理解する妨げとなっているともいえるのである。財産犯を学習する際には、個々の犯罪に固有の要素（成立要件）を把握し、類似しながら別々の犯罪として規定されている場合は、両罪を区別するポイント（相異点）を理解する必要がある。

2 財産犯に関する基本概念

　最初に、財産犯の学習にあたり、意味を理解しておく必要がある基本的な専門用語について、簡単に解説しておく。

　①財物　　財産的価値を有し、所有の対象となりうる物をいう。財物を有体物（体積を有する物）に限るか、無体物（体積を有さない風力、水力、熱等のエネルギー作用や情報）も含めるかという争いがある。刑法は、窃盗、強盗、詐欺、背任、恐喝の罪について、「電気は、財物とみなす」としている（245条、251条）。電気以外の無体物について、財物性を肯定した判例はない。

　②財産上の利益　　財物を除く、一切の無形の財産的価値を有する利益をいう。財産的価値の内容により、積極的利益と消極的利益に分かれる。積極的利益とは、プラス財産と評価される利益をいい（金銭を受領する権利等の取得、有償サービスを無償で受けること等）、消極的利益とは、マイナス財産の減少をいう（借金の返済を免除してもらうこと等。借金は、返済により懐から出ていくべきマイナス財産であり、返済しなくてよくなったことはマイナス財産の消滅を意味する）。権利、サービス、義務免除は財物ではないから、これらを取得したことを「財産上の利益を得た」という（236、246、249の各条2項等）。

　③占有　　財物を事実上支配している状態。事実上の支配とは、当該財物に対して支配者が他人に優先してアクセスできる状態である。占有は、占有の事実という客観的状況（手に握る、足元に置く、目で監視する、自宅内のような他人が手出しできない場所［排他的支配領域］に保管する、置き忘れではなく置いてあるだけという外観等）と、占有の意思という主観的事情（財物から離れても置き場所を意識している、手放すのではなく置くだけという思い等）に

よって判断される。財物を占有する権利を「占有権」という。判例は、占有について、「人が物を実力的に支配する関係であって、その支配の態様は物の形状その他の具体的事情によって一様ではないが、必ずしも物の現実の所持または監視を必要とするものではなく、物が占有者の支配力の及ぶ場所に存在するを以て足りる」、「その物がなお占有者の支配内にあるというを得るか否かは通常人ならば何人も首肯するであろうところの社会通念によって決するの外はない」としている（最判昭和32年11月8日刑集11巻12号3061頁）。

　④占有移転　　当該財物に対する従来の占有者の占有を排除したうえで、行為者等がその占有を取得すること（占有移転＝占有排除＋占有取得）。

　⑤所有権　　財産権の中核的なもので、所有物について、自由に利用し、収益し（他人に貸して貸料を得る等）、処分する（捨てる、壊す等）ことができる権能である。財産犯は、所有権の効用（利用、収益、処分できること）を害し、所有者に所有権の効用を享受できなくする犯罪なのである。なお、所有と占有は、必ずしも一致しない。たとえば、AがBにA所有の自転車を貸し（または、BがAから盗み）、Bが単独でその自転車に乗っている場合、その自転車の所有者はA、占有者はBである。

2　財産犯の分類

　本講では、窃盗罪、強盗罪、恐喝罪を取り扱うが、最初に、財産犯の全体像を概観しておく（図表7-1を参照）。

1　客体（行為の対象）による分類

(1)　個別財産に対する罪と全体財産に対する罪

　Ⓐ個別財産に対する罪　　財産的価値をもつ個々の物・利益に価値を認め、「その」財産を保護し、「その」財産が奪われることにより成立する。背任罪を除くすべての財産犯が、ここに分類される。

　Ⓑ全体財産に対する罪　　個々の財産ではなく、財産状態全体を悪化（総資産を減少）させることにより成立する。背任罪は、ここに属する（刑法247

図表7-1　財産犯の分類

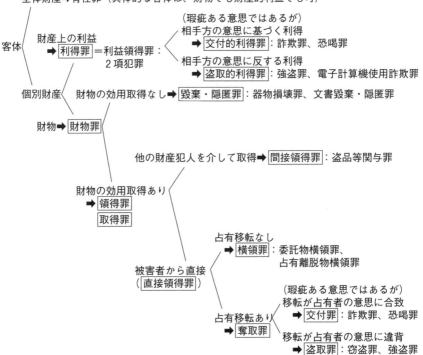

条は、「本人に財産上の損害を加えたとき」に同罪が成立すると規定している）。

　たとえば、Xが、Aの所持する400円の雑誌を奪い取った際にAの懐に500円硬貨を押し込んだ（Aは100円の得をした）としても、「その雑誌」が奪われた以上、Ⓐである窃盗罪が成立する。もし仮に同罪がⒷに分類されるとした場合は、Aの総資産は100円分増加したので、同罪は成立しないこととなる。

(2)　財物罪と利得罪

Ⓐ財物罪　　財物を客体とする財産犯。

Ⓑ利得罪　　財産上の利益（単に利益ともいう）を客体とする財産犯。利得罪は、刑法236条（強盗罪）、246条（詐欺罪）、249条（恐喝罪）の各2項

に規定されているので、「2項犯罪」（強盗であれば「2項強盗罪」）とも呼ばれる。

　客体が財物であるか財産上の利益であるかは、窃盗罪、横領罪、盗品等関与罪（256条）、毀棄・隠匿罪（258条以下）のように、財物のみを客体とする犯罪においては、犯罪の成否を左右することになり（利益であれば不可罰）、強盗罪、詐欺罪、恐喝罪のように、財物と利益の両方を客体とする類型においては、犯罪が成立するとして、適用条文が1項か2項かを決定する。

2　行為態様による財物罪の細分類

　財物罪は、財産権を侵害する方法（行為態様）の違いによって、さらに細かく分類されている。利得罪に関しては、後述2節*2*（4）を参照。

（1）　領得罪と毀棄・隠匿罪

　財産権侵害の際に、行為者が、当該財物に関して所有権の効用（前述1節*2*⑤）を取得するか否かにより、Ⓐ毀棄・隠匿罪とⒷ領得罪に分類される。

　Ⓐ毀棄・隠匿罪　他人の所有物を壊したり（毀棄）、隠したり（隠匿）することにより、当該財物の「所有権の効用」を喪失させる財物罪。所有者等が利用等できなくなるだけで、行為者が所有権の効用を取得することはない。

　Ⓑ領得罪　行為者が、他人の財物の効用を取得することを内容とする財物罪。毀棄・隠匿罪を除く財物罪は、ここに分類される。

　毀棄・隠匿目的で盗む場合のように、一時的に財物に対する占有を取得しても、効用取得を目的としていない以上、この占有取得は毀棄・隠匿の手段ないし準備段階の行為として評価すれば足りるので、窃盗罪が成立することはない（後述の不法領得の意思を参照）。

（2）　直接領得罪と間接領得罪（領得罪の細分類）

　領得罪は、所有権の効用を取得する際に、他人の犯罪行為の介在を前提とするか否かにより、Ⓐ直接領得罪とⒷ間接領得罪に分類される。

　Ⓐ直接領得罪　財物を被害者から直接（他人の行為を介さずに）取得する領得罪。盗品等関与罪を除く領得罪が、ここに分類される。

図表 7‐2　占有の有無・所在と奪取罪・横領罪

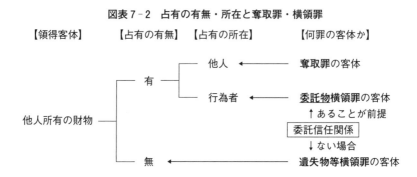

【領得客体】　　【占有の有無】　【占有の所在】　　【何罪の客体か】

　　⑧間接領得罪　　他の行為者による直接領得罪の存在を前提として、他者による直接領得罪の行為が介在することにより、当該財物を被害者から間接的に取得する領得罪。たとえば窃盗罪（直接領得罪）の犯人から、当該窃盗の盗品を、盗品と知って買い取る等して、財物を領得する場合である（他者の窃盗行為が介在している）。盗品等関与罪（256 条）が、ここに属する。

（3）　奪取罪と横領罪（直接領得罪の細分類）

　　直接領得罪は、財物取得の手段として占有移転を伴うか否かにより、Ⓐ奪取罪とⒷ横領罪に分類される。

　　Ⓐ奪取罪　　占有移転を伴う直接領得罪（窃盗罪、強盗罪、詐欺罪、恐喝罪）。

　　Ⓑ横領罪　　占有移転を伴わない直接領得罪。委託物横領罪（252 条）、委託物業務上横領罪（253 条）、遺失物等横領罪（254 条）が、ここに属する。他人から頼まれて預かっている財物（委託物）をネコババして自分の物とする委託物横領罪の場合は、当該財物の占有は預かっている行為者にあるから、ネコババしても占有移転はない。忘れ物、落とし物等の遺失物（占有離脱物）については、当該財物に対する権利者の占有は失われて（権利者の支配を離れて）いるので、これを行為者がネコババして自分の物としても、占有を取得しただけで占有排除がないので、占有移転とはいえないのである。

―――――――――――――――――――――――――――――――――

○コラム 14　死者の占有

　　刑法上の占有は、占有の事実と占有の意思によって認められる。しかし、

死者には意思がないから、死者が財物を占有することはありえない。では、Ａが死亡後のＢの遺体の腕から時計を取る行為は、どのように扱われるのだろうか。その時計は、Ｂの腕にあるから、生前はＢの占有下にあったが、死亡により占有者Ｂは消滅した以上、時計はＢの占有を離れた物と評価され、Ａの行為には遺失物等横領罪が成立する（ＡがＢの死亡と無関係の場合）。これに対し、Ａ自身が、物を取る意思なくＢを死亡させた場合には、判例は、Ｂを死亡させる行為と時計を取る行為が時間的・場所的に連続して行われたといえることを条件に、窃盗罪の成立を肯定する（最判昭和41年4月8日刑集20巻4号207頁）。1節2④でみたとおり、占有移転は占有排除と占有取得から構成される。Ｂを死亡させる行為はＢが時計の占有者でいられなくする行為としてＢの時計に対する生前の占有を排除する行為、時計を取る行為は占有取得行為と評価し、両者が連続して行われた場合には両者を合体させて、全体として一個の占有移転行為と評価するのである。なお、Ｂを殺害して財布を奪う意思を殺害前からＡが有していた場合は、強盗殺人罪（240条後段）が成立する。

---

(4)　盗取罪と交付罪（奪取罪の細分類）

　財物の占有移転を伴う奪取罪は、その占有移転が相手方（被害者等）の意思に反しているか否かにより、Ⓐ盗取罪とⒷ交付罪に分類される。なお、利得罪については、行為者の利益取得が相手方の意思に反しているか否かにより、同様に区別される。

　Ⓐ盗取罪　占有移転が相手方の意思に反するタイプ（窃盗罪、強盗罪）。

　Ⓑ交付罪　占有移転が相手方の意思に基づくタイプ（詐欺罪、恐喝罪）。交付罪においては、行為者が、相手方に財物を交付させ（差し出させ）、その財物を取得することによって占有が移転する（利得罪の場合は、相手方に借金の返還請求権を放棄させ、返済免脱という利益を取得する）のである。この点、被害者の真意、自由意思に基づいた占有移転であれば法的に何の問題もないが、交付罪の場合は、行為者が脅したり騙したりすることにより、脅された被害者が怯えてしまい恐怖から逃れたいとの思いで（恐喝罪）、騙された被害者が勘違いして（詐欺罪）、財物を交付する点に、行為態様の悪質さが表れており（詐欺罪の場合は、被害者が騙されたことに気づかないかぎり発覚しづ

らい）、犯罪として処罰に値する実体が認められるのである。

3　窃盗罪（刑法 235 条）

　刑法 235 条は、「他人の財物を窃取した」場合に窃盗罪が成立すると規定
する。法定刑は、10 年以下の懲役または 50 万円以下の罰金である（罰金刑
は 2006（平成 18）年改正で新設された。これにより、従来は「懲役に処するほど
ではない」として起訴されなかった軽微な事案も、「罰金があるなら」と訴追可能
になったとして、処罰範囲の拡張につながる改正との評価もある）。この規定で
カバーされるのは、スリ、ひったくり（コラム 15 参照）、置き引き、万引き、
空き巣等、多岐にわたる。「財物を窃取した」とは、「占有者の意思に反して
財物の占有を移転した」ことである（占有移転）。上に列挙した犯罪現象は、
すべて占有者の意思に反する財物の占有移転という共通性を有するため、窃
盗罪として扱われるのである。したがって、「他人の財物」とは、少なくと
も「他人が占有する財物」でなければならない。その財物を他人が占有して
いなければ、占有排除を内容とする占有移転を達成することはできないから
である。

　他方、同 242 条は、「自己の財物であっても、他人が占有……するもので
あるときは、この章の罪については、他人の財物とみなす。」と規定してい
る。つまり、本条は、他人が占有していても「自己の財物」といえる場合が
あることを前提としているのである。また、委託物横領罪（252 条、253 条）
の行為客体は、「自己の占有する他人の物」である。同条は、物の占有者は
行為者であると明示しているから、「他人の物」とは「他人の『所有』物」
を意味することになる。同様に、242 条も、占有者は他人であるから、「自
己の財物」は「自己の『所有する』財物」となる。さらに、遺失物等横領罪
（254 条）の行為客体は、「占有を離れた他人の物」である。「占有を離れた」
物である以上、「他人の物」は「他人の『所有』物」を意味する。このよう
に、「他人の」「自己の」という文言は、所有関係を表現する文言なのであ
る。しかし、「他人の財物」を「他人の所有する財物」とのみ理解すること
もできない。なぜなら、前述のとおり、窃盗罪における「他人の財物」は、

他人が占有していることが必要だからである。つまり、立法者は、財物の占
有者・所有者の一方が行為者、他方が他人というように分離している場合に
は、占有については占有主体を明示し、所有については単に「他人の」「自
己の」と規定する一方で、占有者・所有者のいずれもが行為者以外の者であ
る場合は単に「他人の」と規定したのである。以上から、「他人の財物」と
は、「他人が占有し、かつ他人が所有する財物」である。そのような財物の
占有を、占有者の意思に反して移転し、行為者がその事実を認識している
（故意を有している）とき、窃盗罪が成立するのである。占有移転（占有排除）
に着手したが移転（占有取得）を完了できなかったときは、窃盗未遂罪とな
る。

4　奪取罪（窃盗罪、強盗罪、詐欺罪、恐喝罪）の保護法益

　3で確認したように、1つの財物について占有権と所有権の両方が肯定さ
れるので、窃盗罪の法益は、占有権なのか、所有権なのか、両方なのかとい
う議論が生じる。この事情は、占有移転を伴うため、財物の占有者が他人で
あることを前提とする奪取罪に共通するので、「奪取罪の保護法益」という
タイトルで議論される。難解に感じるかもしれないが、事例で概観してみよ
う。①窃盗犯人が、盗んだ物を不要と感じて壊した場合に、窃盗罪のほかに
器物損壊罪（261条）が成立するか。窃盗罪の法益は占有のみと解すると
（後述する占有説を徹底した立場）、同罪の成立により評価できるのは占有侵害
のみであり、同罪の法益でない所有権の侵害は未評価であるから、所有権侵
害を評価するために器物損壊罪の成立を肯定する必要がある。他方、窃盗罪
の法益に所有権を含めると、窃盗罪の成立により所有権侵害を評価済みとい
え、器物損壊罪の成立を肯定する必要はない。窃盗罪の法定刑の上限は懲役
10年と重いので、盗んだ後に壊したという事実は、10年以下の懲役の中で
量刑の際に考慮すればよく、器物損壊罪を成立させる必要はないと考えられ
ている。他方、②法律により所持・所有することを禁止されている麻薬を所
持しているAから、Bがその麻薬を盗んだ場合、窃盗罪は成立するか。同
罪の法益は所有権のみであると解し、かつ法律上Aに麻薬に対する所有権

は認められないとすれば（異論もある）、Bの行為に所有権侵害は認められ
ず、同罪は成立しない（後述する本権説を徹底した立場：Bに麻薬不法所持の罪
は成立可能）。同罪の法益に占有を含め、占有に必要な支配は事実的支配で
あるから、法的に所持が許容されている必要はないと考えると（後述する占
有説）、占有侵害により同罪が成立する（「事実上」という語は、「法律上」とい
う語と対置され、「法的な評価にかかわりなく」という趣旨を含んでいる）。もち
ろん、Aに窃盗の被害者面をさせるべきでないとして、占有が法益だとして
も、刑法が保護する占有は法的に許容された支配に限るべきだという主張も
存在する。では、③Aの所有物を窃取し、これを占有するBから、Cがそ
の盗品を窃取した場合、Cに窃盗罪は成立するか。占有説によると成立する
が、Bの占有は違法で保護に値せず、Aの所有権侵害はBに窃盗罪が成立
することで評価済みだとみた場合、Cには窃盗罪が成立しない。Aの所有権
の効用回復を一層困難にしたとして所有権の再侵害を認めて同罪の成立を肯
定する見解もある。

　他方、3でみたように、刑法242条は、窃盗罪と強盗罪について、他人が
占有する自己所有物を「他人の財物とみなす」と規定する。同条は、251条
により、詐欺罪、恐喝罪についても準用される。つまり、自己の所有物であ
っても、他人が占有している場合には、占有者の意思に反して当該財物の占
有を移転したり、騙したり脅したりして占有者に当該財物を交付させて占有
を移転すると、奪取罪に問われうるのである。そして、両条は、行為者の所
有権よりも他人の占有権を、刑法が優先して保護することを明示している。
そこで、「242条が所有に優先して保護する占有とは、いかなる占有か」と
いう論点が生じ、ここでも法益論が展開されることとなる。同条が何らの限
定も付さず単に「占有」と規定していることから、同条が優先的に保護する
占有は、その適法・違法を問わないとする見解が主張される（占有説）。占
有説は、財物の占有者と所有者が一致しないことが稀でない社会において
は、所有者が誰なのか判然としないことが多いから、まずは適法か違法かを
問わず占有それ自体を保護することが社会の安定に資するし、法治国家にお
いては、所有者は、所有物を取り返したいときは、法的手続に則って取り返
すべきで、実力に訴えることは許されないと主張する（自力救済の禁止）。占

有説によれば、242 条は「当然のことを確認するために注意を促す規定」（注意規定）ということになる。これに対し、所有権こそが財産権の中核なのであるから、原則として占有が所有に優先することはない（刑法が優先的に保護するのは所有権である）が、当該財物を占有してよい法律上の理由（権原）、権利（本権）がある場合にかぎり、例外的に 242 条によって占有が優先的に保護されるにすぎないという主張も有力である（本権説）。たとえば、A 所有のパソコンを B が借りて占有している場合、④約束の返却期限前であれば、B の占有は、貸借契約という権原に基づくから A の所有に優先して保護されるが、⑤返却期限を過ぎた後は、B の占有に権原はなくなっているので、A の所有の方が優先的に保護されるというのである（B が留守のすきに A が取り返した場合、窃盗罪は④成立、⑤不成立。占有説によると④⑤ともに成立）。本権説によると、242 条は、同条がなければ「他人の財物」に該当しないものを「他人の財物」に含めて扱う規定、つまり他人の財物の範囲を拡張する例外規定ということになる。さらに、占有説を採用すると、⑥窃盗の被害者 A が窃盗犯人 B から盗まれた物を取り返しても、A に窃盗罪が成立することになり不都合だとして（本権説では⑥不成立）、現在の占有の開始が、④⑤のように行為者との関係において法的に問題ない場合は、その占有は平穏な占有として保護されるが、⑥のように B が A から窃取して占有が開始した場合には、その占有は平穏でなく保護されないと主張する見解もある（平穏占有説：窃盗罪は、④⑤成立、⑥不成立）。

　判例において、最決昭和 52 年 3 月 25 日刑集 31 巻 2 号 96 頁は、「刑法 242 条は同法 36 章の窃盗及び強盗の罪の処罰範囲を拡張する例外規定であ」ると判示する。この判示は、同条を注意規定と理解する立場と相容れず、奪取罪の法益を所有・占有の両方と解する見解と整合する。次に、最決平成元年 7 月 7 日刑集 43 巻 7 号 607 頁は、「被告人が自動車を引き揚げた時点においては、自動車は借主の事実上の支配内にあったことが明らかであるから、仮に被告人にその所有権があったとしても、被告人の引揚行為は、刑法 242 条にいう他人の占有に属する物を窃取したものとして窃盗罪を構成するというべきであり、かつ、その行為は社会通念上借主に受忍を求める限度を超えた違法なものというほかない。」と判示する。「事実上の支配内にあった」

とだけ述べて「242 条にいう他人の占有に属する物」に該当すると結論づけ
ており、242 条にいう占有について、その権原の有無を問題としていない。
他方、「その行為は社会通念上借主に受忍を求める限度を超えた違法なもの
というほかはない」という部分は、金融業を営む被告人は被害者にお金を貸
し、その代りに担保として自動車の所有権を取得するという契約に基づい
て、その権利を行使して自動車を持ち去ったのだという事情を考慮して、本
件では認めなかったが、権利を行使する必要性・緊急性が高い場合には、持
ち去り行為が社会通念上被害者が受忍すべき限度内であることを条件に、例
外的に窃盗罪の違法性を阻却する余地を残すという含みももたせている。

5　不法領得の意思

　財産犯に過失犯はなく、すべて故意犯である。財産犯の成立には当該犯罪
の故意が必要である。判例は、奪取罪の成立に、故意のほかに、不法領得の
意思という主観的要素を必要とする。判例は、不法領得の意思を「権利者を
排除し他人の物を自己の所有物と同様にその経済的用法に従いこれを利用し
又は処分する意思」と定義する（最判昭和 26 年 7 月 13 日刑集 5 巻 8 号 1437
頁）。この定義の前半部分である「権利者を排除して他人の物を自己の所有
物と」して振る舞う「意思」を「権利者排除意思」、それ以外の「他人の物
を……その経済的用法に従いこれを利用し又は処分する意思」の部分を「利
用・処分意思」という。条文では要求されていない要素を解釈により要求す
る理由は、次のように説明される。

1　権利者排除意思と使用窃盗
　権利者排除意思が必要と解される理由は、いわゆる使用窃盗（他人の財物
の一時的無断使用）につき、窃盗罪の成立を否定するためである。たとえば、
A が友人 B と待ち合わせた公園に行き、その入口に B 所有の自転車を見つ
けたが、B の姿が見えないので、暇つぶしに B の自転車に乗って公園を一
周し、1 分も経たないうちに元の場所に戻したとしよう。A が自転車をこぎ
始めた時点で占有移転が完了し、それが B の意思に反する場合、A にその

事実認識（窃盗罪の故意）があれば、窃盗罪が成立する。しかし、Aが自転車を占有した（Bの占有を排除した）のはごくわずかの時間で、遠くまで離れたわけでもなく、現実にBは自転車を利用したいのに利用できなかったという実害もない（「権利者排除＝権利者の利用妨害」がない）。しかし、Aが1分もしないうちに自転車を戻したという事情は、窃盗罪が既遂として成立した後の事情であるから、窃盗罪の成立を否定する理由にはならない。そこで、Aが自転車に対するBの占有排除を開始する時点で、Aに自転車を返却する意思があるか乗り捨てる意思なのか、すぐ近くを走行するのか遠くまで乗る意思があるのか、すぐに返却する意思なのか数日後に返却する意思なのかを確認して、所有者Bの自転車利用を、刑罰を科すに値する程度に排除・妨害する意思をAが有していれば窃盗罪の成立を肯定するが、そのような意思を有していない場合には、窃盗罪の成立を否定するのである。そうすることで、刑罰を科すに値するレベルに達しない「軽微な権利者排除にとどまる可能性が高い」使用窃盗だけを不可罰とするのである。なお、一時使用であっても、自転車ではなく自動車であったり、一時使用する客体が常識的に無断使用することが許されないものである場合は、所有権の効用侵害が軽微とはいえないので、窃盗罪の成立は否定されない。

2　利用・処分意思と毀棄・隠匿目的

　利用・処分意思が必要とされる理由は、毀棄・隠匿目的で他人の財物の占有を移転した場合に、窃盗罪の成立を否定するためである。たとえば、Aが、B所有の高価な壺を壊したり隠したりする目的（毀棄・隠匿目的）で盗み、その壺を一時的に自己の占有下に置いた場合、Bの意思に反する壺の占有移転が完了し、Aにその事実認識（窃盗罪の故意）があれば、窃盗罪が成立する。しかし、占有を取得せずにその場で壊す場合と、壺を持ち去り別の場所まで移動してから壊す場合とで、前者は器物損壊罪（法定刑は、3年以下の懲役または30万円以下の罰金もしくは科料）、後者は窃盗罪（10年以下の懲役または50万円以下の罰金）というほどの違いはあるだろうか。窃盗罪の法定刑が重いのは、自分が欲しいものを手に入れるという物欲が動機となっているため反復性、多発性があり、これを強く抑止する必要があると考えられた

ためである。毀棄・隠匿目的の占有移転には、物欲という動機はなく、重い
法定刑による抑止の必要性も低い。つまり、奪取罪は占有移転を伴うが、占
有排除よりも占有取得の点に意味があり、毀棄・隠匿罪は所有者による財物
の効用利用を妨害することに重点があり、財物の占有移転を伴ったとして
も、占有取得には重要な意味はなく、占有排除にこそ意味があるのである。
そこで、奪取罪と毀棄・隠匿罪を、それぞれの法定刑にふさわしい行為につ
いてのみ成立させるため、奪取罪には利用・処分意思が必要とされたのであ
る。利用・処分意思を有さない占有移転には反復・多発の危険はなく、毀
棄・隠匿目的で財物の占有を移転したとしても、この占有取得は毀棄・隠匿
の手段ないし準備段階の行為として評価すれば足りるので、窃盗罪の成立を
認めるまでもないのである（前述2節2①）。

6 強盗罪（刑法236条）

　刑法236条は、1項で、財物を客体とする強盗罪は「暴行又は脅迫を用い
て他人の財物を強取した」場合に成立し、2項で、財産的利益を客体とする
強盗罪は「前項の方法により、財産上不法の利益を得、又は他人にこれを得
させた」場合に成立すると規定している。法定刑は、いずれも、5年以上の
有期懲役である（有期懲役の上限は20年［12条1項］）。1項強盗罪も、窃盗
罪と同じく盗取罪（前述2節2(4) Ⓐ）であるから、強取は占有者の意思に反
する財物の占有移転を内容とする。窃盗罪と異なるのは、占有者の意思に反
して財物の占有を移転する手段として、暴行または脅迫を用いる点にある
（粗暴犯）。

　強盗罪が成立するためには、①財物奪取・利益取得の手段としての性質を
有し、かつ相手方の反抗を抑圧するに足りる程度の暴行または脅迫を行い、
②相手方の反抗を抑圧または著しく困難な状態にしたうえ、③（①の影響下
にある）相手方の意思に反して財物の占有を移転し（強取）、または財産上の
利益を取得することが必要である。①②③それぞれの間に因果関係が肯定で
き、①の時点で行為者に①②③の認識（強盗罪の故意）が必要である。もっ
とも、判例は、②は強盗罪の成立に必要不可欠な要件とは考えていない（最

判昭和 23 年 11 月 18 日刑集 2 巻 12 号 1614 頁、最判昭和 24 年 2 月 8 日刑集 3 巻 2 号 75 頁）。判例は、相手方が反抗困難になったか否かよりも、手段としての暴行・脅迫が強盗罪に値する強度を備えているか否かを重視している（判例も、反抗を抑圧した場合には、当然に本罪の成立を肯定する）。これに対し、学説は、恐喝罪との区別を明確化するために、②を必要としている（相手方が、反抗を抑圧されたら強盗罪、怯えただけで抑圧されなければ恐喝罪［後述 8 節］）。②を必要とする立場では、①と③が認められるだけでは、強盗未遂罪であり、③を遂げても既遂は成立しない。

　反抗抑圧とは、自分の意思に反して財物の占有が移転されても、異を唱えたり抵抗したりすることができない状態である。暴行等が反抗を抑圧するに足りる程度に達しているか否かは、上掲の最高裁判例によれば、社会通念を基準に判断される（暴行については第 4 講、脅迫については第 5 講参照）。つまり、現実に暴行等を受けた人物が豪胆か臆病かにかかわりなく、普通であれば反抗できなくなると常識的に考えられる程度か否かが基準とされるのである。その際、行為者と相手方の性別、年齢、体格、格闘技の心得の有無・腕前、凶器使用の有無・使用した凶器の性能、周囲の状況（時刻、人通りの有無等）等の事情は、考慮される。暴行等を加えても、反抗を抑圧するに足りる程度に達していなければ、財物・利益を取得したとしても、強盗罪の実行行為とはいえないから、強盗未遂も成立しない（恐喝罪等が成立する余地はある［後述 8]）。

　2 項強盗罪が成立する例としては、飲食店で飲食後に、飲食代金を免れる意思を生じ、料理や店員の態度に難癖をつけて店主等に暴行または脅迫を加え、店主等を代金の請求困難な状態にしたうえ、代金を支払わなかった（飲食代金支払義務を免れた）場合、借金の貸主に対して暴行等を加え、貸主をして返還請求できない状態にしたうえ、返済をしなかった（借金返済義務を免れた）場合、タクシーに乗車して運転手に暴行等を加え、運転手を抵抗不能にしたうえ、ただで目的地まで走行させた（有償の運送サービスを無料で得た）場合等である。

○コラム15　ひったくりと窃盗罪・強盗罪

　ひったくりとは、「行為者が被害者の占有する財物をつかんで強く引っ張り、その占有を自己に移転して逃げ去る行為」であり、相手方の意思に反する財物の占有移転行為そのものであると同時に、被害者の身体に対する暴行でもある。そこで、ひったくり行為については、窃盗罪と強盗罪のどちらに該当するかが問題となりうるが、当該暴行（ひったくり行為）が、社会通念を基準にして「相手方の反抗を抑圧するに足りる程度」のものといえるか否かが、窃盗罪になるか強盗罪になるかの区別基準となる。ひったくりの典型は、被害者の隙をつき、財物奪取手段の暴行を不意打ちに加えて（被害者が所持している財物を強く引っ張り）、その財物を奪取するものである。このような暴行は、通常、①直接的には財物奪取を目的とし、被害者の反抗抑圧を目的としていない（反抗抑圧状態を経由した間接的な）財物奪取の手段としての性質を有さないし、②被害者の反抗を抑圧するに足りる程度にも達していないから、窃盗罪と暴行罪の観念的競合として処理される【原則的処理】。これに対し、手段としての暴行が、典型例の性質・程度にとどまらず、Ⓐ（仮に、相手方が抵抗した場合に）相手方の反抗抑圧に向けられうる性質を有し、Ⓑ相手方の反抗を抑圧するに足りる程度に達している場合には、まず強盗罪の成否が検討されるべきである。判例は、走行中の自動車やオートバイに乗車した行為者が、歩行者や自転車で走行中の被害者が腕に下げたバッグをつかみ、バッグを離すまいとした被害者をそのまま引きずったような場合に、強盗罪の成立を肯定している（最決昭和45年12月22日刑集24巻13号1882頁、東京高判昭和38年6月28日高刑集16巻4号377頁等）。

○コラム16　反抗抑圧後の財物取得意思

　前述のとおり、強盗罪の成立には、暴行・脅迫行為の時点で、財物強取の意思が必要である。では、財物取得の意思なく人に暴行等を加えて抵抗不能状態にした後、相手方から財物を奪う意思を生じて財物を奪った場合、強盗罪は成立するだろうか。やはり、財物強取の手段としての性質を備えた暴行等を行わないかぎり（暴行・脅迫を「用いて」財物の占有を移転しないかぎり）、強盗罪の成立要件をクリアすることはできない（窃盗罪が成立する）。では、改めて行う必要のある財物強取の手段としての暴行等の程度は、反抗抑圧に足りる程度を要求するべきだろうか。相手方は、先行する暴行等によって、

すでに反抗を抑圧されているのに、反抗抑圧に足りる程度の暴行等を要求するのは、ナンセンスである。そこで、大阪高判平成元年３月３日判タ712号248頁は、相手方の反抗抑圧状態を持続させる程度の暴行等を加えたうえで財物の占有を移転した場合には強盗罪が成立するとした。いずれの場合でも、窃盗罪または強盗罪のほかに、先行する暴行・脅迫について、暴行罪、脅迫罪等が別途成立する。

7　強盗罪の派生類型

1　強盗致死傷罪

　刑法240条は、「強盗が、人を負傷させたときは無期又は6年以上の懲役に処し、死亡させたときは死刑又は無期懲役に処する。」と規定する。強盗罪の行為者が、強盗を遂行する手段として加えた暴行等、強盗を遂行する過程で加えた暴行等、強盗の遂行と密接に関連する状況で加えた暴行等の結果として、人を死傷させたときに成立する。人を負傷させた罪を強盗致傷罪（傷害の故意がある場合は強盗傷害罪とか強盗傷人罪）、人を死亡させた罪を強盗致死罪（殺意がある場合は強盗殺人罪）という。強盗罪は極めて強力な暴行等を手段とするので、それがエスカレートして人を死傷する危険を伴っているし、現実にも死傷の事態に至ることが多いので、厳罰で処することとされているのである。本条後段の極めて重い法定刑は、人を死亡させたことをふまえて設定されているので、強盗殺人罪の既遂・未遂は、占有移転の有無ではなく、殺人が既遂か未遂かによって決定される。

2　事後強盗罪

　刑法238条は、「窃盗が、財物を得てこれを取り返されることを防ぎ、逮捕を免れ、又は罪責を隠滅するために、暴行又は脅迫をしたときは、強盗として論ずる。」と規定する。窃盗罪の行為者が、窃盗と同一の機会（窃盗の機会継続中）に、①窃取した財物を取り返されることを防ぐ目的、②逮捕を免れる目的、③罪跡を隠滅する目的のいずれかの目的で、人に暴行または脅

迫を加えることにより成立する。窃盗罪は、財物の占有移転を「占有者の意思に反して」行うため（勘違いしたり怯えているため、占有移転を受け入れている詐欺・恐喝の被害者とは異なる）、占有者や居合わせ人に気づかれた場合には、抵抗されたり逮捕されたり顔や体格・風貌を記憶されたりするから、そこから事態がエスカレートする危険を孕んでいる。上記の3つの目的は、そのようなエスカレートしかねない状況に立ち至ったときに、窃盗行為者が抱きやすい目的を抽出したものである。また、そのようにエスカレートするのは、窃盗行為者が安全圏に離脱していないからである。そこで、所定目的の暴行等は、「窃盗の機会継続中」になされる必要がある。「強盗として論ずる」のは、強盗罪に類似する実態があるといえるからだが、窃盗行為と暴行・脅迫が別々の機会に行われても強盗類似の実態は備わらないから、暴行等は窃盗の機会継続中になされなければならないのである。同様に、本罪の暴行・脅迫も、相手方の反抗を抑圧するに足りる程度のものでなければならい。「強盗として論ずる」とは、Ⓐ本罪の法定刑は強盗罪の法定刑と同じ、Ⓑ刑法240条のように、他の条文に「強盗」という文言がある場合には、その強盗に本罪も含まれる（したがって、事後強盗罪の行為者が人を死傷すると強盗致死傷罪が成立する）という意味である。なお、①の目的の場合は、財物を得たことが前提であるから、窃盗罪は既遂であるが、②③の目的の暴行等は窃盗が未遂の段階でも生じるから、窃盗の既遂・未遂を問わない。本罪は、強盗として論じられる財産犯であるから、本罪の既遂・未遂は、所定目的を遂げたか否かではなく、窃盗が既遂か未遂かによって決定される。

○コラム17　居直り強盗と事後強盗罪

　居直り強盗とは、たとえば空き巣を企図した者が、他人の住居内で窃盗罪に着手したところで、家人等に発見されたため、その場で窃盗から強盗に計画を変更し、財物強取の手段として暴行等に及ぶ場合である。窃盗に失敗したので居直って強盗になったという意味のネーミングである。一見すると、窃盗の行為者が暴行等に及んでいるので、事後強盗罪が成立すると思うかもしれない。しかし、居直り強盗の暴行等は、238条所定の目的で行われるのではなく、財物強取の手段として行われるのであるから、事後強盗罪では

なく、強盗罪で処断されるのである。窃盗罪の行為者が暴行・脅迫に及んだ場合に、どちらの罪を検討すべきかは、暴行等の有している性質に注目し、財物の占有を移転する手段としての性質を有していれば強盗罪、238条所定の目的を達成する手段としての性質を有していれば事後強盗罪の成否を検討すればよいのである。

3　昏酔強盗罪

　刑法239条は、「人を昏酔させてその財物を盗取した者は、強盗として論ずる。」と規定する。本罪は、①人を昏酔させる行為を行い、②相手方を昏酔状態に陥れたうえ、③財物を盗取することによって成立する。①②③それぞれの間に因果関係が肯定でき（否定される場合は未遂）、①の時点で行為者が①②③を認識していること（本罪の故意）が必要である。したがって、財物盗取以外の目的で人を昏酔させた後、財物取得の意思を生じて昏酔者から財物を取った場合には、①の時点で行為者に③の認識がないから、本罪ではなく窃盗罪が成立する。人を昏酔させる行為とは、暴行以外の方法により、したがって薬物やアルコール等を使用することにより、人の意識作用に一時的または継続的な障害を生じさせて、その者が財物に対する支配をしえない状態に陥れる行為をいう。暴行を用いた場合は、1項強盗罪の成否を検討すべきであるから、暴行は除外される。昏酔「させて」と規定しているから、昏酔状態を行為者が自ら作出することが必要である。行為者と無関係に昏酔している者から財物を盗取しても、本罪ではなく窃盗罪が成立する。昏酔状態は意識「障害」で足り、意識を「喪失」させなくてもよい（東京高判昭和49年5月10日東高刑時報25巻5号37頁）。「盗取した」は、「窃取した」と同じ意味で、占有者（昏酔者）の意思に反して財物の占有を移転することである。なお、事後強盗罪と本罪を一括して「準強盗罪」という。

4　強盗・強制性交等罪

　刑法241条1項は、「強盗の罪若しくはその未遂罪を犯した者が強制性交等の罪（第179条第2項の罪を除く。以下この項において同じ）若しくはその未遂罪をも犯したとき、又は強制性交等の罪若しくはその未遂罪を犯した者が

強盗の罪若しくはその未遂罪をも犯したときは、無期又は 7 年以上の懲役に
処する。」と規定する（強制性交等の罪については第 6 講参照）。本条は、2017
（平成 29）年に改正された。旧規定が「強盗が女子を姦淫したときは……」
とし、「強盗犯人による強姦」のみを対象とし、「強姦犯人による強盗」は本
条の対象外とされていた。しかし、①強盗（準強盗罪を含む：以下同じ）と強
制性交等（準強制性交等罪を含むが、監護者性交等罪は含まない：以下同じ）と
いう被害者に重大なダメージを与える凶悪で粗暴な 2 つの犯罪行為が同一の
機会にダブルで遂行されるということの深刻さ、重大性、②被害者の性的羞
恥心を利用して捜査機関への被害の届出を困難にしうるという事情、③犯人
にとって目の前にいる被害者の反抗抑圧状態が解消されておらず、続けても
う一方の犯罪行為に及びやすく、これを利用するという行為の悪質性という
点において、両罪の先後関係による相違はない。そこで、改正後は、両罪の
先後関係にかかわりなく本条が適用可能となった。本条の法定刑はかなり重
く、本条に該当する行為を強く禁圧しようとする趣旨が示されている。本項
を適用可能な組み合わせは、Ⓐ強盗既遂罪＋強制性交等既遂罪、Ⓑ強盗既遂
罪＋強制性交等未遂罪、Ⓒ強盗未遂罪＋強制性交等既遂罪、Ⓓ強盗未遂罪＋
強制性交等未遂罪であるが、それぞれ二罪の先後関係は問わないので、8 通
りの組み合わせがある（ただし、両罪が同一の機会に行われることが必要）。Ⓑ
とⒸは一方の罪が「未遂」、Ⓓは両罪ともに「未遂」だが、1 項の罪として
は「既遂」罪となる。ただし、Ⓓについてのみ、本条 2 項が「人を死傷させ
たときを除き、その刑を減軽することができる。ただし、自己の意思により
いずれかの犯罪を中止したときは、その刑を減軽し、又は免除する。」と規
定しており、罪名は既遂だが科刑上は未遂と同じに扱われる。

5　強盗・強制性交等致死罪

　刑法 241 条 3 項は、「第 1 項の罪に当たる行為により人を死亡させた者は、
死刑又は無期懲役に処する。」と規定する。第 1 項の罪に当たる行為とは、
前述 4 のⒶⒷⒸⒹの 8 通りの組み合わせの行為である。本罪の既遂・未遂
は、殺人の既遂・未遂により決定される。4 で述べたとおり、Ⓓ強盗・強制
性交等がともに未遂の場合でも、罪名は既遂なのであるし、本条 2 項は、Ⓓ

に関する科刑上の未遂と同じ取扱いは「人を死傷させたときを除き」と規定していることからも、強盗・強制性交等の既遂・未遂と本罪の既遂・未遂はリンクしないのである。

8 恐喝罪（刑法 249 条）

　刑法 249 条は、1 項で、財物を客体とする恐喝罪は「人を恐喝して財物を交付させた」場合に成立し、2 項で、財産上の利益を客体とする恐喝罪は「前項の方法により、財産上不法の利益を得、又は他人にこれを得させた」場合に成立すると規定する。2 項にいう「前項の方法により」とは、1 項の「人を恐喝して」を指している。法定刑は、いずれも、10 年以下の懲役である。恐喝罪は、窃盗罪、強盗罪と異なり、詐欺罪と同じ交付罪（前述 2 節 2 (4) Ⓑ）である。本罪の成立要件は、①相手方に財物交付・利益処分をさせる手段としての性質を有し、かつ相手方を畏怖させるに足りる程度の恐喝（脅迫または暴行）行為を行い、②相手方を畏怖させ、③畏怖した相手方に財物交付・利益処分を行わせたうえ、④交付された財物、処分された利益を取得したことである。①②③④それぞれの間に因果関係が肯定され、①の時点で行為者が①②③④の事実を認識していること（恐喝罪の故意）が必要である。因果関係が肯定できない場合は、仮に行為者が財物を取得したとしても、本罪は未遂である。たとえば、①の行為を行ったが、相手方が畏怖することなく不憫に思って財物を交付し、これを取得したとしても、②を経由していないから、恐喝未遂罪である。脅迫・暴行行為に①の性質・程度が備わっていない場合には、この行為は恐喝罪の実行行為といえないから、本罪は成立しない（脅迫罪、暴行罪は成立可能）。

　畏怖とは、恐れおののき、怖くて仕方ないという状態である。本罪は、被害者等が自己の意思で財物を交付することにより占有が移転する交付罪であるから、財物を交付するかしないか、利益を処分するかしないかを自分で決定することが可能な心理状態でなければならない。つまり、「これ以上怖い思いをしたくないから、相手のいうとおり金を渡してしまおう」と被害者が自分で決断して、現金を行為者に渡し、これを行為者が受け取ることで、占

有が移転するのである。したがって、反抗抑圧に至る必要はない（反抗抑圧
は強盗罪の要件。反抗抑圧状態の者が財物を交付したとしても、断るという選択
肢を奪われて言いなりになっているだけで、自分の意思で交付しているのではな
い）。このように、恐喝行為は、相手方の意思に対する働きかけを中核とす
る。したがって、恐喝行為の内容を記述する順序は、脅迫→暴行なのであ
る。暴行も、人の身体に対する攻撃それ自体に意味があるのではなく、「い
うとおりに金を出さないと、さらに攻撃を続けるぞ」という通告としての趣
旨を含む点に、相手方の意思に対する働きかけとしての意味があるのである
（脅迫については第5講、暴行については第4講を参照）。

　脅迫または暴行が「人を畏怖させるに足りる程度」に達しているか否か
は、強盗罪の「反抗を抑圧するに足りる程度」と同様に、社会通念を基準に
判断される。判例は、「人を畏怖させるに足りる程度」を比較的緩やかに認
定する傾向にあり、不安の念を生じさせ、意思決定の自由を制限・妨害する
程度で足りるとか（大判大正13年10月2日刑集3巻674頁、大判昭和8年12
月21日刑集12巻2197頁）、困惑させたり嫌悪の念を生じさせる程度で足り
るとしている（大判昭和8年10月16日刑集12巻1807頁［困惑］、大判大正5
年6月16日刑集22巻1012頁［嫌悪の念］）。

　2項恐喝罪が成立する例としては、飲食店で飲食後に、飲食代金の支払い
を免れる意思を生じ、料理に難癖をつけて店主に対して「こんな料理で金を
取ろうなんて、ぶっ殺されたいのか」などと叫びながら食器を床に叩きつけ
る等して、畏怖した店主に「お代は結構です」と言わせて代金を支払わなか
った（飲食代金支払義務を免れた）場合、借金の貸主に対して「これだけ頼ん
でも今日中に返せっていうなら、一家心中するしかない。それなら、いっそ
のこと、お前の家族も全員道連れにしてやるからな。俺はやるといったらや
るからな」などと脅し、畏怖した貸主に「返さなくていいです」と言わせ、
返済をしなかった（借金返済義務を免れた）場合、マッサージサロンの経営
者に対して「友人がここで施術を受けて、腰を痛めた。ここでマッサージを
受けると体が悪くなると世間に言いふらしてやろうか。俺が本気になれば、
こんな店いつでも潰せるんだぞ。マッサージに問題がないと言い張るんな
ら、俺が実験台になってやるから、やってみろ」等と申し向け、畏怖した店

主に「お代は結構ですから、ぜひマッサージを受けてみてください」と言わせ、無料でマッサージを受けた（有償のサービスを無料で得た）場合等である。

　恐喝罪と強盗罪は、交付罪と盗取罪という違いはあるものの、ともに暴行行為・脅迫行為を手段とする。そして、上述したように、相手方に財物を差し出させたり権利を放棄させても強盗罪が成立する場合もあるので、両罪の区別基準を確認しておこう。強取の内容をなす占有移転は、Ⓐ行為者が奪取する場合のほか、Ⓑ反抗を抑圧された被害者が差し出した財物を受領する場合を含む。Ⓑの場合、自由意思を制圧されている（交付しないという選択肢は被害者にない）以上、「任意の＝自由な意思に基づく」交付ではないから、交付ではなく強取として扱われる。他方、Ⓒ行為者が財物を持ち去るのを被害者が黙認した（「どうぞ、お持ちください」とは言っていない）場合でも、暴行・脅迫が反抗を抑圧するに足りる程度のものでなく、畏怖した被害者が自由意思で制止を思いとどまったにすぎない場合は、「持ち去られても構わない」と処分したことに基づく取得として、恐喝罪が成立する（最判昭和24年1月11日刑集3巻1号1頁参照）。Ⓓ恐喝罪も成立しない場合は、暴行罪・脅迫罪（の一方または両方）と窃盗罪が成立する場合がある（岡山地判昭和45年9月1日判時627号104頁参照）。

○コラム18　権利行使と恐喝罪

　人を恐喝して財物を交付させた場合において、行為者にその財物を受け取る法律上の権利がある場合、恐喝罪は成立するだろうか。たとえば、Aは、当月末を返済期限としてBに10万円を貸したが、翌月の20日になってもBが返済しないことから、Bに対して返済を求める際に「俺のバックには武闘派暴力団X組の若頭Yがいるんだぞ。Yに頼めば、すぐに血の気の多い若い衆が駆けつけて来るぞ。今すぐ払わないなら、どうなっても知らないからな」と申し向けたところ、畏怖したBは、すぐに10万円をAに返済したという場合である。Aには10万円の返済を受ける権利があるが、取り立ての方法が荒っぽいのである。この問題を奪取罪の保護法益の議論（前述4）と勘違いしてはならない。たしかに、法益論の延長線上にある議

論（自力救済的な権利回復の可否）ではあるが、債務者が「適法に（権原に基
づいて）」所有・占有している財物は（B が所持している 10 万円は、B の所有
物であり、B がこの 10 万円を所持することを禁止する法律上の理由もない）、本
権説によっても保護されるのであるから、法益論でカタがつく問題ではな
い。問題とされるべきなのは、10 万円を返済したことが B にとって財産
的損害といえるかである。古い判例は、B は返済すべき借金を返済しただ
けで、それによってマイナス財産である借金が消滅したのだから、損害はな
いと考え、財産犯である恐喝罪の成立を否定し、ただ荒っぽい方法について
脅迫罪の成立を認めていた（大判大正 2 年 11 月 19 日刑録 19 輯 1261 頁）。
これに対し、最判昭和 30 年 10 月 14 日刑集 9 巻 11 号 2173 頁は、
「他人に対して権利を有する者が、その権利を実行することは、その権利の
範囲内であり且つその方法が社会通念上一般に忍容すべきものと認められる
程度を超えない限り、何等違法の問題を生じないけれども、右の範囲程度を
逸脱するときは違法となり、恐喝罪の成立することがある」と判示し、恐喝
罪が成立しうることを肯定した。つまり、脅迫されなければ交付することな
く適法に所持していられた 10 万円を手放したことそれ自体が財産的損害
であると理解したのである。10 万円を所持していることと 10 万円の借金
が消滅したこととでは、経済的側面における意味が違うとも理解できる（所
持していれば、さまざまな使い道に活用できる）。この判例は、「権利の範囲内」
であるか否かを考慮するとしているが、行為方法の相当性にも言及し、両方
ともに問題ない場合に限って違法阻却の余地を残している。したがって、権
利の範囲内の取り立てであっても、上記事例のように行為の方法が不当であ
る場合には、違法性は阻却されないのである。違法阻却できるか否かを判断
する際には、①目的の正当性（権利の濫用・逸脱目的の有無）、②権利の範囲
内か否か、③権利実現の必要性・緊急性の有無、④手段としての恐喝行為の
態様が、社会通念上、権利行使に通常伴うといえる程度のものか否かといっ
た事情が考慮されることになる。

9 親族間の犯罪の特例

　刑法 244 条は、1 項で、「配偶者、直系血族又は同居の親族との間で第 235 条の罪、第 235 条の 2 の罪又はこれらの罪の未遂罪を犯した者は、その刑を免除する。」、2 項で、「前項に規定する親族以外の親族との間で犯した同項に規定する罪は、告訴がなければ公訴を提起することができない。」と規定する。この規定は、詐欺罪、恐喝罪、背任罪、横領罪、盗品等関与罪にも準用される（251 条、255 条、257 条）。刑法は、これらの犯罪が親族間で行われた場合には、行為者を処罰しない方向で特別扱いするのである（親族については、民法 725 条に規定されている）。このような取扱いをする理由としては、「法は家庭に入らず（家庭内で生じた財産犯については、家庭内自治により解決するのが妥当）」という政策的な理由であると説明される（異論もある）。最決平成 20 年 2 月 18 日刑集 62 巻 2 号 37 頁は、「244 条 1 項は、親族間の一定の財産犯罪については、国家が刑罰権の行使を差し控え、親族間の自律に委ねる方が望ましいという政策的な考慮に基づき、その犯人の処罰につき特例を設けたにすぎず、その犯罪の成立を否定したものではない」と判示している。

　前述のとおり、所有と占有は一致しないことがある（1 第 2 ⑤）。では、財物の占有者と所有者が別人である場合、本条の適用を受けるためには、行為者と誰との間に親族関係があればよいのだろうか。最決平成 6 年 7 月 19 日刑集 48 巻 5 号 190 頁は、窃盗行為者が「所有者以外の者が占有する財物」を窃取した場合において、刑法 244 条 1 項が適用されるためには、同項所定の親族関係が、窃盗犯人と財物の占有者との間のみならず、所有者との間にも存することを要するとしている。所有者・占有者のいずれか一方でも親族でない場合は、当該犯罪は「家庭内で完結している」とはいえないからである。上記各犯罪が遂行された場合、当該財物の所有者も占有者も、被害者として告訴権を有することも、このような解釈を後押しするといえよう。

10　盗犯等防止法

　盗犯等防止法（正式名称「盗犯等ノ防止及処分ニ関スル法律」）は、窃盗罪、強盗罪、準強盗罪（事後強盗罪、昏酔強盗罪）について、加重処罰する類型を定めている。同法 2 条は、窃盗罪、強盗罪、準強盗罪およびこれらの罪の未遂罪を、①兇器を携帯する方法、② 2 人以上の者が現場において共同する方法、③住居、人の看守する邸宅・建造物等の一部を損壊する等して侵入する方法、④夜間に住居、人の看守する邸宅・建造物等に侵入する方法を用いることを常習として、犯した場合、窃盗罪については 3 年以上の有期懲役、強盗罪・準強盗罪については 7 年以上の有期懲役に処すると規定している。常習特殊強窃盗といい、通常よりも危険な方法を用いて窃盗、強盗、準強盗の各罪を犯すことを常習とする行為者を重く処罰する規定である。

　同法 3 条は、常習として 2 条に列挙された罪を犯した者が、その犯行の前10 年以内に 2 条列挙の罪等で 3 回以上、6 月以上の懲役以上の刑の執行を受けている場合には、2 条と同じ刑に処すると規定している。常習累犯強窃盗といい、これらの罪を処罰されても繰り返す危険な犯人を重く処罰する規定である。

　同法 4 条は、常習として強盗致傷罪、強盗・強制性交等の罪を犯した者を無期または 10 年以上の懲役に処すると規定している。常習性を根拠に刑が加重されている。

11　事例と解説

　【事例 1】　X は、某日深夜、A 女が 1 人で暮らしている A 宅に窃盗の目的で侵入した。A 宅 1 階の居間で金目の物はないかと物色すると、テーブルの上に置いてある A 所有の財布を発見し、財布から現金 2 万円と A 名義銀行預金口座のキャッシュカードを抜き取り、これをズボンのポケットに入れた。そこに、物音を不審に思った A が 2 階の寝室から 1 階に降りてきた。X は、A からキャッシュカードの暗証番号を聞き出そうと決意し、背後から A を羽交い

締めにしたうえ、用意していたナイフを A の眼前に見せつけたうえ、「静かに
しろ。黙って言うことを聞けば、殺さないでおいてやる。財布に入っていたキ
ャッシュカードの暗証番号を言え」とドスの利いた低い声で申し向けた。A は
抵抗することもできず、「殺さないでください。暗証番号は、8153 です」と本
当の暗証番号を教えた。それを聞いた X は、A 宅から立ち去った。

　まず、A 宅に A に無断で侵入した行為に、住居侵入罪（130 条前段）が成
立する。次に、現金 2 万円とキャッシュカードは、いずれも小さくてポケッ
トに入れてしまえば外部から発見されることはなく、この時点で両者の占有
移転が完了したと評価できるから、窃盗既遂罪が成立する。なお、キャッシ
ュカードは、それ自体が所有権の対象となりえるのみならず、これを利用し
て預金の預入、払戻しを受けられるなどの財産的な価値を有するものである
から、財物である（預金通帳の財物性についてではあるが、最判平成 14 年 10 月
21 日刑集 56 巻 8 号 670 頁）。問題は、脅迫を用いてキャッシュカードの暗証
番号を聞き出した行為の罪責である。深夜、女性 1 人暮らしの住居内で、不
意に見知らぬ男に背後から羽交い締めにされたうえ、ナイフを見せつけられ
て「言うことを聞けば殺さないでおいてやる」と申し向けられれば、「言う
ことを聞かなければ殺す」旨の加害の告知と受けとめるのが通常であり、時
間帯、人気なく助けを求めることが事実上不可能な状況であること、現に A
は抵抗できなくなったことを踏まえると、社会通念を基準として A のよう
な女性の反抗を抑圧するに足りる脅迫といえる。問題は、①単なる数列にす
ぎない暗証番号が財産上の利益に当たるか、② A は X に暗証番号を知られ
ても預金口座の名義人としての地位を失うわけではないので、X に暗証番号
を知られたことが「財産上の利益を喪失した、損害を負った」と評価可能
か、である。東京高判平成 21 年 11 月 16 日判時 2103 号 158 頁・判タ 1337
号 280 頁は、「キャッシュカードとその暗証番号を併せ持つ者は、あたかも
正当な預貯金債権者のごとく、事実上当該預貯金を支配しているといっても
過言ではなく、キャッシュカードとその暗証番号を併せ持つことは、それ自
体財産上の利益とみるのが相当であって、キャッシュカードを窃取した犯人
が A からその暗証番号を聞き出した場合には、犯人は、A の預貯金債権そ

のものを取得するわけではないものの、同キャッシュカードとその暗証番号を用いて、事実上、ATM を通して当該預貯金口座から預貯金の払戻しを受け得る地位という財産上の利益を得たものというべきである」と判示した。したがって、「キャッシュカードを取得済」である X が、反抗を抑圧するに足りる程度の脅迫を用いて A から暗証番号を聞き出した場合には、財産上の利益を得たものとして、2項強盗罪が成立する。②についても、A は、「自分だけが排他的に」預金の払戻しを受けられるという地位を失った点を捉えて、財産的損失と評価できるのである（窃盗罪と2項強盗罪は併合罪、これと住居侵入罪とは牽連犯）。

　　【事例2】　X は、公園のベンチに座った際、隣のベンチで A がポシェットをベンチ上に置いたまま友人と話しているのを見かけ、もし置き忘れたら持ち去ろうと決意した。A は、午後6時20分ころ、ポシェットをベンチ上に置き忘れたまま、友人とともにその場を離れた。X は、A らが公園出口の外にある歩道橋を上り、ベンチから約27ｍの距離にある歩道橋階段の踊り場まで行ったのを確認して、ポシェットを持ち去った。A は、上記歩道橋を渡り、約200ｍ離れた駅の改札口付近まで2分ほど歩いたところで置き忘れに気づき、上記ベンチまで走って戻ったが、すでに上記ポシェットはなくなっていた。

　問題は、ポシェットの占有が依然として A に認められるか否かである。A の占有下にあれば、ポシェットは A が占有し、かつ A が所有する財物として刑法235条にいう「他人の財物」であるから、その占有を A の意思に反して自己に移転した X の行為は「他人の財物を窃取した」ものとして窃盗罪に該当する。これに対し、ポシェットに対する A の占有はすでに失われたとすれば、ポシェットは A の占有を離れた A の所有物、つまり刑法254条にいう「占有を離れた他人の物」であるから、これを権限なく取得する行為は、占有離脱物横領罪に該当することになる（前掲・表2参照）。そこで、ポシェットに対する A の占有の有無をどのように判断するのか、その判断基準が問題となる。最決平成16年8月25日刑集58巻6号515頁は、「被告人が本件ポシェットを領得したのは、被害者がこれを置き忘れてベンチから

約 27 m しか離れていない場所まで歩いて行った時点であったことなど本件
の事実関係の下では、その時点において、被害者が本件ポシェットのことを
一時的に失念したまま現場から立ち去りつつあったことを考慮しても、被害
者の本件ポシェットに対する占有はなお失われておらず、被告人の本件領得
行為は、窃盗罪に当たるというべきである」と判示した。つまり、X がポシ
ェットを持ち去った時点で、ポシェットと A との間にどれくらいの場所的
離隔があるか、A がポシェットを置いたベンチを去ってからどれくらいの時
間が経過したかを基準に、占有の有無を判断したのである。なぜなら、占有
の有無は窃盗罪、占有離脱物横領罪どちらの行為客体なのかを決定する要素
なのであって、行為の時点を基準に決定されるべきだからである。場所的離
隔は 27 m、時間の経過は明示されていないが、女性が二人で話しながら歩
いて 27 m 進むのに必要な時間である。また、X から A の姿が見えていたの
であるから、その時点で A が振り返れば、ポシェットが置かれたベンチを
見通せる状況でもある。そして、A は、ポシェットを置いたのは公園のベン
チであると憶えていた（占有の意思）。以上の事情を総合すると、X がポシ
ェットの占有取得を開始した時点において、A はポシェットに対する強固な占
有を再確立することが十分に可能な状態といえるから、ポシェットに対する
A の占有は失われていないと解されるのである。

　もっとも、本決定が現れるまでのリーディングケースであった最判昭和
32 年 11 月 8 日刑集 11 巻 12 号 3061 頁（以下「32 年判決」という）は、行列
してバスを待っていた被害者が身辺の直近にある台上にカメラを置き忘れて
行列の移動とともに進み、カメラから約 19.58 m 離れた地点で置き忘れに気
づき、現場に引き返すまで（この間のいずれかの時点で被告人がカメラを持ち
去った）行列が動き始めてから約 5 分としたうえで、カメラはなお被害者の
実力的支配のうちにあったとして窃盗罪の成立を認めた。同判決は、置き忘
れた場所と置き忘れに気づいた場所との距離、置き忘れた場所を離れてから
立ち戻るまでに要した時間に言及しているため、本決定と同判決の関係をど
のように理解するべきかが問題となる。この点、32 年判決では、証拠に基
づいて、被告人の領得行為がどの時点で行われたのか特定できなかったた
め、「疑わしきは被告人の利益に」事実認定をしたという事情がある。そこ

で、想定される最大限の時間的・場所的離隔を基準として占有継続の有無を判断していると理解されているのである。そうだとすれば、32 年判決と本決定とは、相互に矛盾するものとはいえない。したがって、公共の場所に置き忘れられた財物について、本来の占有者が財物の所在を失念していない（占有の意思が強固な）場合の占有の有無を判断するには、①財物を置き忘れてから行為者が当該財物を領得する時点を基準とした時間的・場所的離隔の程度を問題とするが、②どの時点で領得行為がなされたか確定しがたい場合には、置き忘れに気づいた時点での場所的離隔の程度、財物を置き忘れてから置き忘れた場所に戻るまでに要した時間を基準に判断すべきこととなる。

【事例3】　X は、某日午前 0 時ころ、駐車場に駐車してあった A 所有の普通乗用自動車（時価約 250 万円相当）を、A に無断で、同日午前 5 時 30 分ころまでには元の場所に戻す意思で乗り出して走行していたところ、午前 4 時 10 分ころ、警察官に無免許運転を理由として検挙された。

---

　5 節 *1* で検討したとおり、判例は、刑罰を科すまでもない軽微な使用窃盗を不可罰とするため、窃盗罪の成立に権利者排除意思を要求する。ただし、使用窃盗のすべてを不可罰とするのではなく、不可罰とされるのは権利者排除（所有権の効用侵害）が軽微なものに限られる点に注意する必要がある。X には自動車を元の駐車場所に戻す意思があるので、不法領得の意思（権利者排除意思）の有無が問題となる。最決昭和 55 年 10 月 30 日刑集 34 巻 5 号 357 頁は、「被告人は、深夜、……駐車場から、他人所有の普通乗用自動車（時価約 250 万円相当）を、数時間にわたって完全に自己の支配下に置く意図のもとに、所有者に無断で乗り出し、その後約 4 時間余りの間、……乗り廻していたというのであるから、たとえ、使用後に、これを元の場所に戻しておくつもりであったとしても、被告人には右自動車に対する不正領得の意思があったというべきである」と判示して、窃盗罪の成立を肯定した。X には返却意思があるが、X が予定していた返却までの無断使用の時間は、約 5 時間 30 分と、かなりの長時間である。時間帯が深夜から未明であり、A がその自動車を利用する可能性は比較的低いともいえるが、何らかの事情で外出

する必要が生じた場合には、公共交通機関は動いていないのであるから、自動車を利用せざるをえない時間帯であるともいえる。そして、他人が所有する時価約 250 万円相当の自動車は、社会通念を基準にみれば A の承諾なしに乗り廻してよい物とは考えにくい。そして、このような事情は、X も認識していたといえるのではないか。それにもかかわらず、乗り出す時点で約 5 時間 30 分にわたって乗り廻す意思を有していたのであれば、少なくとも A 所有の自動車を「自己の所有物として利用する意思」を肯定することは可能である。もっとも、返却意思があることから、「権利者を排除して」自動車を利用する意思を肯定可能かは、微妙である。本決定の判示のうち、「完全に自己の支配下に置く意思」という部分は、返却意思があっても「A による自動車利用の可能性を（約 5 時間 30 分という長時間にわたって）完全に排除する意思」を X が有していたという趣旨を述べようとしているとも解される。

参考文献

・高橋則夫・田山聡美・内田幸隆・杉本一敏『財産犯バトルロイヤル─絶望しないための方法序説』（日本評論社、2017 年）

（内山良雄）

第 **8** 講◆財産に関する犯罪②

キーワード

詐欺罪／財産的損害／振り込め詐欺／横領罪／遺失物等横領罪

関連法令

刑法／組織的犯罪処罰法

1　詐欺罪（246条）

　世の中において「○○詐欺」という言葉がよく使われることがあるが、わ
が国の刑法が犯罪として規定する詐欺罪は財産犯である。結婚すると告げて
（相手をだまして）結婚しなかったとしても（このような行為は結婚詐欺といわ
れることがある）、財産をだまし取ったのでなければ詐欺罪にはあたらない。
刑法が規定する詐欺罪は、他人をだまして財物や財産上の利益を獲得する財
産犯であり、刑事学上は知能犯と呼ばれる犯罪の代表例である。悪質で被害
額が大きな詐欺事件はこれまで数多く発生しており、社会的にも重大で重要
な犯罪類型の1つである。また、刑法が規定する詐欺罪は、今日の経済社会
における様々な企業犯罪・経済犯罪の基本となる性格を有している。

　刑法の詐欺罪の構成要件は246条に定められている。同条1項は財物を獲
得する詐欺罪で、「人を欺いて財物を交付させた者は、10年以下の懲役に処
する。」と規定し、同条2項は財産上の利益を獲得する詐欺罪で（詐欺利得
罪ともいわれる）、「前項の方法により、財産上不法の利益を得、又は他人に
これを得させた者も、同項と同様とする。」と規定する。財産上の利益とは、
自己の債務を免れることや役務を提供させること等である。刑法は、この他
に、未成年者や判断能力を欠く者に対する準詐欺罪（248条）や、コンピュ
ータに虚偽の情報を入力することにより財産上の利益を獲得する行為等を処
罰する電子計算機使用詐欺罪（246条の2）を規定している。また、組織的犯

罪処罰法（組織的な犯罪の処罰及び犯罪収益の規制等に関する法律）（平成 11 年制定）により、団体の活動として犯罪行為を実行するための組織により行われた詐欺行為は通常の詐欺罪より重く処罰される（1 年以上の有期懲役）。

　以下においては、詐欺罪のもっとも基本的な類型である 246 条 1 項の詐欺罪（財物をだまし取る犯罪）を中心に説明を行う。

2　詐欺罪が成立するための要件

　刑法が規定する詐欺罪の要件（構成要件）は、先に見たように、「人を欺いて財物を交付させた」と定めている。もっとも、判例・実務や学説により、詐欺罪が成立するためには解釈論上はいくつかの（やや複雑な）要件が必要とされている。

　詐欺罪の要件としては、①人を欺く行為によって、②相手方を錯誤に陥れ、③（相手方が錯誤に陥った状態で）財物の交付を行い（財産を処分する行為ともいわれる）、④財物が移転すること、そして、⑤被害者に財産的損害が発生すること、が必要であるとされる。そして、これらの要件が相互に因果関係によってつながっていなければならない。因果関係が途中で切れれば、詐欺罪は未遂にとどまる。

　これらの要件について、判例・実務や学説において、どのような問題点が主に議論されているのかを見ておく。

　①「人を欺く行為」（平成 7 年改正前は「欺罔行為」とされていた）とは、財物の獲得に向けて人をだます行為であるが、判例によると「交付の判断の基礎となる重要な事項」を偽ることとされている。実質的に表現すれば、行為者がそのような言動を示されなければ相手は財物を渡さなかったといえるような行為である。たとえば、飲食店において代金を支払う意思がないにもかかわらず料理を注文する行為（無銭飲食）や、売主が商品の品質を過度に偽って消費者に販売する行為である（取引行為における多少の誇張や宣伝は許容される）。過去には、消費者をだます大規模な悪徳商法が問題となった詐欺事件が発生しており（たとえば、実態のない純金投資を名目に証券を発行し、約 3 万人の人から合計約 2000 億円を出資させた豊田商事事件が有名である）、今日

においても類似の事例は後を絶たない。このような「人を欺く行為」は、積極的にだます行為（挙動ないし作為）だけでなく、不作為であってもよい。病歴を隠して生命保険契約を締結する行為や、商品を購入した際に支払った金銭に対して売主が渡そうとする釣銭が多いことに気付きながらそのまま黙って釣銭を受け取る行為が、不作為による欺く行為の例である。また、自分の銀行預金口座に誰かが誤って振込み送金を行ったことを隠して自己の借金返済等に充てようとして銀行窓口で預金の払戻しを行う行為（誤振込み金の払戻し）について、判例（最決平成 15 年 3 月 12 日刑集 57 巻 3 号 322 頁）は銀行に対する詐欺罪の成立を認めたが、預金者は、銀行取引を行なう者として、誤った振込みがあったことを銀行に告知すべき信義則上の義務があるとしたのである。不作為によって人をだましたといえるためには、告知義務が認められる場合でなければならない。

　欺く行為の開始によって詐欺罪の実行の着手が認められるが、火災保険金の取得を意図して家屋に火をつけるような場合には（保険金詐欺といわれる事例）、家屋に火をつける行為でなく、保険金の支払いを請求する行為が詐欺罪における欺く行為にあたり、その段階で詐欺罪の実行の着手となる。

　次に、②相手方を錯誤に陥れ、③（相手方が錯誤に陥った状態で）財物の交付を行うことが必要であるので、だまそうとした相手が事情に気付きながら詐欺行為者を憐れに思って財物を交付したような場合には詐欺罪は成立しない（詐欺罪は未遂にとどまる）。③（相手方が錯誤に陥った状態での）財物の交付は財産的処分行為ともいわれるが、この要件が詐欺罪と窃盗罪の区別を導く。窃盗罪は、被害者の知らないうちにその意思に反して財物を取得する犯罪であるが、詐欺罪は、被害者が錯誤に陥ったとはいえ、その瑕疵ある意思により財物を取得する犯罪である。特に、財産上の利益を取得しようとする場合、刑法は利益窃盗を処罰していないので（刑法 235 条を参照）、財産的処分行為の有無が、利益窃盗と詐欺利得罪（刑法 246 条 2 項）を区別することになる。これは、財産的処分行為のうち、処分の意思という主観的要件をどの程度厳格に求めるのかという問題であり、処分の意思を緩やかなものでよいと考えれば、詐欺利得罪が成立しやすくなる（利益窃盗として不処罰になる場合が少なくなる）。

　さらに、詐欺罪は財産犯であるので、刑法の条文には明示されていないが、⑤被害者に財産的損害が発生することが必要であるとされている。そして、詐欺罪が成立するために必要な財産的損害は、いわゆる個別財産の喪失を意味し、全体財産の減少ではないと考えられている。たとえば、支払った金額（代金）と手に入れた財産（商品）の経済的価値が同じであったとしても、だまされなければ支払わなかった（お金を支払って買うことはなかった）といえれば、詐欺罪の成立が認められてきた。もっとも、最近の学説の多くは、本当のことを知れば支払わなかった（財物を交付しなかった）ということのみで財産的損害の発生を認めるのではなく、実質的に見て被害者に財産的損害が発生したといえるのかを問題にしようとしている（実質的個別財産説といわれる）。これに対して、伝統的な判例の基本的傾向は、財産的損害の要件を重視せず、欺く行為に重点をおいて詐欺罪の成立を積極的に認めようとしており、詐欺罪が財産の移動に関わる行為の取締りの手段として拡大適用される結果となっているとの批判的な指摘がなされている（後述「事例と解説」を参照）。

○コラム 19　機械はだまされない

　詐欺罪は人を欺いて錯誤に陥れて財物を交付させる犯罪であるので、人に向けられた行為でなければならない。機械に向けられた行為によって財物を取得する行為、たとえば、盗んだキャッシュカードを用いて銀行の ATM で現金を引き出したような場合には、詐欺罪は成立せず、窃盗罪が成立する。なぜなら、機械はだまされないからである。また、かつては電車の乗車区間の運賃の支払いを不正に免れるキセル乗車について、詐欺罪の成立とその法律論構成が議論されたが、現在は自動改札機が一般化しており詐欺罪が問題とされることはほとんどないであろう。

○コラム 20　無銭飲食と詐欺罪

　詐欺罪の例としてよくあげられてきたのが無銭飲食である。無銭飲食といっても 2 種類の行為類型がある。（1）代金を支払う意思がないにもかかわらず、その意思があるかのように装って料理を注文する事例は、作為によって飲食店をだます行為であるが、注文した料理を食べることによって 246

条1項の詐欺罪（財物取得の詐欺罪）が成立する。これに対して、（2）料理を注文して食べた後に代金を支払う意思がなくなり、後で支払うと嘘を告げて飲食店から逃げるという事例は、嘘を告げることによって料理代金の支払義務という債務を免れようとする行為であり、246条2項の詐欺利得罪が成立する。

3　クレジットカードの不正使用と詐欺罪

自己名義のクレジットカードを、後日代金を銀行口座からの自動振替の方法により支払う意思がないにもかかわらず、そのことを隠して使用して商品を購入する行為について、詐欺罪の成否とその法律構成が議論されている。主に問題となるのは、（1）誰に対する欺く行為を認めることができるのか、（2）誰にどのような財産的損害の発生を認めることができるのか、という点である。

この問題に関する最高裁判例はないが、下級審の裁判例の主流は、（1）行為者がクレジットカードを使用した店（クレジットカード加盟店）に対して代金支払いの意思を装った点に欺く行為を認め、（2）錯誤に陥った店が商品を交付した点に財産的損害の発生を認めることによって、店に対する詐欺罪（246条1項の詐欺罪）の成立を肯定する。これに対しては、店はクレジットカード会社から代金の支払い（立替払い）を受けるので財産的損害はなく、クレジットカード会社こそがカード利用者から利用代金を回収できず財産的損害を受ける被害者であるとして、クレジットカード会社に対する詐欺罪の成立を認めようとする考え方が最近は有力となっている。

4　詐欺罪に関するその他の問題

詐欺罪は個人的法益に対する罪であるが、判例は、国や地方公共団体から生活保護や補助金を不正に取得する行為について詐欺罪の成立を認めているが、印鑑証明書や旅券や自動車運転免許証のような証明書の取得については

詐欺罪の成立を否定している。

　また、偽造通貨を使用して相手から財物の交付を受けた場合、偽造通貨行使罪が成立するが、詐欺罪はこれに吸収されて成立しないとするのが判例で

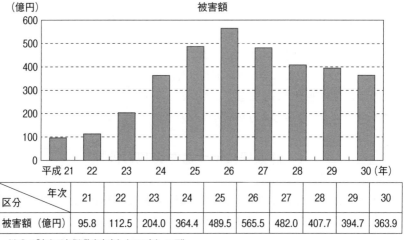

図表 8‑1　特殊詐欺の認知件数・被害額の推移（平成 21〜30 年）

認知件数

区分＼年次	21	22	23	24	25	26	27	28	29	30
認知件数（件）	7,340	6,888	7,216	8,693	11,998	13,392	13,824	14,154	18,212	16,496

注：振り込め詐欺以外の特殊詐欺は、平成 22 年 2 月から集計

被害額

区分＼年次	21	22	23	24	25	26	27	28	29	30
被害額（億円）	95.8	112.5	204.0	364.4	489.5	565.5	482.0	407.7	394.7	363.9

（出典：『令和元年版 警察白書』（2019 年）52 頁）

ある。

5 オレオレ詐欺に代表される特殊詐欺

　依然として高齢者や女性を狙ったオレオレ詐欺に代表される特殊詐欺事犯
（不特定多数の者に対する非対面型の詐欺事犯）が社会問題となっており、連日
のように報道されている。その犯行手口の例は、電話を使って面識のない人
に対して嘘を告げて、現金等をだまし取るというものである。具体的な手法
としては、電話相手の息子等の親族を名乗ってその窮状を装うオレオレ詐
欺、有料サイトの利用料の請求を装う架空請求詐欺、医療費等の還付を装っ
て銀行の ATM を操作させる還付金詐欺、キャッシュ・カードが悪用されて
いるとして取替えを求める手交型詐欺が主なものである。被害者の多く（8
割近く）は 65 歳以上の高齢者であり、特に 70 歳以上の女性が全体の半数を
超えている。被害額は減少傾向にあるとはいえ、2016 年まで 4 年連続で 400
億円を超えており、警察が認知した被害件数は増加傾向にある。金融機関の
職員が ATM を利用する高齢者に声をかけたり宅配業者の協力を得ることに
よってこのような詐欺被害の防止に努めているが、特殊詐欺の現状は依然と
して深刻な状況にあるといってよい。警察は、だまされた振りをして現金交
付の約束を行い、現金を受け取りに来た関係者（受け子といわれる）を検挙
するという捜査手法（だまされた振り作戦）を行うようにもなっている。

6 横領罪 (252 条)

　横領罪とは、他人から預かった物、たとえば一定の使用目的のために預け
られた金銭を自分の借金返済や遊びに使い込んだような場合に成立する犯罪
である。刑法が規定する横領罪の基本型は 252 条 1 項であり、「自己の占有
する他人の物を横領した者は、5 年以下の懲役に処する。」と定められてい
る。業務上の占有者の横領行為について刑を加重したのが業務上横領罪
（253 条）である（10 年以下の懲役刑）。
　横領罪は財産を領得する犯罪であるが、窃盗罪や詐欺罪よりも刑が軽くな

っている。窃盗罪や詐欺罪の刑の上限は懲役 10 年であるが、横領罪の刑の上限は懲役 5 年と軽い。その理由として、横領罪の行為形態は占有侵害を伴わないので、形態において平和的であり、自分が占有している物に対する行為であるので動機において誘惑的である、ということがいわれてきた。

　また、横領罪は、他人から委託を受けて預かった物（「自己の占有する他人の物」）を対象とするが、他人から委託を受けて預かるということの基礎には、他人からの委託信任が存在する（他人から信頼されたからこそ、その他人から預けられたといえる）。この点で、横領罪は、同じく信頼関係を基本とする背任罪（247 条）と共通する性格を有している。

　横領罪は、他人から信頼関係を基礎として預かった物（委託された物）を領得する犯罪であるので、横領罪の構成要件にある「占有」は現実的・事実的なものでなくてよく、抽象的・観念的なもの、つまり法的支配でもよい。他人の財産を領得できる程度の支配関係があればよいのである。たとえば、銀行預金については預金者に占有があるとされ、不動産については登記名義人に占有があるとされている。これにより、不動産を他人に売却し代金を受領したものの依然として登記名義を有している売主が当該不動産を他の者に二重に譲渡したような場合には、売主には第 1 譲受人に対する横領罪が成立することになる。二重に買い受けた者は、主観的事情が悪質であった場合、つまり第 1 譲受人に対して背信的悪意者といえる場合には横領罪の共犯が成立する（福岡高判昭和 47 年 11 月 22 日刑月 4 巻 11 号 1803 頁）。また、金銭については、民法上は占有と所有が一致するとされているが、刑法上は、封がされた金銭や使途が特定された金銭（債権回収を依頼された者が取り立てた金銭を含む）の所有権は金銭を預けた側に留保されるので、金銭を預かっている者は「自己の占有する他人の物」の要件を充たすことになる。

　「横領」とは、委託の任務に背いて、その物につき権限がないのに所有者でなければできない処分をする意思が現れた行為を意味し、売買や贈与や抵当権設定のような法的処分や着服や使込みのような事実的処分がある。そして、このような横領行為がなされれば横領罪は既遂となる（不動産を対象とする横領行為についてはさらに登記が必要である）。

○コラム 21　窃盗罪と横領罪の区別

　他人の財物を領得する行為のうち、他人の占有下にある物を領得する場合
には（刑が重い）窃盗罪が成立し、自己の占有下にある物を領得する場合に
は（刑が軽い）横領罪が成立する。具体的な例として、（1）商店の店員が店
の商品を無断で取得する行為は、店主に商品の占有があるので（店員に占有
はない）、店員には窃盗罪が成立する。（2）封がなされた物を預かった者が
封を無断で開いて中味（内容物）を取得する行為は、預けた者が内容物に対
して有する占有を侵害するので、窃盗罪が成立する。実際の事案では、行為
者に占有が認められるのか（占有者の認定）が微妙な場合がある。

○コラム 22　不法原因給付と横領罪

　他人から警察官に対する買収資金（賄賂）として預かった現金を、自分の
ために使い込んだ場合、横領罪が成立するのか、という問題がある（不法原
因給付と横領罪の問題）。現金を預けた者は、民法上は不法原因給付者として
交付した現金の返還を請求することができない（つまり、民法上は保護されな
い。）が、刑法上は横領罪の被害者になるのかという問題である。

　最高裁は横領罪の成立を認めたが（最判昭和 23 年 6 月 5 日刑集 2 巻 7 号
641 頁）、その後の最高裁の民事判例（最判昭和 45 年 10 月 21 日民集 24
巻 11 号 1560 頁）は、不法原因給付物の所有権は受給者に移転すると判断
した。この民事判例の考え方によると、受給者にとっては「他人の物」の要
件を充たさず、横領罪は成立しないことになる。刑法学説は考え方が分かれ
ているが、横領罪の成立を認めることによって不法原因給付者の財産上の権
利を（民法とは独立して）刑法上保護することができるのかという問題であ
り、財産犯における民事と刑事の関係が問われる問題である。

7　遺失物等横領罪（254条）

　遺失物等横領罪は占有離脱物横領罪ともいわれる。刑法では通常の（本来
の）横領罪と並べて規定されているが、その性格は横領罪とは異なってい
る。横領罪は他人から委託された物を領得する犯罪であるが、刑法 254 条が
規定する遺失物等横領罪は、「遺失物、漂流物その他占有を離れた他人の物

を横領した」場合に成立する犯罪であり、刑は 1 年以下の懲役又は 10 万円以下の罰金若しくは科料と他の財産犯より非常に軽くなっている。典型的には、他人が落していった物（他人の所有権が残っている物）を拾って自分のポケットやカバンに入れて取得するような行為がこれにあたる。また、誤って配達された郵便物を取得する行為も遺失物等横領罪にあたる。

8　事例と解説

　本講のテーマの中から、詐欺罪に関して、その成否が議論されている事例についての検討と解説を行う。最近の判例は詐欺罪の成立を積極的に認める傾向にあるが、その実質は詐欺罪における財産的損害の要件をあまり重視しないところにあるといわれており、この点が学説から批判されている。

【事例 1】　X はクレジットカードの会員（名義人）A の了解を得て、店舗の従業員 Y に対して自らがカード会員（名義人）本人であると装ってカードを使用して商品を購入した。カードの利用代金は会員（名義人）A の銀行口座からの自動振替の方法により決済された。

　他人名義のクレジットカードを利用したケースであるが、X は名義人であるカード会員 A の了解を得ており、実際にカード利用代金は会員 A によって決済されており、誰も損害を被っていない。もっとも、クレジットカードは会員規約によって会員本人しか使うことができないとされており、カードを利用できる店舗はカードを利用しようとしている者がカード会員本人であることを確認しなければならないことになっている。このようなクレジットカード取引について、カード会員本人であると装ってカードを利用して商品を購入する行為が詐欺罪にあたるのかが議論されている。
　判例（最決平成 16 年 2 月 9 日刑集 58 巻 2 号 89 頁）は、このようなケースについて、「本件クレジットカードの名義人本人に成り済まし、同カードの正当な利用権限がないのにこれがあるように装い、その旨従業員を誤信させてガソリンの交付を受けたことが認められる」として詐欺罪の成立を肯定して

いる。その背景には、クレジットカード制度はカード会員（名義人）に対して個別的に一定額の信用を供与する取引システムであるので、カード会員でない者の利用は許されないという考え方がある。判例の考え方に従えば、子が親の了解を得てクレジットカードを借りてこれを利用して商品を購入した場合であっても詐欺罪が成立することになる。もっとも、このような場合には実際に刑事手続が進められることはないであろう。

> **【事例2】**　Xは銀行に預金口座を開設することによって交付される預金通帳とキャッシュカードを他人Aに譲渡して使わせる意図を有していたが、そのことを隠して、銀行窓口において、銀行職員Yに対して自己名義の預金口座の開設を申し込み、自己名義の預金通帳とキャッシュカードの交付を受けた。

　預金通帳やキャッシュカードを他人に譲渡する意図を隠して、自己名義の預金口座を開設し、預金通帳やキャッシュカードの交付を受ける行為が詐欺罪にあたるのか、という問題である。銀行は、預金者に対して、総合口座取引規定や普通預金規定等によって、預金契約に関する一切の権利や通帳やキャッシュカードを他人に譲渡・質入れ・貸与することを禁止しており、銀行とすれば、他人に譲渡する意図が判明した場合には預金口座の開設や預金通帳の交付等を行わなかったという点を、詐欺罪との関係でどのように理解するのかが問題となる。

　判例（最決平成19年7月17日刑集61巻5号521頁）は、このようなケースについて、「銀行支店の行員に対し預金口座の開設等を申し込むこと自体、申し込んだ本人がこれを自分自身で利用する意思であることを表しているというべきであるから、預金通帳及びキャッシュカードを第三者に譲渡する意図であるのにこれを秘して上記申込みを行う行為は、詐欺罪にいう人を欺く行為にほかならず、これにより預金通帳及びキャッシュカードの交付を受けた行為が刑法246条1項の詐欺罪を構成する」として詐欺罪の成立を肯定している。詐欺罪が成立するということは、預金通帳やキャッシュカードが財物であることを前提としている。そして、本事例では、銀行との取引主体（名義人）の同一性を偽っているが、このような行為を財産犯である詐欺罪

によって処罰することの是非が議論されている。昨今、銀行口座を不正に利用する行為（マネー・ロンダリングや振り込め詐欺等）への対処が銀行実務における重要な課題となっており、そのための法規制として旧本人確認法（金融機関等による顧客等の本人確認等に関する法律）やそれを引き継いだ犯罪収益移転防止法（犯罪による収益の移転防止に関する法律）による刑事処罰があるが、それとは別に財産犯である詐欺罪の成立を認めることができるのかが問題となるが、詐欺罪の成立を認める判例は、財産犯である詐欺罪とこれらの法律との住み分けを否定したといえる。

【事例3】　暴力団関係者の立入りと利用を禁止しているゴルフ場を、暴力団員がその立場を隠して利用し、利用代金を支払った。

　暴力団との接触を断ち暴力団を排除しようという取組みが、現在、社会の各方面においてなされている（政府の「企業が反社会的勢力による被害を防止するための指針」（平成 19 年 6 月）や暴力団排除条例がある。）。これにより、暴力団関係者は自らの立場を隠して活動することを余儀なくされるという社会生活上は窮屈な状況にある。これに関する問題の例が、暴力団関係者の立入りと利用を禁止しているゴルフ場を、暴力団員がその立場を隠して利用したときに、ゴルフ場を欺いて財産上の利益を獲得したものとして詐欺罪（詐欺利得罪。246 条 2 項）の成立が認められるのか、という問題である。

　最高裁は、このようなケースについて、（同一日に）異なった結論を示したが、事実関係の違いがこの異なった結論に影響を与えたと理解することができる。具体的には、当該ゴルフ場が暴力団関係者の排除をどの程度徹底させていたのかということによって、暴力団関係者であることを隠したことが当該ゴルフ場の「交付の判断の基礎となる重要な事項」を偽ったか否かに影響するのである。最判平成 26 年 3 月 28 日刑集 68 巻 3 号 582 頁は、ゴルフ場利用細則や約款で暴力団関係者の施設利用を認めないことを定め、暴力団関係者の立入りを断る旨の立看板を出入口に設置していたが、それ以上には暴力団関係者であるか否かの確認措置を行っていなかったゴルフ場を、暴力団員がその立場を隠して利用した事案について、詐欺罪（詐欺利得罪）の成立

を否定した。これに対して、最決平 26 年 3 月 28 日刑集 68 巻 3 号 646 頁は、入会の際に暴力団関係者の同伴や紹介を行わない旨の誓約書を提出させ、暴力団排除情報をデータベース化し利用者の氏名がデータベースに登録されていないかを確認する措置を採っていたゴルフ場を、暴力団員がその立場を隠して利用した事案について、詐欺罪（詐欺利得罪）の成立を肯定している。

【事例 4】 暴力団員であることを隠して、あるいは自分が暴力団員でないことを明らかにして、銀行に預金口座を開設し、預金通帳とキャッシュカードの交付を受けた。

事例 3 と同様に、暴力団との接触を断ち暴力団を排除しようという社会的な取組みの現れによって登場してきた問題である。銀行は、預金取引を行おうとして口座開設を申し込む者が暴力団関係者等の反社会的勢力であることが分かれば、口座開設に応じず、預金通帳やキャッシュカードの交付を行わなかったであろうと思われる場合に詐欺罪との関係でどのように理解するのかが問題となる。

判例（最決平成 26 年 4 月 7 日刑集 68 巻 4 号 715 頁）は、暴力団員が自己名義の口座開設を申し込んだ際に、利用申込書の「反社会的勢力でないことを表明、確約した上で申し込む」旨の記載を示された上で氏名を記入し口座開設を申し込んだケースについて、「総合口座の開設並びにこれに伴う総合口座通帳及びキャッシュカードの交付を申し込む者が暴力団員を含む反社会的勢力であるかどうかは、本件局員らにおいてその交付の判断の基礎となる重要な事項であるというべきであるから、暴力団員である者が、自己が暴力団員でないことを表明、確約して上記申込みを行う行為は、詐欺罪にいう人を欺く行為に当たり、これにより総合口座通帳及びキャッシュカードの交付を受けた行為が刑法 246 条 1 項の詐欺罪を構成する」として詐欺罪の成立を肯定している。

【事例 5】 Ａは、Ａの息子を名乗るＸから「今日中に 200 万円を会社に支払わないといけないので、200 万円をすぐに振り込んでほしい。」と言われてだ

> まされて、ATM を利用して、A 名義の銀行預金口座から X に指定された銀行
> 預金口座あてに 200 万円の振り込みを行い、入金処理がなされた。

　特殊詐欺の代表例であるオレオレ詐欺の典型的な事例の 1 つである。現在
の実務は、X に刑法 246 条 1 項の詐欺罪（財物を取得する詐欺罪）の成立を
肯定している。

　法律論としては、(1) 被害者 A は現金を直接に交付したわけではない、
(2) X は現金を受領したわけではない、という点に照らして、X に財物取得
の詐欺罪を認めてよいのかという議論がありうるが、(1) A としては現金を
振り込んだ場合と口座内の預金から直接振り込んだ場合とで被害の実態に差
はなく、(2) X としては口座内に入金処理がなされることによって払戻しに
より入金額相当の現金を手にすることができる、という理由から、財物取得
の詐欺罪を認めるという処理がなされている。

　なお、X とすれば、口座内に入金処理がなされた金額相当額を現金化でき
ればよいので、X が振込先の銀行預金口座について正当な管理権限を有して
いる必要はない。

参考文献

・高橋則夫＝田山聡美＝内田幸隆＝杉本一敏『財産犯バトルロイヤル―絶望しないため
　の方法序説』（日本評論社、2017 年）

（上田正和）

第 9 講 ◆ 公共安全に関する犯罪

キーワード

放火／処罰の早期化／暴力団の取締り／テロ対策関連法／サリン事件／
サイバーセキュリティ

関連法令

刑法／不正アクセス禁止法／特殊開錠用具所持禁止法（ピッキング防止
法）／暴力団対策法／暴力団排除条例／自動車運転死傷行為処罰法／航空
危険行為等処罰法／ハイジャック防止法／爆発物取締罰則／火炎びん処
罰法／組織的犯罪処罰法／破壊活動防止法／サリン防止法

1 公共の安全の意義と危険犯

1 伝統的な保護法益である公共の安全

刑法が一定の行為を犯罪として処罰する根拠は、処罰対象とされる行為
が、法により保護されるべき利益、すなわち保護法益を侵害するからであ
る。刑法典の定める罪は何を保護法益とするかによって、個人的法益に対す
る罪（生命・身体に対する罪、財産罪など）、社会的法益に対する罪（偽造罪な
ど）、国家的法的に対する罪（賄賂罪など）に分けられるのが、通例である。

社会的法益に対する罪の1つとして、公共の安全を侵害する公共危険犯と
位置づけられる一連の犯罪がある。刑法典に定められた犯罪類型では、伝統
的に騒擾の罪、放火の罪、出水の罪、往来の罪、公衆の健康に対する罪が、
それに属するものとされている。

もっとも、これらの罪のなかでも、公共の静謐に対する罪として位置づけ
られる騒擾罪と、公共の安全に対するそれ以外の罪とでは、その処罰根拠や
法的機能のニュアンスに相違がある。すなわち、騒擾罪には、治安対策立法
という側面もある。これに対し、騒擾罪以外の公共の安全に対する罪では、

その処罰根拠は公共の危険の発生という点に求められる。

2　公共の安全の保護の変容

　だが、近年では、以上にみた伝統的な危険犯のみならず、新たな性質を有する公共危険犯が生じている。また、その新たな公共危険犯に基づく処罰による対応も含めた、公共の安全のより強固な保障を求める社会的要請が強まりつつある。それに対応すべく、公共の安全の実現を目的とする刑事法の領域にも、変容がみられる。

　その1つが、法益侵害結果（実害結果）が発生する前の、より早い段階での処罰を求める「処罰の早期化」という現象である。処罰の早期化を求める要因にもいくつかのものがあるが、サイバー空間の普遍化とサイバーセキュリティ対策の必要性の向上は、その主要なものの1つである。不正サクセス禁止法の定める不正アクセス禁止罪については、その立法当初は、他人のIDとパスワードを不正に使用してアクセスをしただけで、処罰の必要性があるのか、といった疑問も投げかけられ、また、処罰の必要性を認める見解においても、それを住所侵入罪との類似性で理解する見解もあった。

　しかしながら、サイバー空間が社会インフラとして必要不可欠な存在となり、電子決済等のキャッシュレス決済の普及のみならず、自動運転等を行うための前提条件でもあることから、サイバー空間の危険化は、財産に対するもののみならず、生命・身体に対する現実空間の危険を発生させうるものともなる。しかも、瞬時性、拡散性というサイバー空間の特徴を考えれば、実害結果発生を未然に防止する必要性は、より高まることになる。不正アクセス行為の多くは、サイバー空間を危険化する前段階の行為であると考えられ、新しい形の公共危険犯として、やはりその犯罪化、処罰の必要性は高い状況にある。「電子計算機のプログラムに対する社会の信頼」を保護法益とするものとして立法された不正指令電磁的記録に関する罪（ウィルス罪）も、社会がサイバーへの依存度を深めるにつれ、公共危険犯的な性格を帯びていくことが想定される。

3 社会の安全の確保と危険犯の意義

　他方で、近年の被害者保護の必要性の認識、また、犯罪予防への要請の強まりによっても、実害結果が発生する前の、危険発生段階での対応が重視されるようになる。たとえば、ピッキング防止法（「特殊開錠用具の所持の禁止等に関する法律」）は、ピッキング用工具の所持の段階での処罰を可能とするものであり、財物盗取の危険発生段階での刑事的介入により、侵入窃盗の抑止として機能することになっている。

　これは、必ずしも不特定または多数人の生命・身体・財産に対する危険の発生を根拠とするものではなく、その限りでは純然たる公共危険犯ではない。しかしながら、こういった実害発生に至る前段階の行為に対して刑事的に介入することで、より重大な犯罪結果を未然に防止するという意味では、社会の安全の確保という趣旨において、公共の安全の確保に資するという性質を備えているとも評しうる。

2　公共危険犯

1 犯罪類型ごとの考察の必要性

　公共危険犯の処罰根拠である公共の危険の意義については、「不特定または多数人の生命・身体・財産に対する危険」と理解する見解が通説である。

　もっとも、このように理解したとしても、公共危険犯が実現しようとする公共の安全の意義は、必ずしも明確ではない。たとえば、放火罪と鉄道等の交通を妨害する罪である往来危険罪（刑法125条）とでは、それぞれの犯罪が想定する危険の実体は、同一とはいえない。さらに、同じ放火罪といっても、放火客体からの燃え広がりや放射熱等を中心とした外部に対する危険を主たる処罰根拠としていると解される建造物等以外放火罪（刑法110条）と、そういった危険とならんで、建造物の内部に対する危険をも類型的に処罰根拠として想定していると解される現住建造物等放火罪（刑法108条）といったように、放火類型ごとの相違があると理解されることには留意が必要である。

2　社会状況の変化と条文解釈・立法的対応

　こういった処罰根拠の分析の際に重要となるのが、その罪が、どういった法益を保護しようとしているのかの見極めである。それは、各犯罪類型の前提としている事態のみならず、社会状況の変化に伴って、変化しうる内容のものでもある。

　たとえば、放火罪に関してみると、現行刑法典の制定された明治 40 (1907) 年当時は、「不特定または多数人の危険」として、いわゆる「大火」の危険が、相当程度念頭に置かれていた。しかしながら、消防体制が整えられると同時に、耐火性に優れた難燃性建造物が増加することにより、同じく「不特定または多数人の危険」といっても、住居等の客体内部とその周辺への危険が、相対的に重要になっている。こういった事情の変化が、放火罪の成立範囲に関する解釈にも影響を及ぼす。

○コラム 23　条文解釈における公共の危険の判断

　放火罪の主要類型である現住建造物等放火罪（刑法 108 条）は、公共の危険の発生が条文上の要件ではないため、実際の事案では危険の発生が不要な抽象的危険犯であると理解されてきた。だが、放火の客体（対象物）として、住居または現に人が滞在している建造物等（現住建造物等）という限定的要素が別個規定されているのは、それ以外の放火客体に比較して、建造物等内部に対する危険をも含めた公共の危険の発生が類型的に高いからであると考えられる。建造物の難燃化に伴い、放火罪の処罰根拠にとっては、このような「内部に対するものも含めた公共の危険」が相対的に重要になっている。そうであれば、放火客体が現住建造物等に該当するか否かは、処罰根拠たる公共の危険が発生したか、という観点を織り込んだ上で、条文解釈としてなされることが重要であることになる。

　また、現行刑法典が制定された当時、公共の危険を生じさせうる交通機関は、鉄道または艦船程度しかなかった。だが、その後のモータリゼーションの進行・拡大により、道路交通の安全確保が、公共の安全の確保としても重要な課題となった。平成 13 (2001) 年に新設された危険運転致死傷罪（現在の自動車運転死傷行為処罰法 2 条）は、生命・身体といった個人的法益に対す

る罪であるが、二次的に交通の安全をも保護法益とするものとされている。

さらに、後述するテロ対策とも関連するが、航空機等の航空の安全の確保も重要な課題であり、昭和49（1974）年に、航空危険行為等処罰法（「航空の危険を生じさせる行為等の処罰に関する法律」）が制定された。同法では、航空施設等を損壊等することで「航空の危険」を生じさせる行為を航空危険罪として処罰対象とする（同法1条）とともに、航空機墜落等・同致死罪（同法2条）、航空機破壊等・同致死罪（同法3条）、航空機内爆発物等持込罪（同法4条）等を規定している。

3 暴力団の取締り

1 暴力団とは何か

組織犯罪、とりわけ日本ではいわゆる暴力団対策も、公共の安全の確保にとって重要な課題である。

暴力団について精確な定義をすることは困難であるが、「団体の威力を背景に犯罪ないし暴力的不法行為を行い、それによって生活資金を獲得する団体」と捉えることができよう。暴力団対策法（「暴力団員による不当な行為の防止等に関する法律」）は、「その団体の構成員（その団体の構成団体の構成員を含む。）が集団的に又は常習的に暴力的不法行為等を行うことを助長するおそれがある団体」（同法2条2号）と定義する。

○コラム24 戦後の日本社会における暴力団の形成

わが国では戦後、博徒（縄張り内で違法な賭博を運営する者の集団）や、的屋（テキ屋・縄張りを有して暴力的不法行為を行うような露天商集団）に加えて、愚連隊（不良少年や復員兵士等からなる不法行為集団）などが覚せい剤の密売や用心棒など、あらゆる分野での利権をめぐって対立抗争を繰り返していた。だが、1960年頃までに、一定の勢力図ができあがると同時に、博徒、的屋、愚連隊の差異もなくなり、これらを一括する形で暴力団という呼称が定着する。

当初は、親分・子分の疑似血縁集団とでもいうべき集団であり、親分も子

分もともに自ら違法行為を行っていたこともあって、親分の検挙により組織を壊滅することもそれほど困難ではなかった。だが、その後、暴力団は、覚せい剤売買や管理売春などの非合法行為と並んで、建設業、不動産業、金融業、興行といった合法的な企業活動に見せかけた資金獲得、さらには、同和活動や右翼活動に見せかけた資金調達、総会屋などの分野への進出、債権回収や倒産整理などの民事介入暴力などに、資金源を確保するようになる。

同時に、もっぱら子分が親分の名前を使って資金を獲得し、親分には上納金という形でその一部を渡すといったような、よりシステマティックな組織的活動を展開するようになり、現在のような暴力団の形態が次第にできあがる。そして、平成期（1989 年以降）以降頃、山口組、住吉会、稲川会などのいわゆる広域暴力団という形で暴力団の広域化、寡占化が進み、社会の安全にとっての脅威も一段と増す存在になった。

2 暴力団対策法と暴力団排除条例

暴力団対策の立法として、平成 3（1991）年に、前述した暴力団対策法（暴対法）が制定された。同法の主たる内容は、以下のとおりである。

まず、①暴力団を法的に定義し、暴力団のうち犯罪経歴を保有する暴力団員が一定以上の比率を超え、暴力団の代表者や運営を支配する地位のある者の統制の下に階層的に構成されている団体を、都道府県公安委員会が指定暴力団に指定する。そして、②指定暴力団の暴力団員等が、指定暴力団の威力を示して行う、口止め料、寄付金や賛助金等、みかじめ料、用心棒代等の要求などの暴力的要求行為を禁止し、公安委員会が、被害回復等のための援助を行う。さらに、③対立抗争時の指定暴力団の事務所使用や暴力団への加入の勧誘の禁止、④禁止行為に対する公安委員会が措置命令と、その違反に対する罰則、⑤対立抗争時の暴力行為によって生じた人の生命、身体、財産上の被害に対する、指定暴力団代表者の無過失損害賠償責任などを規定している。同法は、制定後にも数度の改正が行われ、現在に至っている。

さらに、地方公共団体の条例として、暴力団排除条例（暴排条例）の制定が進んだ。この一連の動きのきっかけとなったのは、平成 22（2010）年に福岡県で制定された「福岡県暴力団排除条例」である。

　同条例は、県民の安全で平穏な生活を確保し、そして社会経済活動の健全な発展に寄与するため、暴力団の排除の基本理念を定ると同時に、暴力団員等に対する利益の供与の禁止等を定めることで、暴力団排除を推進することを目的とする。その上で、①暴力団排除に関する基本的施策として、公共工事等からの暴力団の排除、暴力団から危害を加えられるおそれのある者に対する保護や暴力団排除に資する民事訴訟の訴訟費用の貸付け等の援助を定める。また、②学校等の周囲 200 メートルの区域内での暴力団事務所の新規開設の罰則をもっての禁止や、暴力団に加入させないための中高生等に対する教育等の推進を定める。そして、③暴力団員等に対する利益供与の禁止等のほか、また暴力団員等が利益の供与を受けることも禁止し、その違反の一部について罰則や勧告を定める。さらに、④不動産の譲渡等に関連して、不動産所有者等による契約の相手方に対する不動産利用目的の確認を求め、暴力団事務所に使用されることを知っての不動産取引等を禁止し、勧告に従わない場合の事実の公表、暴力団事務所に利用された場合における無催告契約解除条項の不動産契約への導入、などを定めている。

3　暴力団の現状と暴力団対策の課題

　これらの対策により、暴力団勢力は弱体化しつつある。たとえば、暴力団構成員と準構成員（構成員ではないが、暴力団と関係を持ちながら、その組織の威力を背景として暴力的不法行為等を行う者、または暴力団に資金や武器を供給するなどして、その組織の維持, 運営に協力し若しくは関与する者）等の数でみると、平成 29 年には両者合わせて約 34,500 人であり、近年のピークであった平成 16 年の約 87,000 人に比べ、半分以下にまで減少している。

　ただし、近年、新たな犯罪主体としていわゆる「半グレ集団」の存在がクローズアップされている。これは、暴力団と同程度の明確な組織性は有しないものの、これに属する者が、集団的に、または常習的に暴力的不法行為等を行うグループであり、新たな脅威となってきている。ただ、こういったグループの中には暴力団等との密接な関係をうかがわせるものも存在している。そのため、警察では、こういった集団を「準暴力団」と位置づけており、平成 25 (2013) 年以降、実態解明の徹底、違法行為の取締りの強化及び

情報共有の推進といった対策を推進している。

4　組織犯罪対策と公共の安全の確保

1　組織的犯罪処罰法

　公共の安全の確保のためには、社会一般にとってより脅威になる組織的犯罪への対策も重要な意義を有する。組織的に行われる犯罪は、暴力団犯罪に限られるものではない。そして、それらは、従来、該当する一般的な犯罪の共同正犯（刑法60条）等により処罰されてきた。だが、暴力団犯罪を中心に、組織的に行われる犯罪は、その目的実現の確実性が高く、重大な結果を生じやすいという意味で、きわめて危険かつ悪質な犯罪である。それにもかかわらず、従来の刑法等の法定刑では、その違法性が十分に評価されていないものあるといった問題意識や、国際協調の必要性への対応といった側面から、平成11（1999）年に組織的犯罪対策関連三法の1つとして組織的犯罪処罰法（「組織的な犯罪の処罰及び犯罪収益の規制等に関する法律」）が制定された。

　同法の内容は多岐にわたるが、その主たる内容の1つとして、組織的な犯罪の処罰に関して、刑法に定められた一定の犯罪（常習賭博、賭博場開張等図利、殺人、逮捕・監禁、強要、身の代金目的略取等、信用毀損・業務妨害、詐欺、恐喝、建造物等損壊）について、団体の活動として、これを実行するための組織に行われる場合、または団体に不正権益を得させる等の目的で行われる場合に、法定刑を加重する規定（同法2条）等を設けている。

2　犯罪収益対策の必要性

　また、組織的犯罪対策として、犯罪収益の没収・追徴は、非常に有効な手段として位置づけられる。犯罪収益への対策についても、従来から国際的な取り組みが展開されてきたところであるが、組織的犯罪処罰法では、以下の規定が設けられている。

　まず、いわゆるマネー・ロンダリング（資金洗浄）行為対策として、以下の3類型の処罰規定がある。第1に、暴力団等を中心に、巨額にのぼる犯罪

収益が様々な形で経済活動等に用いられているという実態があることから、組織的な犯罪に対して経済的側面から対処する措置として、①犯罪収益等による事業経営の支配等が処罰対象とされている（同法9条）。また、②犯罪収益等の仮装・隠匿行為を処罰する規定（同法10条）、そして、③犯罪収益等の収受を処罰する規定（同法11条）が設けられている。加えて、刑法典に定められた有体物等を対象とした没収規定について、その範囲を金銭債権までに拡大し、また、没収の対象とならない物や金銭債権以外の財産についても、その価額を追徴することが可能とされた（同法13条以下）。

さらに、犯罪収益の没収等を実効的なものとするためには、相応の法的手続を整備する必要がある。そのため、第三者の財産の没収等を可能とするなどの没収に関する手続等の特例規定、没収保全命令や追徴保全命令などの保全手続（同法18条以下）、金融機関等による疑わしい取引の届け出制度（同法54条以下）の規定が設けられている。

5　テロ対策

公共の安全の確保にとって、いわゆるテロ対策という課題も重要性を増している。その対策の対象となるテロ行為（テロリズム）の定義も困難ではあるが、さしあたり、「政治上その他の主義主張に基づき、国家若しくは他人にこれを強要し、又は社会に不安若しくは恐怖を与える目的で人を殺傷し、又は重要な施設その他の物を破壊するための活動」（特定秘密保護法12条2項1号、ドローン等規制法6条1項。なお、自衛隊法81条の2）とする定義に従っておくことにしよう。

1　戦後のテロ事象の変遷と法的対応

テロリズム・テロ事象は、時代の経過とともにその趣旨が変化しているため、その対策も様々な形でなされてきた。

日本では、戦後まもなく、いわゆる騒擾事件が頻発する時期があった。昭和27（1952）年に相次いで発生した、皇居前広場での血のメーデー事件、吹田騒擾事件、および大須事件の「戦後三大騒擾事件」をはじめとするこの種

の事案に対しては、刑事処罰としては、騒乱罪（刑法106条）の適用等による対応がなされた。また、同じく昭和27年には、破壊活動防止法が、「団体の活動として暴力主義的破壊活動を行った団体に対する必要な規制措置を定めるとともに、暴力主義的破壊活動に関する刑罰規定を補整し、もって、公共の安全の確保に寄与することを目的」（同法1条）として制定されている。

　その後、昭和43（1968）年の新宿騒乱事件などを境に、騒乱罪適用事件は終熄の方向に向かう。だが、1970年代には、いわゆる極左過激派集団によるテロ活動等が、依然として社会問題化していた。

　昭和45（1970）年3月には、日本で最初のハイジャック事件である「よど号ハイジャック事件」が発生する。それを契機として、同年、ハイジャック防止法（「航空機の強取等の処罰に関する法律」）が制定される。これは、暴行・脅迫等により人を抵抗不能の状態に陥れて、航行中の航空機を強取、またはほしいままにその運航を支配する行為を、航空機強取等罪（同法1条）とするほか、同致死罪（同法2条）、同予備罪（同法3条）、航空機運航阻害罪（同法4条）を定める。

　また、いわゆる極左過激派によるテロ事件として、昭和47（1972）年のあさま山荘事件や、昭和49（1974）年から50（1975）年にかけての連続企業爆破事件、さらには成田空港反対運動での一連のテロなどが立て続けに発生する。これらのテロ案件に関しては、事案の具体的事情によって、殺人罪、爆発物取締罰則、あるいは凶器準備集合罪等（刑法208条の2）などによる対応がなされた。

　このうち、凶器準備集合罪は、昭和32（1957）年の大分県での大規模な暴力団抗争を1つの契機として制定されたものであった。同罪は、刑法典では、個人法益に対する罪を規定する「傷害の罪」の章に設けられている。しかしながら、この罪は、殺人、傷害、財産損壊などの予備的行為としての側面に加えて、社会法益に対する罪としての公共危険罪としての側面、より具体的には騒乱罪の予備的色彩をも有していることが特徴的である。

　以上に加えて、この時期の過激派のテロ行為では、火炎瓶の使用行為が多く見られる。火炎瓶については、爆発物にはあたらず、爆発物取締罰則での規制対象ではないとする最高裁の大法廷判決（最大判昭和31年6月27日刑集

10巻6号921頁）を受けて、昭和47（1972）年に制定された火炎びん処罰法
（「火炎びんの使用等の処罰に関する法律」）などによる取締りがなされ、一定の
効果を上げる。さらに、これらの法的対応に加えて、前述のあさま山荘事件
では、集団内での凄惨なリンチ行為が明るみに出たほか、極左過激派内部で
の内ゲバ事件が相次いだことなどから、次第に、極左過激派による暴動やテ
ロ行為は、次第に下火になっていく。

2　オウム真理教事件とその対策

　ところが、平成6（1994）年以降、オウム真理教による、きわめて特異な
一連のテロ事案が発生した。とりわけ、平成7（1995）年に発生した地下鉄
サリン事件は、通勤途中の多数の地下鉄乗客等に対する大規模無差別テロで
あり、死者12名（起訴状による）、負傷者6000名以上にも及ぶ、世界的にも
例をみないものであった。これら一連のオウム事件に関しては、オウム真理
教の教祖やその命を受けた弟子たちに対して、殺人罪や同罪の共謀共同正犯
等により、13名に対する死刑判決を含む刑事処罰がなされた。

　サリン（法令上の名称は、「メチルホスホノフルオリド酸イソプロピル」）とい
う、化学兵器としても用いられる猛毒物質の存在は、この地下鉄サリン事件
と、その前年に発生した、松本市内にある裁判所宿舎を狙った松本サリン事
件によって、その脅威とともに広く知られるようになる。そして、平成7
（1995）年にサリン防止法（「サリン等による人身被害の防止に関する法律」）が
急遽制定された。同法は、サリン等の製造、所持等を罰則をもって禁止する
（同法3条、6条）とともに、サリンを発散させて公共の危険を生じさせた場
合に2年以上無期懲役により処罰することとしており（同法5条）、その点
に公共危険犯的要素が認められる。

　さらに、同法の施行後、一連のオウム事件において、やはり猛毒の神経ガ
スであるVXガスなどの物質が確認されたことから、同法2条2項の規定に
基づき、政令でこれらの物質もサリンと同様の規制対象とされている。これ
は、刑罰法規の内容を一部政令に委ねる委任立法であるが、委任内容は特定
されており、いわゆる白地刑罰法規ではない。なお、2018年にマレーシ
ア・クアラルンプール空港で発生した、北朝鮮最高指導者金正恩の異母兄で

ある金正男暗殺事件では、VX ガスが用いられており、テロ対策として警戒
は、依然として必要である。

3　テロ等準備罪—テロ対策と国際協調

　テロ対策については、国際協調の必要性も高まっている。1980 年代後半
から薬物犯罪を中心として、急速に複雑化・深刻化している国際的組織犯罪
や、多様化・複雑化する国際テロに適切に対処する必要性が、国際社会で認
識されるようになる。そして、平成 12（2000）年 11 月の国連総会で、国際
組織犯罪防止条約（「国際的な組織犯罪の防止に関する国際連合条約」）が採択
され、わが国も同年 12 月に署名する。

　国連組織犯罪条約の内容は多岐にわたるが、主要なものの 1 つが、組織犯
罪対策上有効性があり、国際的に標準装備とされるべき一定の行為を犯罪化
するよう義務づけるものである。そして、その一環として、組織的な犯罪集
団への参加の犯罪化（同条約 5 条）が求められていた。そこで、同条約の締
結のために国内法整備が必要とされ、平成 15（2003）年には、組織的な犯罪
の共謀罪の新設等を内容とする法案が国会に提出されたが廃案となり、その
後も、同内容の法案の国会への提出・廃案といった事態が繰り返される。

　だが、その間に、令和 2（2020）年の東京オリンピック・パラリンピック
競技大会の開催国となることが決定し、それに向けた国際的協力の下、テロ
等の組織犯罪を計画・準備の段階で取り締まり、重大な結果の発生を未然に
防止する必要性が高まりつつあった。そこで、新たにテロ等準備罪の新設等
を内容とする法案が国会に提出され、平成 29（2017）年 6 月に成立した。

　テロ等準備罪は、組織的犯罪処罰法 6 条の 2 として規定されている。同条
1 項の規定するテロ等準備罪は、概要、①テロリズム集団その他の組織的犯
罪集団の団体として活動として、一定の重大な犯罪の実行するための組織に
より行われるものの遂行を 2 人以上で計画し、③その計画に基づき、資金ま
たは物品の手配、関係場所の下見等の犯罪を実行するための準備行為が行わ
れた場合に成立するものであり、それまでの法案にあった共謀罪の構成要件
を、より厳格化したものである。

　テロ等準備罪の制定を受けて、日本は、188 番目の締結国として、国際組

織犯罪防止条約を正式に締結、平成 29（2017）年 8 月に発効している。

4　サイバーテロとその対策

　他方で、1990 年代以降のサイバー空間の普及に伴い、いわゆるサイバーテロ対策が、わが国のみならず、世界的にみて喫緊の課題になっている。

　平成 13（2001）年に日本も署名した、欧州評議会（Council of Europe）で採択されたサイバー犯罪条約（欧州評議会サイバー犯罪に関する条約）は、サイバー犯罪対策の事実上のグローバル・スタンダードを示すものであり、先に見た不正アクセス禁止罪や不正指令電磁的記録に関する罪は、サイバー犯罪条約に基づく国内措置の一環でもあった。それに加えて、サイバーテロ対策という文脈でも、同条約は重要な意義を有する。

○コラム 25　ボットネット対策

　サイバーセキュリティ対策やサイバーテロ対策として、ボットネット対策が深刻な課題の 1 つとなっている。ボットネットとは、同一のマルウェア（コンピュータ・ウィルス）に感染した端末（ボット）を、その端末利用者等に認識されることなく遠隔操作することのできる一群のコンピューター・ネットワークのことである。典型的なものとしては、そのネットワークをコントロールするための C＆C サーバ（Command ＆ Control Server）で集中管理され、その C＆C サーバを管理する者がボットネットの管理者（ボットネット・マスター／ボットネット・ハーダー）となり、感染端末を遠隔操作することができる。

　このボットネットは、スパムメール、悪意あるウェブサイトへの誘導、インターネットバンキングにかかる不正送金事案などでも使われるほか、いわゆるサイバー攻撃として、コンピュータ・サーバをダウンさせる DDoS 攻撃などに使われる。スマホ決済などのキャッシュレス決済がますます普及するなかで、オンライン決済システムへの DDoS 攻撃がなされ、それによってシステムがダウンしてしまうと、第 1 次的なものとしては財産的なものに限られるが、現実世界でのテロ行為とは比較にならない範囲での著しい社会的影響を及ぼすものとなる。

　犯罪ツールとしてのボットネットは、サイバー空間の危険化要因であるた

め、ボットネットを解体（テイクダウン）することが重要となる。だが、そのための法的根拠としては、マイクロソフト社の知的財産侵害（MS-Windows の不正な使用）等を理由とした民事訴訟によって実施される例がほとんどであり、刑事法規定に基づいた対応の例はそれほど多くはないのが現状である。今後の対策のあり方は、大きな検討課題の１つである。

6　公共の安全確保への法的対応のあり方

　公共の安全を確保するための犯罪としては、刑法典に定められた放火罪、往来危険罪などの伝統的な公共危険罪などが、従来は主として考えられてきた。それらは、現代社会においても重要な意義を有している。だが、社会の変化に伴い、それらの処罰範囲の解釈や処罰意義が変化しつつあると同時に、交通事象の変化への対応策などに典型的に見られるように、新たな立法的措置を講ずる必要性についても、常に検討が必要となる。他方で、組織的犯罪対策やテロ対策も、現代社会においては、公共の安全の確保にとって重要な意義を有している。これらの検討は、現代社会における保護法益の内実を的確に見極めた上で、それに基づいてなされる必要がある。

　もっとも、刑事処罰は副作用の強い薬のようなものであり、それ以外の手段でも同等の目的が達成されるのであれば、それを優先的、効果的に用いる必要もある。暴力団対策立法などで、暴力的要求行為に対して、まず禁止命令を発するといった行政的措置が多用されているのも、そういった意味で理解できる。さらに、犯罪収益対策でみたように、手続法の整備も、犯罪対策の効果的実践という意味で重要となる。

　刑事法領域と他の法領域との連携や、それを実現するための手続き的措置の整備といった、幅広い視野に立ったバランスのとれた法的対応のあり方を探究していく必要がある。公共の安全に関する犯罪の法的意義の考察や解釈論も、前提となる社会事象の的確な分析を踏まえつつ、以上のような視野のもとで展開されなければならない。

7　事例と解説

　【事例1】　A 社を経営する X は、X 所有名義の空き家について、それに設定されていた担保権の実行による競売手続の進行を妨害する目的で、A 社の従業員 5 名を交代で、週に 2〜3 回の頻度で泊まり込ませていた。だが、それから 2 か月後に、X は、この空き家を放火して火災保険金を騙取することを考え、交代での宿泊要員であった 5 名全員を 1 週間の海外旅行に行かせ、その間に、空き家に放火して外壁 0.3 平方メートルを燃焼させたが、隣接する他の住宅等に延焼することはなかった。なお、従業員らは、旅行から帰れば再び交代で宿泊すると認識しており、本件空き家の鍵も従業員の 1 名が旅行に持参していた。

　この X の本件空き家への放火行為が、現住建造物等放火（刑法 108 条）にあたるのか、非現住建造物等放火罪（刑法 109 条）にあたるのかが問題となる。たしかに、本件の空き家は、X にとっても宿泊要員であった従業員 5 名にとっても、本来的な住居ではなく、また、放火当時、放火犯人である X 以外の海外旅行中の 5 名が、そこに滞在する可能性もなかった。その意味では、本件空き家は、非現住建造物等放火罪の客体であり、しかも X にとって自己所有の非現住建造物であるから、周囲への延焼がなかった以上、公共の危険も発生していないとして、犯罪が成立しないことにもなりうる。

　だが、現住建造物等放火罪が、「現に人が滞在する」造物に加えて、「現に人が住居に使用」している建造物を放火客体に加えている理由を考える必要がある。放火当時に建造物内部に人がいなくても、人の寝起きの場所として一定程度利用している実態があれば、一定程度の人の滞在の可能性が認められる。そうであれば、他の人がそこに立ち寄る可能性が高まるという観点も含めて、放火行為時のおける確率判断として、建造物内部の人や物に対する危険も含めた公共の危険が発生し、同罪として重く処罰すべき根拠があると判断されていると理解できる。このような理解に基づくなら、5 名の従業員が交代で、一定程度以上の頻度で 2 か月にわたり寝泊まりをし、旅行から

帰った後もそれを続けるという認識であった以上、現住建造物等放火罪の客体である現住建造物であると解することができる。

また、外壁 0.3 平方メートルを燃焼させた行為が、現住建造物等放火罪の既遂要件である「焼損」にあたるかも問題となる。焼損の意義については見解が分かれているが、判例は、「火が媒介物を離れて独立に燃焼を継続する状態」に達したことをいうとする独立燃焼説を採用する。放火された火がそのような状態になれば、以降、独力で燃焼を継続、発展させる可能性が生ずることになり、その点に放火罪の処罰根拠である公共の危険の発生を認めることができる、とする考え方である。家の壁という着火まで時間を要する客体がその程度まで燃焼したのであれば（キャンプファイアでの火起こしの難しさを想起されたい）、独立燃焼の状態に至っていたと考えられ、「焼損」にあたるといえるであろう。

Xの本件行為には、現住建造物等放火罪の既遂が成立することになる（最決平成9年10月21日刑集51巻9号755頁、最決平成元年7月7日判時1326号157頁参照）。

【事例2】　指定暴力団Y組の幹部Cは、Y組としての資金繰りが悪化しつつあったことから、配下の暴力団組員Dに対して、「近頃、用心棒代の徴収が上手くいってないのではないか」と問いただした。それを聞いたDは、事務所周辺のいくつかの水商売の店を調べ、Y組事務所のそばにあるスナックLが用心棒代を支払っていないことを自ら確認した。そして、Dは、自らの判断でLに赴き、店主のMに対して「商売は上手くいっていますか。上手くいっているのなら、それが続くと良いのですが」と丁寧で穏やかな口調で述べながら、Y組の家紋の入った名刺を有無を言わさずカウンターに置いていった。Nは、Dのこの対応に恐怖心を抱いた。

その後、Cは、Y組事務所の家賃が高いことから、E小学校から50メートルのところにある空き事務所を見つけて、そこをC個人の名義で借りて、Y組事務所を移転させることにした。空き事務所の所有者であるNは、CがY組幹部であり、Y組事務所として使用するとの疑いを持ったが、そのことを確認することなく、賃貸借契約に応じた。

商売の様子を聞き、今後も大丈夫ですか旨を問いかけながら暴力団の家紋の入った名刺を置いていったというＤの行為は、暗に用心棒代の支払いを求める行為であることを明らかに示唆するものであろう。だが、それが穏やかな態様でなされている以上、刑法典の定める恐喝罪（刑法249条）に該当するとは言いがたく、仮に該当するとしても、Ｃとの間で共同正犯（刑法60条）を基礎づける黙示の共謀があるとする評価も、事例に掲げた事実の程度であると、現実的には難しいであろう。こういった事情が、従来の刑法典による暴力団取締りの限界の１つでもあった。

だが、暴対法の定める暴力的要求行為、すなわち、指定暴力団の威力を示して行う用心棒代の要求にはあたりうる（同法9条2号）。ただし、この行為は直ちに処罰の対象となるのではなく、公安委員会による中止命令の対象となり（同法11条1項）、Ｄがその命令に違反した場合に、刑事処罰の対象となる（同法46条）。まずは、行政的な禁止命令による抑止を目指し、それが遵守されない場合に刑罰を科すという、「二段構え」の構成なのである。

また、仮にＭが用心棒代の支払いに応じてしまった場合、暴対法上は、公安委員会による被害回復等の援助の対象となりうる（同法13条）。他方で、本文で説明した福岡県暴力団排除条例のような内容の定められた暴排条例の制定されている自治体では、Ｍは、暴力団員等に対する利益供与の禁止規定に（同条例15条2項）、Ｄは、暴力団員等が利益の供与を受けることを禁止する規定規定に違反しうる（同条例18条2項）。ＭおよびＤは、その違反に関して勧告を受ける可能性があり、勧告を受けたのに正当な理由がなく従わなかった場合には、その事実を公表される可能性がある（同条例22条1項、23条1項2号）。

また、Ｙ組事務所の移転に関して、上記内容の暴排条例によれば、学校周辺区域での事務所の新設を禁止する規定に違反して処罰の対象となる（同条例13条1項1号）。また、Ｎが、Ｃに対して何ら確認せずに賃貸借契約に応じた行為も、必要な勧告（たとえば契約解除の促し）の対象となり、勧告を受けたのに正当な理由がなく従わなかった場合には、その事実を公表される可能性がある（同条例19条、22条1項、23条1項2号）。

【事例3】 殺人を正当化する教義を有する新興宗教団体Oの教祖であるA
は、弟子のBほか10名と、教義を実践に移し、世間を震撼させる目的で、朝
の通勤時間帯の地下鉄にサリンを散布することを計画した。そして、その計画
に基づいて、Bが、サリンを散布するのに適した時間帯や場所を見定めるた
め、K駅の下見をした。そして、その1週間後、10名の弟子の1人であるC
が製造したサリンを袋詰めしたビニール袋を、他の弟子1人が地下鉄に持ち込
もうとしたが、駅係員に発見され、その場で取り押さえられた。

　AやBら10名の行為は、刑法典上は、殺人未遂罪（刑法199条・202条）
（状況によっては、殺人予備罪〔刑法203条〕）の共謀共同正犯（刑法60条）に
該当することは間違いない。だが、この新興宗教団体Oは、組織的犯罪処
罰法の定める、「共同の目的を有する多数人の継続的結合体であって、その
目的又は意思を実現する行為の全部又は一部が組織により反復して行われ
る」という「団体」にあたり（同法2条）、事例の行為は、団体の活動とし
て行われる組織的な殺人の未遂（同法3条1項7号・4条）（状況によってはそ
の予備〔同法6条1項1号〕）にあたるものとして刑が加重されることになる。
　また、この団体は教義として殺人を正当化しているため、組織的犯罪処罰
法にいう組織的犯罪集団にあたり、団体の活動として、当該殺人を実行する
ための組織により行われるものの遂行を2人以上で計画し、その計画をした
者の1人がサリンの原料の一部を入手した段階、あるいは関係場所の下見と
いう準備行為を行った段階で、テロ等準備罪により処罰の対象となる（同法
6条の2）
　サリンの関連では、サリンを製造した行為はサリン防止法にいうサリン等
製造罪、サリンを地下鉄K駅まで所持した行為はサリン等所持罪（いずれも
同法3条・6条1項）、また、サリンを散布しようとした行為については、サ
リン等発散罪の未遂罪（同法5条1項・2項）が成立する。
　このように考えると、テロ等準備罪やサリン等発散罪は不要であるように
も思われるかもしれない。だが、これらの罪がすべて成立するのは、事例3
のような事実関係だからである。テロ等準備罪は、組織的殺人罪以外の行為
以外の、一定の程度以上重大な犯罪に関するものでも成立する。また、個人

が、必ずしも殺人等に使う目的はなく、単に個人でサリン等を製造等したにすぎない場合は、サリン防止法上の犯罪のみが成立する。

参考文献

・星周一郎『放火罪の理論』（東京大学出版会、2004 年）
・三浦　守ほか『組織的犯罪対策関連三法の解説』（法曹会、2001 年）
・暴力団対策法制研究会『逐条暴力団員による不当な行為の防止等に関する法律』（立花書房、1998 年）

（星　周一郎）

第**10**講◆交通に関する犯罪

キーワード

交通犯罪／危険運転致死傷罪／過失運転致死傷罪／無免許運転／酒酔い
運転／酒気帯び運転／ひき逃げ／無車検／無保険関連法令

関連法令

刑法／自動車運転死傷行為処罰法／道路交通法／道路運送車両法／保管
場所法／自動車損害賠償保障法

1　モータリゼーションと交通事故

　交通に関する犯罪（交通犯罪）の解説に入る前に、モータリゼーションに
至る交通の発達史とそれが引き起こした交通事故の問題について触れておこ
う。まず、交通が、産業経済と有機的に絡み合って発達してきたことからお
さえておく必要がある。18 世紀半ばから 19 世紀にかけて、第 1 次産業革命
（蒸気機関の登場）によって製品の生産力が増大するが、それにともない、原
材料や製品を大量かつ迅速に輸送することが必要になり、蒸気運輸（鉄道、
蒸気船）が実用化された（交通革命）。これにより、人の移動も拡大する。そ
の後、18 世紀後半から 19 世紀前半にかけて第 2 次産業革命（重工業への転
換）が起こる。ドイツでは、ベンツやダイムラーらによって小型化されたガ
ソリンエンジンが開発され、自動車や飛行機の実用化に結びつく。アメリカ
合衆国では、フォード社が、1908 年に T 型車（モデル T）を発売し、大量生
産を行った（生産が中止される 1927 年までに約 1500 万台も販売された）。その
後、ゼネラルモーターズ社なども自動車市場に登場し、アメリカ社会に自動
車が普及して、人々の生活の中で広範に利用されるようになっていった。モ
ータリゼーション時代への突入である。

　日本では、1950 年代後半に、自動車各社が経済の高度成長に伴う需要の増加などに応えるため、生産体制のオートメーション化を急速に進めてきた。それによって国内の自動車市場も急成長して、日本国内にもモータリゼーションが到来する。国内の車両保有台数は、1948 年（昭和 23 年）の時点で 23 万 3,113 台であったが、その後ずっと右肩上がりであり、2002 年（平成 14 年）には 9,000 万台に達し、2017 年（平成 29 年）は 9,146 万 8,471 台となっている（図表 10 - 1）。それにともなって、運転免許保有者数も増加を続け、運転免許管理システムによる集計が開始された 1969 年（昭和 44 年）の時点では 2,478 万 2,107 人［女性比 17.0］であったが、2018 年（平成 30 年）にはその約 3.3 倍の 8,231 万 4,924 人［女性比 45.3］にまで上昇している（警察庁交通局運転免許課『運転免許統計―平成 30 年版』（2019 年）1 頁）。

　日本社会でのモータリゼーションの急速な進展は、私たちの生活様式に大きな変化をもたらしたが、他方で、交通事故の多発、大気汚染・騒音、交通渋滞などの社会問題も引き起こした。特に、交通事故については、「交通戦争」と表現されるほど大きな社会問題となったのである。交通事故の発生件数は、1948 年（昭和 23 年）の時点で 2 万 1,341 件であったが、それ以降右肩上がりに上昇して、1969 年（昭和 44 年）には 72 万 880 件にまで達する（図表 10 - 1）。交通事故の死亡者数もそれにともない増加し、1970 年（昭和 45 年）には 1 万 6,765 人［人口 10 万人当たりで 16.2］となった（第 1 次ピーク）。交通事故の死亡者数が増加し続けるこの時の状況は、当時の新聞において一種の「戦争状態」であると表現されたことから、「交通戦争」（第 1 次交通戦争）と呼ばれるようになった。この時は、歩行中に交通事故に巻き込まれて死亡する事例が比較的多かったため、道路の舗装、ガードレール・道路標識・センターラインなどの設置、歩道橋の整備などが急ピッチで進められた。これによって、その後一旦は発生件数、死亡者数ともに減少に転じるが、発生件数は 1980 年（昭和 55 年）に、死亡者数は 1981 年（昭和 56 年）に再び増加に転ずる。特に、死亡者数については、1988 年（昭和 63 年）から再び 1 万人を超え、1995 年（平成 7 年）まで 8 年連続して続いた。そうしたことから、この時期は、「第 2 次交通戦争」と呼ばれるようになった（第 2 次ピークは 1992 年（平成 4 年）の 1 万 1,452 人［人口 10 万人当たりで 9.2］であ

図表 10‑1 交通事故 発生件数・死傷者数・死傷率等の推移

① 昭和 (昭和 23 年～63 年)

年　　次	発生件数	死亡者数	負傷者数	30日以内死亡者数	厚生統計の死亡者数	人口10万人当たり 死亡者	人口10万人当たり 負傷者	車両保有台数	台数1万台当たり 死亡者	台数1万台当たり 負傷者
23年 (1948年)	21,341	3,848	17,609	…	6,197	4.8	22.0	233,113	165.1	755.4
24 (1949)	25,113	3,790	20,242	…	5,861	4.6	24.8	308,185	123.0	656.8
25 (1950)	33,212	4,202	25,450	…	7,542	5.1	30.6	387,543	108.4	656.7
26 (1951)	41,423	4,429	31,274	…	7,861	5.2	37.0	504,625	87.8	619.7
27 (1952)	58,487	4,696	43,321	…	8,158	5.5	50.5	714,003	65.8	606.7
28 (1953)	80,019	5,544	59,280	…	9,238	6.4	68.2	1,025,894	54.0	577.8
29 (1954)	93,869	6,374	72,390	…	11,731	7.2	82.0	1,311,781	48.6	551.8
30 (1955)	93,981	6,379	76,501	…	10,500	7.1	85.7	1,970,436	32.4	388.2
31 (1956)	122,691	6,751	102,072	…	11,032	7.5	113.2	2,410,780	28.0	423.4
32 (1957)	146,833	7,575	124,530	…	12,256	8.3	137.0	2,928,427	25.9	425.2
33 (1958)	168,799	8,248	145,432	…	13,440	9.0	158.5	3,501,488	23.6	415.3
34 (1959)	201,292	10,079	175,951	…	15,442	10.9	189.9	4,311,446	23.4	408.1
35 (1960)	449,917	12,055	289,156	…	17,757	12.9	309.5	5,301,235	22.7	545.5
36 (1961)	493,693	12,865	308,697	…	19,056	13.6	327.4	6,974,245	18.4	442.6
37 (1962)	479,825	11,445	313,813	…	17,796	12.0	329.7	8,686,860	13.2	361.3
38 (1963)	531,966	12,301	359,089	…	19,071	12.8	373.4	11,157,261	11.0	321.8
39 (1964)	557,183	13,318	401,117	…	20,257	13.7	412.7	13,608,828	9.8	294.7
40 (1965)	567,286	12,484	425,666	…	19,516	12.7	433.1	15,772,752	7.9	269.9
41 (1966)	425,944	13,904	517,775	…	21,385	14.0	522.8	18,006,045	7.7	287.6
42 (1967)	521,481	13,618	655,377	…	20,535	13.6	654.1	20,403,731	6.7	321.2
43 (1968)	635,056	14,256	828,071	…	21,193	14.1	817.2	23,098,231	6.2	358.5
44 (1969)	720,880	16,257	967,000	…	23,336	15.9	943.1	25,895,353	6.3	373.4
45 (1970)	718,080	16,765	981,096	…	24,096	16.2	945.9	28,386,962	5.9	345.6
46 (1971)	700,290	16,278	949,689	…	23,763	15.5	903.2	30,543,449	5.3	310.9
47 (1972)	659,283	15,918	889,198	…	22,975	14.8	826.4	32,884,109	4.8	270.4
48 (1973)	586,713	14,574	789,948	…	21,283	13.4	724.0	35,517,677	4.1	222.4
49 (1974)	490,452	11,432	651,420	…	17,576	10.3	589.1	37,334,563	3.1	174.5
50 (1975)	472,938	10,792	622,467	…	16,191	9.6	556.1	38,593,180	2.8	161.3
51 (1976)	471,041	9,734	613,957	…	14,787	8.6	542.9	40,886,143	2.4	150.2
52 (1977)	460,649	8,945	593,211	…	13,859	7.8	519.6	43,412,842	2.1	136.6
53 (1978)	464,037	8,783	594,116	…	13,686	7.6	515.8	46,375,730	1.9	128.1
54 (1979)	471,573	8,466	596,282	…	13,362	7.3	513.4	49,451,325	1.7	120.6
55 (1980)	476,677	8,760	598,719	…	13,302	7.5	511.5	52,250,508	1.7	114.6
56 (1981)	485,578	8,719	607,346	…	13,416	7.4	515.1	55,228,364	1.6	110.0
57 (1982)	502,261	9,073	626,192	…	13,749	7.6	527.4	58,485,758	1.6	107.1
58 (1983)	526,362	9,520	654,822	…	14,253	8.0	547.8	61,786,363	1.5	106.0
59 (1984)	518,642	9,262	644,321	…	13,622	7.7	535.6	64,539,585	1.4	99.8
60 (1985)	552,788	9,261	681,346	…	14,401	7.7	562.9	67,035,425	1.4	101.6
61 (1986)	579,190	9,317	712,330	…	13,588	7.7	585.5	69,344,628	1.3	102.7
62 (1987)	590,723	9,347	722,179	…	13,762	7.6	590.8	71,264,131	1.3	101.3
63 (1988)	614,481	10,344	752,845	…	14,758	8.4	613.3	73,624,843	1.4	102.3

② 平成

(平成元年～29 年)

年　　次	発生件数	死亡者数	負傷者数	30 日以内死亡者数	厚生統計の死亡者数	人口 10 万人当たり		車両保有台　数	台数 1 万台当たり	
						死亡者	負傷者		死亡者	負傷者
元年（1989 年）	661,363	11,086	814,832	…	15,629	9.0	661.4	75,959,594	1.5	107.3
2 （1990）	643,097	11,227	790,295	…	15,828	9.1	639.3	78,113,378	1.4	101.2
3 （1991）	662,392	11,109	810,245	…	15,754	9.0	652.9	79,843,362	1.4	101.5
4 （1992）	695,346	11,452	844,003	…	15,828	9.2	677.5	81,091,190	1.4	104.1
5 （1993）	724,678	10,945	878,633	13,272	15,193	8.8	703.3	82,204,643	1.3	106.9
6 （1994）	729,461	10,653	881,723	12,772	14,869	8.5	703.9	83,485,381	1.3	105.6
7 （1995）	761,794	10,684	922,677	12,675	15,147	8.5	734.8	84,973,442	1.3	108.6
8 （1996）	771,085	9,943	942,204	11,675	14,343	7.9	748.6	86,548,705	1.1	108.9
9 （1997）	780,401	9,642	958,925	11,256	13,981	7.6	760.1	87,543,090	1.1	109.5
10 （1998）	803,882	9,214	990,676	10,808	13,464	7.3	783.3	87,991,336	1.0	112.6
11 （1999）	850,371	9,012	1,050,399	10,378	13,111	7.1	829.3	88,602,301	1.0	118.6
12 （2000）	931,950	9,073	1,155,707	10,410	12,857	7.1	910.5	89,245,093	1.0	129.5
13 （2001）	947,253	8,757	1,181,039	10,071	12,378	6.9	927.6	89,718,613	1.0	131.6
14 （2002）	936,950	8,396	1,168,029	9,645	11,743	6.6	916.2	90,106,830	0.9	129.6
15 （2003）	948,281	7,768	1,181,681	8,944	10,913	6.1	925.4	90,134,695	0.9	131.1
16 （2004）	952,720	7,436	1,183,617	8,572	10,551	5.8	926.2	90,456,094	0.8	130.8
17 （2005）	934,346	6,937	1,157,113	7,997	10,028	5.4	905.6	91,383,065	0.8	126.6
18 （2006）	887,267	6,415	1,098,564	7,336	9,048	5.0	858.9	91,443,421	0.7	120.1
19 （2007）	832,704	5,796	1,034,652	6,695	8,268	4.5	808.1	91,166,120	0.6	113.5
20 （2008）	766,394	5,209	945,703	6,079	7,499	4.1	738.3	90,827,260	0.6	104.1
21 （2009）	737,637	4,979	911,215	5,840	7,309	3.9	711.7	90,464,031	0.6	100.7
22 （2010）	725,924	4,948	896,297	5,828	7,222	3.9	699.9	90,287,538	0.5	99.3
23 （2011）	692,084	4,691	854,613	5,535	6,741	3.7	668.5	90,148,271	0.5	94.8
24 （2012）	665,157	4,438	825,392	5,261	6,414	3.5	646.9	90,564,785	0.5	91.1
25 （2013）	629,033	4,388	781,492	5,165	6,060	3.4	613.3	90,894,092	0.5	86.0
26 （2014）	573,842	4,113	711,374	4,838	5,717	3.2	559.1	91,315,870	0.5	77.9
27 （2015）	536,899	4,117	666,023	4,885	5,646	3.2	524.0	91,326,051	0.5	72.9
28 （2016）	499,201	3,904	618,853	4,698	5,278	3.1	487.5	91,404,412	0.4	67.7
29 （2017）	472,165	3,694	580,850	4,431	5,004	2.9	458.4	91,468,471	0.4	63.5

注 1　警察庁交通局の統計，厚生労働省大臣官房統計情報部の人口動態統計及び総務省統計局の人口資料による。

　2　「発生件数」は，道路交通法第 2 条第 1 項第 1 号に規定する道路において，車両等及び列車の交通によって起こされた事故に係るものであり，昭和 41 年以降は，人身事故に限る。

　3　「発生件数」及び「負傷者数」は，昭和 34 年以前は，2 万円以下の物的損害及び 1 週間以下の負傷の事故を除く。

　4　「死亡者」は，交通事故により発生から 24 時間以内に死亡した者をいう。

　5　「30 日以内死亡者」は，交通事故により発生から 30 日以内に死亡した者をいう。

　6　「厚生統計の死亡者」は，人口動態統計における死因が交通事故の死亡者であり，当該年に死亡した者のうち，原死因が交通事故によるもの（事故発生後 1 年を超えて死亡した者及び後遺症により死亡した者を除く。）をいう。

出典：法務省法務総合研究所編『平成 30 年版犯罪白書』（2019 年）CD-ROM 所収の EXCEL shiryo4-01〔なお，年次の加筆は筆者による〕

る）。この時は、自動車乗車中に交通事故に巻き込まれて死亡する事例が比較的多かったため、その後の対策として、エアバッグや ABS などの安全装備の標準化、シートベルト着用の義務化、飲酒運転に対する罰則強化などが図られた。これにより、死亡者数は、1992 年（平成 4 年）のピークを機に減少を続け、2016 年（平成 28 年）はその 3 分の 1 程度となり、1948 年（昭和 23 年）以降で最も少ない 3,694 人 ［人口 10 万人当たりで 2.9］にまで低下した。また、発生件数は、2004 年（平成 16 年）まで上昇を続け、1948 年（昭和 23 年）以降で最も多い 95 万 2,720 件を記録したものの、その後は大幅な減少に転じ、2017 年（平成 29 年）は 47 万 2,165 件にまで低下した。

2　交通犯罪とは

　交通犯罪とは、広義には、陸上・海上・航空に関わるあらゆる交通に関する犯罪を意味するが、狭義には、道路交通に関する犯罪（道路交通犯罪）を意味する。車両、鉄道、船舶、航空機などを運転・操縦して過失によって人を死傷させた場合や、これらの交通に関する諸規則に違反して運転・操縦した場合などは犯罪となる。

　道路交通犯罪の現状に関して図表 10 - 2 をもとに確認しておくと、2017 年（平成 29 年）の危険運転致死傷・過失運転致死傷等（自動車運転死傷行為処罰法上の犯罪）の認知件数は 45 万 2,643 件であり、これらを加えた刑法犯全体に占める割合は 33.1% であった。平成年間での構成比は、22.7% ［2002 年（平成 14 年）］から 33.1％［2017 年（平成 29 年）］の間で推移しており、窃盗に次いで多い。また、2017 年（平成 29 年）の道交違反（道路交通法及び保管場所法上の犯罪）の検察庁新規受理人員は 28 万 8,522 人であり、特別法犯全体に占める割合は 76.4％であった。平成年間での構成比は、77.7％［2015 年（平成 27 年）］から 93.1％［1992 年（平成 4 年）］の間で推移している。ちなみに、1956 年（昭和 31 年）から 2002 年（平成 14 年）まではおおむね 90％台の高水準で推移しており、特別法犯の大部分を占めていた。このようなことから、道路交通犯罪は大量性と一般性が指摘されるが、すなわち、それは、多くの人々が、加害者にも、被害者にもなりうる犯罪類型であ

図表 10 -2　平成年間における危険運転致死傷・過失運転致死傷等の認知件数及び
道交違反の検察庁新規受理人員の推移

(平成元年〜平成 29 年)

年　次	危険運転致死傷・過失運転致死傷等を加えた刑法犯 認知件数			特別法犯 検察庁新規受理人員		
	総数（A）	危険運転致死傷・過失運転致死傷等（B）	構成比（D/C）%	総数（C）	道交違反（D）	構成比（D/C）%
元年　(1989 年)	2,261,076	587,808	26.0	1,261,040	1,163,429	92.3
2　(1990)	2,217,559	580,931	26.2	1,307,940	1,205,306	92.2
3　(1991)	2,284,401	576,524	25.2	1,297,525	1,194,563	92.1
4　(1992)	2,355,504	613,138	26.0	1,302,438	1,212,929	93.1
5　(1993)	2,437,252	636,102	26.1	1,266,652	1,174,820	92.8
6　(1994)	2,426,694	642,262	26.5	1,182,694	1,097,472	92.8
7　(1995)	2,435,983	653,039	26.8	1,092,184	996,698	91.3
8　(1996)	2,465,503	653,384	26.5	1,134,350	1,043,716	92.0
9　(1997)	2,518,074	618,510	24.6	1,168,472	1,079,737	92.4
10　(1998)	2,690,267	656,721	24.4	1,143,714	1,058,227	92.5
11　(1999)	2,904,051	738,425	25.4	1,147,395	1,055,426	92.0
12　(2000)	3,256,109	812,639	25.0	1,028,464	937,560	91.2
13　(2001)	3,581,521	845,909	23.6	1,009,850	916,089	90.7
14　(2002)	3,693,928	839,867	22.7	976,232	882,212	90.4
15　(2003)	3,646,253	855,809	23.5	917,694	812,538	88.5
16　(2004)	3,427,606	864,569	25.2	893,258	782,895	87.6
17　(2005)	3,125,216	855,644	27.4	864,582	748,818	86.6
18　(2006)	2,877,027	825,798	28.7	828,809	710,874	85.8
19　(2007)	2,690,883	781,613	29.0	741,723	621,910	83.8
20　(2008)	2,541,828	714,977	28.1	641,749	531,389	82.8
21　(2009)	2,410,490	696,333	28.9	604,098	492,379	81.5
22　(2010)	2,289,472	685,120	29.9	558,179	453,349	81.2
23　(2011)	2,161,911	658,627	30.5	517,137	420,358	81.3
24　(2012)	2,036,393	632,857	31.1	491,278	396,000	80.6
25　(2013)	1,917,929	603,446	31.5	450,389	359,935	79.9
26　(2014)	1,762,912	550,258	31.2	419,984	329,195	78.4
27　(2015)	1,616,442	516,842	32.0	415,936	323,136	77.7
28　(2016)	1,478,570	481,855	32.6	402,200	312,919	77.8
29　(2017)	1,368,355	452,643	33.1	377,503	288,522	76.4

注1　警察庁の統計及び検察統計年報による。
　2　「刑法犯」は，平成 14 年から 26 年は，危険運転致死傷を含む。
　3　「道交違反」は，道路交通法及び動車の保管場所の確保等に関する法律の違反をいう。
出典：法務省法務総合研究所編『平成 30 年版犯罪白書』(2018 年) CD-ROM 所収の EXCEL 1-1-1-01 及び
　　　1-2-1-01 をもとに筆者が作成した

ることを意味する。したがって、交通安全対策を慎重に進めなければならないのである。

　以下では、道路交通犯罪に焦点を絞り、自動車の運転により人を死傷させる行為等の処罰に関する法律（自動車運転死傷行為処罰法）と道路交通法上の犯罪を中心に、道路運送車両法、自動車の保管場所の確保等に関する法律（保管場所法）、自動車損害賠償保障法上の犯罪などについて解説していこう。

●コラム 26　第 4 次産業革命がもたらす自動運転社会

　IoT、AI、ビックデータによって進行している第 4 次産業革命（インダストリー 4.0）は、私たちの生活に自動運転技術をもたらそうとしている。日本政府は、「官民 ITS 構想・ロードマップ」で、自動走行システムなどによって、2030 年までに世界一安全で円滑な道路交通社会を構築することを目標に掲げており、それを受けて、2018 年（平成 30 年）に、自動運転の実現に向けた政府全体の制度整備に係る方針である「自動運転に係る制度整備大綱」を策定した。

　同大綱では、高度自動運転の初期段階である 2020 年から 2025 年ごろまでの自動運転車と非自動運転車が混在する過渡期の状況を想定して、①自家用自動車における高速道路での自動運転（レベル 2 ［部分運転自動化］、レベル 3 ［条件付運転自動化］）や、一般道での自動運転（レベル 2）、②物流サービスにおける高速道路でのトラック隊列走行や、高速道路での自動運転（レベル 3）、③移動サービスにおける限定地域での無人自動運転移動サービス（レベル 4 ［高度運転自動化］）や、高速道路での自動運転（レベル 3）を検討している。自動運転車の安全確保、交通ルールの在り方、責任関係の面において、本講で取り上げている自動車運転死傷行為処罰法、道路交通法、道路運送車両法、自動車損害賠償保障法などの犯罪法上の課題も多くある。間近に迫っている技術革新を前に、私たちは次世代の交通安全対策と被害救済制度を早急に作り上げていかなければならない。

3　自動車運転死傷行為処罰法

1　法の変遷

　後掲する図表 10‐3 が示すように、かつては、自動車を運転して過失により人を死傷させた場合には、主に、刑法典上の業務上過失致死傷罪が適用されてきた（なお、いたずらなどで 1 回限り運転したような場合には、業務性がないとして重過失致死傷罪で処理されていた）。1968 年（昭和 43 年）以前の業務上過失致死傷罪の法定刑は、「三年以下ノ禁錮又ハ五十円以下ノ罰金」であったが、交通死亡事故の急増や悪質な交通事件に対する刑の低さなどの批判を受けて、1968 年（昭和 43 年）の刑法の一部改正により、法定刑に懲役刑が加えられて選択刑となり、その上限も 5 年に引き上げられて、「五年以下ノ懲役若クハ禁錮又ハ五十万円以下ノ罰金」と改められた。その後、2006年（平成 18 年）には、刑法等の一部改正により、業務上過失致死傷罪の罰金刑の上限が 100 万円に引上げられ、「百万円以下の罰金」に改められた。

　しかし、危険かつ悪質な運転により人を死傷させた場合にも業務上過失致死傷罪が適用されることには批判も多かった。そして、東名高速飲酒運転事件（1999 年（平成 11 年）11 月）〔飲酒運転の常習とする運転手が運転する大型トラックが、高速道路上で親子 4 人が乗る普通乗用車に追突し炎上、就学前の女児 2 名が焼死し、夫も大やけどを負った事件（業務上過失致死傷罪により懲役 4 年）〕や、小池大橋飲酒運転事件（2000 年（平成 12 年）4 月）〔無免許かつ飲酒運転で走行していた乗用車（無車検・無保険）が、警察の検問を振り切って猛スピードで逃走していた際に、小池大橋の歩道に突っ込み、歩行者の大学生 2 人はねて死亡させた事件（業務上過失致死罪等により懲役 5 年6 月）〕がきっかけとなり、被害者遺族が法改正を求める署名活動を行ったことなどによって、その疑問がさらに社会に広まっていった。

　そのようなことを受けて、2001 年（平成 13 年）に刑法の一部改正を行い、「危険運転致死傷罪」が新設された。これにより、故意に一定の危険な自動車の運転を行って、その結果、人を死傷させた者については、その行為の実質的危険性に照らし、暴行による傷害罪や傷害致死罪に準じた重大な犯罪と

して処罰されることとなった（旧・刑法208条の2）。その行為類型は、①ア
ルコールまたは薬物の影響により正常な運転が困難な状態で四輪以上の自動
車を運転して人を死傷させる行為［飲酒等影響型］（同第1項前段）、②進行
を制御することが困難な高速度で、または進行を制御する技能を有しないで
四輪以上の自動車を運転して人を死傷させる行為［高速度制御困難型／制御
技能未熟型］（同第1項後段）、③人または車の通行を妨害する目的で、走行
中の自動車の直前に進入し、その他通行中の人または車に著しく接近し、か
つ、重大な交通の危険を生じさせる速度で四輪以上の自動車を運転して人を
死傷させる行為［妨害走行型］（同第2項前段）、④赤色信号またはこれに相
当する信号を殊更に無視し、かつ、重大な交通の危険を生じさせる速度で四
輪以上の自動車を運転して人を死傷させる行為［赤信号殊更無視型］（同第2
項後段）である。

　なお、新設時の構成要件は、「四輪以上の自動車」に限定されていたが、
2007年（平成19年）の刑法の一部改正により、「四輪以上の」という文言が
削られて「自動車」となり、自動二輪車も対象となった。また、新設時の法
定刑は、人を負傷させた場合には1月〜10年の懲役刑（「十年以下の懲役」）、
人を死亡させた場合には1年〜15年の懲役刑（「一年以上の有期懲役」）であ
ったが、2004年（平成16年）の刑法等の一部改正によって、刑法12条1項
中の「十五年」が「二十年」に改められるとともに、旧・刑法208条の2第
1項中の「十年」が「十五年」に改められたことから、人を負傷させた場合
には1月〜15年の懲役刑、人を死亡させた場合には1年〜20年の懲役刑に
重罰化された。

　しかし、危険運転致死傷罪は行為類型が限定されていて、適用されるのは
当時300件にも満たず、ほとんどは業務上過失致死傷罪により処罰されてい
た。また、両罪の法定刑の差が大きい上に、業務上過失致死傷罪は処断刑の
上限近くで科刑される事案が当時増加していた。そうしたことから、事案の
実態に即した適正な科刑を行うために、2007年（平成19年）に刑法の一部
改正を行い、業務上過失致死傷罪から切り出す形で「自動車運転過失致死傷
罪」が新設された（旧・刑法211条2項）。本罪は、業務上過失致死傷罪の法
定刑よりも更に引き上げられ、「七年以下の懲役若しくは禁錮又は百万円以

下の罰金」に改められた。

　このように、自動車運転による死傷行為に対しては、その悪質性や危険性、行為態様などにより、自動車運転過失致死傷罪［過失運転型］と危険運転致死傷罪［危険運転型］の２つの枠組みが刑法典上整備されてきた。しかし、その後も、鹿沼市クレーン車事件（2011 年（平成 23 年）4 月）〔てんかんの持病をもつ運転手が薬を服用せずにクレーン車を運転している最中にてんかん発作が起き、運転するクレーン車が、登校中の児童の列に突っ込み、6 人の小学生が死亡した事件（自動車運転過失致死傷罪により懲役 7 年）〕、京都祇園暴走事件（2012 年（平成 24 年）4 月）〔てんかんの発作歴を隠した会社従業員が運転する営業車（軽ワゴン車）が暴走し、歩行者をはねて、7 人が死亡し、12 人が傷害を負った事件（被疑者死亡により不起訴処分）〕、亀岡市暴走事件（2012 年（平成 24 年）4 月）〔当時 18 歳の少年が、無免許で自動車を運転している最中、睡眠不足などによって居眠りの状態に陥ったために登校中の児童と引率の保護者の列に突っ込み、小学生ら 7 人が死亡し、7 人が傷害を負った事件（自動車運転過失致死傷罪等により懲役 5 年以上 9 年以下の不定期刑）〕などの重大かつ悪質な交通犯罪が起こった。また、その他にも、飲酒運転により事故を起こしたが、事故後にアルコールを更に摂取して酩酊度を強めたり、その場を去るなどしてアルコールを薄めて酩酊度を弱めたりして、事故当時の酩酊度の検知を困難にする事件などがたびたび発生していた。そうしたことから、2013 年（平成 25 年）に、運転の悪質性や危険性に対応したよりきめ細かい罰則規定を設けるために、「自動車の運転により人を死傷させる行為等の処罰に関する法律」（自動車運転死傷行為処罰法）が制定され、2014 年（平成 26 年）5 月 20 日に施行された（なお、刑法典上の危険運転致死傷罪と自動車運転過失致死傷罪は同法〔2 条、5 条〕に移された）。

2　自動車運転死傷行為処罰法

　自動車運転死傷行為処罰法が規定する処罰規定は、危険運転致死傷罪（2条）、準危険運転致死傷罪（3条）、過失運転致死傷アルコール等影響発覚免脱罪（4条）、過失運転致死傷罪（5条）と、無免許運転による加重処罰規定である、無免許危険運転致死傷罪（6条1項）、無免許準危険運転致死傷罪

（6条2項）、無免許過失運転致死傷アルコール等影響発覚免脱罪（6条3項）、無免許過失運転致死傷罪（6条4項）である（**図表3**）。

　危険運転致死傷罪（2条）は、故意に一定の危険な自動車の運転行為を行って、その結果、人を死傷させる罪である。その行為類型は、①アルコール（飲料用以外のものを含む）または薬物（規制薬物のほかにシンナーを含む）の影響により正常な運転が困難な状態で自動車を運転して人を死傷させる行為（同1号）〔飲酒等影響型〕、②進行を制御することが困難な高速度で自動車を運転して人を死傷させる行為（同2号）〔高速度制御困難型〕、③進行を制御する技能を有しないで自動車を運転して人を死傷させる行為（同3号）〔制御技能未熟型〕、④人または車の通行を妨害する目的で、走行中の自動車の直前に進入し、その他通行中の人または車に著しく接近し、かつ、重大な交通の危険を生じさせる速度で自動車を運転して人を死傷させる行為（同4号）〔妨害走行型〕、⑤赤色信号またはこれに相当する信号を殊更に無視し、かつ、重大な交通の危険を生じさせる速度で自動車を運転して人を死傷させる行為（同5号）〔赤信号殊更無視型〕、⑥通行禁止道路（道路標識若しくは道路標示により、又はその他法令の規定により自動車の通行が禁止されている道路又はその部分であって、これを通行することが人又は車に交通の危険を生じさせるものとして政令で定めるものをいう）を進行し、かつ、重大な交通の危険を生じさせる速度で自動車を運転して人を死傷させる行為（同6号）〔通行禁止道路進行型〕である（1号～5号は刑法典からの移管で、6号が追加された）。本罪は、危険な運転行為（基本行為）によって、その結果、人を死傷させた場合に成立することから、行為者が危険な運転行為の危険性を認識している必要があるが、加重結果に対する過失は必要とされない。また、運転手がアルコールの影響により正常な運転が困難な状態であることを認識しながら、その同乗者が自動車の発進に了解を与え、運転を制止することなく、同乗して黙認し続けた場合には、同乗者に本罪の幇助罪が成立する（最決平成25年4月15日刑集67巻4号437頁）。

　準危険運転致死傷罪（3条）は、自動車の走行中に正常な運転に支障が生じるおそれがある状態で運転し、よって、正常な運転が困難な状態に陥り、その結果、人を死傷させる罪である。その行為類型は、①アルコールまたは

図表 10-3　自動車運転死傷行為の処罰規定に関する法の変遷

刑法（明治40年法律第45号）

基本的な処罰類型	1968年（昭和43年）以前	1968年（昭和43年）改正（昭和43年法律第61号）	2001年（平成13年）改正（平成13年法律第138号）	2004年（平成16年）改正（平成16年法律第156号）	2006年（平成18年）改正（平成18年法律第36号）
危険運転型			危険運転致死傷罪〔旧208条の2〕［新設］　① 飲酒等影響型（第1項前段）　② 高速度制御困難型／制御技能未熟型（第1項後段）　③ 妨害走行型（第2項前段）　④ 赤信号等無視型（第2項後段）　致死 懲役1年～15年　致傷 懲役1月～10年	危険運転致死傷罪（旧208条の2）　致死 懲役1年～20年　致傷 懲役1月～15年	危険運転致死傷罪（旧208条の2）　致死 懲役1年～20年　致傷 懲役1月～15年
過失運転型	業務上過失致死傷罪（211条）　致死　致傷　禁錮1月～3年 または 罰金1万円～50万円	業務上過失致死傷罪（211条）　致死　致傷　懲役・禁錮1月～5年 または 罰金1万円～50万円	業務上過失致死傷罪（211条）　致死　致傷　懲役・禁錮1月～5年 または 罰金1万円～50万円	業務上過失致死傷罪（211条）　致死　致傷　懲役・禁錮1月～5年 または 罰金1万円～50万円	業務上過失致死傷罪（211条）　致死　致傷　懲役・禁錮1月～5年 または 罰金1万円～100万円

刑法（明治40年法律第45号）
2007年（平成19年）改正（平成19年法律第54号）

基本的な処罰類型

危険運転型

危険運転致死傷罪（旧208条の2）
※1 「四輪以上の」という文言が削られて［自動車］となり、自動二輪車も対象となった。

致死	懲役1年〜20年
致傷	懲役1月〜15年

過失運転型

自動車運転過失致死傷罪（旧211条2項）［新設］

致死	懲役・禁錮1月〜7年 または 罰金1万円〜100万円
致傷	

自動車運転死傷行為処罰法（自動車の運転により人を死傷させる行為等の処罰に関する法律）（平成25年法律第86号）

基本的な処罰類型

危険運転型

危険運転致死傷罪（2条）
①飲酒等影響型（1号）
②高速度制御困難型（2号）
③制御技能未熟型（3号）
④妨害走行型（4号）
⑤赤信号殊更無視型（5号）
⑥通行禁止道路進行型（6号）［追加］

致死	懲役1年〜20年
致傷	懲役1月〜15年

準危険運転致死傷罪（3条）［新設］
①飲酒等影響運転支障型（1項）
②病気影響運転支障型（2項）

致死	懲役1月〜15年
致傷	懲役1月〜12年

過失運転致死傷アルコール等影響発覚免脱罪（4条）［新設］

致死	懲役1月〜12年
致傷	

過失運転型

過失運転致死傷罪（5条）

致死	懲役・禁錮1月〜7年 または 罰金1万円〜100万円
致傷	

無免許運転による加重処罰類型

無免許危険運転致傷罪（6条1項）［新設］
※1 制御技能未熟型（2条3号）を除く。
※2 人を負傷させた場合に限る。

致死	懲役6月〜20年
致傷	懲役1月〜15年

無免許準危険運転致死傷罪（6条2項）［新設］

致死	懲役6月〜20年
致傷	懲役1月〜15年

無免許過失運転致死傷アルコール等影響発覚免脱罪（6条3項）［新設］

致死	懲役1月〜15年
致傷	

無免許過失運転致死傷罪（6条4項）［新設］

致死	懲役1月〜10年
致傷	

注1　刑法と自動車運転死傷行為処罰法の規定を対照的に確認するために類型化した。
　2　表中の下線および［新設］・［追加］という表記は、以前の規定から新しくなったことを示すために便宜的に付した。

薬物の影響により、走行中に正常な運転に支障が生じるおそれがある状態で自動車を運転し、よって、その影響により正常な運転が困難な状態に陥って人を負傷させる行為（同 1 項）〔飲酒等影響運転支障型〕、②自動車の運転に支障を及ぼすおそれがある病気として政令で定めるものの影響により、走行中に正常な運転に支障が生じるおそれがある状態で運転し、よって、その影響により正常な運転が困難な状態に陥って人を死傷させる行為（同 2 項）〔病気影響運転支障型〕である。本罪は、危険運転致死傷罪と基本的な構造は同じであるが、主観面に関し、正常な運転に支障が生じるおそれがある状態で自動車を運転することの認識で足りる。

過失運転致死傷アルコール等影響発覚免脱罪（4 条）は、アルコールまたは薬物の影響によりその走行中に正常な運転に支障が生じるおそれがある状態で自動車を運転した者が、運転上必要な注意を怠り、その結果、人を死傷させた場合において、その運転の時のアルコール等の影響の有無や程度が発覚することを免れる目的で、さらにアルコール等を摂取すること、その場を離れて身体に保有するアルコール等の濃度を減少させること、その他その影響の有無や程度が発覚することを免れるべき行為をしたときに成立する。

過失運転致死傷罪（5 条）は、自動車の運転上必要な注意を怠り、その結果、人を死傷させる罪である（刑法典から移管された）。

無免許危険運転致傷罪（6 条 1 項）、無免許準危険運転致死傷罪（6 条 2 項）、無免許過失運転致死傷アルコール等影響発覚免脱罪（6 条 3 項）および無免許過失運転致死傷罪（6 条 4 項）は、無免許運転により 2 条から 5 条までの罪を犯した場合に、加重処罰する規定である。無免許危険運転致傷罪（6 条 1 項）については、2 条 3 号〔制御技能未熟型〕が対象外となり、人を負傷させた場合に限られていることに留意する必要がある。

3　危険運転致死傷・過失運転致死傷等の罪名別検挙人員

2017 年（平成 29 年）の危険運転致死傷・過失運転致死傷等の罪名別検挙人員（図表 10 - 4）は、危険運転致死傷罪（2 条）が 350 人（前年比 8.7％増）（うち致死事件は 21 人（前年比 38.2％減））で、準危険運転致死傷罪（3 条）が 252 人（前年比 16.7％増）（うち致死事件は 11 人（前年比同））、過失運転致死傷

図表 10 - 4　危険運転致死傷・過失運転致死傷等の罪名別検挙人員（平成 29 年）

罪　　名	検挙人員	致傷	致死
自 動 車 運 転 死 傷 処 罰 法	459,771	456,636	3,135
危 険 運 転 致 死 傷 （ 2 条 ）	350	329	21
危 険 運 転 致 死 傷 （ 3 条 ）	252	241	11
無 免 許 危 険 運 動 致 傷 （ 6 条 1 項 ）	46	46	…
無 免 許 危 険 運 転 致 死 傷 （ 6 条 2 項 ）	5	5	―
過 失 運 転 致 死 傷	457,824	454,747	3,077
過失運転致死傷アルコール等影響発覚免税	108	106	2
無 免 許 過 失 運 転 致 死 傷	1,181	1,157	24
無免許過失運転致死傷アルコール等影響発覚免税	5	5	―
刑　　　　　　　　法	5,530	5,481	49
危 険 運 転 致 死 傷	―	―	―
自 動 車 運 転 過 失 致 死 傷 等	228	21	17
重 過 失 致 死 傷	4,071	4,053	18
過 失 致 死 傷	1,231	1,217	14

注1　警察庁交通局の統計による。
　2　「過失運転致死傷アルコール等影響発覚免脱」は、自動車運転死傷処罰法 4 条に規定する罪をいう。
　3　「無免許過失運転致死傷」は、自動車運転死傷処罰法 6 条 4 項に規定する罪をいう。
　4　「無免許過失運転致死傷アルコール等影響発覚免税」は、自動車運転死傷処罰法 6 条 3 項に規定する罪をいう。
　5　「刑法」は、道路上の交通事故に係る事案に限る。
　6　「刑法」の「危険運転致死傷」は、平成 25 年法律第 86 号による改正前の刑法 208 条の 2 に規定する罪をいう。
　7　「自動車運転過失致死傷等」は、平成 25 年法律第 86 号による改正前の刑法 211 条 1 項前段及び 2 項に規定する罪をいう。
出典：法務省法務総合研究所編『平成 30 年版犯罪白書』（2018 年）133 頁。

　アルコール等影響発覚免脱罪（4 条）が 108 人（前年比 8.0％増）（うち致死事件は 5 人（前年比 60.0％減））であり、過失運転致死傷罪（5 条）が 45 万 7,824 人（前年比 6.1％減）（うち致死事件は 3,077 人（前年比 3.1％減））であった。
　また、無免許危険運転致傷罪（6 条 1 項）が 46 人（前年比 15.0％増）で、無免許準危険運転致死傷罪（6 条 2 項）が 5 人（前年比 66.7％減）（うち致死事件は 0 人（前年比同））で、無免許過失運転致死傷アルコール等影響発覚免脱罪（6 条 3 項）が 5 人（前年比 37.5％減）（うち致死事件は 0 人（前年比同））で、

無免許過失運転致死傷罪（6 条 4 項）が 1,181 人（前年比 7.2％減）（うち致死事件は 24 人（前年比 26.3％増））であった。

4　道路交通法上の犯罪

1　道路交通法とは

　道路交通法は、道路交通に関する諸規則を定めた行政取締法規であり、道路における危険を防止し、その他交通の安全と円滑を図り、道路の交通に起因する障害（交通公害など）の防止に資することを目的とする（1 条）。道路交通に関する法規は、戦後の 1947 年（昭和 22 年）に道路交通取締法が制定されたが、モータリゼーションに対応するために、1960 年（昭和 35 年）に全面改正され、現在の道路交通法が制定された。

　道路交通法の内容は、歩行者の通行方法（10 条～15 条）、速度や追越しなどの車両等の交通方法（16 条～63 条の 11）、運転者や使用者の義務（64 条～75 条の 2 の 2）、禁止行為や危険防止措置などの道路の使用に関すること（76 条～83 条）、自動車等の運転免許（84 条～108 条）、罰則（105 条～124 条）、反則行為に関する処理手続の特例（125 条～132 条）など多岐にわたる。その違反の多くが犯罪となる（105 条～123 条の 2）。

2　ひき逃げ

　自動車等の運転手や乗務員は、交通事故があった場合には、直ちにその運転を停止して、負傷者を救護し、道路における危険を防止するなど必要な措置を講じなければならない（応急救護義務が課されている）（72 条 1 項前段）。そして、この場合、運転手（運転手が死亡した時には乗務員）は、現場や最寄りの警察署の警察官に、交通事故が発生した日時や場所、死傷者数や負傷の程度、損壊物やその程度、交通事故について講じた措置などを報告する義務も負っている（72 条 1 項後段）。交通事故によって人の死傷があった時に、運転手が応急救護義務を果たさなかった場合には、応急救護義務違反（いわゆる「ひき逃げ」）として、5 年以下の懲役（1 月～5 年の懲役）または 50 万円以下の罰金（1 万～50 万の罰金）が科され（117 条 1 項）、さらに、その人の死

図表 10‐5　最近 20 年間のひき逃げ事件の発生件数および検挙率の推移

（平成 10 年～29 年）

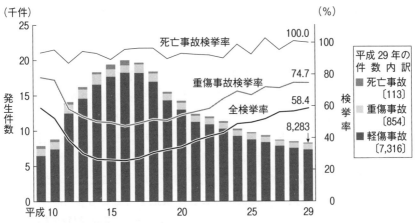

注 1　警察庁交通局の統計による。
　　2　「全検挙率」は、ひき逃げの全事件の検挙率をいう。
　　3　「重傷」は交通事故による負傷の治療を要する期間が 1 か月（30 日）以上のもの、「軽傷」は同未満
　　　のものをいう。
　　4　検挙件数には、前年以前に認知された事件に係る検挙事件が含まれることがあるため、検挙率が
　　　100％を超える場合がある。
出典：法務省法務総合研究所編『平成 30 年版犯罪白書』（2018 年）134 頁。

傷が運転手の運転に起因するものであれば、10 年以下の懲役（1 月～10 年の懲役）または 100 万円以下の罰金（1 万～100 万の罰金）が科される（117 条 2 項）。

　応急救護義務違反（ひき逃げ）については、2001 年（平成 13 年）以前は「三年以下の懲役又は二十万円以下の罰金」であったが、ひき逃げ事件の増加を受けて、2001 年（平成 13 年）に道路交通法を改正して（平成 13 年法律第 51 号）、「五年以下の懲役又は五十万円以下の罰金」に改められた。だがその後も増加が続いたことから、さらに抑止を図るため、2007 年（平成 19 年）に、再び道路交通法を改正して（平成 19 年法律第 90 号）、同条 2 項を追加して重罰化した。2017 年（平成 29 年）のひき逃げ事件の発生件数は、最近 20 年間のピーク時である 2004 年（平成 16 年）の 2 万 6 件に比べると 58.6％低下したが、だが 1990 年代に比べると依然として高水準である（図表 10‐5）。

3 飲酒運転

　道路交通法は、酒気帯び運転を禁止しており（65条）、酒に酔った状態（アルコールの影響により正常な運転ができないおそれがある状態）で運転した場合には、「酒酔い運転」として、5年以下の懲役または100万円以下の罰金が科され（117条の2第1号）、また、身体に政令で定める程度以上にアルコールを保有する状態で運転した場合には、「酒気帯び運転」として、3年以下の懲役又は50万円以下の罰金が科される（117条の2の2第3号）。ここにいう、「政令に定める程度」とは、血液1ミリリットルにつき0.3ミリグラムまたは呼気1リットルにつき0.15ミリグラムである（道路交通法施行令44条の3）。

　また、道路交通法は、酒気を帯びて車両等を運転することとなるおそれがある者に対して、車両等を提供することを禁止するとともに（65条2項）、酒類を提供することなども禁止している（同条3項）。車両提供の違反者のうち、運転手が酒酔い運転であった場合には、5年以下の懲役または100万円以下の罰金が科され（117条の2第2号）、運転手が酒気帯び運転であった場合には、3年以下の懲役または50万円以下の罰金が科される（117条の2の2第4号）［車両提供罪］。酒類提供の違反者については、運転手が酒酔い運転であった場合には、3年以下の懲役または50万円以下の罰金が科され（117条の2の2第5号）、運転手が酒気帯び運転であった場合には、2年以下の懲役または30万円以下の罰金が科される（117条の3の2第2号）［酒類提供罪］。

　さらに、運転者が酒気を帯びていることを知りながら、その運転者が運転する車両に同乗することも禁止されており（65条4項）、酒酔い運転の車両に同乗していた場合には、3年以下の懲役または50万円以下の罰金が科され（117条の2の2第6号）、酒気帯び運転の車両に同乗していた場合には、2年以下の懲役または30万円以下の罰金が科される（117条の3の2第3号）［要求・依頼同乗罪］。

4 無免許運転

　無免許運転とは、①（84条に違反して）公安委員会の運転免許を受けない

で運転すること、②（90条5項、同103条1項もしくは4項、103条の2第1項、104条の2の3第1項または第3項などにより）運転免許が取り消され、またはその効力が停止・仮停止している期間に運転することである（64条1項）。無免許運転をした場合には、運転者に3年以下の懲役または50万円以下の罰金が科される（117条の2の2第1号）。

　また、道路交通法は、無免許運転となるおそれがある者に対して、自動車や原動機付自転車を提供することを禁止するとともに（64条2項）、運転者が無免許であることを知りながら、その運転者が運転する車両に同乗することも禁止している（64条3項）。実際に無免許運転がなされた場合には、車両の提供者には3年以下の懲役または50万円以下の罰金が科され（117条の2の2第2号）［車両提供罪］、同乗者には2年以下の懲役または30万円以下の罰金が科される（117条の3の2第1号）［要求・依頼同乗罪］。

5　その他の道路交通に関する犯罪

1　道路運送車両法

　道路運送車両法は、道路運送車両（自動車、原動機付自転車および軽車両）の安全性を確保し、その適正な使用を期するため道路運送車両の登録と検査の制度を設けるとともに、道路運送車両の整備および整備事業等について定める法律である。その主な目的は、①道路運送車両について所有権の公証を行うこと、②道路運送車両の安全性の確保及び公害の防止その他の環境の保全並びに整備技術の向上をはかり整備事業の健全な発達に資すること、③道路運送車両の流通社会を発展させ、ひいては公共の福祉に寄与することである（1条）。

　道路運送車両は、道路運送車両法の第3章の規定に基づき制定された「道路運送車両の保安基準（昭和26年運輸省令第67号)」に適合しなければならない。保安基準に適合しなくなるような自動車の改造や装置の取り付け・取り外しなどは、不正改造として禁止されており（99条の2）、それに違反した場合にも、6月以下の懲役または30万円以下の罰金が科される（108条1号）。また、自動車は、国土交通大臣の行なう検査を受けなければならず

（59 条 1 項、62 条 1 項）、有効な自動車検査証の交付を受けているものでなければ運転することが禁止されている（58 条 1 項）。それに違反した場合には、6 月以下の懲役または 30 万円以下の罰金が科される（108 条 1 号）。

2　保管場所法

　自動車の保管場所の確保等に関する法律（保管場所法）は、自動車の保有者等に自動車の保管場所を確保し、道路を自動車の保管場所として使用しないよう義務づけるとともに、自動車の駐車に関する規制を強化することにより、道路使用の適正化、道路における危険の防止および道路交通の円滑化を図ることを目的とした法律である（1 条）。同法では、道路上の場所を自動車の保管場所として使用することを禁止しており（11 条 1 項）、それに違反した場合には、3 月以下の懲役または 20 万円以下の罰金が科される（17 条 1 項 2 号）。また、自動車を道路上の同一の場所に引き続き 12 時間以上駐車することとなるような行為（11 条 2 項 1 号）や、自動車を夜間（日没時から日出時までの時間）に道路上の同一の場所に引き続き 8 時間以上駐車することとなるような行為（同条項 2 号）も禁止されており、それらに違反した場合には、20 万円以下の罰金が科される（17 条 2 項 2 号）。

3　自動車損害賠償保障法

　自動車損害賠償保障法は、自動車の運行によって人の生命や身体が害された場合における損害賠償を保障する制度を確立することにより、被害者の保護を図り、あわせて自動車運送の健全な発達に資することを目的とした法律である（1 条）。交通事故被害者の損害賠償請求権を確保するために、1955 年（昭和 30 年）に制定された。自動車を運行する際、自動車損害賠償責任保険または自動車損害賠償責任共済の契約締結（加入）が義務づけられており（5 条）、それに違反した場合には、1 年以下の懲役または 50 万円以下の罰金が科される（86 条の 3 第 1 号）。

6　事例と解説

【事例1】　トラック運転手のＡは、運転する中型貨物自動車をコンビニエンスストアの駐車場に停車させて、同店で購入した350ml缶ビールを車内で2本飲んだ。Ａは飲食した1時間後に運転を再開したが、同店から約5キロメートルの地点で自動車検問が行われていたため、飲酒した事実が発覚することを恐れたＡは、運転する自動車をＵターンさせて逃走を図った。それに気づいた検問中の警察官が、Ａが運転する自動車をパトカーで追跡した。追跡されている最中に再三停止を求められたが、Ａは、道路標識により指定された法定の最高速度（40キロメートル毎時）を40キロメートル超える80キロメートル毎時の速度でそのまま約3キロメートル逃走し、信号機により交通整理の行われている交差点にさしかかった。そして、Ａは、同交差点を直進するにあたり、対面信号機が赤色信号を表示していたにもかかわらず、その表示を認識しないまま、同交差点で自動車が停止しているのを見て、赤色信号だろうと思ったものの、パトカーの追跡を振り切るため、同信号機の表示を意に介することなく、速度を落とさずに進入し、折から、右方道路から青色信号にしたがって同交差点に進入してきたＸ（32歳）が運転する普通乗用自動車の左側部に自車の前部を衝突させて、Ｘに多発肋骨骨折の傷害を負わせ、搬送された病院において前記傷害に基づく肺挫創に起因する窒息により死亡させた。Ａが運転する自動車は、この事故によって走行不能となり、Ａは、追跡していた警察官に現行犯逮捕された。逮捕直後にアルコール検知をしたところ、Ａは、呼気1リットルにつき0.25ミリグラムのアルコールを身体に保有する状態であった。

（1）　Ａは、運転する中型貨物自動車で逃走中に、信号機により交通整理の行われている交差点を直進するにあたり、対面信号機が赤色信号を表示していたにもかかわらず、80キロメートル毎時の速度で進入し、折から右方道路から青色信号にしたがって同交差点に進入してきたＸが運転する普通自動車左側部に自車の前部を衝突させて、Ｘに傷害を負わせ、搬送先の病院で死亡させたことから、当該所為について、危険運転致死罪（自動車運転死傷行為処罰法2条5号）に問えるかをまず検討しなければならない。ここでは、

Ａは、対面信号機が赤色信号を表示していることを認識しないまま、同交差点で自動車が停止しているのを見て、赤色信号だろうと思ったものの、同信号機の表示を意に介することなく進入していることに関し、赤色信号を「殊更に無視し」たと評価できるかが争点となる。この点、判例は、赤色信号を「殊更に無視」するということとは、「およそ赤色信号に従う意思のないもの」だと定義し、「赤色信号であることの確定的な認識がない場合であっても、信号の規制自体に従うつもりがないため、その表示を意に介することなく、たとえ赤色信号であったとしてもこれを無視する意思で進行する行為も、これに含まれる。」と解していることから（最決平成 20 年 10 月 16 日刑集 62 巻 9 号 2797 頁）、このような A の主観は、赤色信号を「殊更に無視し」たと評価することができる。よって、当該所為について、危険運転致死罪（自動車運転死傷行為処罰法 2 条 5 号）が成立する。

(2)　そして、次に検討しなければならないのは、コンビニエンスストアで購入した 350ml 缶ビール 2 本を同店の駐車場に停止させた車内で飲み、飲食した 1 時間後に運転を再開して、前記の交通事故を起こした所為に関する A の罪責である。逮捕直後にアルコール検知をしたところ、A は、呼気 1 リットルにつき 0.25 ミリグラムのアルコールを身体に保有する状態であった。このことから、危険運転致死傷罪（自動車運転死傷行為処罰法 2 条 1 号）や準危険運転致死傷罪（自動車運転死傷行為処罰法 3 条 1 項）の成立も視野に入れることができるかもしれない。ここでは、「アルコール又は薬物の影響により正常な運転が困難な状態」であったか、あるいは「アルコール又は薬物の影響により、その走行中に正常な運転に支障が生じるおそれがある状態で、自動車を運転し、よって、そのアルコール又は薬物の影響により正常な運転が困難な状態」に陥ったと評価できるかが問題となる。だが、この点は、事例 1 の本文からは明らかではない。少なくとも、当該所為については、道路交通法違反（酒気帯び運転）が成立することは確実である。

(3)　さらに、A は、道路標識により指定された法定の最高速度（40 キロメートル毎時）を 40 キロメートル超える 80 キロメートル毎時の速度でそのまま約 3 キロメートル逃走していることから、当該所為に関し、道路交通法違反（最高速度違反）が成立する〔道路交通法は、道路標識等によりその最高

速度が指定されている道路においてはその最高速度を、その他の道路においては政令で定める最高速度をこえる速度で進行することを禁止しており（22条1項）、故意に違反した場合には6月以下の懲役または10万円以下の罰金が科され（118条1項1号）、過失により違反した場合には3月以下の禁錮または10万円以下の罰金が科される（118条2項）〕。

（4）　以上から、Aの第1の所為は、自動車運転死傷行為処罰法2条5号（人を死亡させた場合）に、第2の所為は、道路交通法117条の2の2第3号、65条に、第3の所為は、道路交通法118条1項1号、22条1項にそれぞれ該当し、これらは刑法45条前段の併合罪であるから、同法47条本文、10条により、重い第1の所為の刑に同法47条但書の制限内で法定の加重をした刑期の範囲内でAは処断されることになる。

【事例2】　かつて暴走族に参加していたことのあるBは、友人らと夜通し遊んだ後の早朝に、公安委員会の運転免許が取り消されているにもかかわらず、所有する普通乗用自動車を、制限速度内の60キロメートル毎時の速度で走行させていた。だが、Bは、走行を開始してから約35キロメートルあたりから仮眠状態に陥ることがあり、時折蛇行しながら運転していた。そして、約5キロメートル進んだ地点で信号機により交通整理の行われている交差点にさしかかった。対面信号機は赤色信号に変わっていたが、Bは、仮眠状態に陥ったためそれを見落とし、同速度でそのまま進入した所、折から前方から青色信号にしたがって同交差点で右折してきたY（48歳）が運転する軽自動車の左側前部に自車の右側前部を衝突・横転させて、Yに多発外傷等の傷害を負わせた。発覚を恐れたBは、Yに傷害を負わせる交通事故を起こしたのに、救護するなどの必要な措置を講じず、運転する自動車を乗り捨てて逃走した。Bは、1キロメートルほど逃走した後にタクシーに乗って自宅に戻ったが、事故から12時間経過後、自宅にかけつけた警察官に逮捕された（Yは、搬送された病院において前記傷害に起因する出血性ショックにより死亡した）。なお、Bが乗り捨てた自動車は、国土交通大臣の行なう検査を受けておらず、有効な自動車検査証の交付を受けているものではなく、また、自動車損害賠償責任保険または自動車損害賠償責任共済の契約が締結されていなかった。

（1）　B は、信号機により交通整理の行われている交差点において、前方を注視して進行する注意義務があるにも関わらず、仮眠状態に陥ったため赤色信号であることを見落とし、同速度でそのまま進入した所、折から前方から青色信号にしたがって同交差点で右折してきた Y が運転する軽自動車の左側前部に自車の右側前部を衝突・横転させて、Y に多発外傷等の傷害を負わせ、その後、搬送された病院において前記傷害に起因する出血性ショックにより死亡させたことから、当該所為に関し、過失運転致死罪が成立する。なお、B は、犯行時に公安委員会の運転免許が取り消されていたことから、無免許運転による加重がなされる（自動車運転死傷行為処罰法 6 条 3 項［無免許過失運転致死罪]）。

（2）　また、B は、自己の運転によって Y に傷害を負わせる事故を起こしているにもかかわらず、Y を救護せずに逃走し、道路における危険を防止するなどの必要な措置を講じていないことから、道交法上の救護義務違反になる。加えて、現場や最寄りの警察署の警察官に、交通事故が発生した日時や場所、死傷者数や負傷の程度、損壊物やその程度、交通事故について講じた措置などを報告していないことから、報告義務違反になる。

（3）　さらに、B が乗り捨てた普通乗用自動車は、国土交通大臣の行なう検査を受けておらず、有効な自動車検査証の交付を受けているものでないことから、道路運送車両法違反が成立し、また、同車両は、自動車損害賠償責任保険または自動車損害賠償責任共済の契約が締結されていなかったことから、自動車損害賠償保障法違反も成立する。

（4）　以上から、B の第 1 の所為は自動車運転死傷行為処罰法 6 条 3 項に該当し、第 2 の所為のうち救護義務違反の点は、Y の死傷が B の運転に起因するものであるから道路交通法 117 条 2 項、72 条 1 項前段に、報告義務違反の点は、同法 119 条 1 項 10 号、72 条 1 項後段にそれぞれ該当する。ただし、これらは 1 個の行為が 2 個の罪名に触れる場合であるから、刑法 54 条 1 項前段、10 条により一罪として重い救護義務違反の罪で処断される。第 3 の所為のうち、無車検の点は、道路運送車両法 108 条 1 号、58 条 1 項、62 条 1 項に、無保険の点は、自動車損害賠償保障法 86 条の 3 第 1 号、5 条にそれぞれ該当するが、これらは 1 個の行為が 2 個の罪名に触れる場合である

から、刑法 54 条 1 項前段、10 条により一罪として重い無車検の罪で処断される。そして、これらは刑法 45 条前段の併合罪であるから、同法 47 条本文、10 条により、重い第 1 の所為の刑に法定の加重をした刑期の範囲内で B は処断されることになる。

参考文献

- 「〈論説〉AI 時代の刑事司法」罪と罰 56 巻 2 号（2019 年）
- 木村光江『刑法 [第 4 版]』（東京大学出版会、2018 年）
- 川出敏裕＝金　光旭『刑事政策 [第 2 版]』（成文堂、2018 年）
- 「〈特集〉自動運転社会の到来」法律のひろば 71 巻 7 号（2018 年）
- 法務省法務総合研究所編『平成 30 年版犯罪白書』（2018 年）
- 内閣府『平成 30 年版交通安全白書』（2018 年）
- 守山　正＝安部哲夫編著『ビギナーズ刑事政策 [第 3 版]』（成文堂、2017 年）
- 自動車事故判例研究会編著『必携 自動車事故・危険運転重要判例要旨集 [第 2 版]』（立花書房、2017 年）
- 交通警察実務研究会編集『平成 30 年版三段対照式交通実務六法』（東京法令出版、2017 年）
- 川本哲郎『交通犯罪対策の研究』（成文堂、2015 年）
- 宮田正之編著『交通事件犯罪事実記載例集 [第 4 版]』（立花書房、2014 年）
- 前田雅英編集代表『条解刑法 [第 3 版]』（弘文堂、2013 年）
- 土居靖範ほか『交通論を学ぶ―交通権を保障する交通政策の実現を』（法律文化社、2006 年）
- 交通実務研究会編著『新版 図解交通資料集』（立花書房、2005 年）

（柴田　守）

第11講◆薬物に関する犯罪

キーワード

薬物濫用／自己使用事犯／流通事犯／危険ドラッグ／薬物の認識

関連法令

刑法／覚せい剤取締法／麻薬及び向精神薬取締法／大麻取締法／あへん法／麻薬特例法／医薬品医療機器等法

1　薬物犯とは

「薬物」とは非常に広い概念であり、薬学・医学の分野ではアルコールも含まれ、「人体に摂取される化学物質」全体を意味する場合がある。これはアルコールも人の精神状態に影響を与える化学物質であり、向精神作用を有するからであるが、本講では狭くアルコールを除く薬物に関わる犯罪を薬物犯と呼ぶことにする。一般に、薬物濫用とか薬物依存という場合にはアルコールは除かれる。

そこで、本講で薬物犯とはアルコールを除く、法律上規制されている薬物をみだりに所持・摂取・使用・施用したり、流通（営利目的の輸出入・製造・譲渡・譲受・所持）させたりする犯罪のことを指す。通常、前者は自己使用事犯、後者は流通事犯と呼ばれて区別している。

一定の向精神作用を有する薬物が規制されるのは、濫用者個人の身体・精神を蝕むだけでなく、その周辺の者、たとえば家族などの生活を破壊し、さらにはこれを得るために二次的犯罪を行うなどの原因となり、またこれを流通させて巨額の資金を獲得する犯罪組織などを増殖させるなどの原因ともなり、規制が必要であるとされる。また、わが国が、後に述べるように、江戸時代から一定の薬物を規制してきた背景には、とくにその末期に阿片戦争の契機となった中国大陸における薬物濫用の恐ろしさを目の当たりにしたから

であろう。違法薬物が個々人だけでなく、社会全体を疲弊させることは歴史的にも明らかであり、現在のアメリカの状況をみても分かるように、違法薬物の摂取が日常的であり、そのために犯罪対応として刑事司法機関の負担が膨大であるだけでなく、薬物中毒者の更生や中毒者の家族などへの社会保障など、ひとたび社会が違法薬物に汚染されると多額の人的物的資源を費やさざるを得ないことから、いわば薬物犯罪の根絶は人類の悲願と言わざるを得ない。したがって、ほとんど国で何らかの規制が行われている。

　もっとも、違法薬物の規制のあり方は国家、社会によって大きく異なる。一般に、ヨーロッパ諸国では製造、輸入、頒布などの流通事犯に対しては刑事罰でもって対応し、自己使用事犯に対しては医療の対象としている場合が多く、また中国や東南アジア諸国では単純所持に対しても死刑を科す法制をとる国も少なくない。その点、わが国は後述するように、流通事犯、自己使用事犯いずれに対して刑事罰でのぞみ、逆に自己使用事犯に対する治療という側面は希薄であるという特徴がみられる。

　もっとも、このような状況に対して、わが国でも近年導入された刑の一部執行猶予制度を利用して、薬物犯に対する保護観察、治療カウンセリング等が行われるようにはなっている。

2　わが国における薬物の法的規制

　わが国の薬物規制は、それぞれ薬物ごとに個別法令で規制されている。すなわち、違法薬物の使用・流通に関わる法令として、①覚せい剤取締法、②麻薬及び向精神薬取締法、③大麻取締法、④あへん法があり、これに薬物取引による不正利益の剥奪のための措置を定めた⑤麻薬特例法（「国際的な協力の下に規制薬物に係る不正行為を助長する行為等の防止を図るための麻薬及び向精神薬取締法等の特例等に関する法律」）を含めて、「薬物五法」と呼んでいる。このほか、あへん煙罪（136条以下）を規定する刑法、シンナーなどの有機溶剤の規制を行う毒物及び劇物取締法があるが、ここでは扱わない。

　さらに、薬物犯罪の輸入や頒布等による収益に関しては、これに伴う資金洗浄（マネー・ロンダリング）やテロ資金供与を防止するため、犯罪収益移

転防止法（2007年）が適用される可能性がある。これは近年の国際的に違法な資金移転に対する規制強化の機運に対応して、わが国でも従前の本人確認法と犯罪組織処罰法の一部を一本化し、金融機関だけでなく、不動産業者などの非金融業者、弁護士などの職業的専門家も規制対象としたものである。

　なお、近年、いわゆる危険ドラッグに対する規制も開始された。これは従来、脱法ドラッグ、合法ドラッグなどと呼称された物質であるが、これらの中には成分として麻薬及び向精神薬取締法で規制されている麻薬、覚せい剤の成分や「医薬品、医療機器等の品質、有効性及び安全性の確保に関する法律」（医療品医療機器等法、旧薬事法）で規定される指定薬物を含むために、他の規制薬物と同様の扱いを行い、処罰を可能にした。

　また、薬物犯罪の事件では一部が裁判員裁判の対象となる。すなわち、裁判員法（裁判員の参加する刑事裁判に関する法律）では、無期の懲役・禁錮を含む犯罪については裁判員裁判の対象となることを定めており（第2条1項1号）、覚せい剤取締法の覚せい剤輸出入・製造の営利犯（同法41条2項）、麻薬及び向精神薬取締法のジアセチルモルヒネ等輸出入・製造の営利犯（同法64条2項）がこれに当たる。そして、実際の裁判員裁判（第一審）ではこれらの罪にかかわる裁判では、無罪判決が目立つことに留意すべきである（その例として、千葉地判のそれぞれ平成30年5月22日判タ1454号239頁、平成29年11月2日判タ1449号240頁、平成28年5月19日判タ1430号240頁など）。

3　各種規制法

1　覚せい剤取締法

（1）　規制薬物

　昭和18年の旧々薬事法、昭和23年の旧薬事法によって覚せい剤は劇薬として販売規制が行われていた。しかし、第二次大戦直後の社会の混乱の中で濫用者が急激に蔓延したために、覚せい剤を医師の処方箋なしでは販売できないように改正されたが、それでもなお、その蔓延状態は沈静化せず、そこで昭和26年に本法成立に至り、覚せい剤の用途を医療・学術研究に限定し、

それ以外の製造、流通、所持、使用等の行為を禁止して罰則を設けた。

●コラム 27　戦争と薬物

　かつて各国の軍隊では、戦時中に戦意を昂揚させ、あるいは疲労を回復させるために、一定の薬物を兵士に配布するなどしていたケースがみられた。わが国でも第二次大戦中に戦場や軍需工場で士気向上などを目的に覚せい剤が配布されていたと言われる。当時は、その有害性はほとんど認識されておらず、「ヒロポン」とよばれる商品が販売されていた。戦後になって GHQ が軍部から接収した「ヒロポン」を市場に放出すると、市民が比較的容易に手に入れることができたため流行を招き、有害性が認識されるようになった。そのため、昭和 23 年に当時の薬事法に「劇薬」として指定され、昭和 25 年に製造中止となり、昭和 26 年に、覚せい剤取締法という固有の法令が制定されたのは上述のとおりである。

　本法にいう「覚せい剤」とは、フェニルアミノプロパン（通称アンフェタミン）、フェニルメチルアミノプロパン（通称メタンフェタミン）及びそれらの塩基類、覚せい剤作用を有する物質で政令が指定するもの、これらのいずれかを含有する物質である（2 条 1 項）。メタンフェタミンの原材料はエフェドリンであり、裸子植物マオウ（麻黄）から生成される。形状・性質としては、いずれも無色透明のアミノ臭を有する揮発性の液体であるが、広く流通しているのは塩酸基の白色、無臭の結晶性粉末で若干の苦みがあるといわれる。覚せい剤はわが国における違法薬物の典型であるが、ごく一部に医療用、研究用としても利用され、一部はわが国の企業が国内で製造しており、医療の現場ではうつ病、神経衰弱等の治療に用いられている。

(2)　薬理と有害性

　覚せい剤は中枢神経系に興奮作用を及ぼし、一時的に精神機能を高揚させる物質である。通常量を内服した場合は、一般に 15 分から 2 時間以内に、静脈内に注射した場合は即時に効果が現れ、疲労感・不快感が除去され、多弁となり、思考力・判断力が増進されて作業効率は上昇するが、他方で、その後には過度の疲労感、不眠状態になり、摂取を中断すると不快感、疲労感に加え、頭痛、眠気、意欲減退に見舞われるとされる。大量摂取による急性

中毒では、心悸亢進、血圧上昇、発汗、口渇、めまい、震えなどの身体症状が現れ、精神的にも周囲環境に鋭敏になり、不安気分が醸成され、感情の起伏も激しくなり、覚性錯乱状態に陥ることもあるという。

　覚せい剤を連用すると精神的依存性と耐性が形成される。身体的依存性はなく、禁断症状もないとされる。連用の結果、慢性中毒症状が現れると、個人差はあるものの、幻聴・幻覚などから各種妄想の症状が生まれ、摂取を中止しても統合失調症類似の人格的荒廃が進み、また一たん回復したかに見えても、妄想幻覚症状が再発すること（いわゆる「フラッシュ・バック」現象）がある。

(3)　罰　則

　本法では、輸出・輸入（13条）、製造（15条）、譲渡・譲受・周旋（17条、41条の8）、所持（14条）、使用（19条）の行為を禁止し、処罰規定をおく。罰則としては、輸入・輸出・製造に対して単純犯の場合10年以下の懲役、営利犯の場合1年以上の懲役または300万円の罰金の併科、譲渡・譲受・所持・使用に対しては単純犯が7年以下の懲役、営利犯は10年以下の懲役または100万円以下の罰金の併科となっており、営利目的は加重されている

図表 11‑1　覚せい剤取締法違反 検挙人員の推移

（昭和50年〜平成28年）

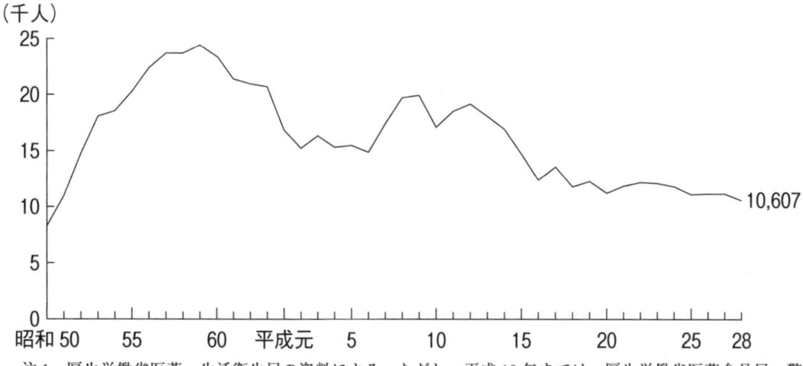

注1　厚生労働省医薬・生活衛生局の資料による。ただし、平成19年までは、厚生労働省医薬食品局、警察庁刑事局及び海上保安庁警備救難部の各資料により、20年から27年までは、内閣府の資料による。
　2　覚せい剤に係る麻薬特例法違反の検挙人員を含む。
　3　警察のほか、特別司法警察員が検挙した者を含む。

（後掲図表 11 - 4 参照）。

　覚せい剤取締法違反（覚せい剤の係る麻薬特例法違反を含む）の現状では、図表 11 - 1 が示すように検挙人員において昭和 29 年に 55,664 人と最初のピーク（ヒロポン濫用期）を迎えたが、これは昭和 26 年同法制定以来、戦争直後以降の濫用者に対する検挙活動が一定の効果を上げたことを示している。その後、罰則の強化や徹底した検挙等により急激に減少し、昭和 32 年から 44 年までは 1,000 人を切る状況がみられた。しかしながら、その後、暴力団の資金源として覚せい剤取引が増えるにつれ増加傾向となり、59 年には第 2 のピーク（シャブ濫用期）を形成する 24,372 人に達した。図表 11 - 1 のグラフは昭和 50 年以降の推移を示しているが、第 2 ピーク以降、下降したものの、平成 8 年から 12 年あたりまでに第 3 のピーク（スピード濫用期）がみられ、その後下降して、現在は横ばい状態が続き、平成 28 年で 10,607 人となっている。

2　麻薬及び向精神薬取締法

（1）　規制薬物

　麻薬、とりわけモルヒネ、コカイン等の規制および向精神薬、つまり睡眠薬や精神安定剤等を規制する法律である。1988 年に国連で採択され、1990 年に発効した「麻薬及び向精神薬の不正取引防止に関する条約」批准のために国内法整備として、麻薬取締法（1948 年）の内容をほぼ全面的に引き継いで、これに向精神薬の規制を加えて 1991 年「麻薬及び向精神薬取締法」と改めたものである。すなわち、同法は麻薬に加え、新たに向精神薬 77 品目を規制の対象とした。従前の麻薬取締法は、麻薬をあへん、コカ葉、モルヒネ、ジアセチルモルヒネ等と定義し、その使用を医療、学術研究の用途のみに限定し、麻薬取扱者を全て免許制にするなどの厳格な不正使用防止を図り、免許者以外の者の取り扱いを禁止した（なお、1953 年あへん法が制定されたことから、あへんの規制は麻薬取締法から同法に移された）。すなわち、許可を受けた者以外による麻薬の輸入、輸出、製造、製剤、譲渡、譲受、交付、施用、所持、廃棄を禁止し、麻薬の種類や営利性、常習性に応じて罰則を設けた。その後、麻薬犯罪の増加などを契機に、麻薬中毒者に対する措置入院

制度の新設（1963 年）、ジアセチルモルヒネの密輸入等の対する罰則強化（最高無期懲役）、LSD の規制（1970 年）などの改正が行われている。

(2) 薬理と有害性

　薬理作用や有害性として、麻薬は、①あへんアルカイド系、②コカアルカイド系、③合成麻薬に分けて考える必要がある。①は文字通り、ケシを原料とするあへんから生成されるが、これにはモルヒネ、ジアセチルモルヒネ（ヘロイン）、コデインが属する。モルヒネは中枢神経に対する麻痺（麻酔）作用を有し、鎮静剤として利用される。連用によって容易に耐性が生じ、大量使用の場合は急性中毒となり昏睡から死に至る場合もある。モルヒネ濫用者は一般に、不機嫌・不快感を除去して恍惚感を求める場合に使用する傾向がある。しかし、継続使用は強い精神的身体的依存性が生じ、耐性の上昇に伴って使用量が増加し、早期に慢性中毒となる。身体的依存性が強いゆえに、使用中断によって強烈な禁断症状が現れる。ヘロインはモルヒネから生成され、そのため類似の作用を示すが、鎮痛・麻酔作用はモルヒネの 4 倍から 8 倍と強力で、毒性、依存性、禁断症状もモルヒネより著しく強い。コデインは中枢神経への作用はモルヒネと同じであるが、その強度は弱い。連用によって依存性を生じることがある。医療的には鎮咳剤、鎮痛剤に使用される。

　②コカアルカイド系麻薬の代表はコカインであり、南米原産のコカの葉から得られる結晶粉末である。治療用では局所麻酔に適し、粘膜などに塗布すると知覚神経末梢が麻痺するため、歯科や外科などで利用されている。皮下注射や鼻腔内吸入などで体内に吸収されると中枢神経に作用し興奮、次いで麻痺の作用を発揮する。したがって、コカイン中毒は興奮と麻痺が交錯し、精神不安や厳格などの身体的衰弱を招き、重篤な精神障害に陥り、性格の破綻をもたらす。耐性はほとんどないが、精神的依存性は早く強く形成され、他方、身体的依存性はなく禁断症状もほとんどみられない。

　③合成麻薬はもともと鎮痛、鎮咳のため医療上の必要性から開発されたものであるが、モルヒネと同等の依存性や有害性があることから麻薬に指定されている。このうち LSD（Lysergic Acid Diethylamide、リゼルギン酸ジエチルアミド）は典型的な幻覚剤で鎮痛、鎮静作用はないが、中枢神経系に興奮作用をもたらし、経口摂取することによって固有の幻覚、幻視を催す精神状態を

作りだす。連用によって耐性が生じ、精神的依存性が形成される。ときに自分の能力を過大に感じる錯覚に陥ることがあるが、実際には能力自体著しく低下し、幻覚、幻視から生じる錯乱、分裂的な精神状態に至る。

(3) 罰　則

　本法の罰則規定は25ヶ条からなり、内容的には大別して、①ジアセチルモルヒネ等の不正取引に関する罪、②ジアセチルモルヒネ以外の麻薬の不正取引に関する罪、③向精神薬の不正取引に関する罪、④麻薬、向精神薬の原料の不正取引に関する罪、に分かれる。また、麻薬新条約批准に伴う平成3年の麻薬取締法改正により、⑤資金等提供罪の処罰範囲拡大、⑥麻薬、向精神薬の運搬の用に供した車両等の没収規定の新設、⑦国外犯処罰規定の新設、⑧麻薬、向精神薬の輸出の際の虚偽表示の罪の新設、などの動向がみられる。

　①ジアセチルモルヒネ等については、輸出入・製造（64条）の単純犯（1項）では1年以上の懲役、営利犯（2項）では無期若しくは3年以上の懲役、製剤・小分け・譲渡・譲受（64条の2）の単純犯（1項）では10年以下の懲役、営利犯（2項）では1年以上の懲役、または500万円以下の罰金との併科、施用・廃棄・受施の行為（64条の3）の単純犯（1項）は10年以下の懲役、営利犯（2項）は1年以上の懲役、または500万円以下の罰金との併科である。②ジアセチルモルヒネ等以外の麻薬については、製剤・小分け・譲渡・譲受・所持（66条）の単純犯（1項）は7年以下の懲役、営利犯は1年以上10年以下、又は300万円以下の罰金との併科である。③向精神薬については（66条の3）、輸出入・製造・製剤・小分けの単純犯（1項）は5年以下の懲役、営利犯（2項）は7年以下の懲役、又は200万円以下の罰金との併科となっている。なお、これらの未遂、国外犯も処罰され、①については予備行為、資金等の提供、②については譲渡・譲受の周旋行為にも罰則規定がある（図表11-4参照）。

○コラム28　主要な規制薬物の薬理

　薬物と一口にいっても、その薬理、薬効は一様ではない。一般に大別して、①興奮作用、②抑制（鎮痛）作用、③幻覚作用に分類できるが、詳細に

ついては図表 11 - 2 参照のこと。

図表 11 - 2　規制薬物の薬理と症状

規制薬物 （規制法）	中枢 作用	薬物タイプ	精神 依存	身体 依存	耐性	主な症状
覚せい剤 （覚せい剤 取締法）	興奮	アンフェタミン類（メ タンフェタミン等）	◎	×	○	瞳孔散大、血圧上昇、 興奮、不眠、食欲低 下、幻視・幻聴
麻薬 （麻薬及び 向精神薬取 締法）	抑制	あへん類（ヘロイン・ モルヒネ等）	◎	◎	◎	鎮痛、縮瞳、呼吸抑 制、血圧低下
	興奮 （幻覚）	コカイン、合成麻薬 （MDMA）	◎	×	○	瞳孔散大、血圧上昇、 興奮、不眠、食欲低 下
	抑制	向精神薬（催眠剤、ト ランキライザー等）	△	○	○	易怒性、感情不安定、 歩行失調
	幻覚	リゼル酸ジエチルアミ ド（LSD 等）	○	×	◎	色彩感覚の変調、幻 聴、空間の歪み
大麻 （大麻取締 法）	抑制・ 幻覚	大麻（マリファナ、ハ シッシ等）	○	×	×	眼球充血、感覚変容、 情動変化
あへん （あへん法）	抑制	アルカイド類（パパヴ ェルなど）	◎	◎	◎	脱力、倦怠、精神錯 乱
指定薬物 （薬機法）	抑制	セロトニン系、フェネ チルアミン系化合物 （麻薬・覚せい剤の類 縁化合物）	△	×	×	幻覚、筋弛緩、運動 失調
毒物劇物 （毒物及び 劇物取締 法）	抑制	有期溶剤（トルエン、 シンナー等）	◎	×	×	酩酊、運動失調、視 力障害、脳の縮小

出典：内閣府 HP：https://www8.cao.go.jp/youth/kenkyu/h19-2/html/3_2_3.html 及び
（財）麻薬・覚せい剤乱用防止センターHP：https://dapc.or.jp/info/index.htm を参照し作
成した。

3　大麻取締法

（1）　規制薬物

第二次大戦前より麻薬取締規則（昭和 5 年）、薬事法（同 18 年）その他の

省令で大麻の規制は行われていたが、昭和 23 年にポツダム省令を集大成した麻薬取締法とは別の単行法として独立した現行法が制定された。前者の対象、つまり大麻草の栽培者が主として農業従事者であったのに対して、後者の対象は医師や薬剤師などが中心であるところから、法律が分離された。目的規定はないものの、麻薬取締法と同様に、「大麻の生産・流通過程について必要な薬事行政上の取締りを行なうとともに、大麻が濫用されることによって生ずる保健衛生上の危険を防止し、もって公共の福祉の増進を図ろうとするもの」とされる。

　大麻（英語ではカナンビス）とは、大麻草（カナンビス・サティバ・エル）及びその製品をいうが、但し、大麻草の成熟した茎及びその製品（樹脂を除く）、大麻草の種子及びその製品は除かれる（同法 1 条）。大麻草は、くわ科の植物で雌雄異株の 1 年生草木であり、高さは 2, 3 メートルに達し、茎は緑色で浅い縦溝を有し直立する。大麻草は生育地によって繊維原料としての有用性や成分の麻酔性に差があるが、これは生理的変種にすぎず、一属一種であるとされる。

　実際には大麻は吸煙や経口摂取で使用されるが、このために大麻草の葉や花穂等を乾燥し粉砕した物、樹脂のみで固形化した加工した物などが流通している。大麻は世界的に広く流通しているためその製品も多岐に及び、インドやエジプトでは樹枝状の製品が多く、これを吸煙するハシッシュ、吸食するバング、ガンジャ、チャラスなどがこれに当たる。アメリカなどでも樹脂分が少ないためタバコ状にして吸煙され、これがマリファナである。このほか、有機溶剤で抽出したハシッシュ・オイルという液状大麻も存する。

(2)　薬理と有害性

　大麻の薬理作用としては、成分中のテトラヒドロカンナノビールが中枢神経に作用し、著しい向精神作用を呈する。多幸感、恍惚感や陶酔感を与えるとされる。一般に、吸煙による作用が吸食よりも強く、吸煙後数分で発現し、3〜4 時間作用が持続すると言われる。しかし、大量摂取による急性中毒症状では目の充血、嘔吐、口渇、鼻孔の渇き、呼吸数の減少、触覚・聴覚・味覚・嗅覚などの亢進がみられ、衝動的に興奮状態になり、感情不安定による暴力行動に至る場合がある。とくに大量摂取では幻覚、幻聴、偏執、

図表 11 - 3　大麻取締法違反等 検挙人員の推移

(平成 9 年〜平成 28 年)

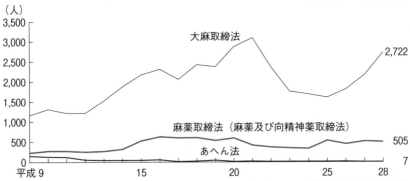

注 1　厚生労働省医薬・生活衛生局の資料による。ただし、平成 19 年までは、厚生労働省医薬食品局、警察庁刑事局及び海上保安庁警備救難部の各資料により、20 年から 27 年までは、内閣府の資料による。

　　2　大麻、麻薬・向精神薬及びあへんに係る各麻薬特例法違反の検挙人員を含む。

　　3　警察のほか、特別司法警察員が検挙した者を含む。

妄想、錯乱状態を招く。耐性や身体的依存性、それに伴う禁断症状は無いとされるが、多量使用者には発現するという報告例もある。精神的依存性は連用、多用により生じる場合がある。慢性中毒に至ると、上記の症状に加えて呼吸器障害、頭痛、睡眠障害などの身体症状が現れ、精神症状としては集中力・記憶力の低下、無気力、作業能力の減退などの異常がみられる。

(3)　罰　則

　本法における罰則としては、①栽培・輸入・輸出については、単純犯が 7 年以下の懲役、営利犯が 10 年以下の懲役又は 300 万円以下の罰金との併科、②譲渡・譲受・所持については、単純犯が 5 年以下の懲役、営利犯が 7 年以下の懲役又は 200 万円以下の罰金との併科、③使用・施用・施用のための交付については、単純犯が 5 年以下の懲役、営利犯が 7 年以下の懲役又は 200 万円以下の罰金との併科、④受施（施用を受けること）については、単純犯が 5 年以下の懲役、営利犯が 7 年以下の懲役又は 200 万円以下の罰金との併科となっている。①から③までの行為には未遂が処罰され、①から④には、国外犯、没収（流通犯には当該薬物ほか車両等も没収）の規定があり、①には予備、資金等提供の行為が、②には周旋の行為が処罰される（図表 11 - 4 参照）。

4 あへん法

（1）　規制薬物・薬理

けし、けしがら、あへんを規制対象としている。このうち、「けし」とはあへんの原料であり、同法 3 条 1 号の規定では、パパヴェル・ソムニフェルム・エル、パパヴェル・セティゲルム・ディーシー及び厚生労働大臣が指定するものをいう。「けしがら」とは、けしの麻薬を抽出できる部分のうち種子を除いたものであり（3 条 3 号）、あへんアルカイド系麻薬の原料である。「あへん」とは、けしの液汁が凝固したもの又はこれを加工したもの（医薬品を除く）である（3 条 2 号）。あへんの形態としては、生あへん、あへん煙、あへん粉末などがある。あへんの薬理作用は、アルカイドであるモルヒネ、コデインを含んでおり、アルカイド系麻薬と同様の作用を有する。

（2）　罰　則

本法では、けし栽培（4 条）、あへん採取（5 条）、あへん又はけしがらの輸出入（6 条）を禁止し、これらの行為者に対する罰則（51 条）は、単純犯（1項）で 1 年以上 10 年以下、営利犯（2 項）では 1 年以上の懲役又は 500 万円以下の罰金の併科となっている。また、あへん又はけしがらの譲渡・譲受（7 条）、所持（8 条）を禁止し、その罰則として（52 条）単純犯は 7 年以下の懲役、営利犯は 1 年以上 10 年以下の懲役又は 300 万円の罰金の併科である。さらに吸食（9 条）、廃棄（10 条）を禁止し、それぞれ、吸食した者には 7 年以下の懲役（52 条の 2）、無許可で廃棄した者には 1 年以下の懲役又は 20 万円以下の罰金、ないしはこれらの併科（57 条 1 号）を規定する。

5 麻薬特例法

本法は平成 4 年（1992 年）7 月に成立したが、これは国連麻薬委員会条約採択全権会議により採択された「麻薬及び向精神薬の不正取引の防止に関する国際連合条約」（いわゆる 1988 年「麻薬新条約」）と 1989 年アルシュ・サミット経済宣言に基づくマネー・ロンダリング防止勧告を実施するために、国内立法措置として「麻薬及び向精神薬取締法等の一部を改正する法律」（一部改正法）と併せて麻薬特例法が制定された。その結果、本法では、①マネー・ロンダリング罪等の処罰規定、②不法収益の没収、③没収の保全手続、

④国際共助、⑤コントロールド・デリバリー実施のための措置、⑥金融機関等による疑わしい取引の届出制が新たに規定された。なお、麻薬新条約に盛り込まれていた他の事項、つまり麻薬原材料物質の規制、既存の薬物犯罪の国外犯処罰などは上記薬物4法の一部改正法で賄われた。

6　医薬品医療機器法（旧薬事法の改正法。「薬機法」とも略称される）

　2013年に薬事法（1960年）が改正され、「医薬品、医療機器等の品質、有効性、安全性の確保等に関する法律」に改名された。本項との関係では、指定薬物に関する規定が重要である。それによると、「指定薬物」とは、「中枢神経系の興奮若しくは抑制又は幻覚の作用（当該作用の維持又は強化の作用を含む）を有する蓋然性が高く、かつ、人の身体に使用された場合に保健衛生上の危害が発生するおそれがある物（大麻、覚醒剤、麻薬及び向精神薬、あへん及びけしがらを除く）として、厚生労働大臣が薬事・食品衛生審議会の意見を聴いて指定するものをいう。」（2条15項）をいう。なお、同法76条の4では、指定薬物の製造、輸入、販売、授与、所持、購入、譲受及び医療用途目的以外の使用を禁止し、これに違反した場合は3年以下の懲役もしくは300万円の罰金、又はこれらの併科（84条26号）である。

　上述の規定はいわゆる危険ドラッグ（合法ドラッグとか脱法ハーブなど）を規制するものであり、2012年から2014年頃に多発した危険ドラッグを使用した後の重大な事件や事故が多発したため、規制に踏み切ったのである（2014年には東京・池袋で脱法ハーブを吸引して運転していた車が暴走し、歩行者1名死亡、7名が重傷を負った事件が発生した）。

○コラム29　薬物犯罪と国連の活動

国連では麻薬濫用の防止に向けて種々の活動を行っている。まず1961年麻薬に関する単一条約が発効し、医療・研究目的を除き、麻薬の生産と供給を禁止するものとした。ついで1971年に向精神薬に関する条約が発効した。しかしながら、これらの条約が十分な成果をあげることができず、国連も「完全な失敗」であることを認め、1990年には、これらの条約の徹底とその法的枠組みを追加した「麻薬及び向精神薬の不正取引の防止に関する

条約」（新麻薬条約）を発効させ、わが国を含む 185ヶ国が加盟している。わが国ではこの条約に基づき国内法として麻薬及び向精神薬取締法を制定している。また、国連では独自の国連薬物犯罪事務所（UNDOC）を設置し、条約加盟国への指導や支援を行っている。もっとも、条約加盟国の間でもそれぞれの国内の薬物犯罪の事情は異なり、さらに近年では、一部の国や地域で大麻解禁の動きがみられる。

以上の規制薬物に対する法令、行為態様と罰則を図表 11 - 4 に示す。

4　事例と解説

わが国の判例に現れる薬物事犯の事例では、主として、①違法薬物の認識（違法性の意識）、②薬物使用の故意の有無、③「業として」（麻薬特例法）の該当の有無などが論点として争われている。

【事例 1】　香港在住の男子大学生 A は、Y と名乗る人物とインターネット上で知り合い、Y から渡航費は全額負担するので、もう一人の女子大学生 B とともにカップルで、ダイヤモンドと称する物質を服の中に隠して日本に運搬すれば報酬を与えるという条件で仕事を依頼され、日本国内の税関旅具検査場で、事実を申告しないまま通過して輸入しようとしたが、同職員に覚せい罪を発見されたため、これを遂げることができなかった。

この事例では、A が運搬した物質に対して違法薬物の認識があったかどうかが争点となった。なぜなら、A は Y に運搬を依頼された物質はダイヤモンドであると認識しており、覚せい剤密輸の故意はなく無罪であると主張したからである。これに対して、裁判所は違法薬物の認識はあったと判断し、A に対して覚せい剤取締法第 41 条 2 項違反、関税法 109 条 3 項違反の有罪であるとして、懲役 9 年及び罰金 300 万円を言い渡した。その理由として、裁判所は、A がすでに以前に同様に Y からの依頼で同様の物質を首尾よく日本国内に密輸した際に、Y はインターネット上でメッセージのやりとりを

図表 11 - 4 規制薬物の態様と罰則一覧

法令	規制対象	行為態様	罰則	
			単純犯	営利犯
覚せい剤取締法	覚せい剤	輸入・輸出・製造	1 年以上の有期懲役	無期又は 3 年以上の有期懲役又は 1000 万円以下の罰金の併科
		譲渡・譲受・所持・使用	10 年以下の懲役	1 年以上の有期懲役又は 500 万円以下の罰金の併科
	覚せい剤原料	輸入・輸出・製造	10 年以下の懲役	1 年以上の有期懲役又は 500 万円以下の罰金の併科
		譲渡・譲受・所持・使用	7 年以下の懲役	10 年以下の懲役又は 300 万円以下の罰金の併科
大麻取締法	大麻	栽培・輸入・輸出	7 年以下の懲役	10 年以下の懲役又は 300 万円以下の罰金の併科
		譲渡・譲受・所持	5 年以下の懲役	7 年以下の懲役又は 200 万円以下の罰金の併科
麻薬及び向精神薬取締法	ヘロイン（ジアセチルモルヒネ等）	輸入・輸出・製造	1 年以上の懲役	無期若しくは 3 年以下の有期懲役又は 1000 万以下の罰金の併科
		製造・小分け・譲渡・譲受・交付・所持・施用・廃棄・受施用	10 年以下の懲役	1 年以上の有期懲役又は 500 万以下の罰金の併科
	ヘロイン以外（モルヒネ・コカイン・MDMA 等）	輸入・輸出・製造・栽培	1 年以上 10 年以下の懲役	1 年以上の有期懲役又は 500 万以下の罰金の併科
		製造・小分け・譲渡・所持・施用・施用のための交付	7 年以下の懲役	1 年以上 10 年以下の懲役又は 300 万以下の罰金の併科
	向精神薬	輸入・輸出・製造・製剤・小分け	5 年以下の懲役	7 年以下の懲役又は 200 万円以下の罰金の併科
		譲渡・譲渡目的の所持	3 年以下の懲役	5 年以下の懲役又は 100 万円以下の罰金の併科
	麻薬等原料	業務の届出違反	態様により 10 万円以下の罰金、20 万円以下の罰金	
		栽培	1 年以上 10 年以下の懲役	1 年以上の有期懲役又は 500 万円の罰金
あへん法	あへん（けし・けしがら）	栽培・採取・輸入・輸出	1 年以上 10 年以下の懲役	1 年以上の有期懲役又は 500 万円以下の罰金の併科
		譲渡・譲受・所持	7 年以下の懲役	1 年以上 10 年以下の懲役又は 300 万円以上の罰金の併科
		吸食	7 年以下の懲役	
薬機法	指定薬物			業として行ったもの
		製造・輸入・授与・販売・授与目的貯蔵・陳列	3 年以下の懲役若しくは 300 万円以下の罰金又はこれらの併科	5 年以下の懲役若しくは 500 万円以下の罰金又はこれらの併科

しており、Ａが日本の到着時に「麻薬探知犬がいる」とメッセージを送った
際、Ｙは「結構いい加減だよ、あんな犬は」などを答えていることやＡが
大学生であり知的能力が特に乏しいことはないことから、多額の費用負担の
約束の下で衣服に隠して密輸するという依頼内容からみて、荷物の中身をダ
イヤモンドと説明されてそのまま信じたとは到底考えられないとする（千葉
地判平成 30 年 3 月 2 日 D1-Law.com28261493）。

　本事例とほぼ同様に、犯罪組織の第三者から SNS を通じて金塊を運ぶこ
とを依頼され、実際には「営利目的で覚せい剤をスーツケースに隠匿して日
本国内に持ち込もうとして税関で発見された」事案で、被告人は隠匿物を金
塊であると認識しており、覚せい剤との認識はなかったとする主張をしたと
ころ、一審ではその主張が認められて覚せい剤営利目的輸入罪については無
罪となったが、控訴審では覚せい剤に対する未必的認識を認め有罪を認定し
ている（大阪高判平成 30 年 5 月 25 日判タ 1456 号 127 頁）。

　このように、本事例を含め、覚せい剤営利目的輸入罪の成立については、
違法薬物の認識をめぐって争われる事案が少なくないが、最高裁は「覚せい
剤かもしれないし、その他の身体に有害で違法な薬物かもしれないとの認
識」があればその故意に欠けるところはないとして概括的故意を認め（最二
決平成 2 年 2 月 29 日判タ 722 号 234 頁）、また、この種の事案については近時
一定の推認法則を採用する裁判例が多いとされる（たとえば、東京高判平成
24 年 4 月 4 日 D1-Law.com28213319）。

　一般に、被告人が違法薬物の認識を否定する場合、その認識を肯定するに
は状況証拠で示すしかなく、このため、前記大阪高裁事案の原審（裁判員裁
判）においては無罪とされている。したがって、本事例のように、依頼者が
インターネット上のやりとりだけで、多額の渡航費用を負担し、服の中に物
品を隠すように指示するなど発覚の危険を侵してまで持ち込もうとする物品
に対して違法薬物であるとの認識が全くないのは不自然であり、このような
場合に違法薬物に対する未必的認識を肯定する推認法則を適用することは、
やむを得ないように思われる。

　本事例において、覚せい剤取締法第 41 条 2 項（営利目的輸入罪）が成立す
る。

【事例2】　Xは日頃からイライラする時などに脱法ハーブを吸引することが
あり、実際その薬理を期待して、地方所在のハーブ販売店で公然と販売された
乾燥ハーブを購入した。その際に、当該店舗の販売員Aに当該乾燥ハーブが
合法かどうかを確認したところ、合法で規制はかかっていないと言われたため
にそれを信じて購入した。しかし、実際には、厚生労働省が政令で指定薬物
（いわゆる危険ドラッグ）に指定し、その結果薬事法がその販売、所持、譲受
を禁止する違法薬物であった。

　この事案の第一審（福岡地判（飯塚）平成28年2月29日 D1-Law.com28253410）
では、被告人Xに対して本件乾燥植物片（ハーブ）についての違法薬物の故
意（未必的故意を含む）を認め、懲役6月の有罪判決が下された。そして、
被告側が、事実誤認と量刑不当を理由に、判決を不服として控訴したもので
ある。

　近年、危険ドラッグ（脱法ドラッグ）服用による深刻な事件（たとえば、服
用後の池袋駅付近における自動車暴走事故）が多発し、社会的にこの種の違法
薬物への批判が高まっており、これに対して厚生労働省は旧薬事法（現行の
薬機法）においてこの種の危険ドラッグを指定薬物に指定し規制している
が、一般には、どのような薬物が指定されたのかを理解することは困難であ
る。もっとも、これらの薬物は従来の違法薬物と同様の薬理作用を有してお
り、従来規制されなかった危険ドラッグに対して、処罰を免れようとする濫
用者の間にニーズがあることも事実である。そこで、本事案のように指定薬
物であることを知らずに購入した場合（とくに当該薬物は合法であるとの説明
をうけていた場合）に、当該薬物への故意が認定しうるかが問題となる。

　控訴審は、①当該薬理作用を認識し、そのような薬理作用が指定薬物と同
様に規制されうる同種の物であることを認識していれば、当該薬物の所持、
販売、譲受などが犯罪に当たるという「社会的な意味」の認識に欠けるもの
ではなく、旧薬事法における罪の故意を認定できる、②被告人Xが当該薬
物に旧薬事法が指定する指定薬物が含有されていないというAの説明を信
じたことに合理的な理由があったなど特定な状況は認められないとして、違
法薬物の故意を認定した（福岡高判平成28年6月24日高刑集69巻1号1頁）。

この判決につき、未必的故意（つまり、この薬物も他の薬物と同じような薬理があるとの認識および違法であるかもしれないことの認容）を認めた判断なのか、意味の認識（薬物の薬理作用は十分に知っているが、薬物の名称、つまり構成要件要素としての社会的意味や性質は知らないという認識）による判断なのか、あるいは新しい判断なのかは明らかではない（なお、南由介（2018 年）末尾文献参照）。しかし、こんにちの危険ドラッグ（指定薬物）の濫用状況に照らすと、一般人が指定薬物の薬物名称を特定し、認識することは困難であり、これを認めると危険ドラッグの実際の規制は事実上不可能となるという意識がこの判決の背景にあったものと思われる。

　こんにち危険ドラッグに含まれる違法薬物の規制状況はきわめて複雑であり、従前の薬事法を改正した医薬品医療機器等法（薬機法）においても、政令によって指定薬物が相次いで指定されているが、中には化学記号で表示された指定薬物もあり、覚せい剤のように属性を示す法令名ではないこともあり、外観から特定薬物（たとえば乾燥ハーブ）に違法成分が含まれているかどうかを知ることは一般には困難である。そこで、上記事例以外にも下級審で同様の事案が争われている。たとえば、被告人が、人体に使用しないように注意書を掲示して販売のために所持した薬物イエローボォヤージュ（通称 a–PHPP）に薬機法における指定薬物（いわゆる危険ドラッグ）が含まれていることを認識していなかった旨を主張した事案では、第一審（裁判員裁判）においては、その主張が認められて無罪判決が言い渡されたが、第二審では一転して無罪判決が破棄され、その差戻し審では、刑法のほか、改正前の薬事法 83 条の 9 及び同 76 条の 4 により有罪判決が言い渡された（岡山地判平成 30 年 4 月 26 日 D1–Law.com28262515）。

　これらの判決に共通しているのは、違法成分の認識を社会的状況から判断している点である。上記両判決では、東京・池袋で発生した危険ドラッグが原因で車を暴走させ数名を死傷させた事件や厚生労働省が指定薬物の範囲を拡大したことの一般的な認識のほかに個別事情（仕入れ先が摘発された、人体に使用しない旨の注意書を添えた、など）を勘案して、このような社会的状況、つまり「社会的な意味」を認識していれば、故意は問えるとしている。とくに福岡高裁判決では、当該薬物が指定薬物を含有するかどうかの明確な

判断が困難である点は認めつつ、「指定薬物の実態とそれを規制する趣旨に
照らして、指定薬物の所持、販売、譲り受け等が犯罪に当たると判断できる
社会的な意味を考えると、その違法性を客観面から根拠付ける事実は、当該
薬物の薬理作用が規制の趣旨に合致しているかどうか、換言すると、当該薬
物が規制されるに足りる薬理作用を有するかどうかに尽きる」として、当該
薬物が指定薬物と同様に規制されうる同種の物であるとの認識があれば、故
意の存在を認め得るとした。

　本事例において、平成 25 年改正前の薬事法第 2 条 14 項（現行薬機法第 76
条の 4）が規定する指定薬物所持罪が成立する。

参考文献
・南　由介「指定薬物の故意」刑事法ジャーナル 56 号（2018 年 5 月号）141〜148 頁
・判例時報 2340 号（2017 年）125 頁以下
・判例タイムズ 1439 号（2017 年）136 頁以下
・齋藤　勲＝古田佑紀編『大コンメンタール I　薬物五法』（青林書院、1994 年）
・平野龍一＝佐々木史郎＝藤永幸治編『注解特別刑法 5（医事・薬事編)』（青林書院、
　1983 年）
・団藤重光編『注釈刑法（3）各則（1)』（有斐閣、1977 年）

（守山　正）

第12講◆環境に関する犯罪

キーワード

環境刑法／公害／環境保全／環境基準／廃棄物処理

関連法令

刑法／公害対策基本法／環境基本法／公害罪法／水質汚濁防止法／廃棄物処理法

1 環境犯罪の意義

1 歴史的経緯

わが国では、戦後の高度成長期に、いわゆる四大公害病（水俣病、新潟水俣病、四日市ぜんそく、イタイイタイ病）に代表される公害が大きな社会問題となり、その対策は国として取り組むべき課題であるとの認識が高まった。それを受けて、1967年に公害対策基本法が成立した。同法は、事業者、国及び地方公共団体の公害の防止に関する責務を明らかにし、並びに公害の防止に関する施策の基本となる事項を定めることにより、公害対策の総合的推進を図り、もって国民の健康を保護するとともに、生活環境を保全することを目的としたものであった（1条）。

同法は、公害を、「事業活動その他の人の活動に伴って生ずる相当範囲にわたる大気の汚染、水質の汚濁、土壌の汚染、騒音、振動、地盤の沈下及び悪臭によって、人の健康又は生活環境に係る被害が生ずること」と定義している（2条1項）。そして、国が行うべき施策としては、まず、大気の汚染、水質の汚濁、土壌の汚染及び騒音に係る環境上の条件について、人の健康を保護し、及び生活環境を保全するうえで維持されることが望ましい基準（環境基準）を定めるものとされている（9条1項）。そのうえで、例えば、物質の排出等に関しては、公害を防止するため、事業者等の遵守すべき基準を定

める等により、大気の汚染、水質の汚濁又は土壌の汚染の原因となる物質の排出等に関する規制の措置を講じなければならないとする規定が置かれている（10 条 1 項）。

　公害対策基本法に定められた国の行うべき施策を実現するために、大気汚染防止法（1968 年）や水質汚濁防止法（1970 年）などの行政法規が制定されるとともに、既存の法令については、それによる規制を強化する改正がなされた。これらの法律では、行政上の基準及び規制措置の実効性を担保するために、その違反に対する罰則が定められている。行政機関による命令に違反したことを処罰する規定が中心であるが、排出基準違反を直接に処罰する規定なども置かれることになった。

　さらに、1970 年には、事業活動に伴って人の健康に係る公害を生じさせる行為等を処罰することにより、公害の防止に関する他の法令に基づく規制と相まって人の健康に係る公害の防止に資することを目的とした「人の健康に係る公害犯罪の処罰に関する法律」（公害罪法）も制定された。同法は、罰則を伴う行政法規ではなく、公害を発生させる行為を自然犯として処罰するものである。

○コラム 30　公害国会と環境庁の設置

　公害問題が深刻化する中で、1970 年 7 月に、閣議決定により、内閣に、総理大臣を本部長とする公害対策本部が設けられるとともに、関係閣僚からなる公害対策閣僚会議が設置された。そして、この新たな体制の下で、1970 年 11 月 24 日から同年 12 月 18 日まで、公害国会と称される第 64 回国会（臨時会）が開催され、公害関係法令の抜本的な整備が行われた。同国会では、人の健康に係る公害犯罪の処罰に関する法律案、水質汚濁防止法案、大気汚染防止法の一部を改正する法律案など、全部で 14 の公害関係法案が可決された。また、翌 1971 年の 7 月には、上記の公害対策本部が発展するかたちで、総理府の外局として環境庁が設置され、公害防止対策を担うことになった。

　このように、わが国の環境犯罪に対する取締りと処罰は、公害事犯を対象

として開始されたが、その後、様々な対策の結果、公害は次第に沈静化して
いった。そうした中で、1992年6月にリオデジャネイロで開催された「環
境と開発に関する国連会議」（地球サミット）において、持続可能な開発の理
念に基づき、「環境と開発に関するリオ宣言」や「アジェンダ21」などが合
意されるとともに、気候変動に関する国際連合枠組条約や、生物の多様性に
関する条約が調印された。これを受けるかたちで、わが国においても、1993
年に環境基本法が制定され、それに伴って公害対策基本法は廃止されること
になった。

　環境基本法は、環境の保全について、基本理念を定め、並びに国、地方公
共団体、事業者及び国民の責務を明らかにするとともに、環境の保全に関す
る施策の基本となる事項を定めることにより、環境の保全に関する施策を総
合的かつ計画的に推進し、もって現在及び将来の国民の健康で文化的な生活
の確保に寄与するとともに、人類の福祉に貢献することを目的とするもので
ある（1条）。同法は、公害の定義については公害対策基本法を引き継いだう
えで、公害を「環境の保全上の支障」の1つとして位置づけている（2条3
項）。

　そのうえで、国は、環境の保全上の支障を防止するため、一定の規制の措
置を講じなければならないとされている。そこには、①大気の汚染や水質の
汚濁等に関し、事業者等の遵守すべき基準を定めること等により行う、公害
を防止するために必要な規制の措置のほかに、②自然環境を保全することが
特に必要な区域における土地の形状の変更、工作物の新設、木竹の伐採その
他の自然環境の適正な保全に支障を及ぼすおそれがある行為に関し、その支
障を防止するために必要な規制の措置や、③採捕、損傷その他の行為であっ
て、保護することが必要な野生生物、地形もしくは地質又は温泉源その他の
自然物の適正な保護に支障を及ぼすおそれがあるものに関し、その支障を防
止するために必要な規制の措置などが含まれている（21条）。

　このように、環境基本法により、国に求められる規制の対象が、公害だけ
ではなく、広く環境の保全上の支障に広がったことにより、関係する法令も
拡大することになった。そして、それぞれの法令に罰則が定められることに
より、環境犯罪として捉えられる犯罪の範囲も拡大することになったのであ

る。同時に、この意味での環境犯罪を対象とするものとして、環境刑法と称される領域が形成されることになった。

2　環境犯罪の類型

　前述のような経緯を経て対象が拡大した現在の環境犯罪は、その性質から、大きくは3つに分類することができる。

　第1は、公害により人の生命や身体に危害を及ぼす行為が直接に処罰の対象とされているものである。公害罪法上の罪が典型であるが、事案によっては、当該行為が、刑法上の業務上過失致死傷罪（211条）や、ガス漏出罪（118条）、飲料水に関する罪（142条〜146条）として処罰されることがある。

　第2は、公害を発生させるおそれのある行為を規制する行政法規に違反する行為が処罰の対象とされているものである。規制対象となる分野に着目して関係法令を区分すれば、以下のようになろう。

　まず、いわゆる典型7公害を対象とするものとしては、それぞれ、①大気汚染（大気汚染防止法、スパイクタイヤ粉じんの発生の防止に関する法律）、②水質汚染（水質汚濁防止法、下水道法）、③土壌汚染（農地用の土壌の汚染防止に関する法律）、④騒音（騒音規制法、公共用飛行場周辺における航空機騒音による障害の防止等に関する法律）、⑤振動（振動規制法）、⑥地盤沈下（建築物用地下水採取規制法、工業用水法）、⑦悪臭（悪臭防止法）を挙げることができる。

　このほかに、廃棄物処理関係法（廃棄物の処理及び清掃に関する法律、産業廃棄物の処理に係る特定施設の整備の促進に関する法律）、毒性物質の規制法（化学物質の審査及び製造の規制等に関する法律、ダイオキシン類対策特別措置法）、海洋汚染及び海上災害の防止に関する法律等も、この類型に当たるものとして位置づけることができるであろう。

　第3は、公害以外の環境の保全上の支障を生じさせるおそれのある行為を規制する行政法規に違反する行為が、処罰の対象とされているものである。環境基本法の下で、以下のような法令が、この類型に属するものとして挙げられている。

　①公園及び緑地保全関係法（自然公園法、生産緑地法）、②動植物保護に関する法律（鳥獣の保護及び管理並びに狩猟の適正化に関する法律、絶滅のおそれ

のある野生動植物の種の保存に関する法律)、③地球環境の保護に関する法律（地球温暖化対策の推進に関する法律、特定物質の規制等によるオゾン層の保護に関する法律）④石、砂利、鉱物等の採取対策関連法（採石法、砂利採取法）、⑤国土開発、土地利用等の規制法（土地基本法、河川法）、⑦歴史的・文化的遺産の保全関係法（文化財保護法）。

　前述の第2類型に属する罰則規定が、公害の防止を通じて、最終的には、人の生命や身体という法益を保護しようとするものであるのに対し、この類型に属する罰則規定は、種の保存法に代表されるように、人の法益には還元できない、環境の保全それ自体を保護法益としていると解される点で、第2類型の罰則とは異なるものである。

　なお、廃棄物処理関係法や海洋汚染防止法などは、公害の発生防止という側面と、より広い意味での環境の保全という側面の双方を持ち合わせている。これらに代表されるように、法律によっては、第2と第3の類型のどちらかに分類することが難しいものもある。

○コラム31　水俣病刑事事件

　四大公害病のうち、刑事事件に至ったのは、水俣病のみである。チッソの社長と工場長が、有機水銀の排出によって7名の被害者を水俣病に罹患させて死亡又は傷害の結果を生じさせたとして、業務上過失致死罪及び業務上過失致傷罪で起訴された。本件では、7名の被害者のうち、1名を除いて、死亡ないし傷害の結果の発生時点から起訴までに、法定の公訴時効期間が経過していたため、それらの者に対する業務上過失致死傷罪については公訴時効が完成しているのではないかが問題とされた。最高裁は、観念的競合の関係にある罪の公訴時効については、その全部を一体として観察すべきであり、最終の結果が生じたときから起算して同罪の公訴時効期間が経過していない以上、全部の罪について公訴時効は未完成であるとした。

　さらに、被害者のうち1名は、出生に先立つ胎児段階において、メチル水銀の影響を受けて脳の形成に異常を来し、その後、出生はしたものの、水俣病に起因する栄養失調・脱水症により12歳で死亡したため、このような場合にも、人を客体とする業務上過失致死罪が成立するのかも問題とされた。最高裁は、刑法上、胎児は、母体の一部を構成するものと取り扱われて

いると解されるから、胎児に病変を発生させることは、人である母体の一部に対するものとして、人に病変を発生させることにほかならないとしたうえで、胎児が出生し人となった後、病変に起因して死亡するに至った場合は、結局、人に病変を発生させて人に死の結果をもたらしたことに帰するから、病変の発生時において客体が人であることを要するとの立場を採ると否とにかかわらず、業務上過失致死罪が成立するものとした（最決昭和 63 年 2 月 29 日刑集 42 巻 2 号 314 頁）。

　本決定により、本件は、チッソの工場から排出されたメチル水銀化合物が水俣病の原因であるとする政府見解が公表されてから約 20 年、起訴から数えても 12 年半余りを経て、被告人両名を有罪とするという結果で終わることとなった。

2　環境犯罪の現状と取締り

　環境関係事犯の警察から検察庁への送致件数を、法令別に 10 年ごとに示したのが、図表 12 - 1 である。40 年前から、検挙件数の最も多くを占めるのは廃棄物処理法違反であるが、かつてはかなりの数があった公害規制に係る行政法規違反の送致件数が年を追うごとに減少している。また、図表 12 - 2 は、2018 年における検察庁の環境関係法令違反事件の通常受理・処理人員を罪名別に示したものである。これによると、廃棄物処理法違反に次いで受理人員が多いのは、海洋汚染防止法違反である。違反の内訳は明らかではないが、海上保安庁による公表資料（「平成 30 年の海洋汚染の現状について」）によれば、海洋汚染の大部分を占めるのは、船舶等からの油の排出と、海洋への廃棄物の投棄である。このうち、船舶からの油の排出については、海洋汚染防止法により、故意による場合と過失による場合の双方が処罰の対象とされており（55 条 1 項 1 号、2 項）、それが検察庁による受理人員の一定割合を占めているものと推測される。

　犯罪情勢の変化や、環境基本法の制定を受けて、警察の取締りも、公害事犯だけでなく、広義の環境犯罪へと拡大した。それまでは、①国民の健康を害し、又は市民生活に直接被害を与える事犯や、②行政機関の指導を無視し

図表 12 - 1 環境関係事犯法令別送致（検挙）件数

罪　名	1978 年	1988 年	1998 年	2008 年	2018 年
大気汚染防止法違反	2	0	2	1	0
水質汚濁防止法違反	340	99	13	5	2
下水道法違反	33	1	1	2	0
廃棄物処理法違反	4,596	3,168	2,371	6,686	5,684
公害防止条例違反	11	7	0	1	0
毒物及び劇物取締法違反	28	4	6	8	5
自然公園法違反	17	2	2	3	0
軽犯罪法違反	26	9	6	16	81
水産資源保護法違反	37	10	0	7	1
港則法違反	1	6	0	0	0
消防法違反	57	4	1	0	1
と畜場法・へい獣処理法違反	26	1	0	0	0
化製場等法違反	0	0	0	0	0
河川法違反	149	18	14	2	2
砂利採取法違反	15	1	1	1	1
その他	45	20	25	654	438
合計	5,383	3,350	2,443	7,386	6,215

警察庁『（昭和 53・63・平成 10・20・30）年の犯罪』より抜粋

図表 12 - 2 罪名別環境関係法令違反事件通常受理・処理人員（2018 年）

| 罪　名 | 受理 | 処　理 | | | 起訴率 |
		起訴	不起訴	計	（%）
廃棄物処理法違反	7,155	3,847	3,279	7,126	54.0
鳥獣保護管理法違反	329	142	186	328	43.3
海洋汚染防止法違反	485	132	330	462	28.6
動物愛護管理法違反	155	42	113	155	27.1
軽犯罪法違反	236	47	195	242	19.4
水質汚濁防止法違反	55	16	32	48	33.3
その他	526	120	426	546	22.0
合計	8,941	4,346	4,561	8,907	48.8

（出典）令和元年版環境白書 288 頁

て行われる事犯に対して重点的な取締りが実施されてきたが、それに加えて、フロンガスによるオゾン層の破壊、海洋汚染、酸性雨、野生生物種の減少など、地球的規模で環境や生態系を損なう事犯に対しても積極的に取り組むものとされたのである。1999 年には、こうした方針を明文化した「環境犯罪対策推進計画」が策定された。そこでは、環境犯罪に対する取組みを強化するとともに、特に産業廃棄物の不法投棄事案等に重点的に取り組むことが明記されている。その背景には、大量生産、大量消費型の経済社会が定着する中で、廃棄物の処理がそれ自体として深刻な社会問題となっていることに加えて、廃棄物の違法処理が暴力団等の資金源となっている状況や、不法投棄された廃棄物がダイオキシンなどの発生源となって、市民生活に大きな不安を与えている状況が見られることがある。図表 12 - 1 が示すとおり、いったん減少した廃棄物処理法違反の送致件数が、近年、再び増加し、従前を上回る水準となっていることには、こうした警察の方針も影響していると考えられる。

　以下では、上記の環境犯罪の 3 つの類型のうち、第 1 類型と第 2 類型を代表するものとして公害罪法と水質汚濁防止法を、現在の環境犯罪の中心を占めるものとして廃棄物処理法違反を取り上げ、その罰則の構造と適用の現状について検討することにする。

3　公害罪法

1　立法の経緯と規定の内容

　公害罪法は、いわゆる四大公害病をはじめとして、国民の生命や身体に重大な被害をもたらすおそれのある大規模な公害が各地において発生する中で、国民感情に照らしてこの種の公害事犯はその刑事責任が厳しく追及されるべきであるにもかかわらず、既存の刑法その他の関係法令をもってしては十分に対処できないという認識の下に制定されたものである。

　そこでは、まず、基本的な処罰類型として、工場又は事業場における事業活動に伴って人の健康を害する物質を排出し、公衆の生命又は身体に危険を生じさせた者について、故意犯と過失犯の双方を処罰する規定が置かれ（2

条1項、3条1項)、さらに、それによって人を死傷させた場合には、それぞれにつき刑を加重する規定が置かれている (2条2項、3条2項)。また、いずれの罪についても、両罰規定により、法人にも罰金刑が科されることになっている (4条)。

　従来、この種の公害事犯に適用しうる処罰規定としては、①業務上過失致死傷罪、②ガス漏出罪、③飲料水に関する罪などがあったが、②と③は、故意犯であるうえに適用対象が限られており、また、①については、死傷の結果の発生が要求されている。加えて、いずれの罪についても、法人処罰が定められていないために、公害を発生させた実質的な責任者である事業者等を処罰できないなど、公害事犯に対処するには限界があった。そこで、公害罪法では、死傷の結果が発生しなくても、事業活動に伴って人の健康を害する物質を排出し、公衆の生命又は身体に危険を生じさせたことをもって処罰ができるものとするとともに、両罰規定を置くことにより、法人処罰を可能としたのである。

　さらに、例えば、ある川の上流にある複数の工場が、それぞれに人の健康を害する物質を排出しており、下流の地域で公衆の生命又は身体に危険が生じているものの、それがどの工場から排出された物質によるものかがわからないという場合もありうる。そこで、こうした事案に対処するため、公害罪法には、①工場又は事業場における事業活動に伴い、当該排出のみによっても公衆の生命又は身体に危険が生じうる程度に人の健康を害する物質を排出した者がある場合において、②その排出によりそのような危険が生じうる地域内に同種の物質による公衆の生命又は身体の危険が生じているときは、その危険は、その者の排出した物質によって生じたものと推定するという規定が置かれている (5条)。つまり、①と②が証明された場合には、当該物質の排出と危険の発生との間の因果関係が推定されることになる。それゆえ、被告人は、自らの工場ではなく、他の工場からの排出によって危険が生じたことを立証しなければならず、被告人が立証に成功しなければ、因果関係の存在が認定されることになるわけである。

2 本法の適用対象

このように、公害事犯により積極的に対処するという想定の下に制定された公害罪法であったが、判例は、3 条 1 項にいう「工場又は事業場における事業活動に伴って人の健康を害する物質を排出し」とは、工場又は事業場における事業活動の一環として行われる廃棄物その他の物質の排出の過程で、人の健康を害する物質を工場又は事業場の外に何人にも管理されない状態において出すことをいい、事業活動の一環として行われる排出と見られる面を有しない他の事業活動中に、過失によりたまたま人の健康を害する物質を工場又は事業場の外に放出するに至らせたとしても、3 条の罪には当たらないとする判断を示した（最判昭和 62 年 9 月 22 日刑集 41 巻 6 号 255 頁、最判昭和 63 年 10 月 27 日刑集 42 巻 8 号 1109 頁）。これによれば、偶発的な事故による有害物質の排出は本法の対象とはならないことになり、その適用範囲は大きく限定されることになった。それもあって、これ以降、公害罪法はほとんど適用されていない。

4　水質汚濁防止法

いわゆる四大公害病のうちの 3 つが、工場等からの有害物質の海や河川への排出によって引き起こされたものであったこともあり、それを規制することは、大気汚染物質の排出規制とならんで、公害対策の根幹をなすものであった。そのために 1970 年に制定されたのが、水質汚濁防止法である。

本法では、公共用水域への汚水を排出する施設（特定施設）を設置する工場又は事業場（特定事業場）からの排出水について、環境省令により、排出基準を定めるものとされ（3 条）、また、指定地域内の特定事業場で、一定規模以上のものについては、都道府県知事が、排出水の汚濁負荷量について総量規制基準を定めなければならないとされている（4 条の 5）。

工場・事業場に特定施設を設置する場合には、都道府県知事に届出をしなければならず（5 条）、届出を受けた都道府県知事が、排出水の汚染状態が排出基準に適合しないと認めた場合には、計画の変更又は廃止を、指定地域内事業場について汚濁負荷量が総量規制基準に適合しないと認めた場合には、

汚水又は廃液の処理の方法の改善などの措置を命じることができる（8条）。さらに、都道府県知事は、排出水を排出する者が、その汚染状態が排水基準に適合しない排出水を排出するおそれがあるときは、期限を定めて、特定施設の構造、使用の方法、汚水などの処理の方法に改善を命じ、又は特定施設の使用もしくは排水の一時停止を命じることができる（13条1項）。汚濁負荷量が総量規制基準に適合しない排出水が排出されるおそれがあると認めるときも、同様な改善措置を命じることができる（同条3項）。都道府県知事によるこれらの命令に違反した場合には、1年以下の懲役又は100万円以下の罰金が科される（30条）。

加えて、特定事業場から公共用水域に排水基準に適合しない排出水を排出することが禁じられており（12条1項）、故意にこれに違反した者については、6月以下の懲役又は50万円以下の罰金が（31条1項）、過失による場合には、3月以下の懲役又は30万円以下の罰金が科される（同条2項）。

このように、本法では、都道府県知事による命令に違反した場合の罰則を中心としつつ、排出基準に違反した排水に対しては、いわゆる直罰規定を置いている。こうした罰則規定の構造は、他の環境関係法令にも共通するものである。

5　廃棄物処理法

1　法の基本的構造

廃棄物処理法は、廃棄物の排出を抑制し、及び廃棄物の適正な分別、保管、収集、運搬、再生、処分等の処理をし、並びに生活環境を清潔にすることにより、生活環境の保全及び公衆衛生の向上を図ることを目的としたものである（1条）。同法にいう廃棄物とは、ごみ、粗大ごみ、燃え殻、汚泥、ふん尿、廃油、廃酸、廃アルカリ、動物の死体その他の汚物又は不要物であって、固形状又は液状のものをいう（2条1項）。廃棄物は、一般廃棄物と産業廃棄物に区分される。このうち、産業廃棄物とは、①事業活動に伴って生じた廃棄物のうち、燃え殻、汚泥、廃油、廃酸、廃アルカリ、廃プラスチック類その他政令で定める廃棄物、及び②輸入された廃棄物をいい（同条4項）、

それ以外の廃棄物が一般廃棄物である（同条 2 項）。

　本法は、この両者につき、それぞれに処理の仕組みを定めている。まず、一般廃棄物については、市町村が、その処理計画を定めたうえで（6 条 1 項）、それに従って、収集、運搬及び処分をしなければならない（6 条の 2 第 1 項）。ただし、政令で定める基準の下で、市町村以外の者にそれを委託することができる（同条 2 項）。他方、産業廃棄物については、事業者が自らそれを処理する責任を負うが（11 条 1 項）、その運搬又は処分を他人に委託することができる（同条 5 項）。委託の相手方は、都道府県知事の許可を受けた産業廃棄物収集運搬業者及び産業廃棄物処理業者に限られる。

2　罰則の概要

　こうした仕組みの下で、本法には、以下のような類型の罰則が定められている。

　第 1 は、開業や業務活動に必要な許認可等を受けることなく、一定の行為を行うことを処罰する規定である。例えば、許可を受けずに廃棄物処理業を行うことなどが、これに当たる（25 条 1 号、3 号）。それと対応するかたちで、許可を得ていない業者に廃棄物の処分等を委託することを処罰する規定も置かれている（25 条 6 号、26 条 1 号）。

　第 2 は、行政機関の命令に違反する行為を処罰するものである。廃棄物処理法においては、主務官庁が、廃棄物処理基準に適合しない、廃棄物の収集、運搬、処分が行われた場合に、期限を定めて、当該廃棄物の保管、運搬又は処分の方法の変更その他必要な措置を講ずることを命じたり（改善命令。19 条の 3）、廃棄物処理基準に適合しない廃棄物の処分が行われ、それにより生活環境の保全上支障が生じ、又は生ずるおそれがあると認められるときは、期限を定めて、その支障の除去又は発生の防止のために必要な措置を講ずべきことを命じたりすること（措置命令。19 条の 4、19 条の 5）ができるとされている。こうした命令に従わない場合には、処罰の対象となる（26 条 2 号）。

　第 3 は、報告義務、帳簿の備え付け義務等の、法令上の作為義務に違反する行為を処罰するものである（27 条の 2〜33 条）。

　これらの罰則が事業者を対象としたものであるのに対し、第 4 の類型は、

環境ないし公衆衛生を直接に侵害するおそれのある行為を一般的に禁止し、それに違反した行為を処罰するものである。本法には、「何人も、みだりに廃棄物を捨ててはならない」とする規定が置かれており（16条）、これに違反する行為が処罰の対象とされている（25条14号）。

　廃棄物処理法の罰則規定は、対象行為が拡大、細分化するとともに、法定刑も改正のたびに重くなっている。1970年制定当時、本法における最も重い罰則は、無許可営業と業務停止命令違反に対する「1年以下の懲役又は10万円以下の罰金」であった。また、不法投棄については、「5万円以下の罰金」のみが規定されており、しかも、一般廃棄物については、市街地内での不法投棄のみが処罰対象であった。ところが、その後の厳罰化により、現在では、最も重い罰則は、「5年以下の懲役又は1000万円以下の罰金（併科も可能）」となっており、不法投棄を含めて16の罪がこれに該当する。

　さらに、一定の違反については、両罰規定により、法人の処罰が定められており、かつ、そのうちの無許可営業や不法投棄等の違反については、法人重課の規定（3億円の罰金）が置かれている（32条）。

　また、とりわけ産業廃棄物の違法処理等が暴力団等の犯罪組織によって行われ、その資金源となっていることも少なくないことに鑑みて、無許可営業罪などの本法上の一定の罪は、組織的犯罪処罰法による犯罪収益の没収の前提犯罪とされていた。2017年の組織的犯罪処罰法の改正により、長期4年以上の懲役又は禁錮の刑が定められている罪が一般的に前提犯罪とされたことにより、それまで列挙されていた本法の罪は、そのまま前提犯罪として取り込まれることになった。

図表 12‑3　廃棄物処理法違反の態様別検挙件数（2018年）

	不法投棄	委託違反	無許可処分業	その他	計
一般廃棄物	2,417	4	10	2,315	4,746
産業廃棄物	232	9	8	498	747
総　数	2,649	13	18	2,813	5,493

（出典）令和元年版環境白書 288 頁

3　検挙の状況

　2018 年における違反態様別の検挙件数は、図表 12 - 3 のとおりである。態様別では、不法投棄事案が全体の 48.2％を占め、また、廃棄物別では、一般廃棄物事犯が 86.4％を占めている。態様として最も多いのは、一般廃棄物の不法投棄であるが、その中には軽微な事案も少なくない。廃棄物処理法違反全体の起訴率が 5 割強にとどまっているのは（図表 12 - 2）、このことも要因の 1 つであろう。

4　違反への対応

　本法に違反する行為に対しては、刑事事件としての処理とならんで、各地方自治体の担当部署による行政処分も行われる。行政処分には、前述した、廃棄物処理基準に適合しない場合の改善命令や措置命令だけでなく、違反行為があった場合の、廃棄物収集運搬業・廃棄物処分業の許可の取消しや、事業の停止処分もあり、これらが事実上大きな制裁効果を有している。

　罰則と同様に、許可の取消しも厳格化しており、取消事由の拡大とともに、2003 年には、一定の取消事由に該当する場合について、裁量的取消しから義務的取消しに変更する改正がなされた。なお、取消事由の 1 つとして、事業者が、廃棄物処理法違反及び政令で定める 9 つの生活環境保全を目的とする法令により罰金刑に処せられた場合が定められており（7 条 5 項 4 号ハ、14 条 5 項 2 号イ、14 条の 3 の 2 第 1 号）、この点で、刑事処分と行政処分が連動するかたちになっている。

　本法で罰則が定められている違反行為のうち、不法投棄などは、住民から警察に通報がなされることも多いと考えられるが、無許可営業などは、行政機関の調査によって明らかになることが少なくないと思われる。また、行政機関の命令に違反する行為を処罰するものについては、当然のことながら、行政処分がなされることが前提となる。その意味で、行政機関がどれだけ本法違反に積極的に対処するかによって、罰則の適用数も変わってくることになろう。

　この点に関して、平成 25 年に、環境省が、都道府県及び政令市の産業廃棄物行政を主管する担当者宛に、「行政処分の指針について」と題する通知

を発している。そこでは、違反行為があった場合に、行政処分を積極的かつ迅速に行うこと、捜査機関への告発を行うこと、刑事処分と行政処分は目的を異にするから、刑事処分とは関係なく、行政処分を積極的に行うべきことなどが述べられている。

○コラム32　おからは産業廃棄物か

　豆腐の製造過程で排出されるおからは、食用、飼料、肥料等として広く利用されている。被告人は、大阪府知事の許可を得たうえで、廃油を用いておからを熱処理し、飼料を生成する事業を営んでいた者であるが、他府県にも新たに工場を建設し、豆腐製造業者から処理料金を徴しておからを収集し、工場まで運搬したうえ、乾燥・熱処理をしていた。しかし、それについては許可を得ていなかったため、廃棄物処理法上の無許可営業により起訴された。これに対し、被告人は、おからは、社会的に有益、有用な資源であって、廃棄物処理法にいう「不要物」にはあたらないと主張した。最高裁は、廃棄物処理法施行令2条4号にいう「不要物」とは、自ら利用し又は他人に有償で譲渡することができないために事業者にとって不要になった物をいい、これに該当するか否かは、その物の性状、排出の状況、通常の取扱い形態、取引価値の有無及び事業者の意思等を総合的に勘案して決するのが相当であるとしたうえで、おからは、本件当時、食用などとして有償で取り引きされて利用されるわずかな量を除き、大部分は、無償で牧畜業者等に引き渡され、あるいは、有料で廃棄物処理業者にその処理が委託されており、被告人は、豆腐製造業者から収集、運搬して処分していた本件おからについて処理料金を徴していたというのであるから、本件おからは、同号にいう「不要物」にあたり、廃棄物処理法2条4項にいう「産業廃棄物」に該当するとして、被告人を有罪とした（最決平成11年3月10日刑集53巻3号339頁）。

6　事例と解説

【事例1】　A社は、プラスチック等の添加剤であるアエロジルの製造を主たる

業とする会社であり、その原料である液体塩素を納入業者のタンクローリーから工場内の貯蔵タンクに受け入れていた。A 社の新入技術員である X は、納入業者がタンクローリーで運搬してきた液体塩素を工場内の貯蔵タンクに受け入れる現場作業に従事していた際、貯蔵タンク上の受入れバルブを閉めようとして誤ってパージバルブを開けてしまい、そのため貯蔵タンク内の液体塩素を配管に流出させて大量の塩素ガスを大気中に放出させ、タンクローリーの運転手 2 名と付近の住民 40 名に対し塩素ガスの吸入に基づく傷害を負わせた。X は公害罪法 3 条 2 項の罪により、A 社は同法 4 条の両罰規定に基づき起訴された。

　公害罪法 3 条 1 項にいう「排出」の意義については、事業主体が工場・事業場の廃棄物、不要物を予定された排出口から工場・事業場外に出すことをいうとする見解（狭義説）と、事業主体が工場・事業場において管理する物質を、何人にも管理されない状態において、工場・事業場外に出すことをいうとする見解（広義説）の対立があった。本事例における塩素ガスの放出は、広義説によれば「排出」に当たるが、狭義説によれば「排出」には当たらないことになる。

　こうした見解の対立がある中で、最高裁は、「排出」を独立して解釈するのではなく、同項の「工場又は事業場における事業活動に伴って人の健康を害する物質を排出し」という文言に着目し、それは、工場又は事業場における事業活動の一環として行われる廃棄物その他の物質の排出の過程で、人の健康を害する物質を工場又は事業場の外に何人にも管理されない状態において出すことをいうとする解釈を示した（最判昭和 62 年 9 月 22 日刑集 41 巻 6 号 255 頁）。これによれば、事業活動の一環として行われる排出と見られる面を有しない他の事業活動中に、過失によりたまたま人の健康を害する物質を工場又は事業場の外に放出するに至らせたとしても、3 条の罪には当たらないことになる。そうすると、本事例の事故は、アエロジルの製造原料である液体塩素を工場内の貯蔵タンクに受け入れる事業活動の過程において発生した事故であって、事業活動の一環として行っている廃棄物その他の物質の排出の過程において発生した事故ではないから、本件事故に公害罪法 3 条は適用できないことになる（最判昭和 63 年 10 月 27 日刑集 42 巻 8 号 1109 頁）。

　それゆえ、本事例では、Xには業務上過失傷害罪が成立するにとどまる。また、業務上過失傷害罪には両罰規定はないので、A社には、業務上過失傷害罪も成立しないことになる。

【事例2】　アルミニウム再生精錬事業を行っているB社の工場では、アルミニウム再生精錬過程から排出される汚泥、金属くず、鉱さい等の産業廃棄物を工場敷地内に掘られた素掘りの穴に埋め、穴が一杯になると表面を覆土し、あるいはコンクリート舗装するなどして埋め立てることを繰り返してきた。その際、同工場で排出された廃棄物は、その都度穴に投入されるのではなく、いったん穴のわきに積み上げられ、ある程度の量がたまったところで、ショベルローダー等により穴の中に押し込んで投入するという手順がとられていた。また、穴のわきに積み上げられた廃棄物については、それが四散したり含有されるフッ素等の物質が空中や土中に浸出したりしないように防止措置を講じ、あるいは廃棄物の種類別に分別するなどといったような管理の手は全く加えられず、山積みの状態のまま相当期間にわたり野ざらしにされていた。

　工場長であるYは、同工場従業員らをして、約3か月の間に、8回にわたって、約10トンの工場からの排出物を穴のわきに運ばせ、同所に無造作に積み上げさせたとして、廃棄物をみだりに捨てた行為により起訴された。

　廃棄物処理法は、みだりに廃棄物を捨てることを禁止するとともに（16条）、その違反に罰則を科している。本事例において、Yは、従業員に対し、工場から排出された汚泥等をB社の保有する工場敷地内に掘った穴のわきに積み上げておくことを指示しているが、この行為が、廃棄物を捨てたといえるのかが問題となる。

　この点について、伝統的な行政解釈では、「捨てる」というのは、廃棄物を最終的に占有者の手から離して自然に還元することをいい、「処分する」というのと同義であるとされてきた。これによれば、本事例では、廃棄物は、最終的には穴に投入し、覆土などして埋め立てることが予定されていたから、それ以前の野積みにされた状態では、いまだ捨てたとはいえないことになろう。

　これに対し、本事例と同様の事案において、最高裁は、当該行為は、その

態様、期間等に照らしても、仮置きなどとは認められず、不要物としてその
管理を放棄したものというほかはないから、廃棄物を捨てる行為に当たると
いうべきであるとした（最決平成 18 年 2 月 20 日刑集 60 巻 2 号 182 頁）。そこ
では、専ら、不要物として管理を放棄したと認められるか否かが、捨てたと
いえるかどうかの基準とされている。

　また、本事例については、産業廃棄物を野積みした行為が、B 社の保有す
る工場敷地内で行われていたため、それが「みだりに」なされたといえるの
かも問題となりうる。「みだりに」といえるかどうかは、生活環境の保全及
び公衆衛生の向上を図るという廃棄物処理法の趣旨に照らし、当該行為が社
会的に許容されるものか否かを基準として判断される。その観点からは、廃
棄物を捨てる場所について行為者が利用権を有していたという点は、廃棄物
の性質、投棄の規模、態様などから、その場所に捨てたとしても周囲の環境
を害さないといえる場合に、それを正当化する要因となるにとどまることに
なろう。そうすると、本事例では、大量の排出物を、それが四散したり含有
されるフッ素等の物質が空中や土中に浸出したりしないようにするための防
止措置を講じることもなく野積みしているから、それが自社の工場敷地内で
あるからといって正当化される余地はないであろう。したがって、本件行為
は、みだりに廃棄物を捨てる行為に当たることになる。

参考文献

・長井圓編著『未来世代の環境刑法 1・2』（信山社、2019 年）
・緒方由紀子編著『廃棄物・リサイクル・その他環境事犯捜査実務ハンドブック』（立
　花書房、2018 年）
・北村喜宣『環境法（第 4 版）』（弘文堂、2017 年）
・中山研一＝神山敏雄＝斉藤豊治＝浅田和茂編著『環境刑法概説』（成文堂、2003 年）
・町野朔編『環境刑法の総合的研究』（信山社、2003 年）
・石井隆之「『公害事犯』の取締りから『環境犯罪』の取締りへ」『大野眞義先生古稀祝
　賀─刑事法学の潮流と展望』（世界思想社、2000 年）

（川出敏裕）

第**13**講◆企業と経済に関する犯罪

キーワード

特別背任／相場操縦／インサイダー取引／不当な取引制限／入札談合／
不正競争／営業秘密／知的財産権

関連法令

刑法／会社法／金融商品取引法／独占禁止法／不正競争防止法／外国為
替および外国貿易法／関税法／法人税法／破産法／民事再生法／会社更
生法

1　企業の経済活動と犯罪

　企業と経済に関する犯罪は、刑法典に規定された各種財産犯罪のほか、き
わめて多岐の法令に規定されている。具体的にどのような法律の罰則規定が
問題になるかについて、はじめに概観しておくことにしたい。

1　株主・会社債権者・投資家に対する犯罪

　現代社会において経済活動の主体として大きな役割を担っているのは、企
業すなわち株式会社である。株式会社は、不特定多数の者（株主）からの出
資を受けて事業を営み、事業で得た利益を株主に還元する組織である。不特
定多数の者からの出資を予定していることから、会社の業務執行は株主が直
接行うのではなく、株主により選任された取締役等に委ねられ（所有と経営
の分離）、株式会社の経営が行き詰まった場合、株主は出資の限度でしか責
任を負わない（有限責任）。株式会社の組織を規律し、株主と会社債権者と
の調整を図るのが会社法である。このような株式会社の特徴を踏まえて、会
社法には、後に述べるように、株主と会社債権者との調整を図るための罰則
規定や、会社経営の健全性を担保するための罰則規定が置かれている。

　株式会社は上場会社と非上場会社とに分けられるが、上場会社は、銀行などの金融機関から資金調達を行うほか、証券市場を通じて株式や社債などの「有価証券」を発行し、投資家から資金調達を行う。投資家は、会社の業績、財務状況を自分の責任で判断し、株式を購入し株主となることで、会社に投資をする。投資家が安心して投資できるためには、会社の情報が正確に伝えられることが必要である。また、投資家は、株を買うのであるから、株価が市場の需給関係により公正に形成されることが求められる。会社情報の適切な開示や証券市場の公正を保護する法律として、金融商品取引法（金商法）がある。そして、金商法は、会社情報の適切な開示を妨げる行為や証券市場の信頼を損ねる不正な行為に対し罰則を設けている。

2　事業活動に伴う犯罪

　会社が事業を営む場合、事業の内容に応じて、様々な事業法（業法）の規制を受ける。たとえば、銀行業を営む場合には銀行法、証券業を営む場合には金商法、保険業を営む場合には保険業法、貸金業を営む場合には貸金業法、建設業を営む場合には建設業法の規制を受けることになる。そして、これらの業法の多くは、無免許・無認可による営業を禁止し罰則を設けているほか、それぞれの業態に応じた禁止行為を定め、違反行為に罰則を定めている。それゆえ、これら業法は、企業と経済に関する犯罪を理解するうえで重要な意味を持つ。さらに、企業が提供する製品・サービスの安全性や表示の適切性については、消費者保護の観点から様々な法規制が存在し、違反行為に対し罰則が設けられている場合がある（たとえば、不当景品類及び不当表示防止法は、優良・有利と誤認させる表示に対し罰則を設けている）。また、資本主義市場経済は、事業者間の「自由かつ公正な競争」を通じて、効率的な資源配分が実現され、消費者の利益の確保が実現されるとともに、企業のイノベーションにもつながり、国民経済の民主的で健全な発達が促進されるという理念に立っている。独占禁止法（私的独占の禁止及び公正取引の確保に関する法律。独禁法）は、自由かつ公正な競争を阻害するおそれのある行為として、私的独占、不当な取引制限、不公正な取引方法を禁止し、私的独占及び不当な取引制限には罰則を設けている。また、他社の製品を模倣したり、営

業秘密を不正に入手したりする行為は、アンフェアな競争行為として、不正競争防止法（不競法）の罰則規定が適用される。

　対外取引の場面では、外国為替及び外国貿易法（外為法）や関税法の罰則規定も問題となる。外為法は、取引の規制（許可・承認、届出など）の実効性を確保するために罰則規定を置いており、たとえば、無許可での貨物輸出・技術取引については、7年以下の懲役または2000万円以下もしくは価格の5倍以下の罰金に処せられ（69条の6第1項）、無許可での核兵器関連の貨物輸出・技術取引については、10年以下の懲役または3000万円以下もしくは価格の5倍以下の罰金に処せられる（69条の6第2項）。また、関税法は、輸出してはならない貨物の密輸出（108条の4）、輸入してはならない貨物の密輸入（109条）、輸入の目的以外の目的で本邦に到着した貨物の蔵置及び運搬（109条の2）などを処罰しており、輸出してはならない貨物の密輸出については、10年以下の懲役もしくは3000万円以下の罰金またはこれらの併科に処せられる。

3　脱税・破産ほか

　法人である株式会社も、個人と同様に、租税を負担する能力（担税能力）に応じて、税金を納めなければならない。たとえば、法人の所得に対して課される法人税について、「偽りその他不正の行為」によって税を免れた場合には、法人税法の逋脱罪（脱税）が成立し、行為者は、10年以下の懲役もしくは1000万円以下の罰金またはこれらの併科に処せられる（159条1項。なお、同様の罰則は、所得税法や相続税法にも規定されている）。脱税した額が罰金刑の上限を超える場合には、情状により脱税額以下にまで罰金刑の額をスライドさせて引き上げることができる（159条3項）。

　企業活動は順風満帆なときばかりではない。企業が債務超過などの状態に陥り、経済活動を継続することが困難な状況に至った場合には、個人と同様に、債務者である企業の財産関係を整理し、精算または再生という手続をとおして、債務者の再出発と債権者の利益の実現を図る必要が生じる。これらの手続を定めるのが、破産法、民事再生法、会社更生法といった法律である（さらに、会社法に基づく特別清算手続がある）。これらの法律は、債権者の財

産上の利益を侵害する行為のほか、清算・再生手続きの適正な遂行を妨げる行為、債務者の経済的再生を阻害する行為などについて罰則規定を設けている。たとえば、債権者を害する目的で、債務者の財産を隠匿、損壊、譲渡したり、債務を負担したりするなどして、破産債権者の財産上の利益を害する行為は、詐欺破産罪として、10 年以下の懲役もしくは 1000 万円以下の罰金またはこれらが併科される（破産法 265 条。なお、刑法には、強制執行を妨害する罪として、強制執行行為妨害罪〔刑法 96 条の 3〕などが規定されている。強制執行手続は、債権の存在を公的に証明する文書である債務名義に基づいて、債権者の請求権を裁判所が強制的に実現する手続であるのに対し、破産手続は、破産者が有している財産を破産財団として管理・換価処分して、破産者の財産を各債権者に公平に配分する手続である）。

　これらのほか、企業の経済活動が、副作用として、環境破壊をもたらすことも考えられるし、会社の従業員等に健康被害などが生じることもある。その意味で、本書でも取り上げられている環境犯罪や労働犯罪も、企業の経済活動に伴う犯罪という側面も有する。

4　両罰規定

　なお、企業の経済活動を規制する罰則には、違反行為を行った行為者だけでなく、事業主である法人に対しても罰金刑を科するとする両罰規定を設けているものが多い。両罰規定に基づく法人に対する罰金刑の多額は、たとえば、独禁法（私的独占の罪、不当な取引制限の罪）が 5 億円、金商法（相場操縦罪、虚偽記載有価証券届出書等提出罪）が 7 億円、不競法（日本国外で使用する目的による営業秘密侵害罪）、外為法（大量破壊兵器関連の貨物または技術についての無許可の輸出等の罪）が 10 億円となっている。

　このように、企業と経済に関する犯罪はきわめて多岐にわたっている。本講では、これら多種多様な犯罪のなかから、法学部や法科大学院における「経済刑法」の授業でも扱われることが多いと思われる、会社法、金商法、独禁法、不競法を中心に取り上げて、企業と経済に関する犯罪と刑罰の概要をみていくことにしたい。

○コラム 33　司法取引

　平成 28 年の刑事訴訟法改正により、いわゆる日本版司法取引制度（協議・合意制度）が導入され、平成 30 年 6 月 1 日から施行された（350 条の 2 以下）。これは、被疑者・被告人が他人の刑事事件の捜査や訴追に協力することにより、自分の事件を不起訴または軽い求刑にしてもらうことなどを合意するという制度である。司法取引の対象となるのは、財政経済事件または薬物銃器犯罪であり、財政経済犯罪は、本講が対象とする企業と経済に関する犯罪に対応するものである。具体的には、脱税、金商法違反、独禁法違反、外為法違反、不競法違反、特許法違反などがこれに該当する。

　平成 30 年 7 月には、協議・合意制度の適用第一号として、タイの発電所建設をめぐる贈賄事件をめぐって、東京地検特捜部が大手発電機メーカーである三菱日立パワーシステムズ（MHPS）の元役員ら 3 人を不競法違反（外国公務員に対する贈賄罪）で在宅起訴するに際し、法人である MHPS が元役員らの不正行為の捜査に協力する司法取引を行い、起訴を免れたことが報じられた。また、日産自動車をめぐる金商法違反及び会社法違反事件でも、司法取引により、日産自動車の幹部 2 名が不起訴処分となっている。

2　株主・会社債権者に対する犯罪

　冒頭で述べたように、株式会社では、出資者である株主が直接自ら経営に携わるのではなく、株主から選任された取締役等が経営を行う。それゆえ、株主から見れば、会社の経営が健全に行われるかどうかは重大な関心事である。他方、株式会社の経営が破綻した場合、株主は自己の出資の限度でしか責任を負わないのであるから、株式会社と取引をする者は、自己の債権を担保するため、株式会社の財産がきちんと管理されているかどうかが重要な関心事となる。こうした株式会社の制度的特徴を踏まえ、会社法は、会社運営の健全性を害する行為や会社財産を侵害する行為に対し罰則を設けている。会社運営の健全性を害する罪として、取締役等の贈収賄罪（967 条）、株主等の権利行使に関する贈収賄罪（968 条）、株主の権利行使に関する利益供与罪

(970 条) などがある。他方、会社財産を侵害する罪として、取締役等の特別
背任罪 (960 条) や会社財産を危うくする罪 (963 条)、預合い罪・応預合い
罪 (965 条) などがある。

1　取締役等の贈収賄罪

　取締役等の贈収賄罪とは、取締役等が、その職務に関し、不正の請託を受
けて、財産上の利益を収受し、またはその要求もしくは約束をする行為を処
罰するもので、罰則は、5 年以下の懲役または 500 万円以下の罰金である。
刑法における受託収賄罪に相当する類型であり、しかも、「不正の」請託を
承けた場合にのみ処罰の対象となる。また、刑法の賄賂罪における「賄賂」
は、人の欲望を満たすものであればよいが、本罪では、「財産上の利益」の
みが対象となる。公務員ではない民間企業の取締役等について、その職務に
関する利益の授受をなぜ処罰するかについては、株式会社のもつ社会的重要
性に鑑み、公益の保持という観点から、公務員に準じて考えることができる
というのが立法理由である。なお、公共性の高い会社については、刑法の適
用上公務員とみなされる「みなし公務員」として賄賂罪の適用を受ける場合
のほか (たとえば、日本銀行法 30 条)、公務員ではないが、地位・職務の公共
性に鑑み、刑法以外の法律で賄賂罪として処罰されるものがある (日本電信
電話株式会社等に関する法律 19 条、成田国際空港株式会社法 18 条・19 条など)。

2　株主等の権利行使に関する贈収賄罪・利益供与罪

　株主権等の権利行使に係る贈収賄罪とは、株式会社の管理運営や経営の監
督是正に関する権利すなわち共益権の行使や会社債権者の権利の行使に関
し、不正の請託を受けて、財産上の利益を収受等することを内容とする犯罪
である。株主総会を荒らすいわゆる総会屋対策を目的として昭和 13 (1938)
年に立法されたものであるが、「不正の請託」を要件としたことから、総会
屋対策としての機能を果たせないものになった。すなわち、総会屋に対し株
主総会に来ないよう依頼することは「不正の請託」にあたらないからであ
る。そこで、株主の権利行使に関する利益供与罪が新たに設けられることに
なった。

　株主の権利行使に関する利益供与罪は、株主の権利行使（共益権の行使だけでなく、株式会社から直接経済的利益を受ける権利すなわち自益権の行使も含む）に関し、取締役等が会社の計算で利益を供与することを内容とする犯罪である。もっとも、本罪の立法目的が総会屋対策にあったとはいえ、本罪の罪質をどのように理解するかについては議論がある。

3　取締役等の特別背任罪

　取締役等の特別背任罪は、刑法の背任罪の加重類型である（10 年以下の懲役もしくは 1000 万円以下の罰金またはこれらの併科）。会社法の特別背任罪は、株式会社の取締役であれば、企業の規模や上場会社・非上場会社の区別に関係なく適用される。不正融資について言えば、銀行は株式会社であるので（銀行法 4 条の 2）、銀行の不正融資については、特別背任罪の適用が問題となる。他方、たとえば信用金庫は株主会社ではないので会社法の適用を受けず、信用金庫の不正融資は刑法の背任罪の適用が問題となる。株式会社の取締役の背任罪を通常の背任罪よりも一律に重く処罰する理由がどこにあるのか、検討の余地があろう。

4　会社財産を危うくする罪、預合い罪・応預合い罪

　会社財産を危うくする罪は、特別背任罪を補充するものであり、具体的には、株式会社の計算において不正にその株式を取得する行為（自己株式取得罪。963 条 5 項 1 号）や、法令または定款の規定に違反して剰余金を配当する行為（違法配当罪。同条 5 項 2 号）が処罰される（5 年以下の懲役もしくは 500 万円以下の罰金またはこれらの併科）。また、預合いとは、株式会社の設立に際し、発起人等が金融機関と通謀して行う仮想の払込をいい、応預合いとは、預合いに応じることをいう（965 条。5 年以下の懲役もしくは 500 万円以下の罰金またはこれらの併科）。

3　投資家に対する犯罪

　上場会社は、株式市場（証券市場）を通じて、投資家から事業に必要な資

金を調達する。投資家はいかなる会社に投資するかの投資判断を自己責任のもとで行い、そのリスクを投資家自身が負うことから、証券市場が機能するためには、投資家に対して会社の情報が適切に開示されるとともに、証券市場自体が公正に機能していることが必要である。それゆえ、企業情報の開示を担保するための罰則規定や相場操縦など不公正な取引を規制するための罰則規定が求められることになる。これについては、金商法が規定する。

　金商法の罰則は、企業情報の開示に関するものと不公正取引の規制に関するものに大きく分けられる。

1 　企業情報の開示を阻害する犯罪

　まず、開示規制に関するものとしては、有価証券届出書、有価証券報告書等の虚偽記載、内部統制報告書等の虚偽記載、不提出などがあげられる。

　有価証券届出書とは、有価証券を売り出そうとする会社（発行会社）が内閣総理大臣に対し提出する開示資料であり、発行する有価証券の情報や発行会社の企業情報などが記載されている。有価証券届出書や発行登録書などに虚偽の記載をし、提出することは、虚偽記載有価証券届出書等提出罪（金商法 197 条 1 項 1 号）という犯罪に該当する。罰則は、10 年以下の懲役もしくは 1000 万円以下の罰金または併科であり、法人に対する罰金の多額は 7 億円である（207 条 1 項 1 号）。有価証券を発行した会社は、その後も、年次報告書にあたる有価証券報告書や、半期報告書・四半期報告書、臨時報告書などを提出しなければならず、さらに上場会社は、内部統制が有効に機能しているかどうかを評価した報告書である内部統制報告書を有価証券報告書とともに、内閣総理大臣に提出しなければならない。これらの書類に虚偽記載のあるものを提出した場合は虚偽記載有価証券報告書提出罪が成立し（197 の 2 条 6 号。罰則は、5 年以下の懲役もしくは 500 万円以下の罰金またはこれらの併科。法人に対する罰金の多額は 5 億円）、これらの書類を提出しなかった場合には有価証券報告書等不提出罪が成立する（罰則は、有価証券報告書、内部統制報告書の不提出が 5 年以下の懲役もしくは 500 万円以下の罰金またはこれらの併科、半期報告書・四半期報告書、臨時報告書の不提出が 1 年以下の懲役もしくは 100 万円以下の罰金またはこれらの併科である）。

2　不公正取引の規制

　他方、不公正取引の規制に関するものとしては、不正取引等の罪（金商法
157 条）、風説の流布・偽計（158 条）、相場操縦罪（159 条）、インサイダー取
引罪（166 条、167 条）、さらに、損失保証・損失補てん罪などが上げられる。
罰則は、不正取引等の罪、風説の流布・偽計等及び相場操縦罪が、10 年以
下の懲役もしくは 1000 万円以下の罰金またはこれらの併科、インサイダー
取引罪が、5 年以下の懲役もしくは 500 万円以下の罰金またはこれらの併
科、損失保証・損失補てん罪が 3 年以下の懲役もしくは 300 万円以下の罰金
またはこれらの併科となっている。

(1)　不正取引・風説の流布・偽計等

　金商法 157 条は、①不正の手段、計画、技巧を用いること（1 号）、虚偽表
示文書等の使用による財産の取得（2 号）、③虚偽相場の使用（3 号）を禁止
している。これらは、アメリカの証券取引法に倣って作られた、有価証券等
の取引における不正な行為を禁止する一般的・包括的な禁止規定である。も
っとも、わが国では、犯罪構成要件として不明確であることや、不公正取引
の規制は他の禁止規定の適用によって対応可能であることなどから、ほとん
ど適用されていない。

　金商法 158 条は、有価証券等の相場を図る目的をもって、風説を流布し、
偽計を用い、または暴行もしくは脅迫することを禁止している。このうち、
風説の流布とは、合理的根拠のない風評を不特定多数の者に伝播させること
をいい、偽計とは、他人に錯誤を生じさせる詐欺的ないし不公正な策略、手
段をいう。偽計は、近時、既存の株主の権利を希薄化し、反社会的勢力の関
与も懸念されるいわゆる「不公正ファイナンス」への対応策としての機能を
期待されている。

(2)　相場操縦罪

　相場操縦罪とは、証券市場の相場を人為的に操る犯罪である。証券の価格
は、本来、需要と供給の関係に基づいて形成されるべきところ、相場操縦行
為は、証券の価格を人為的に操作するものであり、市場を信じた投資家に不
測の損害を与えるだけでなく、証券市場に対する投資家の信頼を失わせる行
為として、禁止されている。株の値段は相場の需給で決まるものであり、人

為的に操ってはいけない。相場操縦の禁止は、株の値段を人為的に操作する行為を禁止するものである。金商法 159 条は、相場操縦行為として、仮装売買、馴合売買、仮装売買・馴合売買の委託または受託、現実取引による変動操作、表示による相場操縦、違法な安定操作を禁止している。

仮装売買（金商法 159 条 1 項 1 号から 3 号）とは、同一人が同一銘柄について同時期に売り注文と買い注文を出すように、有価証券等の「権利の移転を目的としない」仮装の売買等をいう。馴合売買（同条 1 項 4 号から 8 号）とは、複数の者が「通謀のうえで」仮装の売買等を行うことをいう。現実取引による相場操縦（同条 2 項 1 号）とは、取引を誘引する目的をもって、相場を変動させるような取引を行うことをいう。もっとも、有価証券を大量に売買すれば株価の変動は生じることから、適法な取引と違法な取引とをどのように区別するかが問題となる。判例は、違法な取引について、「『有価証券市場における有価証券の売買取引を誘引する目的』、すなわち、人為的な操作を加えて相場を変動させるにもかかわらず、投資者にその相場が自然の需給関係により形成されるものであると誤認させて有価証券市場における有価証券の売買取引に誘い込む目的をもってする、相場を変動させる可能性のある売買取引等」（最決平成 6 年 7 月 20 日刑集 48 巻 5 号 201 頁〔協同飼料株価操作事件上告審決定〕）と定義する。表示による相場操縦（159 条 2 項 2 号、3 号）とは、取引を誘引する目的をもって、有価証券の相場が自己または他人の操作により変動すべき旨を表示すること（変動流布）、有価証券の売買取引を行うにつき、重要な事項について虚偽または誤解を生じさせるべき表示を故意に行うこと（虚偽表示）をいう。違法な安定操作（159 条 3 項）とは、相場をくぎ付けし、固定し、または安定させる目的をもって、一連の有価証券売買等を行うことであり、政令で定めるもの以外のものをいう。これらに対する罰則は、10 年以下の懲役もしくは 1000 万円以下の罰金またはこれらの併科である（197 条 1 項 5 号）。財産上の利益を得る目的で、該当行為により有価証券等の相場を変動または固定させ、該当相場を利用した者は 10 年以下の懲役及び 3000 万円以下の罰金に処せられる（197 条 2 項）。法人に対する刑罰は、7 億円以下の罰金である（207 条 1 項 1 号）。

(3)　インサイダー取引罪

インサイダー取引罪（金商法 166 条、167 条）とは、「会社関係者等」または「公開買付業者等」が、内部情報である「重要事実」を、その者の「職務等に関し」知って、その「公表」前に当該会社の株式等の取引をすることをいう。「重要事実」は、決定事実、発生事実、決算情報、その他（包括条項）に分けられ、決定事実、発生事実については、「投資者の投資判断に及ぼす影響が軽微なものとして内閣府令で定める基準」（軽微基準）に該当するものは除かれる（166 条 2 項）。インサイダー取引（内部者取引）は、不公正な行為ではあるが、相場操縦とは異なり、被害者を観念することが難しい（見方を変えれば、役得ともいえる）。しかし、このような行為は、証券市場の公正性に対する信頼を損なう行為として、刑罰の対象とされているのである。罰則は、5 年以下の懲役もしくは 500 万円以下の罰金またはこれらの併科である（197 条の 2）。

(4)　損失補てん罪

損失補てん罪（金商法 39 条 1 項）は、証券取引により顧客に損失が生じたり、利益が予想したものよりも少なかったりした場合に、証券会社がそれを埋め合わせることをいい、損失保証と損失補てんとに分けられる。損失保証とは、事前の利益保証約束をいい、損失補てんとは、事後の利益提供をいう。このような行為は、証券市場における正常な価格形成機能を歪めるとともに（慎重な投資判断をしなくなり、市場の価格形成機能が害される）、証券会社の市場仲介者としての中立性・公正性を歪め、証券市場に対する一般投資家の信頼感を失わせる行為として規制されている。罰則は 3 年以下の懲役もしくは 300 万円以下の罰金またはこれらの併科である（198 条の 3）。顧客による損失補てん等の約束行為等も処罰される（39 条 2 項）。罰則は、1 年以下の懲役もしくは 100 万円以下の罰金またはこれらの併科である（200 条 14 号）。

○コラム 34　粉飾決算

粉飾決算とは、法律上の用語ではないが、不当な会計処理によって貸借対照表や損益計算書など会社の計算書類の数値を歪め、架空の決算利益を計上することをいう。オリンパスや東芝など日本を代表する企業で相次いだ粉飾

決算に見られるように、経営不振を隠蔽するため利益を水増しする場合が通例であると言えるが、脱税や裏金の捻出のために利益を過少計上する場合もあり、「逆粉飾」と呼ばれる。

粉飾決算は、会社法上は、取締役の任務違反行為や法令等に違反した利益（剰余金）の分配を伴うことから、特別背任罪または違法配当罪の成否が問題となる。くわえて、会社の計算書類に虚偽の記載がある場合には、有価証券報告書にも虚偽の記載がなされるであろうから、粉飾決算は、事実上、有価証券報告書等の虚偽記載罪を伴うことになる。

4　市場競争を阻害する犯罪

既述のように、資本主義市場経済は、事業者間の市場競争を通じて消費者の利益が確保され国民経済が促進される、という理念に立っている。すなわち、事業者間の価格・品質競争を通じて消費者に低価格・高品質の商品が届けられるとともに、価格・品質以外の分野でのニーズが開拓されたり、消費者ニーズの開拓に向けた新たな事業活動が展開されたりするなど、事業活動が活性化され、国民経済の発展がもたらされることになる。それゆえ、事業者が競争をせずに談合したり、アンフェアな競争を行ったりすることは、他の事業者や消費者の利益を損ない、国民経済の発展を阻害するものと位置づけられ、それを規制するための罰則規定が求められることになる。

1　独禁法

独禁法は、事業者間の「公正かつ自由な競争」を促進することをとおして、「一般消費者の利益を確保すると同時に国民経済の民主的で健全な発達を促進する」ことを目的とする法律である（独禁法 1 条参照）。他方、不競法は、不正競争の防止を図るとともに、不正競争により営業上の利益を侵害された事業者に損害賠償等の措置を講じることにより、事業者間の公正な競争を促進し、「国民経済の健全な発展に寄与すること」を目的とする法律である（不競法 1 条参照）。このように、いずれも事業者間の公正な競争の促進を

目的とする法律であり、公正な競争を阻害する行為に対し罰則規定を置いているが、独禁法が、違反行為を排除するために必要な措置を命じる排除措置命令や違反行為による不当な利得の剥奪と将来に向けた違反行為の防止を目的として課される課徴金納付命令といった行政規制を中心とするのに対し、不競法は、当事者間の差止請求や損害賠償請求等の民事法の救済とともに、刑事罰による規制が中心となっている。

独禁法が定める主要な犯罪類型は、私的独占の罪（89条1項1号）、不当な取引制限の罪（89条1項1号）、不当な取引制限を内容とする国際的協定締結の罪（90条1号）、排除措置命令・競争回復命令違反の罪（90条3号）などである。私的独占、不当な取引制限と並び独占禁止法が規制する主要な行為の一つである不公正な取引方法（19条）には、罰則規定は設けられていない。また、私的独占の罪、不当な取引制限の罪などに対する刑事手続については、公正取引委員会が専属告発権を有し（96条）、それゆえ、公正取引委員会の告発を受けて刑事手続が開始されることになる。これらの独禁法違反の犯罪のうち、とりわけ重要な意義を有するのが不当な取引制限の罪（いわゆるカルテル）であり、現在、公正取引委会の告発により刑罰が科されているのは、もっぱら不当な取引制限の罪である。不当な取引制限の罪は、複数の事業者が共同して相互にその事業活動を拘束または遂行することにより、「一定の取引分野における競争を実質的に制限すること」を内容とする犯罪である。罰則は、違反行為を行った者（個人）には3年以下の懲役または500万円以下の罰金であり（89条）、法人に対する罰金の多額は5億円（95条1項1号）である。

2 入札談合

なお、国や地方公共団体が発注する公共工事を舞台に行われる入札談合については、刑法の談合罪（96条の6第2項）が成立する可能性がある。入札談合とは、国、地方公共団体等が発注する建設工事や物品の納入等の入札において、入札参加者が入札前に話し合いを行い、受注価格および発注予定者を決定し、入札に際しては、受注予定者が落札者になるよう受注予定者以外の者は受注価格を上回る価格で入札する等の行為をいう。談合罪の保護法益

は公務としての競売・入札の公正であり、他方、不当な取引制限の罪の保護
法益は市場の競争機能であり、両者は保護法益を異にすることから、談合罪
と不当な取引制限の罪とが同時に成立する場合は、両罪は観念的競合となる
というのが一般的な理解である（両罪が成立可能であることについて、東京高
判平成 5 年 12 月 14 日高刑集 46 巻 3 号 322 頁〔社会保険庁発注シール談合事
件〕）。もっとも、刑法には両罰規定はないので、談合罪で法人を処罰するこ
とはできない。さらに、入札談合は、発注者側の業務を妨害するという側面
を有するので、刑法の偽計業務妨害罪（233 条）の成否も問題となる（JR 東
海発注のリニア新幹線工事をめぐるいわゆるリニア談合事件では、本罪の容疑で
捜査が行われた）。他方、発注側である国・地方公共団体等の職員が談合に関
与するいわゆる官製談合については、「入札談合等関与行為の排除及び防止
並びに職員による入札等の公正を害すべき行為の処罰に関する法律」（入札
談合等関与行為防止法、官製談合防止法）が、談合を明示的に指示する行為
や、受注者に関する意向の表明、発注に係る秘密情報の漏洩など一定の行為
を「入札談合等関与行為」として禁止し、罰則を科している（8 条。5 年以下
の懲役または 500 万円以下の罰金）。

3　不競法

　不競法違反の罪は、不正の利益を得る目的で行われるアンフェアな行為を
処罰するものであり、営業秘密を侵害する行為（営業秘密侵害罪）、他社の商
品を模倣したり、他社の商品と紛らわしい名称の商品を販売したりする行
為、品質等を誤認させるような表示を行う行為などのほか、外国公務員に対
する利益供与（外国公務員贈賄罪）など、条約で禁止される行為の違反など
が罰則の対象となる。
　営業秘密侵害罪（不競法 21 条 1 項）は、営業秘密を不正に取得したり、不
正に取得した営業秘密を開示、使用したりする行為のほか、正当に営業秘密
を保有者から示された者が営業秘密を領得、開示、使用したりする行為を処
罰するものである。退職した元役員や元従業員が在職中の約束などに基づき
営業秘密を不正に使用・開示する行為も処罰の対象となる。罰則は、10 年
以下の懲役もしくは 1000 万以下の罰金またはこれらの併科である。「営業秘

密」とは、「秘密として管理されている生産方法、販売方法その他の事業活動に有用な技術上又は営業上の情報であって、公然と知られていないもの」をいう（2条6項）。つまり、「営業秘密」として保護されるためには、①秘密として管理されていること（秘密管理性）、②事業活動に有用な情報であること（有用性）、③公然と知られていないこと（非公知性）が要件となる。

模倣や表示の冒用等については、具体的には、①他社のロゴ等を用いて自社の商品を他社の商品と混同させる商品等主体混同惹起行為（2条1項1号、21条2項1号）、「不正の目的」をもって商品の原産地等を誤認させる表示を行う品質等誤認惹起行為（2条1項13号、21条2項1号）、②著名な他社の表示を勝手に用いる著名表示冒用行為（2条1項2号、21条2項2号）、③他社の商品の形態を模倣する商品形態模倣行為（2条1項3号、21条2項3号）、④品質等について「誤認させるような虚偽の表示」を行う品質等虚偽表示行為（21条2項4号）などが処罰の対象となる。

○コラム35　知的財産権と犯罪

　特許権（発明）、実用新案権（考案）、育成者権（新品種）、意匠権（デザイン）、著作権、商標権（商標）その他の知的財産に関して法令により定められた権利または法律上保護される利益に係る権利を「知的財産権」という（知的財産基本法2条2項）。これら知的財産権を保護する特許法、実用新案法、種苗法、意匠法、著作権法、商標法には、知的財産を保護するための罰則規定が設けられている。これらの知的財産権は不競法の「営業秘密」に該当する場合も考えられるが、不競法は、知的財産権を直接的に保護する法律ではなく、不正競争の規制を通じて、反射的に、知的財産権を保護する役割を担っている。

　知的財産権に関する罰則規定は、知的財産権を侵害する行為を処罰する「侵害罪」（直接侵害罪）、知的財産権を侵害する行為とみなされる行為を処罰する「みなし侵害罪」（間接侵害罪）、詐欺的手法により知的財産権を取得することなどを処罰する「詐欺の行為の罪」、知的財産権の虚偽表示を処罰する「虚偽表示罪」などから構成される。

　このうち、侵害罪（直接侵害罪）の法定刑は、特許法（196条）、種苗法（68条）、意匠法（69条）、商標法（78条）においては、10年以下の懲役

もしくは 1000 万円以下の罰金またはこれらの併科とされている。他方、みなし侵害罪（間接侵害罪）の法定刑は、特許法（196 条の 2）、意匠法（69 条の 2）、著作権法（119 条 2 項）、商標法（78 条の 2）では、直接侵害罪よりも軽く、5 年以下の懲役もしくは 500 万円以下の罰金またはそれらの併科とされている。なお、実用新案法は、直接侵害と間接侵害とを区別せず、一律に、5 年以下の懲役もしくは 500 万円以下の罰金またはこれらの併科としている（56 条）。

5 事例と解説

【事例 1】 上場会社である製薬会社 A 社と契約交渉中の X は、A 社の開発する新薬に関する副作用症例の発生情報を取得した。
(1) X は、その情報を妻の Y に伝え、Y が保有する A 社の株券を売却するように勧め、Y が A 社の株券を売却したところ、後日、副作用情報の公表とともに A 社の株価は値下がりし、Y は巨額の損失を免れた。
(2) X は、その情報を妻の Y に伝えたところ、Y は、Y の友人の Z にその情報を伝え、Z が保有する A 社の株券の売却を勧めた。Z が A 社の株券を売却したところ、後日、副作用情報の公表とともに A 社の株価は値下がりし、Z は巨額の損失を免れた。

インサイダー取引（内部者取引）とは、「会社関係者等」または「公開買付業者等」が、内部情報である「重要事実」を、その者の「職務等に関し」知って、その「公表」前に当該会社の株式等の取引をすることをいう。金商法 166 条は「会社関係者」によるインサイダー取引を禁止し、同 167 条は、「公開買付者等関係者」によるインサイダー取引を禁止している。

X は A 社と契約交渉中の者であるから、同 166 条 1 項 4 号の「会社と契約を締結している者または締結の交渉をしている者が、契約の締結、締結交渉又は履行に関して知ったとき」に該当する。また、新薬に関する副作用情報は、「重要事実」すなわち 166 条 2 項 2 号イにいう「災害又は業務に起因

する損害」が発生した場合（発生事実）または包括条項にいう「投資者の投資判断に著しい影響を及ぼすもの」に該当し得る（なお、最判平成11年2月16日刑集53巻2号1頁〔日本商事インサイダー事件上告審判決〕は、新薬の副作用症例の発生情報を「発生事実」に該当し得る面があるとしながらも、「投資者の投資判断に著しい影響を及ぼす」事実については、2号とは別に、4号の包括条項該当性を問題とすることができるとし、本件副作用情報はこれにあたると判示した）。そして、(1)では、X自身は自らが株券を売却したのではないが、Yに株式を売却するように勧めており、平成25(2013)年の法改正により処罰対象とされた情報伝達行為または取引推奨行為に該当する可能性がある。情報伝達行為・取引推奨行為とは、「会社関係者」が「他人」に対し、「重要事実の公表前に売買等をさせることにより他人に利益を得させ、又は他人の損失を回避させる目的」をもって、「重要事実」を伝達し、または、取引を推奨する行為である。情報伝達行為そのものを処罰するのではなく、情報伝達行為によって実際にインサイダー取引が行われたことと、伝達者に「当該上場会社等の特定有価証券等に係る売買等をさせることにより当該他人に利益を得させ、又は当該他人の損失の発生を回避させる目的」（167条の2）がある場合に処罰は限定される。それゆえ、Xが情報伝達行為、取引推奨行為として処罰されるためには、Yが取引を行ったことのほかに、XにYの損失を回避させる目的があることが前提となる。Yは、「会社関係者」から「重要事実」の伝達を受けた者（情報受領者。金商166条3項）に該当し、インサイダー取引罪が成立する。

　問題は、(2)におけるY及びZの罪責である。情報受領者による情報伝達行為は処罰されないので、Yにはインサイダー取引罪は成立しない。他方、Zについては、情報受領者として処罰の対象となるのは会社関係者等から重要事実の伝達を受けた第1次情報受領者に限られ、第2次情報受領者は含まれない。それゆえ、Zについてもインサイダー取引罪は成立しないということになる。

【**事例2**】　A県が指名入札の方法による発注する土木工事について、建設業者X社ほか8社の担当役員ら8名は会合をもち、入札ごとに受注予定者を予

め決定し、受注予定者以外の者は受注予定者に協力することや、入札価格を決めるルールについて話し合い、合意に至った。その後、A県が土木工事を発注するたび、X社の担当役員Yら8名は、ルールに沿って受注予定者や入札価格について個別に協議を行い、受注予定者とされた者が落札し受注をした。なお、落札価格は、公正な自由競争によって形成されたであろう落札価格よりも明らかに高額なものであった。め決定し、受注予定者以外の者は受注予定者に協力することや、入札価格を決めるルールについて話し合い、合意に至った。その後、A県が土木工事を発注するたび、X社の担当役員Yら8名は、ルールに沿って受注予定者や入札価格について個別に協議を行い、受注予定者とされた者が落札し受注をした。なお、落札価格は、公正な自由競争によって形成されたであろう落札価格よりも明らかに高額なものであった。

　A県が指名入札の方法による発注する土木工事は、刑法96条の6第1項にいう「公の競売又は入札で契約を締結するためのもの」に該当し、Yら8名は「公正な価格を害し又は不正な利益を得る目的で、談合した者」として、談合罪が成立する（公正な価格の意義について、最決昭和28年12月10日刑集7巻12号2418頁）。また、Yらが受注予定者等を決めるルールを合意し（基本合意）、個別の入札ごとに受注予定者が落札できるよう協議すること（個別調整）は、独禁法2条6項にいう「他の事業者と共同して対価を決定」等して、「相互にその事業活動を拘束し、又は遂行することにより、公共の利益に反して、一定の取引分野における競争を実質的に制限する」ものとして、不当な取引制限の罪が成立しうる（判例によれば、基本合意も個別調整も、いずれも、不当な取引制限の罪の実行行為となる。東京高判平成9年12月24日高刑集50巻3号181頁〔水道メーター入札談合事件〕、東京高判平成16年3月24日判タ1180号136頁〔防衛庁燃料入札談合事件〕など）。

　なお、独禁法3条は、「事業者は、私的独占又は不当な取引制限をしてはならない。」とし、89条1項1号は、「第3条の規定に違反して私的独占又は不当な取引制限をした者」を処罰する旨を定めている。すなわち、不当な取引制限の罪の主体は事業者であり、本事例では、建設業者A社ほか8社がこれにあたる。事業者ではないXら8名の処罰は、95条の両罰規定の文言中、「行為者を罰するほか」という規定と89条1項1号とが相まって基礎

づけられることになる（最決昭和 55 年 10 月 31 日刑集 34 巻 5 号 367 頁）。

参考文献

・芝原邦爾＝古田佑紀＝佐伯仁志編著『経済刑法　実務と理論』（商事法務、2017 年）
・佐久間修『刑法からみた企業法務』（中央経済社、2017 年）
・神山敏雄＝斉藤豊治＝浅田和茂＝松宮孝明編著『新経済刑法入門（第 2 版）』（成文堂、2013 年）

（神例康博）

第14講 ◆ 労働に関する犯罪

キーワード

労働基本権／団結権／団体交渉権／争議権／両罰規定／公務員／二重の絞りの理論／東京中郵事件／都教組事件／全司法仙台事件／全農林警職法事件／岩教組学力テスト事件／名古屋中郵事件／岩教組事件／詐欺／窃盗・盗品等運搬罪

関連法令

刑法／労働基準法／労働組合法／最低賃金法／国家公務員法／地方公務員法／行労法

1 労働者の権利

　中世から近代に変わり、国家権力の介入を極力排するという消極国家観が支配するようになった。その結果資本主義が発展することになったのであるが、その負の側面として、貧富の差が拡大するという弊害ももたらされた。特に、中世までの貴族と農奴という身分社会から、近代の資本家と労働者という身分社会になり、資本家が豊かになっていく一方で、労働者がその犠牲になり、困窮していくという状況になった。日本も例外ではなく、明治維新以降資本主義が発展していく過程で、労働者が過酷な環境に置かれるようになっていった。その様子は、例えば横山源之助の『日本の下層社会』（1899年）や細井和喜蔵の『女工哀史』（1925年）、小林多喜二の『蟹工船』（1929年）等に示されている。

1 日本国憲法と労働権

　こうした近代社会で生じた形式的な平等による不平等を解消するために、実質的な平等を計る必要に迫られた。そのためには国家が積極的に一定の介

入をする必要があるという積極国家観の下に、社会権が認められるようになった。日本国憲法も、その第 25 条で、健康で文化的な最低限度の生活をする権利すなわち生存権を保障している。そして、この生存権を受けて、日本国憲法は、その第 27 条第 1 項で、勤労の権利すなわち労働権を保障している。この労働権は、国家により勤労することを妨げられないとする自由権としてだけでなく、就業意欲のある者たちが就業できない時に勤労の機会を与えられるように国に求めていくという社会権としての性質も有すると理解されている。

　われわれが労働をするためには、われわれを雇用する企業等と雇用契約を結ぶことになる。近代の私法においては私的自治の原則、所有権絶対の原則及び契約自由の原則が支配していたため、労働契約を締結する際にも国家の介入は許されなかった。近代社会では、これらの原則の下で、資本家と労働者の間で雇用契約が結ばれた。しかし資本主義の発達により社会的弱者である労働者が一方的に不利な立場に置かれる結果になり、それらの原則も修正され、労働基本権を中心にした様々な社会的権利が認められることになった。日本国憲法も、その第 27 条第 2 項で、「賃金、就業時間、休息その他の勤労条件に関する基準は、法律でこれを定める。」、同条第 3 項で、「児童は、これを酷使してはならない。」と規定し、第 28 条で、「勤労者の団結する権利及び団体交渉その他の団体行動をする権利は、これを保障する」と規定する。また、これらの規定を受け、職業安定法（1947 年）、児童福祉法（同）、労働基準法（同）、労働組合法（1949 年）、労働関係調整法（1946 年）、最低賃金法（1959 年）等の法律が制定された。

2　労働者の刑法的保護

　これらの法律により労働者に様々な権利が認められたが、それらの権利に実効性を持たせるためには、労働者の権利を侵害する行為に対して、損害賠償等の民事罰、過料等の行政罰だけでは足りず、刑罰等の刑事罰を科さなければならない場合もある。そこで、例えば労働基準法は、その第 117 条で、事業者が暴行や脅迫などを用いて労働を強制した場合にその事業者を処罰する。このように、事業者による労働者の権利を侵害する行為を処罰する規定

が設けられている場合がある。これらの規定は、労働者保護法又は労働者保護規定と呼ばれている。

　他方で、労働組合法において労働者に労働基本権が認められているが、たとえば、その1つである争議権を行使する際に労働者により作業所が閉鎖された場合、事業者の業務を妨害するという側面があり、その点を捉えて、作業所の閉鎖が刑法第233条や第234条の業務妨害罪に問われることも考えられる。しかし、この行為は法的に認められた労働基本権という権利を行使する際に行われたものであることから、その違法性が阻却されるのではないかということが問題になりうる。たとえば、労働組合法第2条は、正当な労働組合の団体交渉等に刑法第35条の正当行為の規定を適用する旨規定しているが、これにより、労働者の行為のうちのどの範囲までが正当なものとして刑法第35条が適用されて、その違法性が阻却されるのかということが明確ではないため、その問題が検討されることになる。そこで、これら2つの問題は労働刑法という分野の問題として議論されている。

3　新たな問題領域

　労働に関する犯罪として考えた場合、これら労働刑法の分野における犯罪に限られず、もっと広く捉えることができる。例えば、職業として売春をする場合等も労働に関する犯罪と言うことができるであろうし、架空請求詐欺などの特殊詐欺の場合も、銀行の口座から振り込まれた金銭を引き出す出し子等はアルバイトとして一般人が雇われたりしており、これも労働に関する犯罪に含めることができるであろう。さらにもっと広げると、職場でのパワーハラスメントやセクシュアルハラスメント等において行われる強要や強制わいせつ等の犯罪も労働に関する犯罪に含めることができるであろう。このように日常的に行われる犯罪のかなりのものが、直接、間接に労働に関連することが多い。さらに、今日的課題として、外国人の不法就労も議論しなければならない。

○コラム36　ハラスメント

　ハラスメント（harassment）とは「嫌がらせ」や「いじめ」のことを言

い、さまざまな内容のものがある。上述のパワーハラスメントは地位や権力による優位性を背景に嫌がらせをする場合であり、セクシュアルハラスメントは性的な嫌がらせをする場合であり、たとえば、性的な言動を行ったり、地位の優位性を背景に性的な要求をしたような場合がこれに当たる。この他にも、アルコールを飲めない人に飲ませようとするアルコールハラスメントや、大学の教員がその立場を利用して学生に行うアカデミックハラスメント、就職活動中の学生に内定を出した企業が就職活動を終えるように迫る就活終われハラスメント、妊娠したり出産した女性に対して職場で行われるマタニティハラスメント等、現在 30 種類以上のハラスメントがあるとされている。

　現在のところ、ハラスメントそのものを罰する規定はなく、たとえばアルコールハラスメントの場合には強要罪や傷害罪に、セクシュアルハラスメントの場合には強制性交等罪や強制わいせつ罪、名誉毀損罪等、パワーハラスメントの場合には脅迫罪や強要罪、場合によっては暴行罪や傷害罪等の犯罪が成立しうる可能性があるに過ぎない。たとえば、2015 年に、当時電通の社員であった女性が、上司によるパワーハラスメントを受けて自殺したが、その責任を問われた電通は、労働基準法違反により罰金 50 万円が科され、実際ハラスメントを行った上司は起訴猶予処分とされるにとどまった。このような犯罪にまで至らない場合には民事上の責任が問われるにとどまることになる。

2　労働刑法における犯罪

1　労働法分野の犯罪

　日本国憲法第 27 条及び第 28 条を受けて、前述のように、職業安定法、児童福祉法、労働基準法、労働組合法、労働関係調整法及び最低賃金法等の法律が制定されたが、それらの法律の趣旨を貫徹するためには、一定の強制力が必要である。そこで、これらの法律においても、一定の行為を犯罪として規定し、刑罰という強制力をもって法律の趣旨の貫徹を計っている。それらをすべて見ていくことはできないので、以下では代表的な犯罪について見て

いく。

(1) 労働基準法

　労働基準法は、その第5条で強制労働を禁じており、これに違反する行為を第117条で処罰する。また第6条で他人の就業への介入による中間搾取を、第56条で児童が満15歳に達した後の最初の3月31日が終了するまでの児童の使用を、第64条の2で18歳に満たない者及び妊娠中又は一定の産後1年未満の女性の坑内労働を禁じており、これらに違反する行為を第118条第1項で処罰する。さらに、第3条で国籍、信条又は社会的身分を理由とする差別的待遇の禁止を、第4条で男女同一賃金の原則を規定しており、これらに違反する行為を第119条で処罰する。そして、第28条で賃金の最低基準は最低賃金法によるものとすると規定し、これを受けて最低賃金法は、その第4条で使用者による最低賃金額以上の賃金の支払い義務を規定し、これに違反する行為を同法第40条で処罰する。

　これらの犯罪は実際に違反行為を行った者についての処罰規定である。他方で、労働基準法は、第121条第1項本文で「この法律の違反行為をした者が、当該事業の労働者に関する事項について、事業主のために行為した代理人、使用人その他の従業者である場合においては、事業主に対しても各本条の罰金刑を科する。」と規定している。

　また、最低賃金法も同様に、その第42条で「法人の代表者又は法人若しくは人の代理人、使用人その他の従業者が、その法人又は人の業務に関して、前三条の違反行為をしたときは、行為者を罰するほか、その法人又は人に対しても各本条の罰金刑を科する。」と規定する。これらは実際に違反行為をした者とともに事業主も処罰することから、両罰規定と呼ばれている。この両罰規定をめぐって、違反行為者とともに事業主までも処罰される根拠は何かということが問題になる。この点、両罰規定は実際に違反行為をした者の選任監督上の過失を推定した規定であり、事業主にその過失責任を負わせる規定であるとする過失推定説が通説判例である（最大判昭和32年11月27日刑集11巻12号3113頁）。この理解によれば、使用人等が違反行為をした場合には使用人等に対する事業者の選任監督上の過失があったものと推定されるため、その推定を覆すべく事業者側が選任監督上の過失がなかったこ

とを証明しなければならず、この証明ができなければ違反行為者とともに事業主も処罰されることになる。

　労働基準法は、第 121 条第 1 項但書で「事業主……が違反の防止に必要な措置をした場合においては、この限りでない。」と規定する。しかし、通説判例の理解によれば、違反行為者の選任監督上の過失が事業者の刑事責任を基礎づけることになるのに、その過失が存在することを推定しておいて、過失がなかったことの証明を事業主側すなわち被告人側に負わせることは、犯罪成立要件の存在の証明を検察官に負わせるのではなく、被告人側にその不存在の証明を負わせることになるため、無罪推定の原則に反するのではないかという疑問がある。その意味で労働基準法第 121 条第 1 項但書に問題がないとは言えないであろう。なお、労働基準法第 121 条第 2 項は、「事業主が違反の計画を知りその防止に必要な措置を講じなかった場合、違反行為を知り、その是正に必要な措置を講じなかった場合又は違反を教唆した場合においては、事業主も行為者として罰する。」と規定している。他方で、事業主本人が違反したと評価される場合には、事業主には両罰規定によらずに罰則が直接適用される。事業主が法人の場合には、法人の代表者が違反行為を行ったときがこれに当たる。

(2) 労働組合法

　労働者の団結権及び団体交渉権その他の団体行動権を保障するため、労働組合法が制定されている。労働組合法は、その第 7 条で不当労働行為を規定する。これによれば、不当労働行為とは、以下のものとされる。

①労働者が労働組合の組合員であること、労働組合に加入し、若しくはこれを結成しようとしたこと若しくは労働組合の正当な行為をしたことの故をもって、その労働者を解雇し、その他これに対して不利益な取扱いをすること又は労働者が労働組合に加入せず、若しくは労働組合から脱退することを雇用条件とすること（第 1 号）

②使用者が雇用する労働者の代表者と団体交渉をすることを正当な理由がなくて拒むこと（第 2 号）

③労働者が労働組合を結成し、若しくは運営することを支配し、若しくはこれに介入すること又は労働組合の運営のための経費の支払につき経理

上の援助を与えること（第3号）

④労働者が労働委員会に対し使用者がこの条の規定に違反した旨の申立て
をしたこと若しくは中央労働委員会に対し第27条の12第1項の規定に
よる命令に対する再審査の申立てをしたこと又は労働委員会がこれらの
申立てに係る調査若しくは審問をし、若しくは当事者に和解を勧め、若
しくは労働関係調整法による労働争議の調整をする場合に労働者が証拠
を提示し、若しくは発言をしたことを理由として、その労働者を解雇
し、その他これに対して不利益な取扱いをすること（第4号）

　不当労働行為があった場合には、不当労働行為の申し立てを受けて労働委
員会が審問を行い、労働組合法に基づいて、救済命令を発する（第27条の
12第1項）。この救済命令に実効力を持たせるために、これに違反した者は
第28条で処罰される。またその審問手続きの際に宣誓した証人が虚偽の陳
述をした時には、第28条の2で処罰される。労働組合法にも両罰規定があ
る（第31条）。

○コラム37　事業主の処罰の態様

　事業主の処罰の態様は、以下の3つが考えられる。まず、実際に違反し
た行為者に代わり、事業主が処罰されるというものであり、代罰規定と呼ば
れている。本文中に示したように、実際に違反した行為者とともに事業主も
処罰するとするのが両罰規定である。当初の事業主処罰規定は代罰規定であ
ったが、現在は事業主処罰規定の中心は両罰規定である。さらに、実際に違
反した行為者及び事業主としての法人の他に法人の代表者も処罰する場合が
ある。これを三罰規定という。例えば、独占禁止法の第95条の2及び第
95条の3がこれに当たる。

　事業主の責任は、かつては実際に違法行為を行った行為者の責任に連動
し、行為者に科される罰金と同額の罰金が科されていた。しかし、それでは
刑罰としての効果が少ないと考えられることから、近時の立法では、事業主
の責任と行為者の責任を切り離し、事業主には高額の罰金が規定されるよう
になった。例えば、金融商品取引法第207条には7億円以下の罰金等が
規定されている。

2　公務員の労働基本権と犯罪

(1)　公務員の労働基本権の制限

　公務員の場合には、一般の労働者とは異なり、その労働基本権が法律上制限されている。公務員の労働基本権の制限は、その身分に応じて、以下のように 3 つの類型に分けられる。

　すなわち、①独立行政法人のうち国家公務員とされている国立公文書館や国立印刷局等の行政執行法人の職員、②自衛隊・警察・海上保安庁・刑務所の職員、③その他の公務員、の 3 つがこれである。行政執行法人の職員には、団結権及び団体交渉権は認められているが、争議権は否定されている（行労法第 4 条、第 8 条、第 17 条）。また、自衛隊（自衛隊法第 64 条）、警察、海上保安庁、刑務所（国家公務員法 98 条第 2 項、第 108 条の 2 第 5 項、地方公務員法第 37 条、第 52 条第 5 項）、及び消防（地方公務員法第 37 条、第 52 条第 5 項）の職員には、団結権、団体交渉権及び争議権のいずれもが否定されている。

　その他の公務員には、団結権と団体交渉権は認められているが、団体交渉権のうち団体協約を締結する権利及び争議権は否定されている（国家公務員法第 98 条第 2 項、第 108 条の 2、第 108 条の 5 第 1 項、第 2 項、地方公務員法第 37 条、第 52 条、第 55 条第 1 項、第 2 項）。これらの規定に違反した者は処罰される場合がある（自衛隊法第 119 条第 1 項 2 号、3 号、国家公務員法第 110 条第 1 項 20 号）。さらに、争議行為については、その共謀、そそのかし、あおり及びそれらの企てをした者も処罰される（自衛隊法第 119 条第 2 項、国家公務員法 110 条第 1 項 17 号、地方公務員法第 61 条 4 号）。

　こうした公務員の労働基本権の制限は憲法違反ではないかという問題が提起されている。この点は ILO にも問題視されている。最高裁は、かつては、公務員が全体の奉仕者として（憲法第 15 条）公共の利益のために勤務し、かつ職務の遂行にあたっては全力を挙げてこれに専念しなければならない（国家公務員法第 96 条第 1 項）性質のものであるということを根拠にして、労働基本権の制限が許されるとしていた（最大判昭和 28 年 4 月 8 日刑集 7 巻 4 号 775 頁。最大判昭和 30 年 6 月 22 日刑集 9 巻 8 号 1189 頁。最判昭和 38 年 3 月 15 日刑集 17 巻 2 号 23 頁。最判昭和 38 年 3 月 15 日集刑 146 号 723 頁。）。この最高

裁の考え方は、国家公務員法、地方公務員法及び当時の公共企業体等労働関係法（その後数度の改正を経て、現在は「行労法」）に違反して争議行為等を行った場合には、それらの法律上の違法性が認められるだけでなく、刑法上の違法性も認められ、処罰されるというものであり、違法の統一性を認めたものであるとされている。

(2) 労働争議をめぐる判例

昭和 40 年代になって、争議のあおり等を行ったとして、公共企業体等労働関係法違反が問題になった全逓東京中郵事件（最大判昭和 41 年 10 月 26 日刑集 20 巻 8 号 901 頁）、地方公務員法違反が問題になった都教組事件（最大判昭和 44 年 4 月 2 日刑集 23 巻 5 号 305 頁）及び国家公務員法違反が問題になった全司法仙台事件（最大判昭和 44 年 4 月 2 日刑集 23 巻 5 号 685 頁）の各最高裁判決は、いわゆる二重の絞りの理論により、あおり行為等の処罰範囲に一定の絞りをかけた。これらの判決で、最高裁は、まず、公務員の労働基本権を憲法第 15 条を根拠にして一律に制限するのは妥当ではなく、公務員にも原則として労働基本権が認められるべきであり、その制限は職務の公共性に基づく内在的制約にとどめるべきであるとした。そして、争議行為等が行われた場合に、それをあおる等の行為を処罰するためには、争議行為そのものの違法性が強く、その違法性の強い争議行為をあおる等の行為が通常随伴する程度を超える必要があり、その場合に初めて刑法上の違法性が認められるとした。その上で、いずれの事件においても被告人の行為は刑法上の違法性が認められないとした。この最高裁の考え方は、争議行為及びそのあおり行為の中には、公共企業体等労働関係法（1948 年）、地方公務員法（1950 年）、国家公務員法（1947 年）上は違法ではあるが、処罰に値するほどの違法性、すなわち刑法上の違法性が認められない場合があることを認めたものであり、違法の相対性を認めたものであるとされている。この処罰に値するほどの違法性を可罰的違法性という。

しかし、その後、最高裁はこの二重の絞りの理論を否定した。まず、争議のあおり等を行ったものとして国家公務員法違反が問題になった全農林警職法事件判決（最大判昭和 48 年 4 月 25 日刑集 27 巻 4 号 547 頁）で、労働基本権の保障は原則として国家公務員に及ぶとしつつ、公務員の争議行為は公務員

の地位の特殊性と勤労者を含めた国民全体の共同利益の保障という見地から、一般私企業におけるのとは異なる制約に服すべきものとなしうることは当然であって、国民全体の共同利益に重大な支障をもたらす争議行為を違法なものとして禁じることは憲法に違反せず、その違法な争議行為の原動力を与えるようなあおり等の行為を処罰することは許されるとした。

　また、二重の絞りの理論について、違法性の強弱というあいまいな基準で処罰範囲を画定することは構成要件の保障機能を失わせるという問題があることを理由に憲法第 31 条違反のおそれすらあるとして、二重の絞りの理論にしたがった上記三判例のうち、国家公務員法に関する全司法仙台事件判決（最大判昭和 44 年 4 月 2 日刑集 23 巻 5 号 685 頁）を変更した。

　その後、同じく争議のあおり等を行ったものとして、地方公務員法違反が問題になった岩教組学力テスト事件（最大判昭和 51 年 5 月 21 日刑集 30 巻 5 号 1178 頁）及び公共企業体等労働関係法違反が問題になった全逓名古屋中郵事件（最大判昭和 52 年 5 月 4 日刑集 31 巻 3 号 182 頁）の最高裁判決も、全農林警職法事件の理論にしたがって判断し、前述の都教組事件判決及び東京中郵事件判決を変更した。さらに、岩教組同盟罷業事件（事例 1 参照）の第一次上告審判決（最判平成元年 12 月 18 日刑集 43 巻 13 号 1223 頁）も岩教組学力テスト事件判決の理論に従って判断した。

　全農林警職法事件以降の最高裁判決は、全逓東京中郵事件判決、都教組事件判決及び全司法仙台事件判決で採用された画期的な二重の絞りの理論を否定し、これら三判例以前の考え方に戻ったという批判がなされている。しかし、全農林警職法事件以降の最高裁判決も、あおり等の行為の処罰根拠について、あおり等の行為は将来における抽象的、不確定的な争議行為ではなく、具体的・現実的な争議行為に直接結びつき、そのような争議行為の具体的危険性をもたらす、争議行為の原動力になるものを言うのであって、単なる機械的労務を提供したに過ぎない者又はこれに類する者はこれに含まれないとしていることである。また、公務員の団体行動とされるもののなかでも、その態様からして、実質が単なる規律違反としての評価を受けるに過ぎないものは、国家公務員法等の構成要件に該当しないとしているので、一定の限定を加えていると考えることができる。

　さらに、構成要件に該当する行為であっても、具体的事情によっては法秩序全体の精神に照らし許容されるものと認められるときは、刑法上、違法性が阻却される場合があるのは当然である。

○**コラム38　判例の不利益変更**

　上述の岩教組同盟罷業事件では、原判決が第一次上告審判決により原審に差し戻され、その後の第二次上告審判決（最二判平成8年11月18日刑集50巻10号745頁）では、判例を行為者に不利益に変更するのは許されるのかということが問題になった。すなわち、二重の絞りの理論によれば犯罪にはならないと信じて行為した者を、二重の絞りの理論を変更して処罰することは許されるのかということが問題とされたのである。この点、判例を行為者に不利益に変更することは許されないという見解もある一方で、制定法主義を採用する日本では、判例は法源とは考えられないため、判例の不利益変更は許されるとする見解もある。最高裁はこの判決で判例の不利益変更は許されるとした。

3　労働者の権利行使と刑法上の犯罪

　労働基本権を行使するにあたり、その行使の態様によっては刑法上の犯罪を構成する場合もある。しかし、労働基本権という労働者の重要な権利の行使の際に行われた行為であることから、それらの行為の違法性が阻却されるのではないかということが問題になる。

（1）　刑法上の犯罪

　この点で問題になりうると考えられる刑法上の犯罪は、以下のものがある。

　団結権の行使に関しては、例えば現在所属している組合員が脱会しようとするのを阻止するため、脅迫したり、暴行したり又は部屋に閉じ込めて出られないようにすることが考えられ、その場合にはそれぞれ脅迫罪や暴行罪、逮捕監禁罪に該当しうる。これらは非組合員を組合に勧誘するときにも行われうる。また暴行は場合によっては暴力行為等処罰に関する法律の各罪に該当する場合もありうる。

　次に団体交渉権の行使に関しては、団体交渉の方法次第で、脅迫罪、強要罪や恐喝罪、暴行罪や暴力行為等処罰に関する法律の各罪が考えられる他、そのような方法で交渉しようと建造物に立ち入った場合には、その立ち入りは、管理者の意思に反すると考えられるため、建造物侵入罪に該当しうる。

　最後に争議権の行使に関しては、争議の際にしばしば行われる生産管理は、事業者側に専属する生産手段の管理を排除して、それを組合側の実力支配の下に置くため、建造物侵入罪、業務妨害罪等に該当しうる。また、労働争議の手段としてよく採られる同盟罷業（ストライキ）は、労働者が団結して労働力を提供しないという不作為であり、それ自体は刑法上の犯罪にはなりえないが、その手段方法によっては業務妨害罪や暴行罪、暴力行為等処罰に関する法律の各罪などに該当しうる。

(2)　違法性阻却の可能性

　これらの行為の違法性が阻却される場合があることを、労働組合法第2条本文が、「刑法第35条の規定は、労働組合の団体交渉その他の行為であって前項に掲げる目的を達成するためにした正当なものについて適用があるものとする。」と規定して、認めている。他方で労働基本権の行使であれば、どのような方法でもよいというものではなく、同条但書は、「いかなる場合においても、暴力の行使は、労働組合の正当な行為と解釈されてはならない。」と規定して、一定の制限を加えている。同条によれば、特に暴行罪や暴力行為等処罰に関する法律の各罪などは刑法第35条の適用を受けないことになるであろう。ただ、同条の趣旨は、労働基本権の行使の目的が正当でも、その行使の態様が不当であってはならないという一般的な原則を示したものであるとされている。したがって、個々の具体的な行為の手段が相当であると評価され、その行為に刑法第35条が適用されるかどうかということは、個別具体的に検討する必要がある。

　労働基本権の行使として行われた行為の違法性阻却の判断基準について、判例は、「具体的に個々の争議につき、争議の目的並びに争議手段としての各個の行為の両面に亘って、現行法秩序全体との関連において決すべきである。」としている（最大判昭和25年11月15日刑集4巻11号2257頁）。この判例の基準は非常に抽象的なものであり、これに基づいて判断するのは難しい

が、争議行為の目的については、労働基本権の保障の目的が勤労者の生存権保障の一環として経済上劣位に立つ労働者に実質的な自由と平等を確保するという点にあることから、自己の政治的な目的のための同盟罷業（政治スト）は、その目的を超えるものであると考えられ、原則として正当性を持ちえないと言うべきであろう。

　他方で目的が労働基本権を認めたものの範囲内で、その正当性が認められる場合であっても、その手段方法の点で、必要以上の労働基本権の行使であると認められる場合には違法とされることになるであろう。例えば生産管理の場合には、労働者側に生産手段の管理をする権限はないのであって、争議の手段としてこれを行えば、業務妨害罪や建造物侵入罪等の違法性は阻却されないことになるであろう。また、それ自体は争議の一形態として許されている同盟罷業の場合であっても、例えば労働者の同盟罷業に対抗して使用者側が自ら業務の遂行をしようとするのを妨げるために、労働者側が暴行や脅迫、監禁等を行った場合には、暴行罪や脅迫罪、監禁罪等の違法性を阻却しないであろう。

　このように、労働基本権の行使の際に行われた行為の違法性阻却の問題は、憲法が労働者に労働基本権を認めた目的の範囲内かどうかということとその目的を実現するのに必要な手段の範囲内かどうかということを総合的に判断して検討されることになる。

3　外国人の不法就労

　平成 30 年版犯罪白書によれば、平成 29 年の出入国管理及び難民認定法違反を理由とする外国人の送致件数は、3992 件で、そのうち不法残留が 2426 件、資格外活動 396 件、旅券等不携帯・提示拒否（在留カード不携帯・提示拒否を含む。）442 件，偽造在留カード所持等（偽造在留カード行使及び提供・収受を含む。）390 件，不法在留 86 件となっている。これらのうち特に資格外活動は外国人の就労に関わるものであり、したがってこれも労働に関する犯罪に含まれると考えられる。そこで外国人の資格外活動について見ていく。

1 在留資格

　出入国管理及び難民認定法は、その第 2 条の 2 で在留資格及び在留期間を規定する。同条第 2 項によれば、在留資格は、別表第一又は別表第二に掲げるとおりとし、別表第一の在留資格をもって在留する者は当該在留資格に応じそれぞれ日本で同表に掲げる活動を行うことができ、別表第二の在留資格をもって在留する者は当該在留資格に応じそれぞれ本邦において同表の掲げ

図表 14‑1　在留資格一覧

別表	就労が認められる在留資格（活動制限あり）		身分・地位に基づく在留資格（活動制限なし）		別表
	在留資格	該当例	在留資格	該当例	
別表第一の一	外交	外国政府の大使、公使等及びその家族	永住者	永住許可を受けた者	別表第二
	公用	外国政府等の公務に従事する者及びその家族	日本人の配偶者等	日本人の配偶者・実子・特別養子	
	教授	大学教授等	永住者の配偶者等	永住者・特別永住者の配偶者、我が国で出生し引き続き在留している実子	
	芸術	作曲家、画家、作家等	定住者	日系 3 世、外国人配偶者の連れ子等	
	宗教	外国の宗教団体から派遣される宣教師等			
	報道	外国の報道機関の記者、カメラマン等			
別表第一の二	高度専門職	ポイント制による高度人材	就労の可否は指定される活動によるもの		別表第一の五
	経営・管理	企業等の経営者、管理者等	在留資格	該当例	
	法律・会計業務	弁護士、公認会計士等	特定活動	外交官等の家事使用者、ワーキングホリデー等	
	医療	医師、歯科医師、看護師等			
	研究	政府関係機関や企業等の研究者等	就労が認められない在留資格（※）		別表第一の三
	教育	高等学校、中学校等の語学教師等	在留資格	該当例	
	技術・人文知識・国際業務	機械工学等の技術者等、通訳、デザイナー、語学講師等	文化活動	日本文化の研究者等	
	企業内転勤	外国の事務所からの転勤者	短期滞在	観光客、会議参加者等	
	介護	介護福祉士	留学	大学、専門学校、日本語学校等の学生	別表第一の四
	興行	俳優、歌手、プロスポーツ選手等	研修	研修生	
	技能	外国料理の調理師、スポーツ指導者等	家族滞在	就労資格等で在留する外国人の配偶者、子	
	特定技能（注 1）	特定産業分野（注 2）の各業務従事者			
	技能実習	技能実習生			

（注 1）平成 31 年 4 月 1 日から
（注 2）介護、ビルクリーニング、素形材産業、産業機械製造業、電気・電子情報関係産業、建設、造船・船用工業、自動車整備、航空、宿泊、農業、漁業、飲食料品製造業、外食業（平成 30 年 12 月 25 日閣議決定）

※資格外活動許可を受けた場合は一定の範囲内で就労が認められる。

出典：出入国在留管理庁「新たな外国人の受け入れ及び共生社会実現に向けた取組」（2020 年）

る身分若しくは地位を有する者としての活動を行うことができる。

　図表 14 - 1 の在留資格のうち、「高度専門職」については、その該当基準が「出入国管理及び難民認定法別表第一の二の表の高度専門職の項の下欄の基準を定める省令」に掲げられており、それらの基準を 1 つ満たすごとに所定の点数が与えられる。その点数が基本的に 70 点以上に達した者が一定の条件を満たすと、その者に在留資格が与えられる。

　「外交」等や「高度専門職」等（別表第一の一、第一の二及び第一の五に掲げられている）の在留資格を有する者は、それぞれに掲げられている「本邦において行うことができる」活動に属しない収入を伴う事業を運営する活動又は報酬を受ける活動が禁止されており、また、「文化活動」「短期滞在」等（別表第一の三及び第一の四に掲げられている）の在留資格を有する者は、いずれも収入を伴う事業を運営する活動又は報酬を受ける活動が禁止されている（第 19 条第 1 項）。但し、法務大臣の許可を受けた場合には、例外的にそれらの活動を行うことができる（第 19 条第 1 項第 1 号及び第 2 号）。これらに違反した場合には不法就労になる。

　第 19 条第 1 項の規定に違反して収入を伴う事業を運営する活動又は報酬を受ける活動を専ら行っていると明らかに認められる者は第 70 条第 1 項第 4 号で処罰される。資格外活動を「専ら行っていると明らかに認められる」場合とは、資格外活動を主として行っていることが明らかに認められる場合である。この第 70 条第 1 項第 4 号に該当する場合以外、すなわち資格外活動を専ら行っていると明らかには認められない場合は第 73 条で処罰される。

2　不法就労助長行為

　不法就労を助長する行為も、第 73 条の 2 で処罰される。同条は第 1 項で不法就労助長の故意犯を処罰し、第 2 項でその過失犯を処罰する。同条第 1 項は、「次の各号のいずれかに該当する者は、三年以下の懲役若しくは三百万円以下の罰金に処し、又はこれを併科する。」とし、第 1 号は「事業活動に関し、外国人に不法就労活動をさせた者」、第 2 号は「外国人に不法就労活動をさせるためにこれを自己の支配下に置いた者」そして第 3 号は「業として、外国人に不法就労活動をさせる行為又は前号の行為に関しあつせんし

た者」を規定する。

　また、これまで不法就労助長罪は故意犯とされてきたことから、外国人の在留資格についての認識がなかったことを理由に処罰を免れてしまうことが指摘されていた。そこで平成 21 年の改正で、第 2 項に、外国人の在留資格についての過失犯が設けられた。同項は「前項各号に該当する行為をした者は、次の各号のいずれかに該当することを知らないことを理由として、同項の規定による処罰を免れることができない。ただし、過失のないときは、この限りでない。」と規定し、第 1 号は「当該外国人の活動が当該外国人の在留資格に応じた活動に属しない収入を伴う事業を運営する活動又は報酬を受ける活動であること。」、第 2 号は「当該外国人が当該外国人の活動を行うに当たり第十九条第二項の許可を受けていないこと。」また第 3 号は「当該外国人が第七十条第一項第一号、第二号、第三号から第三号の三まで、第五号、第七号から第七号の三まで又は第八号の二から第八号の四までに掲げる者であること。」を規定する。この第 73 条の 2 については、両罰規定が設けられている（第 76 条の 2）。

3　入管法の改正

　2018 年 12 月 8 日に出入国管理及び難民認定法（入管法）が改正された（2019 年 4 月 1 日施行）。この改正は、「人材を確保することが困難な状況にある産業上の分野に属する技能を有する外国人の受入れを図るため、当該技能を有する外国人に係る新たな在留資格に係る制度を設け、その運用に関する基本方針及び分野別運用方針の策定、当該外国人が本邦の公私の機関と締結する雇用に関する契約並びに当該機関が当該外国人に対して行う支援等に関する規定を整備するほか、外国人の出入国及び在留の公正な管理に関する施策を総合的に推進するため、法務省の外局として出入国在留管理庁を新設する必要がある。」ということを、その理由としている。在留資格の改正については、第 2 条の 2 に特定技能という在留資格が新設された。同条を受けて、別表第一の二に特定技能が追加された。これによれば、特定技能は、法務大臣が指定する本邦の公私の機関との雇用に関する契約に基づいて行う特定産業分野であって法務大臣が指定するものに属する法務省令で定める相当

程度の知識又は経験を必要とする技能を要する業務に従事する活動（第1
号）及び法務大臣が指定する本邦の公私の機関との雇用に関する契約に行う
特定産業分野であって法務大臣が指定するものに属する法務省令で定める熟
練した技能を要する業務に従事する活動（第2号）をいう。なお、ここでい
う特定産業分野とは、「人材を確保することが困難な状況にあるため外国人
により不足する人材の確保を図るべき産業上の分野として法務省令で定める
ものをいう。」また、これと同時に法務省設置法も改正され、改正理由にも
あるように、出入国在留管理庁や地方支分部局が設置されることになった
（図表14-2参照）。

図表14-2 出入国在留管理庁の組織図

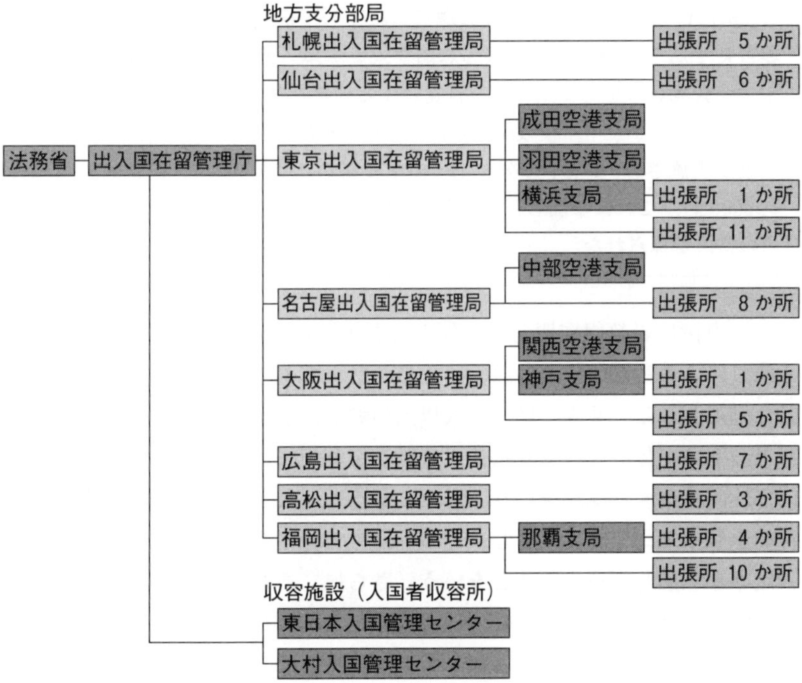

出典：出入国在留管理庁「新たな外国人の受け入れ及び共生社会実現に向けた取組」（2020年）

　この 2018 年入管法改正には肯定的な意見もあるが、法務省が国会に提出したデータに誤りがあって精緻な議論をすることができないこと、技能実習生の労働環境の問題（特に低賃金、長時間労働、死者等）が明らかになる等様々な問題点が出てきていること（技能実習生の詳細な状況が明らかになっていないため、推測になってしまうが、中には不法就労になっている事例があることも考えられる）、省令に委任する事項が多いこと及び受け入れる外国人の人数についての政府の積算根拠があいまいなこと等から、否定的な意見も示されている。

4　事例と解説

> **【事例 1】**　I 県内の公立学校教職員らによって構成される I 教組の中央執行委員長である A は、賃上げ等の春闘要求を実現させるため、傘下の公立小・中学校教職員らをして全一日を目途とする同盟罷業を行わせることを企図し、県内の各公立小・中学校教職員らにその指示を出した。その結果全一日の同盟罷業が実施され、I 県下の公立小・中学校総数 750 校のうち、720 校の教職員約 6000 名がこれに参加し、このため 50 校で早退の措置が採られ、700 校で自習の措置が採られた。

　この事例は岩教組同盟罷業事件から引用したものである。前述のように、公務員による労働争議を共謀、そそのかし、あおり及びそれらの企てをした者は処罰される。共謀とは、二人以上の者が、争議行為等を行うため、共同意思の下に一体となって互に他人の行為を利用し、各自の意思を実行に移すことを内容とする謀議をいう。また、そそのかしとは、争議等を実行させる目的をもって、公務員に対し、その行為を実行する決意を新たに生じさせるに足りる慫慂行為をすることをいう。さらに、あおりとは、争議等の違法行為を実行させる目的をもって、他人に対し、その行為を実行する決意を生じさせるような、またはすでに生じている決意を助長させるような勢いのある刺激を与えることをいう。最後に、企てとは、争議等の違法行為の共謀、そそのかし、またはあおり行為の遂行を計画準備することであって、違法行為

発生の危険性が具体的に生じたと認めうる状態に達したものをいう。A が I 教組傘下の公立小・中学校教職員らに全一日を目途とする同盟罷業（ストライキ）の指令を出したことは、文書、図画又は言動により、I 県下の公立小・中学校の教職員約 6000 名に対し、同盟罷業の実行を決意させるような勢いのある刺激を与えたと言えるので、同盟罷業のあおりに該当する。

　また、判例によれば、これらの共謀等は、将来における抽象的不確定的なものではなく、具体的現実的な争議行為に結びつき、争議行為の原動力になるものでなければならない。A があおりを行った同盟罷業は、いつどのようになされるか不明な抽象的・不確定的なものではなく、実際に A の指令に基づいて全一日を目途とする同盟罷業に I 県下の公立小・中学校の教職員が参加したのであるから、A の指示はその同盟罷業に直接結びつき、同盟罷業の具体的危険性をもたらす原動力になるようなものであったと言える。したがって、A は、単なる機械的労務を提供したに過ぎない者又はこれに類する者とは言えず、また、A の行為の内容から考えて、その実質が単なる規律違反に過ぎないものであったとは言えない。以上より、A の指令は、同盟罷業という争議行為のあおりの構成要件に該当する（地方公務員法第 61 条第 4 項）。さらに、A の指令には、法秩序全体の精神に照らして許容されると認められるような事情もないので、A の指令の違法性は阻却されないことになる。

参考文献
・多賀谷一照／髙宅　茂『入管法大全 I』（日本加除出版、2015 年）
・川端　博＝西田典之＝原田國男＝三浦　守編『裁判例コンメンタール刑法』第 1 巻〜第 3 巻（立花書房、2006 年）
・香城敏麿『刑法と行政刑法』（信山社、2005 年）
・香山忠志『労働刑法の現代的展開』（成文堂、2000 年）
・庄司邦雄『労働刑法（総論）新版』（有斐閣、1975 年）

（関根　徹）

第15講◆風俗に関する犯罪

キーワード

わいせつ物と表現の自由／ダンス規制／売春／児童買春

関連法令

刑法／公然わいせつ罪／わいせつ物頒布等罪／風営適正化法／売春防止法／児童買春・児童ポルノ禁止法

1 風俗に対する犯罪

1 刑法犯・特別法犯における風俗犯

「風俗」とは何か。この定義次第では、これに含まれる種々の犯罪類型には相異がみられる。刑法犯の風俗犯罪として、たとえば、性風俗に関する強制性交等罪、強制わいせつ罪、公然わいせつ罪、重婚罪、淫行勧誘罪、経済生活上の風俗に関する賭博罪・富くじ罪、宗教生活上の風俗に関する死体損壊罪、墳墓発掘罪、礼拝所不敬罪、説教等妨害罪、などが議論される場合がある。確かに善良な性風俗に対する犯罪として議論するのは当然であり、多くの「風俗」犯罪を扱う文献も性犯罪を取り上げる傾向にはあるが、性的自己決定権などを議論する個人的法益に属する性的犯罪と社会的法益としての性風俗犯罪は分けて考えるべきであろう。しかも、本書の構成では、性的犯罪は別に議論される場（第5講）があり、したがって、本講では後者について考察する。他方、特別法犯では、多くの論者が風俗犯として売春防止法違反を扱っているが、これも同じく第5講「性に関する犯罪」で扱われるため、ここでは風俗の側面で扱うこととする。このほか特別法犯として、風営適正化法なども論じる。また、条例として、青少年健全育成条例、迷惑防止条例違反なども一定の視点からは風俗犯として扱ってもよいと思われるが、前者については22講で扱われており重複するため、割愛する。

　それでは、そもそも「風俗」とは何か。一般には、「一定の社会集団に広く行われている生活上のさまざまなならわし」（広辞苑）とされるが、風俗犯にどの犯罪類型を含めるかは難しく、論者の判断となる。刑法上は、しばしば社会の善良な風俗を害する犯罪とされ、「そのような風俗の中に化体されている個人あるいは多数人の人格的な権利・利益を害する諸犯罪」（西原 1991 年、末尾文献参照）ということになる。しかしながら、何をもって「善良な風俗」とするかは一義的に確定することは困難であり、また、かつてアメリカの非犯罪化議論にみられたように、時代や地域によっても変遷する。要は、現代的な意味で、少数の者が欲求する風俗が多数人によって許容されず、多数人の善良な風俗を国家が保護する必要があるかどうかが判断の分かれ目になるといえよう。特に近年では、政府政策によりカジノの導入が決定されたが、これは典型的な賭け事を公的に容認するものであり、この依存症などの問題も指摘されるなど大きな論議を呼んだところである。このように、風俗をめぐる領域は多様な範囲と見解がみられるが、ここでは一部を扱うにとどめる。

2　刑法上の風俗犯罪

1　社会的法益に対する性犯罪

　刑法第 22 章わいせつ、強制性交等及び重婚の罪のうち、公然わいせつ（刑 174 条）、わいせつ物頒布等（175 条）、淫行勧誘（182 条）、重婚（184 条）が性関係の風俗犯罪に分類される（強制わいせつ（176 条）、強制性交等（177 条）ほか個人的法益の性犯罪については 5 講参照）。これらの中で、公然わいせつ罪とわいせつ物頒布等罪は毎年一定程度の適用があるが、淫行勧誘罪と重婚罪についてはほとんどみられない。そのため、本章では前者の犯罪にのみ言及する（図表 15‒1 参照）。

　近年、わいせつ概念をめぐっては刑法改正が行われたこともあり、盛んに議論がされている。従来、公然わいせつ罪の「わいせつ」は、「性欲の刺げき満足を目的とする行為であつて，他人に羞恥の情を懐かしめる行為」（大阪高判昭和 30 年 6 月 10 日高刑集 8 巻 5 号 649 頁など）と定義され、強制わいせ

図表 15 - 1　公然わいせつとわいせつ物頒布等の認知件数の推移

	2013 年	2014 年	2015 年	2016 年	2017 年
公然わいせつ	3,175	3,143	2,912	2,824	2,721
わいせつ物頒布等	1,010	1,033	998	918	834

出典：警察庁「平成 29 年の刑法犯に関する統計資料」（2018 年）9 頁をもとに作成した。

つ罪における「わいせつ」とほぼ同義に理解されてきた。しかし、強制わいせつ罪は個人的法益に分類され個人の性的自由を侵害する犯罪であることから、社会的法益の公然わいせつ罪とは区別すべきとの意見がみられる一方で、最近、強制わいせつ罪において、最高裁自体が判例変更を試み、従来の「徒らに性欲を興奮又は刺激せしめ且つ普通人の正常な性的羞恥心を害し善良な性的道義観念に反するもの」（最判昭和 26 年 5 月 10 日刑集 5 巻 6 号 1026 頁）から、「わいせつ」概念に性的意図を不要と変更し（コラム 9 参照）、その判断にあたっては「社会通念に照らし，その行為に性的な意味があるといえるか否かや，その性的な意味合いの強さを個別事案に応じた具体的事実関係に基づいて判断」すべきだとしている（最大判平成 29 年 11 月 29 日裁時 1688 号 1 頁）。

　そこで、風俗犯罪としての性犯罪、公然わいせつ罪やわいせつ物頒布等罪における「わいせつ」をどのように理解するかが問題となる。従来、社会的法益におけるわいせつ罪の保護法益は「善良な性風俗そのもの」と理解されてきたが、「善良」とは何かについては共通の理解に乏しく、刑罰を伴う道徳観には疑問が呈され、被害者なき犯罪として非犯罪化すべきとの意見もみられた。しかし、近年、インターネット等の発達により、有害情報が家庭まで容易に入り込み、青少年への影響が懸念されることもあり、国民の一定の性感情を侵害する行為への規制はむしろ強まっている。このため、2011 年の刑法改正では、わいせつ物とは区別された電磁的記録媒体の頒布、公然陳列の処罰、あるいは電気通信の送信による電磁的記録の頒布が処罰対象に加えられた。このような事情からすれば、社会的法益における公然わいせつ罪の「わいせつ」概念はより広く一般社会の通念や受けとめ方が重視されると

思われる。

　伝統的に公然わいせつ罪の手口は、いわゆる露出狂、つまり自らの性器を露出したり、性行為を見せるなどが多くみられたが、近年の判例では、インターネット上の投稿サイトにわいせつな動画や静止画を記録させ、不特定多数の者の閲覧に供するなどの手口が目立っている（たとえば、大阪高判平成 30 年 9 月 11 日 D1-Law.com28264146 など）。

2　公然わいせつ罪（174 条）・わいせつ物頒布等罪（175 条）

（1）　公然わいせつ罪

　公然とわいせつな行為をすることが本罪の実行行為であり、その刑は 6 月以下の懲役若しくは 30 万円以下の罰金又は拘留若しくは科料である。

　公然とは、不特定または多数人が認識しうるべき状態をいう（最決昭和 32 年 5 月 22 日刑集 11 巻 5 号 1526 頁）。不特定であれば少数でもよく、特定であっても多数であればよいとされる。また、現実に認識したことは必要ではない。わいせつな行為とは、「行為者又はその他の者の性慾を刺戟興奮又は満足させる動作であつて、普通人の正常な性的羞恥心を害し善良な性的道義観念に反するもの」をいう（東京高判昭和 27 年 12 月 18 日高刑集 5 巻 12 号 2314 頁）。具体的には、性器の露出行為や性交行為が典型例とされる。

（2）　わいせつ物頒布等罪

　わいせつな文書、図画、電磁的記録に係る記録媒体その他の物を頒布し、又は公然と陳列した場合（175 条 1 項）、有償で頒布する目的で、わいせつな文書等を所持し、又はわいせつな電磁的記録その他の記録を頒布した場合（同 2 項）、つまりわいせつ物を頒布したり販売したりする行為が処罰対象になる。これらの刑は、2 年以下の懲役若しくは 250 万円以下の罰金若しくは科料、又は懲役及び罰金の併科である。

　文書とは文字により一定の意思内容を表示したものをいい、図画は象形的に表示されたものをいう。2011 年の刑法改正で、電磁的記録に係る記録媒体が追加された。その他の物とは、彫刻、性器の模擬物等、外観上、猥褻性の存在が認められるものがその典型例とされる（前田 2015 年、568 頁、末尾文献参照）。頒布とは、不特定または多数の人に交付することをいう。現実

に相手方の手に渡ることが必要である。公然陳列とは、その物のわいせつな
内容を不特定又は多数の者が認識できる状態に置くことをいう。

　わいせつ物頒布等罪に関する問題の一つは、わいせつ文書と表現の自由の
関係である。いわゆるチャタレー事件や悪徳の栄え事件では、両者ともに外
国の小説家による作品を日本語に翻訳し出版したことで翻訳者と出版者がわ
いせつ物頒布罪に問われたものである。わいせつ文書とは、その内容が「徒
らに性欲を興奮又は刺戟せしめ、且つ普通人の正常な性的羞恥心を害し、善
良な性的道義観念に反するものをいう」（最大判昭和 32 年 3 月 13 日刑集 11 巻
3 号 997 頁）。

　芸術的・思想的価値のある文書であっても、わいせつ性を有するものとす
ることができる。文書の個々の章句のわいせつ性の有無は、文書全体との関
連において判断される（最大判昭和 44 年 10 月 15 日刑集 23 巻 10 号 1239 頁）。
四畳半襖の下張り事件において、「文書のわいせつ性の判断に当たつては、
当該文書の性に関する露骨で詳細な描写叙述の程度とその手法、右描写叙述
の文書全体に占める比重、文書に表現された思想等と右描写叙述との関連
性、文書の構成や展開、さらには芸術性・思想性等による性的刺激の緩和の
程度、これらの観点から該文書を全体としてみたときに、主として、読者の
好色的興味にうつたえるものと認められるか否かなどの諸点を検討すること
が必要であり、これらの事情を総合し、その時代の社会通念に照らして、そ
れが『徒らに性欲を興奮又は刺激せしめ、かつ、普通人の正常な性的羞恥心
を害し、善良な性的道義観念に反するもの』といえるか否かを決すべきであ
る」とされた（最判昭和 55 年 11 月 28 日刑集 34 巻 6 号 433 頁）。

○コラム 39　女性器オブジェ・画像はアートか

　漫画家・芸術家と自称する女性（ろくでなし子）は、『ワイセツって何です
か』などとする書籍を出版するなどの活動家であるが、女性器を「かわい
い」「おもしろい」などと喧伝する活動を行い、自己等の女性器を象った石
膏様の物品をアダルトショップに展示したり、自己の女性器の三次元デー
タ・ファイルを閲覧できるように特定のアクセス者に受領させたり、また
CDR にコピーしたこの 3D 画像を郵送したりするなどした。こんにちにお

いて、インターネットの時代ではこの種のワイセツ画像・映像に接触することは容易になっており、裁判所のわいせつ判断を困難にしている。

上記の行為は、わいせつ物陳列罪、わいせつ電磁的記録頒布罪で起訴されたが、判決では、女性器の展示については無罪、3D データの提供については有罪としているが（東京地判平成 28 年 5 月 9 日判タ 1442 号 235 頁）、全般的に、わいせつ事件に対する刑法の具体的適用は消極的になりつつある。

3　特別刑法上の風俗犯罪に対する規制

1　風営適正化法

本法はもともと 1948 年の風俗営業取締法を基盤にしているが、その後、各種の改正を経て 1984 年に本法「風俗営業等の規制及び業務の適正化等に関する法律」の成立へと至っている。しかし、その後もしばしば大規模な改正なども行われ、1948 年以来、総計 30 回以上に及んでいる。このようにめまぐるしい法改正は、風俗営業の業態の変化など、性風俗の社会変化や国民感情の変化が大きいことの反映であろう。

風俗営業取締法には目的規定がおかれていなかったが、同法制定過程で風俗営業を規制する理由として、風俗営業に際して売春と賭博が発生しやすいということがあげられている（須藤 2016 年、56 頁、末尾文献参照）。なお、1984 年の改正で風営適正化法は、善良の風俗と清浄な風俗環境を保持するため、また、少年の健全な育成に障害を及ぼす行為を防止するために風俗営業を規制することを明確化した（1 条）。

（1）　風俗営業の定義

風俗営業とは、以下の 5 類型の営業をいう。すなわち、（1）キヤバレー、待合、料理店、カフエーその他設備を設けて客の接待をして客に遊興又は飲食をさせる営業（風適 2 条 1 項 1 号）、（2）喫茶店、バーその他設備を設けて客に飲食をさせる営業で、国家公安委員会規則で定めるところにより計つた営業所内の照度を 10 ルクス以下として営むもの（前号に該当する営業として営むものを除く。）（同 2 号）、（3）喫茶店、バーその他設備を設けて客に飲食

をさせる営業で、他から見通すことが困難であり、かつ、その広さが五平方メートル以下である客席を設けて営むもの（同3号）、(4) まあじやん屋、ぱちんこ屋その他設備を設けて客に射幸心をそそるおそれのある遊技をさせる営業（同4号）、(5) スロットマシン、テレビゲーム機その他の遊技設備で本来の用途以外の用途として射幸心をそそるおそれのある遊技に用いることができるもの（国家公安委員会規則で定めるものに限る。）を備える店舗その他こ

図表 15-2　風俗関係事犯の検挙件数の推移（単位：件）

	2014	2015	2016	2017	2018
風俗関係事犯	6,281	5,911	5,297	4,824	4,723
風営適正化法違反	2,477	2,211	1,883	1,752	1,610
売春防止法違反	817	812	570	460	427
わいせつ事犯	2,903	2,771	2,743	2,557	2,638
ゲーム機等仕様賭博事犯	64	100	78	49	42
公営競技関係法令違反	20	17	23	6	6

出典：警察庁生活安全局保安課「平成30年における風俗営業等の現状と風俗関係事犯の取締り状況等について」(2019) 16頁

図表 15-3　風営適正化法違反の罰則と過去5年間検挙件数の推移（単位：件）

	2014	2015	2016	2017	2018
風営適正化法違反	2,477	2,211	1,883	1,752	1,610
無許可営業	367	385	288	269	252
客引き・つきまとい等	436	377	328	268	267
禁止区域等営業	347	287	286	266	259
従業者名簿の備付義務	263	240	196	189	181
18未満の者の使用	212	227	205	178	138
接客従業者の国籍等の確認	187	139	131	132	122
20歳未満の者への酒類等提供	101	104	83	90	85
広告宣伝	61	46	67	50	52
無届営業・届出書の虚偽記載等	62	55	38	50	26
構造設備・遊戯機の無承認変更	39	40	49	49	41
名義貸し	63	62	35	25	28
その他	339	249	177	186	159

出典：警察庁生活安全局保安課「平成30年における風俗営業等の現状と風俗関係事犯の取締り状況等について」(2019) 17頁

れに類する区画された施設（旅館業その他の営業の用に供し、又はこれに随伴
する施設で政令で定めるものを除く。）において当該遊技設備により客に遊技
をさせる営業（前号に該当する営業を除く。）（同 5 号）である。

　風俗営業を営もうとする者は、当該営業所の所在地を管轄する都道府県公
安委員会の許可を受けなければならない（風適 3 条）。

(2)　風営適正化法における運用状況

　風俗関係事犯の中でも風営適正化法違反による検挙件数は、わいせつ事犯
に次いで多い（図表 15 - 2 参照）。態様別で主な違反行為とこれに対する罰則
は、無許可営業（2 年以下の懲役もしくは 200 万円の罰金、または併科）、客引
き・つきまとい等（6 月以下の懲役もしくは 100 万円以下の罰金、または併科）、
禁止区域等営業（2 年以下の懲役もしくは 200 万円の罰金、または併科）、従業
者名簿の備付義務違反（100 万円以下の罰金）、18 歳未満の者の使用（1 年以
下の懲役もしくは 100 万円以下の罰金、または併科）などであり、検挙件数も
少なくない（図表 15 - 3 参照）。罰則としては主要な違反行為には全て懲役刑
が規定されるなど、その悪質性が重視されている。

2　売春防止法

(1)　売春規制の経緯

　本法は、売春の防止を図ることを目的とする法律である（売春防止法 1
条）。わが国では、江戸時代以来、明治、大正、昭和初期まで公娼制度が存
在しており、いわゆる遊郭とよばれる一定の区域における売淫（現在の売春）
が公的に認められていた。もっとも、私娼による密売淫は警察犯処罰令
（1908 年）などによって禁止されていた。第二次世界大戦後の 1946 年、
GHQ の指導により当時の日本政府は公娼制度を廃止し、翌 1947 年には、警
察犯処罰令を改正し、密売淫の処罰範囲を拡大した。しかし、1948 年に警
察犯処罰令が廃止され、軽犯罪法が施行されたことにより、売春行為自体を
処罰する法律が消滅した。そこで、売春に関する新たな法律が必要となっ
た。もっとも、1948 年から 1955 年の間に数度にわたって国会に売春に関す
る法案が提出されたが成立しなかった。その理由として、これらの法案は、
売春をした者とその相手方となった者を処罰する規定を含んでおり、終戦

後、国民の多くが貧困に喘いでいたこの時期、生きるために売春に従事せざるを得ない女性が多くそれらの女性を処罰することが疑問視されたからである（佐藤 1982 年、4 頁、末尾文献参照）。

　そこで、当時の政府は、1956 年にこれらの問題を回避する売春防止法案を国会に提出し成立させ、1957 年に同法は施行された（なお、第 2 章刑事処分に関する規定は 1958 年施行）。同法の特徴は、第 1 に、「売春が人としての尊厳を害し、性道徳に反し、社会の善良の風俗をみだすもの」として明示したことである（売防 1 条）。上記のとおり、長らく公娼制度が存在していたわが国では、公娼による売春は合法との意識が当時の国民の間に残存しており、売春そのものを社会悪と位置づけた点に意義がある。第 2 に、単純売春の不処罰である。単純売春を不処罰とした理由は、当時の社会情勢から、売春を行う女性は社会に対する加害者ではなく、むしろ被害者として保護救済の対象とされるべきであるという思想が背景にあったとされる（正木 1955 年、2 頁、末尾文献参照）。第 3 に、このような立法思想のもと、売春防止のための手段として、「売春を助長する行為等」に対しては刑罰で対応し、「売春を行うおそれのある女子」に対しては補導処分と保護更生の措置で対応するとしたことである（売防 1 条）。特に補導処分はわが国における成人に対する保安処分を初めて制度化したという点でも重要であり、また、保護更生の措置が刑事処分と並んで売春防止のための二本柱と位置付けられていることは、本法が単なる刑事特別法ではなく、社会立法としての性格を有することを示しているとされる（佐藤 1982 年、9, 10 頁、末尾文献参照）。

(2)　売春の意義

　本法が規定する売春とは、対償を受け、又は受ける約束で、不特定の相手方と性交することをいう（売防 2 条）。売春を撲滅するのであれば、売春者および買春者の双方を処罰することも一つの手段である。しかし、上記のように売春者は社会的弱者であり、むしろ救済の対象とすべきとの考えから、単純売春は、違法ではあるが刑罰を科されることはない。また、売春の主体は、一般的には女性が多いが、男性であってもかまわず、性別を問わない。対償とは、売春をすることに対する反対給付としての経済的利益である。対償は、売春の相手方から直接的に受ける場合、第三者から間接的に受ける場

合も含まれる。不特定の相手方とは、不特定の者のなかから任意に選定した相手方をいう（最二判昭和 32 年 9 月 27 日刑集 11 巻 9 号 2384 頁）。性交類似行為は売春には含まれないので、同性の者の間では売春は成立しない。

　売春の形態は、個人売春と組織的売春に大別できる。前者は、行為者が自己の計算において第三者に拘束されることなく売春を行うものをいい、後者は、行為者が売春による営利を目的とした組織に所属し、多かれ少なかれ第三者の拘束のもとに売春を行うものをいう（佐藤 1982 年、21, 22 頁、末尾文献参照）。

（3）罰　則

　処罰の対象となるのは、勧誘事犯と助長事犯に分類される。前者は売春婦による勧誘であり（売防 5 条）、後者は売春を助長する行為である（売防 6 ～ 13 条）。勧誘事犯は、売春をする者が自ら勧誘する行為（売防 5 条 1 項）、公衆の迷惑になる勧誘の予備的行為（同 2 項）、売春の相手方となる者の申し込みを待つ行為（同 3 項）で構成され、刑罰は六月以下の懲役又は一万円以下の罰金である。これらは、勧誘事犯等により、社会の風紀をみだし、一般市民に迷惑を及ぼすものを処罰するものである（佐藤 1982 年、32 頁、末尾文献参照）。

図表 15‐4　売春防止法違反の状況

区　分	件数・人員	年次 25 件数（件）	25 人員（人）	26 件数（件）	26 人員（人）	27 件数（件）	27 人員（人）	28 件数（件）	28 人員（人）	29 件数（件）	29 人員（人）
総　数		1,030	639	817	535	812	538	570	443	460	388
街娼型	勧誘等	251	253	256	248	262	236	208	205	220	215
管理型	場所提供	84	142	70	77	66	99	60	90	40	43
管理型	管理売春	5	5	6	21	6	6	3	8	5	7
管理型	資金提供	6	7	4	4	5	6	3	4	1	1
派遣型	周旋	398	210	344	166	312	174	160	122	117	117
派遣型	契約	283	19	134	17	157	13	133	11	75	3
その他		3	3	3	2	4	4	3	3	2	2

出典：警察庁『平成 30 年版警察白書』日経印刷（2018 年）95 頁

　助長事犯は、周旋等（売防6条）、困惑等による売春（同7条）、対償の収受等（同8条）、前貸等（同9条）、売春をさせる契約（同10条）、場所の提供（同11条）、売春をさせる業（同12条）、資金等提供（13条）である。これらは、管理売春、売春の場所提供、管理売春の過程で行われる行為、管理売春の幇助行為を処罰するものであり（鈴木1958年、11頁、末尾文献参照）、売防法の立法趣旨からも明らかなように、勧誘事犯よりも重い刑罰が設定されている。

3　児童買春・児童ポルノ禁止法

　上記のように、売春防止法において単純売春は違法であるが売春者・買春者ともに処罰されないが、児童を対象とした児童買春については児童買春、児童ポルノに係る行為等の規制及び処罰並びに児童の保護等に関する法律（以下、「児童買春・児童ポルノ禁止法」と記す）においては処罰対象となる。

（1）　法制定の経緯

　同法制定の背景要因は、第1に、1970年代、欧米諸国において児童ポルノが大量生産され、その過程で児童に対する性的虐待が行われていることが明らかになって社会問題化し、児童に対する性的虐待や性的搾取を規制する法制が制定されるようになった。その動きは、国連レベルに到達し、1989年、国連における児童の権利に関する条約（以下、児童の権利条約と記す）の採択に結実した。わが国は1994年に同条約を批准したが、それによってわが国は性的搾取や性的虐待から児童を保護する法制度を速やかに整備する義務を負うことになったのである（条約34条）。

　第2に、日本や欧米諸国からアジア諸国へのいわゆる児童買春ツアーが問題視されるようになり、わが国では、1979年に旅行業法を改正し、日本の旅行業界の関係者が売春を斡旋することを禁止した。もっとも、現地の仲介業者が個人として売春を斡旋することは可能であったため、実際には貧困等の事情で本人の意思に反して児童が買春に従事させられ、児童買春を介した児童虐待や性的搾取は続いた。1996年、スウェーデンのストックホルムで開催された「児童の商業的性的搾取に反対する世界会議」において、日本人による児童買春と児童ポルノの製造販売が厳しい批判にさらされる状況がみ

られた。

　第 3 に、国内の社会状況として、1990 年代に入り、特に女子中高生の間
で援助交際という名の売春が流行したことである。上記のとおり、売防法
は、売春に従事する女性をやむを得ぬ事情で自らの意思に反して売春に従事

図表 15‑5　児童買春の検挙件数・検挙人員

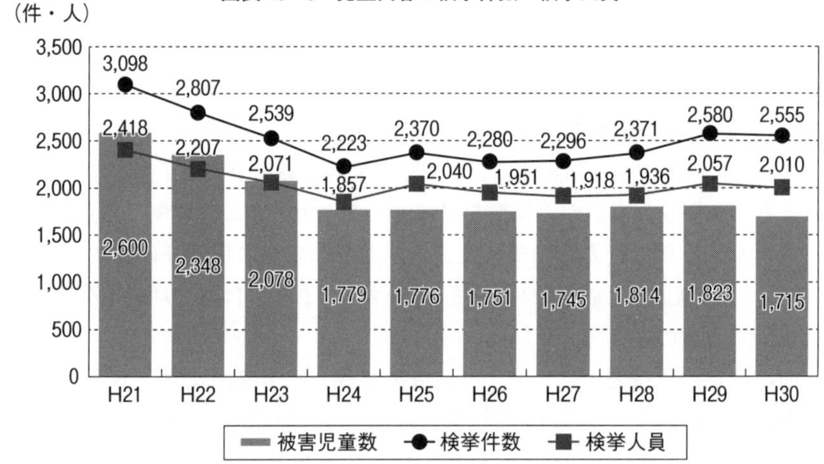

（件・人）

図表 15‑6　児童ポルノの検挙件数・検挙人員

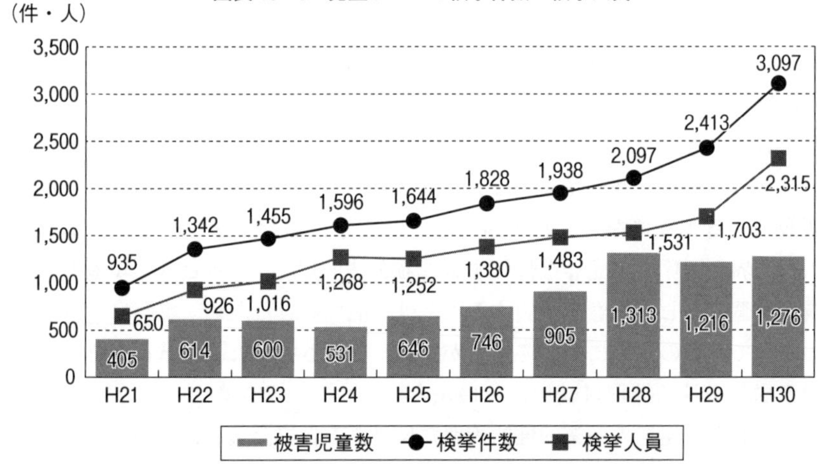

（件・人）

出典：https://www.npa.go.jp/safetylife/syonen/no_cp/newsrelease/kodomonoseihigaih30‑2.pdf

せざるを得ない社会的弱者として位置づけていたが、他方、援助交際に従事する女性は貧困ゆえというよりはむしろ、中流階層に所属する者も多く、生活の糧を得るためや借金の返済のためではなく、売春で得た金銭で旅行に行くとかブランド品を購入するなど享楽的な動機で従事するものが多かった点に援助交際の特徴がある。自らの積極的な意思で売春に関わるとはいえ、未成年による者が多く、少年の健全育成の観点からも国家が介入する必要性が生じた。

(2)　規制内容と罰則

このような経緯で、1999 年に児童買春・児童ポルノ禁止法が制定された。同法は、児童買春、児童ポルノに係る行為等を規制して、これらの行為等を処罰するとともに、これらの行為等により心身に有害な影響を受けた児童の保護のための措置等を定めることにより、児童の権利を擁護することを目的とする（児買第 1 条）。児童とは 18 歳未満の者をいう（同 2 条）。児童買春とは、児童、児童に対する性交等の周旋者、児童の保護者等に対し、対償を供与し、又はその供与の約束をして、当該児童に対し、性交等（性交若しくは性交類似行為をし、又は自己の性的好奇心を満たす目的で、児童の性器等（性器、肛門又は乳首をいう。以下同じ。）を触り、若しくは児童に自己の性器等を触らせることをいう。以下同じ。）をすることをいう（同 2 条）。児童買春をした者に対する刑は、5 年以下の懲役又は 300 万円以下の罰金である。

児童買春は、①児童買春の相手方となった児童の心身に有害な影響を与えること、②児童買春行為が社会に広がるときには、児童を性欲の対象として捉える風潮を助長すること、③身体的及び精神的に未熟である児童一般の心身の成長に重大な影響を与えることに繋がるので、かかる行為を規制・処罰することとなった（森山 1999 年、50-51 頁、末尾文献参照）。特に、②に関連して、児童を性欲の対象として捉えることは健全な性風俗に反するといえることから、本章では児童買春を風俗犯として位置づけることにした。

4　事例と解説

> **【事例 1】**　A は、A が経営する店舗内において、公安委員会から風俗営業
> （第 3 号営業）の許可を受けないで、ダンス・フロア等の設備を設け、「ブリテ
> ィッシュ・パビリオン」という UK ロックを流すダンス・イベントを実施し、
> 不特定の来店客ら 30 名ほどの男女にダンスをさせ、かつ、酒類等を提供して
> 飲食させた。

　風営適正化法が 2015 年に改正されたことは前述したが、改正前の旧法に
おいては、「客にダンスをさせる営業」は 2 条 1 項にいう「風俗営業」に分
類され、営業を行うのは一定の許可が必要であり、無許可営業に対しては 2
年以下の懲役若しくは 200 万円の罰金、又はその併科とされていた。したが
って、クラブと称され DJ などが選曲して音楽を流し、これに合わせて客が
自由に踊る店舗での営業は、同 3 号の「ナイトクラブその他の設備を設けて
客にダンスをさせ、かつ、客に飲食をさせる営業」、男女によるペア・ダン
スのダンス・スクールやダンス・パーティなどの営業は同 4 号「ダンスホー
ルその他設備を設けて客にダンスをさせる営業」に当たると解され、無許可
営業は摘発の対象となった。
　本事例は、旧法時代において無許可営業が摘発されたものである。この事
件は、2012 年に摘発され、経営者等が無許可営業の罪で逮捕された大阪の
クラブ「NOON」事件であり、実際の裁判では憲法の問題（表現の自由、職
業選択の自由）と刑事法の問題が重複して争われた。第一審（大阪地判平成
26 年 4 月 25 日 D1-Law.com28222212）では、ダンス営業規制の合憲性は肯定
したものの、ダンス概念を狭義に理解し NOON の営業はこれに当たらず、
被告人らを無罪とした。控訴審（大阪高判平成 27 年 1 月 21 日 D1-Law.com28230511）
でも無罪判決が維持されたが、憲法判断には至らず、最終的には最高裁（最
三決平成 28 年 6 月 7 日 D1-Law.com28242447）にまで持ち込まれ、最高裁は上
告を棄却し憲法の解釈等については言及していない。
　旧法の 3 号営業規制は、性風俗秩序の維持、少年の健全育成が主な目的と

され、その対象は立法当時、男女が組になり、かつ身体を接触させて踊るのが通常の形態とされるダンスであり、客にダンスをさせる営業は「売淫」つまり売春・買春へとつながることを規制理由としたのである。しかし、NOON 事件でも明らかになったが、そもそも規制対象の「ダンス」の定義や基準が曖昧であり、また現代においては、一般人が連想する「ダンス」が性秩序を乱す「風俗」という見方と乖離していることは明らかであろう。

　このような経緯から、2015 年の風営適正化法の改正において、風俗営業に分類されていた「客にダンスをさせる営業」を規制対象から外したのは、当然であるといえよう。もっとも、風営適正化法の改正法において「ダンス」という文字が同法から消滅したとはいえ、「ダンス」自体への規制が消えたわけではなく、新たな類型として「特定遊興飲食店営業」（同法 11 条）は広範囲の営業を規制している点には留意が必要である。

【事例2】　A はデリバリー・ヘルス業（派遣型デートクラブ）を経営し、A が作成した業務マニュアルには「売春を行わない」旨の記述がみられた。A は男性従業員 B に命じて客を募らせたが、B はその際、売春を行う女性自身を装って出会い系サイトで不特定の遊客を求める書き込みを行い、それに応じた C が女性の紹介を依頼してきたため、女性従業員 D（18 歳）が B の指示どおりに、C の売春の相手方となったが、C は A や B の介入や存在は知らなかった。

　本事例では、①A と B に売春の周旋を行う意図があったか、②遊客に周旋の事実の認識がなくても売春周旋罪が成立するのか、が問題となる。第一審（大阪地判平成 22 年 3 月 12 日 D1-Law.com28175860）では、被告人側は A はたんにデリバリー・ヘルスの業を営んでいたにすぎず、A には売春が行われることを認識していないことから、B との売春周旋の共謀もないと無罪を主張した。また、相手の携帯番号を確認して依頼に応じて遊客に女性を紹介しており、売春防止法にいう不特定には当たらないと主張した。しかし、判決では、①につき、A 及び他の女性従業員の売春の指示も教唆もなかったとする証言と B 及び C の実際には売春の指示があったとする証言を考察し、後者の方が信用性が高いという理由で、A と B の売春斡旋の共謀を認め有罪としたが、②に関する C の周旋の認識には触れていない。第二審（大阪高

判平成 22 年 9 月 7 日 D1-Law.com28175805）も、ほぼ同様の理由で控訴を棄却
している。

　本事案は、さらに上告され、最高裁判所においては、とくに周旋行為の有
無が争点となった。売春防止法 6 条 1 項は売春の周旋者を処罰しているが、
一般に売春の周旋とは、「売春をする者とその相手方になる者の間にたって
売春が行われるように仲介すること」（佐藤 1982 年、40 頁、末尾文献参照）と
し、これらの双方の依頼または承諾が必要であるとする。そこで、本事例の
ように、遊客側で仲介者の存在を認識していない場合に、周旋が成立するか
どうかが問題となる。最高裁判所（最一判平成 23 年 8 月 24 日刑集 65 巻 5 号
889 頁）は、「売春防止法 6 条 1 項の周旋罪が成立するためには、売春が行わ
れるように周旋行為がなされれば足り、遊客において周旋行為が介在してい
る事実を認識していることを要しないと解するのが相当である」として上告
を棄却した。

　最高裁判所は、その理由について明記していない。この理解は通説からは
離れるが、インターネットが無かった時代に立法された売春防止法の経緯か
ら考えると、なりすましなど匿名性の高い行為による売春の周旋が可能とな
っているなどの現代の事情からすれば、売春の相手方が周旋を認識していな
くても、周旋行為が行われていれば足りるとする本決定は妥当であるといえ
よう（判時 2011 年、144-145 頁、園田 2012 年、163-164 頁、末尾文献参照）。

参考文献

・西川研一「NOON ダンス営業規制違憲訴訟」法学セミナー746 号（2017 年）47-52 頁
・須藤陽子「風営法の一部改正とダンス」法学教室 426 号（2016 年）54-61 頁
・前田雅英『刑法各論講義（第 6 版）』（東京大学出版会、2015 年）
・園田　寿「平成 23 年度重要判例解説」ジュリスト臨時増刊 1440 号（2012 年）163・
　164 頁
・「遊客において周旋行為の介在を認識していなかったことと売春防止法の 6 条 1 項の
　周旋罪の成否」判例時報 2128 号（2011 年）
・森山眞弓『よくわかる児童買春・児童ポルノ禁止法』（ぎょうせい、1999 年）
・西原春夫『犯罪各論（訂補準備版）』（成文堂、1991 年）
・松浦　恂「売春防止法」（伊藤榮樹ほか編『注釈特別刑法（第 8 巻）医事・薬事法・
　風俗関係法編』（立花書房、1990 年））

・佐藤文哉「売春防止法」（平野龍一ほか編『注解特別刑法 7　風俗・軽犯罪編』（青林
　書院新社、1982 年））
・鈴木義男「売春防止法と刑事処分」法律時報 30 巻 2 号（1958 年）
・正木　亮「売春法の作り方」判例時報 65 号（1955 年）

（渡邉泰洋）

第16講◆内乱・外患・国交に関する犯罪

キーワード

国家の存立に対する罪／内乱罪／国旗国章損壊罪／私戦予備・陰謀罪

関連法令

刑法／破壊活動防止法／電波法

1 内乱・外患・国交に関する罪とは

内乱・外患・国交に関する犯罪は、いずれも国家的法益に対する罪である。「内乱に関する罪」「外患に関する罪」は、わが国の存立自体を脅かす犯罪類型であるため「国家の存立に対する罪」とされ、その重大性から刑法各則の最初に置かれている。「内乱に関する罪」（刑法77条以下）が、国の存立を内部から脅かす罪であるのに対し、「外患に対する罪」（刑法81条以下）は、国の存立を外部から危険にさらす罪という点で、両者は異なっている。

「国交に関する罪」（刑法92条以下）として規定される行為は、いずれも、直接的には外国の利益を侵害するものである。しかし、それらの行為が行われれば、わが国と外国との国交が危険にさらされ、わが国の外交上の利益を損なうことになる。したがって、国交に関する罪も、国の存立を脅かす罪であると理解することができよう。

2 内乱に関する罪

内乱罪は、国の統治機構を破壊し、又はその領土において国権を排除して権力を行使し、その他憲法の定める統治の基本秩序を壊乱することを目的に暴動をした場合に成立する。政府転覆をもくろみ、革命やクーデターといった形で実行されるのが典型例だと考えられる。所定の目的で暴動を行えば成

立し、内乱の成功は必要とされていない。国の統治の基本秩序の破壊には、刑事司法制度の破壊も含まれ、そのような事態に至れば、行為者が処罰されることはなくなるからである。そのため、内乱に関する罪は危険犯と位置づけられている。

　内乱に関する罪については、その重大性に鑑み、未遂罪（刑法 77 条 2 項）のほか、より早期の段階での処罰を可能とする予備・陰謀罪（刑法 78 条）の規定がおかれ、予備・陰謀を幇助する行為の処罰規定（刑法 79 条）も設けられている。

　さらに、国家の存立を脅かす罪であることが考慮され、特別法には、内乱に関する罪の周辺行為を広く処罰する規定が置かれている。破壊活動防止法（昭和 27 年法律第 240 号）には、内乱罪・内乱未遂罪の独立教唆罪・せんどう罪（38 条 1 項）、内乱予備罪・陰謀罪、内乱等幇助罪の独立教唆罪（38 条 2 項 1 号）の定めがある。独立教唆罪とされたのは、実害ある行為をそそのかす行為は、公共の安全を保持する上において、その実害が発生するまで手をこまねいてみていることは、到底耐え得られないと考えられたためである（衆議院法務委員会議事録第 43 号昭和 27 年 4 月 26 日 24 頁）。

　また、内乱罪を実行させる目的をもって、その実行の正当性又は必要性を主張した文書又は図画を印刷し、頒布し、又は公然掲示する罪（38 条 2 項 2 号）、内乱罪を実行させる目的をもって、無線通信又は有線放送により、その実行の正当性又は必要性を主張する通信をする罪（38 条 2 項 3 号）も規定されている。そして、電波法は、無線設備等の通信設備によって日本国憲法又はその下に成立した政府を暴力で破壊することを主張する通信を発する罪（107 条）を定めている。

　内乱に関する罪については、国家存立の基本秩序に対する侵害であるという罪の深刻性を踏まえ、日本国民であるか否かに関わらず国外犯も処罰される（刑法 2 条 2 号）。さらに、同様の観点から、第一審裁判所は高等裁判所とされ（裁判所法 16 条 4 号）、その訴訟での裁判官の員数は、一般の罪と異なり 5 人とされている。（裁判所法 18 条 2 項但書き）。

　なお、内乱に関する罪について、法定刑のうちの自由刑が、懲役刑ではなく禁錮刑とされているのは、政治犯、確信犯としての性格（非破廉恥性）が

考慮されたためである。

　検察統計調査によれば、2017 年の罪名別被疑事件受理人員の統計において、内乱首謀で受理された者が 5 名、職務従事者で受理された者が 30 名存在した。なお、全員が、「罪とならず」との理由で不起訴とされている（www.e-stat.go.jp　2019 年 9 月 10 日最終閲覧）。

1　内乱罪（刑法 77 条）

　内乱罪は、国の統治機構を破壊し、又はその領土において国権を排除して権力を行使し、その他憲法の定める統治の基本秩序を壊乱することを目的として暴動をした場合に成立する目的犯である。これらの目的なくして暴動が行われた場合、騒乱罪（刑法 106 条）に該当することはあっても、内乱罪が成立することはない。

　「国の統治機構の破壊」（旧規定では、政府の顛覆）、「その領土における国権の排除による権力の行使」（旧規定では、邦土の僭竊）は、「憲法の定める統治の基本秩序の壊乱」（旧規定では、朝憲紊乱）の例示である。

　「憲法の定める統治の基本秩序を壊乱する」とは、日本国憲法が定めるわが国の政治的基本組織を不法に破壊することである。そこから、「国の統治機構の破壊」とは、わが国の統治の基本制度である国民主権の下での議会制民主主義制度の破壊などを意味することになる。従って、個々の内閣を打倒する目的（大判昭和 10 年 10 月 24 日刑集 14 巻 1267 頁）、あるいは、時の閣僚を殺害して内閣を更送しようとする目的（大判昭和 16 年 3 月 15 日刑集 20 巻 263 頁）は、「国の統治機構の破壊」には当たらない。また、「その領土における国権の排除による権力の行使」とは、日本の領土の全部又は一部における主権を排除して、不法に統治権力を行使することをいい、例えば、日本の領土の一部を実力支配し、独立国をつくる場合がこれに当たる（朝鮮高判大正 9 年 3 月 22 日新聞 1687 号 13 頁）。

　以上のような目的実現のために暴動が行われた場合に内乱罪は成立する。「暴動」は、「憲法の定める統治の基本秩序を壊乱する」目的に向けて行われるものであるため、単なる多数人ではなく、その目的に向けてある程度組織化された集団による暴行・脅迫でなければならない（大谷 355 頁、山口 524

頁）。そして、その「暴動」は、「一地方の平穏を害するに足りる程度」に至ることが必要とされている（通説）。暴行は、人に対するのみならず、物に対する有形力の行使も含む最広義のものであり、脅迫も告知される害悪の種類を問わない。したがって、本罪所定の目的のもと、暴動の手段である暴行として殺人や放火等の行為が行われた場合には、それらの行為は別罪を構成するのではなく、内乱罪に吸収される（前掲大判昭和10年10月24日）。

　このように、内乱罪は、ある程度組織化された集団により暴動が行われることを要件とする。したがって、罪の成立に多数人の関与を予定する、必要的共犯のうちの多衆犯である。本罪に関与した者は、組織内部における関与の態様により、首謀者、謀議参与者・群衆指揮者、諸般の職務従事者、付和随行者・単純暴動参加者に区分され、各人の関与に応じて処罰される。

　首謀者（旧規定では、首魁）とは、内乱の主導的遂行者であり、一人とは限らず複数人のこともありうる。罪の重大さから、法定刑は死刑又は無期禁錮と極めて重い。謀議参与者とは、首謀者の補佐として内乱の計画策定に関与した者、群衆指揮者とは暴動に際して群衆を指揮した者であり、双方とも無期又は3年以上の禁錮に処されうる。諸般の職務従事者とは、首謀者、謀議参与者・群衆指揮者以外の者で、補給、経理といった重要な責任ある任務を担う者を指し、その法定刑は1年以上10年以下の禁錮刑である。付和随行者・単純暴動参加者とは、暴動に参加して、その手段である暴行・脅迫を行った者や、単なる機械的労務を提供した者である。群集心理により犯行に参加した点が考慮され、例え、暴動の手段として殺人や放火を行った場合であっても、3年以下の禁錮刑に処せられるに過ぎず、その刑は極めて軽い。

　こうして、集団内部の者については、それぞれの役割に応じた処罰がなされることになり、刑法総則の共犯規定の適用はない。しかし、内乱罪は、規定された関与行為以外の行為は処罰しない趣旨であると解し、総則の共犯規定の適用はないとしてしまうと、集団外部の者が関与した場合に処罰の欠缺が生じる。そのため、そのような者については、共犯規定を適用すべきとの見解が有力になっている（大谷356頁、西田436頁）。

　内乱罪は、本条所定の目的に向けて、ある程度組織化された集団により暴動が行われ、その暴動が「一地方の平穏を害するに足りる程度」に至れば既

遂となる。暴動の手段である暴行・脅迫が開始されたが、その程度にまで至らない場合は、本罪の未遂にとどまる。しかし、付和随行者・単純暴動参加者については、内乱罪が未遂の場合には処罰されることはない（刑法 77 条 2 項但書き）。内乱罪が未遂にとどまり、付和随行者・単純暴動参加者とされれば、処罰を免れるのである。幾ら、群衆心理に基づく行為とはいえ、それが妥当かは疑問の余地があろう。そのことを考慮し、改正刑法草案は、単に暴動に参加した者・関与した者についても、未遂処罰の対象としている（改正刑法草案 118 条）。

2　内乱予備・陰謀罪（刑法 78 条）

国家の存立を危うくする罪であるという重大性に鑑み、内乱罪には実行の着手前の段階である予備・陰謀を処罰する規定が置かれている。法定刑は、1 年以上 10 年以下の禁錮刑である。

内乱の予備とは、内乱罪を実行する目的で、武器、資金、食糧の調達といった準備行為をしたり、仲間を集めたりすることである。内乱の陰謀とは、2 人以上の者が、内乱罪の実行を計画し、合意に至ることをいう。内乱の予備・陰謀をした者が、後に、内乱罪を実行した場合には、予備・陰謀は、内乱罪の未遂または既遂に吸収される。

なお、内乱罪を未然に防ぎ実行に至らせないために、内乱予備・陰謀を実行した者が、暴動に至る前に自首したときは、その刑が必ず免除されるとの刑事政策的規定が設けられている（刑法 80 条）。暴動に着手後に自首した場合には、刑法 42 条 1 項による任意的減軽の問題となる。

3　内乱等幇助罪（刑法 79 条）

本罪は、内乱罪、内乱予備・陰謀罪の幇助行為を処罰する規定である。

内乱を目的とする集団内部での行為は、その関与の態様に応じて内乱罪によって処罰されるので、本罪は、集団外部から内乱罪、内乱予備・陰謀罪の実行を容易にする援助行為を問題とする。兵器、資金、食糧の供給は幇助行為の例示であり、その他、これらに準じるような幇助行為が処罰の対象となる。

　総則の幇助規定（刑法 62 条、63 条）が存在するにもかかわらず、ある一定の幇助行為を、あえて、独立の犯罪類型として特別に処罰する規定であるため、本罪が、正犯の成立を待たずに成立する独立幇助罪であるか否かが問題となる。内乱予備・陰謀罪の成立以前にまで処罰を早めることが妥当かについては議論があるが、単に、時の内閣を打倒するのではなく、国家の転覆を図ろうとする内乱罪の重大性・深刻さを踏まえれば、独立幇助罪であると理解することは不合理ではないように思われる。

　本罪についても、暴動に至る前に自首したときは、その刑が必ず免除される（刑法 80 条）。

○コラム 40　5.15 事件

　1932（昭和 7）年 5 月 15 日、海軍の青年将校等が、総理大臣官邸に乱入し、内閣総理大臣犬養毅を殺傷するなどという、いわゆる 5.15 事件が起こった。内乱罪の適用が問題となった本事案において、大審院は、内乱罪における「朝憲を紊乱する目的」（現行規定では、「憲法の定める統治の基本秩序を壊乱する目的」）につき、「国家の政治的基本組織を不法に破壊すること」と初めて明確に定義づけ、その例示である「政府の転覆」とは、「行政組織の中枢である内閣制度の不法な破壊である」とし、個々の具体的な内閣を打倒するのでは足りず、内閣制度そのものの破壊を意味するとした。さらに、この目的は、暴動によって直接に「国家の政治的基本組織を不法に破壊」するものでなければならないともした。

判示事実は、次のようなものであった。

　海軍将校 X と Y は、国家革新の志を抱き、わが国の現状について、政党財閥特権階級が相互に結託し国政を乱し、国民を極度に圧迫し、殊に最近の支配階級の堕落は到底傍観を許さないものがあると考え、非常手段によって支配階級に一撃を加え、その反省を促すと共に国家革新の機運を醸成しようと期した。

　X と Y は、志を同じくし国家革新の運動に努力する海軍将校らと共に、同志を集め一斉集団的に爆弾拳銃等を使用して直接行動に訴えることで、平素からの志を完徹しようと企図した。彼らは、民間人の同志、陸軍士官候補生ら海軍部外の同士をも獲得し、全同志の中心となって準備を進め、その直

接行動により帝都の治安を攪乱する意図の下に、海軍将校、陸軍士官候補生等を数組に分け、首相官邸、内大臣官邸、政友会本部、警視庁、大銀行等を襲撃し、内閣総理大臣犬養毅を殺害しようとした。民間人の同志は、東京市内外の変電所数か所を襲撃し、帝都の暗黒化を図ろうとした。また、従来から彼らの計画を妨害する疑いのある者を殺害することを決定し、よって、国家革新の捨て石になることを期し、各犯行に及んだものである（大コンメ刑法（2版）19頁（鈴木））。

　本件で、検察官は、同志として加わった民間人の被告人らに対し、殺人罪、殺人未遂罪、爆発物取締罰則違反の幇助として公訴を提起したが、弁護側は、一貫して彼らを内乱罪で処断すべきと主張した。

　大審院は、

　「刑法第77条に所謂朝憲を紊乱するとは国家の政治的基本組織を不法に破壊することを謂い政府の顛覆邦土の僣竊の如き其の例示的規定なりと解すべく従て政府の顛覆とは行政組織の中枢たる内閣制度を不法に破壊する如きことを指称するものと解するを相当とす」「而して集団的の暴動行為あるも之に因り直接に朝憲紊乱の事態を惹起することを目的とするに非ずして之を縁由として新に発生することあるべき他の暴動に因り朝憲を紊乱する事態の現出を期するが如きは之を以て朝憲を紊乱することを目的として集団的暴動を為したるものと称するを得ず」と述べ、さらに、「首相を斃すが如きは場合により牽いて内閣の瓦解を来す虞れなきには非ざるも是只内閣閣員の更迭を来たすのみにして内閣制度を根本的に破壊するものに非ざれば未だ之を以て刑法第77条に所謂政府を顛覆する行為なりと称するを得ず」とも述べ、本件暴動は、内乱罪の要素である政府を顛覆し所謂朝憲を紊乱することの目的を具備するものとはいえないとした（大判昭和10年10月24日刑集14巻1267頁）（原文は片仮名）。そして、海軍軍人が海軍刑法の反乱罪で処断されたことを受け、民間人の同志を反乱罪の幇助犯として処断したのである。

○コラム41　オウム真理教と内乱罪

　オウム真理教の最高幹部の1人であった被告人は、坂本弁護士一家殺害事件、松本サリン事件及び地下鉄サリン事件など11件の事件で起訴された。被告人は各犯行への関与を認め、犯罪事実自体を特に争うことはなかっ

　た。しかし、弁護人らは、坂本弁護士一家殺人事件以降の各犯行は、いずれも麻原彰晃を首魁（首謀者）とし、主宰するオウム真理教の信者らが、その教義にかなった理想郷の建設実現を目指して、教義に基づき、国家権力を奪取すべく、教団の武装化路線を押し進めると共に、教団に敵対する者を殺害し、松本サリン事件と地下鉄サリン事件等によって国の統治機構を破壊しようとするなど、朝憲紊乱、すなわち、憲法の定める統治の基本秩序を壊乱することを目的として暴動を起こしたものであり、それぞれが独立した犯罪を構成するものではなく、包括して内乱罪で処罰されるべきだと主張した。本件は、被告人側から内乱罪の成立が主張された稀有な事例として大きな注目を集めた（ジュリスト 1246 号 141 頁）。

　第 1 審（東京地判平成 14 年 6 月 26 日判時 1795 号 45 頁）は、武装革命は、（麻原）個人の具体的な戦略や現実認識を欠いた空想的な企てないし願望の範疇を超えるものではなく、憲法の定める統治の基本秩序を壊乱することを直接又は間接を問わずその目的として敢行されたものとは到底認められないとして内乱罪の成立を否定し、被告人に死刑を言い渡した。弁護人らが控訴し、再び、内乱罪の成立を争ったが、控訴審（東京高判平成 18 年 3 月 15 日判タ 1223 号 312 頁）は、「教祖……の目指した武装革命が何らの具体的な戦略や現実認識を備えたものでなかったことは原判示のとおりであり、そうすると、暴動行為によって，直接国家の統治組織を変革することを企図し、かつ，暴動による目的実現の現実的な可能性あるいは蓋然性が存在したとはいえない。結局のところ、……一連の各犯行は，組織防衛を至上目的として、その時々の個別の状況に応じてとりわけ過激な手段をとったといわざるを得ない。そうである以上、憲法の定める統治の基本秩序を壊乱する手段として個々の本件各犯罪が行われたものではないから、内乱罪に該当しないことはいうまでもない。」等と述べ、控訴を棄却した。弁護側は上告し、口頭弁論で、「首謀者のみについて法定刑に死刑が含まれる、内乱罪が適用されるべきだ」とさらに主張したが、2010（平成 22）年 1 月 19 日、最高裁は上告を棄却し（最決平成 22 年 1 月 19 日集刑 300 号 1 頁）、死刑が確定した。なお、2018（平成 30）年 7 月 6 日大阪拘置所にて、被告人の死刑が執行された。

3 外患に対する罪

外患に対する罪は、内乱に関する罪と同様に、国家の存立に対する罪であるが、国の存立を外部から脅かすものである。わが国に対し外国に武力行使させたり、武力行使をする外国に加担したりといった、「祖国に対する裏切り」的な性質が認められる罪であるため、外患に関する罪の法定刑として規定されている自由刑は懲役刑である。

外患に対する罪についても、その罪の重大性に鑑み、特別法に、外患に関する罪の周辺行為を広く処罰する規定が置かれている（破壊活動防止法 38 条参照）。また、日本国民であるか否かに関わらず国外犯も処罰される（刑法 2 条 3 号）。

1 外患誘致罪（刑法 81 条）

本罪の実行行為は、外国と通謀して日本国に対し武力行使させることである。本罪の「外国」は、外国の政府、軍隊など国家機関を意味し、私人・私的団体を含まない。「通謀して」「武力を行使させた」とは、外国と意思を通じ、わが国に対して軍事的攻撃を加えさせることであり、加えさせたことにより本罪は既遂となる。外国との意思連絡と、武力行使との間には因果関係がなければならず、通謀はあったが武力行使との間に因果関係が認められない場合は、未遂罪として処罰される（刑法 87 条）。通謀が未完成の場合、通謀がなされたが武力行使に至らなかった場合も同様である。なお、本罪の予備・陰謀も処罰されるが（刑法 88 条、法定刑は 1 年以上 10 年以下の懲役）、内乱に関する罪と異なり、自首による刑の必要的免除の規定は置かれていない。

外国により軍事的攻撃が加えられれば、わが国は存亡の危機に立たされることになる。その重大性に鑑み、本罪には、絶対的法定刑として死刑が定められているが、刑の減軽の余地はありうる（刑法 66 条、67 条。大コンメ刑法（3 版）63 頁（亀井））。

2 外患援助罪（刑法 82 条）

本罪は、外国から日本国に対して軍事的攻撃が加えられているという状況
で（構成要件的状況）、外国に味方し協力する行為を処罰するものである。
「軍務に服し」とは、外国の軍隊に加わり、その指揮命令下で活動すること
をいい、戦闘員であるか否かを問わない。「その他、これに軍事上の利益を
与えた」とは、武器、食糧、医薬品、情報の提供など、外国の武力行使を利
する行為を広く含む。法定刑は、死刑又は無期若しくは 2 年以上の懲役であ
る。本罪の未遂（刑法 87 条）、予備・陰謀も処罰される（刑法 88 条）。

4 国交に関する罪

国交に関する罪は、外国国章損壊等罪（刑法 92 条）、私戦予備・私戦陰謀
罪（刑法 93 条）、中立命令違反罪（94 条）から成る。かつては、これらの他
に、外国の君主、大統領および使節に対する暴行・脅迫・侮辱罪（90・91
条）が置かれていたが、日本国憲法の制定に伴う昭和 22 年の刑法一部改正
によって削除された。

国交に関する罪の法益に関しては、いずれの犯罪も外国への加害行為を通
じて成立することから、国際法上の義務に基づく外国の利益保護であるとの
見解がある（大塚 648 頁、団藤 164 頁）。しかし、日本の刑法が、もっぱら外
国の利益だけを保護するための規定を置くとは考えられず、外国への加害行
為によりわが国と相手国との間に生じうる関係性の悪化を防ぐためと考える
方が自然である。そこで、近時は、わが国の外交上の利益を保護するものだ
との理解が有力になっている（大谷 360 頁、西田 440 頁、中森 265 頁、平野 292
頁）。そのように理解することで、国交に関する罪も、内乱に関する罪、外
患に関する罪と同様、国家の存立に対する罪と位置付けることが可能となる
（井田 527 頁）。

1 外国国章損壊等罪（刑法 92 条）

本罪は、外国の国旗その他の国章が、その国に対して侮辱を加える目的
で、損壊、除去、汚損された時に成立し、法定刑は、2 年以下の懲役又は 20

万円以下の罰金である。

　本罪の客体は「外国の国旗その他の国章」である。本罪の保護法益を、日本の外交上の利益と考えれば、「外国」には、承認国、国交のない国も含まれると解される。将来、わが国と外交を結ぶ可能性が否定できないからである（刑法講義各論 604 頁（佐伯））。この点については、昭和 33 年 5 月、当時、日本との間に国交がなかった中華人民共和国の国旗が引き降ろされたという「中共国旗引降し事件」が参考になる。事件は、日中友好協会が主催する中国物産展会場に掲げられていた中華人民共和国の国旗が、被告人である男性によって引き降ろされたというものであった。事件後、当時の首相は、「国旗損壊罪は、独立国として互いに承認しあっている国についてのみ適用されるもの」との発言を行ったが（1958 年 5 月 11 日朝日新聞朝刊 1 面）、これに対し中国外相は政権を強く非難し、日本との文化・経済交流などを全面的に停止する事態となったのである。結局、被告人の男性は、外国国章損壊等罪ではなく、軽犯罪法違反（1 条 31 号、33 号）で起訴され、科料 500 円に処された（長崎簡裁略式命令昭和 33 年 12 月 3 日一審刑集 1 巻 12 号 2266 頁）（この事件では、国旗が外国の国家機関によって掲揚されたものでなかった点も問題となりえた）。

　なお、「外国」に、国連などの超国家的組織は含まれない。しかし、本罪が日本の外交上の利益を保護するものであるならば、「国」の字義からは無理があるかもしれないが、EU などの超国家的組織も対象に含めることを検討する余地はあるかもしれない。

　「国章」とは、その国の権威を象徴する物であり、国旗は、その典型例である。国旗以外には、軍旗・元首旗・大使館徽章などが該当し、それが他人の所有物である必要はない。国章が、公的に掲揚、設置、使用されている場合や、私人が公共の場で掲揚等している場合には本罪の客体となると考えられるが、私人が私的に掲揚等している場合はどうかについて、「国際関係上、好ましいことではないが、処罰には値しないと解すべき」との意見がある（前田 497 頁）。しかし、情報通信技術が飛躍的に発展した現在、日本の外交上の利益が損なわれうる事態は、私人が私的に掲揚、使用、設置等している国章を損壊する場合にも広く認められうるため、難しい問題であるといえよ

う。

　本罪の行為は、国章の損壊、除去、汚損であり、いずれも、国の権威を象徴するという国章の効用を減却するものである。「損壊」とは、物理的破壊・毀損を意味する。「除去」には、国章の場所的移転の他、場所を移すことなく国章を別の物体で覆う「遮蔽」も含むというのが判例の立場である（最決昭和 40 年 4 月 16 日刑集 19 巻 3 号 143 頁。コラム 42 参照）。「汚損」とは、汚物、インク、塗料、炭などを付着または付置させ汚すことをいう。そして、これらの行為は、「外国に対して侮辱を加える目的で」なされなければならない。

　本罪は、外国政府の請求がなければ公訴を提起することができない（92 条 2 項）。「請求」とは、捜査機関に処罰を求める意思表示であり、親告罪における告訴と同様、訴訟条件である。そのため、外国政府の請求のない公訴提起は無効であり、公訴棄却の判決がなされる（刑訴法 338 条 4 号）。外国政府への手続き上の負担に対する配慮から、請求には、告訴のような厳格な方式は必要とされない。

　例えば、外国の大使館に掲揚されている国旗を損壊・汚損した場合、本罪の他に、器物損壊等罪（刑法 261 条）が成立するかが問題となる。両罪の保護法益が異なっていることを考えれば、両罪が成立し観念的競合となると解される（刑法 54 条 1 項前段）。しかし、器物損壊等罪の法定刑（3 年以下の懲役又は 30 万円以下の罰金若しくは科料）と、本罪の法定刑（2 年以下の懲役又は 20 万円以下の罰金）を比べると、器物損壊等罪の法定刑の方が上限が重いため、器物損壊等罪の刑で処断されることになり、本罪で軽い刑を規定した趣旨が没却されることになる。そのため、本罪が成立する場合には法条競合により器物損壊罪は成立しないとの見解も有力に主張されている（西田 441 頁、高橋 614 頁、中森 266 頁、山口 537 頁）。

○コラム 42　中華民国国章遮蔽事件

　戦後初めて、最高裁で外国国章損壊等罪が認められ、外国国章の「除去」には「遮蔽」も含むと判示された事件である。

　被告人は、台湾自由独立党の統制部長であったが、看板業者と共謀し、中

華民国駐大阪総領事館邸のポーチに立入り、一階正面出入口上部中央に掲げられた、中華民国の青天白日の国章を刻んだ横額の前面に、白地に黒く「台湾共和国大阪総領事館」と大書したベニヤ板製看板を、針金を用い、横額上部の釘等に巻きつけ、これに重なりあうように密接して垂下させ、国章を全く遮蔽した。被告人らは、外国国章損壊等罪で起訴された（その他、建造物侵入罪、建造物損壊罪、侮辱罪でも訴追されていた）。

　第1審は（大阪地判昭和37年6月23日刑集19巻3号147頁）、刑法92条にいわゆる損壊とは、国章を物質的に破壊する行為を指し、被告人は国章に物質的破壊を加えることなく、外部から見えないように遮蔽しただけなので、外国国章損壊等罪については無罪だとした。控訴審は（大阪高判昭和38年11月27日刑集19巻3号150頁）、92条の損壊とは、国章自体を破壊又は毀損する方法によって、外国の威信尊厳表徴の効用を滅失または減少せしめることをいい、除去とは、国章の場所的移転、遮蔽等の方法によって、国章が現に所在する場所において果している威信尊厳表徴の効用を滅失または減少せしめることをいうとした。そして、本件では、横額は看板により全く遮蔽され、しかもこの遮蔽は単に一時的のものでないこと等が認められ、このような国章の遮蔽の方法は、国章の場所的移転こそないが除去に該当するものと解するを相当とするとして一審判決を破棄し、外国国章損壊等罪についても有罪とした上で、被告人と看板業者にそれぞれ懲役8月、懲役4月を言い渡した。

　弁護人らは上告したが、最高裁は、上告を棄却し、カッコ内で、「原審の認定した事実関係の下において、被告人らのなした中華民国国章の遮蔽の方法は、右国章の効用を滅却させるものであり、刑法92条にいう除去に当るとした原判示は正当である」と述べ、大阪高裁の判断を支持したのである（最決昭和40年4月16日刑集19巻3号143頁）。

　なお、最高裁は、遮蔽も刑法92条の除去に当るとした高裁判断を支持したが、あくまでも原審認定の事実関係の下であり、すべての遮蔽が除去に当ると考えているとは思われない。

2　私戦予備及び陰謀罪（刑法93条）

本罪は、外国に対して私的な戦闘行為を行う目的で、その予備又は陰謀し

たことを処罰する。法定刑は、3 月以上、5 年以下の禁錮刑であるが、懲役刑でなく禁錮刑とされたのは、本罪の確信犯的性格を考慮したためと言われている（大コンメ刑法（2 版）78 頁（鈴木））。そして、私戦予備・陰謀罪は、日本国内で行われた場合にしか適用することができない。

「外国」とは、国家としての外国であり、承認の有無、国交の有無を問わない。「私的に」とは、国家意思によらずに勝手にということ、「戦闘行為」とは、組織的に武力を行使することを意味する。なお、「予備」「陰謀」については、内乱予備・陰謀罪の当該箇所を参照されたい。

本罪は、私戦予備・陰謀を処罰するのみであり、現行法には私戦自体の実行に関する処罰規定は置かれていない。私戦が実行され殺人、傷害、放火などの罪にあたる行為がなされた場合には、それらの行為は殺人罪等で処罰されることになる（刑法 3 条参照）。そして、私戦予備・陰謀罪と、私戦実行により行われた犯罪とは、保護法益が異なる以上、併合罪とされる。

なお、私戦の実行に至る事態を防止するため、自首した者の刑を必要的に免除する刑事政策的規定が設けられている（刑法 93 条但書き）。

○コラム 43　IS 戦闘員志願者と私戦予備・陰謀罪

千代田区の古書店に貼られていた求人広告に応募し、イスラム教の過激派組織「イスラム国（IS）」の活動に参加するためにシリアへの渡航を計画していた男子大学生に対し、2014 年 10 月、警視庁は、「私戦予備及び陰謀の罪」（刑法 93 条）の容疑で、任意での事情聴取を行った。男子学生は、取り調べに対し、「シリアに入ってイスラム国に加わり、戦闘員として働くつもりだった」と話していたという（2014 年 10 月 7 日　日本経済新聞朝刊 39 頁）。警視庁が、殆ど使われたことのない「私戦予備及び陰謀罪」の容疑で事情聴取等を行った背景には、2014 年 9 月、国連安全保障理事会によって、テロ行為の実行を目的とした渡航、渡航への資金提供、渡航の組織化、渡航への便宜供与の犯罪化を求めること等を内容とする安保理決議（第 2178 号）が全会一致で採択されたことの影響があったのかもしれない。その後、2019 年 7 月 3 日、警視庁公安部は、その（元）男子大学生を含む 5 名を私戦予備容疑で、起訴を求める厳重処分の意見をつけて書類送検した（2019 年 7 月 4 日毎日新聞朝刊 27 頁）。しかし、同年 7 月 22 日、東京

地検は、5 人を不起訴処分とした。但し、処分の理由や詳しい内容は明らかにされていない（2019 年 7 月 23 日本経済新聞朝刊 39 頁）。

「私戦予備及び陰謀の罪」は、外国に対し私的に戦闘行為をする目的で、その予備又は陰謀をした時に成立する。すなわち、国家としての外国に対し、わが国の意思とは関係なく、組織的な武力行使を行う目的で、その予備又は陰謀を行う必要がある。予備とは、私戦の準備行為であり、兵器、食糧、弾薬、資金の調達などであり、陰謀とは、私戦の実行について複数の者が計画し合意することである。但し、国外犯処罰規定がないので、日本国内で行われた場合のみ処罰可能となる。

つまり、イスラム国の戦闘員として外国と戦闘行為をするという確固たる意思と、国内で資金調達などの準備行為が立証可能であると考えられたならば、起訴される可能性はあったかもしれない（なお、男子学生の場合、本気で渡航し、戦闘に加わる意思があったかは疑問であるとの報道がなされていた）。

3 中立命令違反罪（刑法 94 条）

本罪は、外国と外国との間で戦争が行われている時に、日本が中立の立場を宣言し、国民に対し、中立を損なう行為を禁じる命令（局外中立命令）を出しているにもかかわらず、それに違反する行為を処罰するものである。禁止行為の具体的な内容は、個別の局外中立命令によって定まるため、本条は、刑罰法規で法定刑だけは明確に定められ、犯罪行為の内容は他の法令に委任されている白地刑罰法規である。本罪の法定刑は、3 年以下の禁錮又は 50 万円以下の罰金である。

5　事例と解説

【事例 1】　X は、Y 国大使館前で、Y 国を侮辱する目的で、自己所有の Y 国国旗を燃やした。

一般に、外国大使館が公的に掲揚していた国旗を、侮辱する目的で、それ

を物理的に毀損すれば、外国国章損壊等罪が成立し（刑法 92 条 1 項）、また、その国旗は当該国大使館が所有する財物でもあるので、器物損壊等罪も成立し（刑法 261 条）、両者は観念的競合となるものと解される（刑法 54 条 1 項前段）。

　では、本ケースのように、X が、自己所有の Y 国旗を、Y 国大使館前で燃やしたような場合にはどう考えるべきか。

　外国国章損壊等罪の客体は、当該外国の所有物に限定されているわけではないため、X が自己所有の国旗を損壊等した場合にも、本罪の成立は認められうる。例えば、X が、Y 国大使館前で自己所有の Y 国国旗を燃やすような場合には、Y 国を侮辱し Y 国の権威をおとしめ、ひいてはわが国の外交上の利益を損なうことになるため、本罪の成立を認めるべきであろう。なお、この場合には、自己所有の国旗を燃やしているので器物損壊等罪 (刑法 261 条) の成立も問題とならず、また、大使館前で自己所有の国旗を燃やすくらいでは公共の危険は発生しないと考えられるので、自己所有建造物等以外放火罪（刑法 110 条 2 項）も成立しない（ロシア大使館前で車を燃やしたケースについては、2012 年 9 月 18 日毎日新聞東京版朝刊 27 頁参照）。

　しかし、実際には、2011 年 2 月 7 日の「北方領土の日」に、東京のロシア大使館近くで日本の右翼活動家がロシア国旗を侮辱したとして、ロシア外務省が、在モスクワ日本大使館の公使を呼んで抗議し、日本の警察による捜査を要求したケースでは、侮辱されたのはロシア国旗を模した手製の物体であり、大使館に掲揚されている国旗ではないという理由で、外国国章損壊等罪には当たらないと判断され事件化されなかったようである（2011 年 3 月 2 日毎日新聞東京夕刊 6 頁）。

　ところで、日本の国旗が侮辱的に損壊等された場合に、外国国章損壊等罪のような罰則規定がないことを問題視し、かつて、自由民主党の議員から、議員立法として、「日本国に対して侮辱を加える目的で、国旗を損壊し、除去し、又は汚損した者は、2 年以下の懲役又は 20 万円以下の罰金に処する」という、「国旗損壊罪」を新設するための刑法の一部改正案が国会に提出されたことがあるが、成立には至らなかった（刑法の一部を改正する法律案（第 180 回国会衆法第 14 号））。法案提出者の議員によれば、法案提出の意図は、

「日本国の威信や尊厳を象徴する国旗に対して多くの国民が抱く愛情や誇り
を、せめて外国国旗が保護されているのと同程度には守りたい」という点に
あったという（高市早苗「国旗損壊罪」日の丸を守れ」正論 563 号 116 頁以下）。
この改正案に対しては、保護法益の不明確性、表現の自由の侵害可能性を理
由に、日本弁護士連合会会長名で改正反対の声明が出されていた（https://
www.nichibenren.or.jp/document/statement/year/2012/120601_2.html）。

参考文献
・高橋則夫『刑法各論』（第 3 版）（成文堂、2018 年）
・大谷　實『刑法各論』（第 5 版）（成文堂、2018 年）
・西田典之（橋爪隆補訂）『刑法各論』（第 7 版）（弘文堂、2018 年）
・井田　良『講義刑法学・各論』（有斐閣、2016 年）
・大塚　仁＝河上和雄＝中山善房＝古田佑紀編『大コンメンタール刑法第 6 巻』（第 3
版）（青林書院、2015 年）亀井源太郎執筆部分
・中森喜彦『刑法各論』（第 4 版）（有斐閣、2015 年）
・前田雅英『刑法各論講義』（第 6 版）（東京大学出版会、2015 年）
・山口　厚『刑法各論』（第 2 版）（有斐閣、2010 年）
・大塚　仁『刑法概説（各論)』（第 3 版増補版）（有斐閣、2005 年）
・大塚　仁＝河上和雄＝佐藤文哉＝古田祐紀編『大コンメンタール刑法第 6 巻』（第 2
版）（青林書院、1999 年）鈴木亨子執筆部分
・団藤重光『刑法綱要各論』（第 3 版）（創文社、1990 年）
・小暮得雄＝内田文昭＝阿部純二＝板倉　宏＝大谷　実編『刑法講義各論』（有斐閣、
1988 年）佐伯仁志執筆部分
・平野龍一『刑法概説』（東京大学出版会、1977 年）

（柑本美和）

第17講◆公職および政治活動に関する犯罪

キーワード

公務員犯罪／汚職／賄賂罪／職権濫用罪／政治資金規正／選挙違反

関連法令

刑法／あっせん利得処罰法／国家公務員法／地方公務員法／公職選挙法
／政治資金規正法／政党助成法

1 刑法上の公務員犯罪

1 刑法における公務員犯罪処罰

公務員による犯罪については、公務員という身分ないしその職務に関係なく一般人として行われる犯罪と、職権濫用罪や賄賂罪のように公務員の職務に関連してなされる犯罪とがある。犯罪学や刑事法学においては、後者をもって「公務員犯罪」と理解し、その犯罪的特徴の分析や処罰についての検討が取り組まれてきている。

刑法においては、7条1項において、「この法律において『公務員』とは、国又は地方公共団体の職員その他法令により公務に従事する議員、委員その他の職員をいう。」と規定され、公務員の定義が定められている。そして、刑法では、国家の作用を担う公務員が自ら公務の適正な執行を妨げるという国家的法益を侵害する犯罪として、第25章に「汚職の罪」が設けられ、公務員による職権濫用罪と賄賂罪とが規定されている。両罪は、公務員がその職務に関連して違法な行為を行う点で共通しており、腐敗犯罪とも呼ばれている。

2 職権濫用罪

公務員による職権濫用の罪については、基本類型である公務員職権濫用罪

（刑法 193 条）のほか、特別公務員職権濫用罪（同 194 条）、特別公務員暴行陵虐罪（同 195 条）、特別公務員職権濫用等致死傷罪（同 196 条）に区分され、規定されている。これらの犯罪類型については、具体的に自由や権利が侵害される被害者が存在する犯罪であり、保護法益についても、職務の適正な執行という国家的法益の保護のみならず、権力機関から国民の自由や権利の保護という個人的法益をも保護するものとの理解が強く主張されている。

　公務員職権濫用罪は、公務員による職権濫用とその結果としての個人の自由の侵害からなる包括的な規定である。公務員による職権濫用の意義を理解するにあたり、まず「職権」の内容については、判例では、公務員の一般的職務権限のすべてをいうのではなく、そのうち「職権行為の相手方に対し法律上、事実上の負担ないし不利益を生ぜしめるに足りる特別の権限」との理解が示されている（限定説）（最二決昭和 57 年 1 月 28 日刑集 36 巻 1 号 1 頁、最三決平成元年 3 月 14 日刑集 43 巻 3 号 283 頁）。そして、職権の「濫用」については、「公務員が、その一般的職務権限に属する事項につき、職権の行使に仮託して実質的、具体的に違法、不正な行為をすること」と解されている（最二決昭和 57 年 1 月 28 日刑集 36 巻 1 号 1 頁）。

　特別公務員職権濫用罪は、裁判、検察若しくは警察の職務を行う者又はこれらの職務を補助する者など人を逮捕・監禁する特別の権限を有する公務員が、その職権を濫用して、人を逮捕し、又は監禁した場合に成立する罪であり、逮捕・監禁罪の加重類型である。

　特別公務員暴行陵虐罪は、裁判、検察若しくは警察の職務を行う者又はこれらの職務を補助する者が、その職務を行うに当たり、①被告人、被疑者その他の者に対して暴行又は陵辱若しくは加虐の行為をしたとき（195 条 1 項）、および②法令により拘禁された者を看守し又は護送する者がその拘禁された者に対して暴行又は陵辱若しくは加虐の行為をしたとき（同条 2 項）に成立する。本罪の構成要件的行為である凌辱・加虐の行為とは、食事をさせない、用便を行わせない、わいせつな行為を行う等の手段により、肉体的・精神的に苦痛を与える行為をいう。

　特別公務員職権濫用等致死傷罪は、特別公務員職権濫用罪又は特別公務員暴行陵虐罪を犯し、よって人を死亡させた場合に成立する。死傷の結果を生

じさせた場合、傷害罪、傷害致死罪の罪と比較して、上限、下限とも重い刑により処断される。

なお、公務員による各種の職権濫用の罪について告訴、告発した者が、検察官の不起訴処分に不服があるときには、事件を裁判所の審判に付するよう管轄地方裁判所に請求することを認める付審判請求（刑事訴訟法262条）が設けられている。請求を受けた地方裁判所は、その請求に理由があるときは、事件を裁判所の審判に付する旨の決定を行い、この決定により、その事件について公訴の提起があったものとみなされ、公訴の維持に当たる弁護士（指定弁護士）が裁判所により指定され、この指定弁護士が、その事件について検察官の職務を行う。

3 **賄賂罪**

賄賂罪は、公務員が賄賂を収受、要求、約束する収賄罪と、公務員に対して賄賂を供与、申込、約束する贈賄罪とからなる。このうち、公務員による収賄罪については、以下の犯罪類型が設けられている。

①「単純収賄罪」（刑法197条1項前段）　公務員が、その職務に関し、賄賂を収受し、又はその要求若しくは約束をした場合に成立する。法定刑は5年以下の懲役。

②「受託収賄罪」（197条1項後段）　公務員が、その職務に関し、賄賂を収受し、又はその要求を若しくは約束をした場合において、請託を受けたときに成立する。法定刑は7年以下の懲役。

③「事前収賄罪」（197条2項）　公務員になろうとする者が、その担当すべき職務に関し、請託を受けて、賄賂を収受し、又はその要求若しくは約束したとき、公務員になった場合において成立する。法定刑は5年以下の懲役。

④「第三者供賄罪」（197条の2）　公務員が、その職務に関し、請託を受けて、第三者に賄賂を供与させ、又はその供与の要求若しくは約束をした場合に成立する。法定刑は5年以下の懲役。

⑤「加重収賄罪」（197条の3第1項）　公務員が収賄罪、受託収賄罪、事前収賄罪、又は第三者供賄罪を犯し、よって不正な行為をなし、又は相当

の行為をしなかった場合に成立する。法定刑は 1 年以上の有期懲役。

　⑥「事後的加重収賄罪」（197 条の 3 第 2 項）　　公務員が、その職務上不正な行為をしたこと又は相当の行為をしなかったことに関し、賄賂を収受し、若しくはその要求を約束し、又は第三者にこれを供与させ、若しくはその供与の要求若しくは約束をした場合に成立する。法定刑は 1 年以上の有期懲役。

　⑦「事後収賄罪」（197 条の 3 第 3 項）　　公務員であった者が、その在職中に請託を受けて職務上不正な行為をしたこと又は相当の行為をしなかったことに関し、賄賂を収受し、又はその要求若しくは約束をした場合に成立する。5 年以下の懲役。

　⑧「あっせん収賄罪」（197 条の 4）　　公務員が請託を受け、他の公務員に職務上不正な行為をさせるように、又は相当の行為をさせないようにあっせんすること又はしたことの報酬として、賄賂を収受し、又はその要求若しくは約束をした場合に成立する。法定刑は 5 年以下の懲役。

　賄賂罪に関しては、犯人又は情を知った第三者が収受した賄賂は没収され、その全部又は一部が没収不可能なときは、その価額を追徴するするという「賄賂の必要的没収・追徴」（197 条の 5）も規定されている。なお、公務員犯罪には属さないが、上記の収賄罪に関わる賄賂を供与し、又はその申込み若しくは約束をした者には、「贈賄罪」が成立し、3 年以下の懲役又は 250 万円以下の罰金に処せられる（同 198 条）。

　賄賂とは、公務員の職務行為の対価として授受等される不正な利益である。刑法は、賄賂の受渡しがあった場合には、不正な職務行為が行われたかどうかにかかわらず処罰し（197 条、197 条の 2）、不正な職務行為が行われた場合には刑を重くしている（197 条の 3、197 条の 4）。すなわち、賄賂を受け取るだけだと単純収賄罪（197 条 1 項前段）、一定の職務行為の依頼（請託）があると受託収賄罪（197 条 1 項後段）、現に不正な職務行為が行われると加重収賄罪（197 条の 3 第 1 項・第 2 項）がそれぞれ成立する。

　賄賂罪の保護法益は、判例・通説においては、公務員の職務が現実に公正に行われることを確保するばかりでなく、そもそも公務員の職務と不正な利益が結びつかないようにすることにより、職務の公正さに対する社会一般の

信頼をも保護しようとするものと理解されている（信頼保護説）（最大判平成
7年2月22日刑集49巻2号1頁）。適法な職務行為に対する賄賂罪、職務行
為後の賄賂罪の授受の処罰については、こうした理解から説明できよう。

　賄賂罪は、賄賂と公務員の職務行為とが対価関係にあることを前提とす
る。賄賂と対価関係に立つ公務員の職務行為については、公務員がその地位
に伴い公務として取り扱うべき一切の執務を指すとされる（最三判昭和28年
10月27日刑集7巻10号1971頁）。賄賂と対価関係となる職務行為について
は、判例では、公務員に当該職務を担当する具体的権限はなくとも、当該公
務員の一般的職務権限に属するものであれば足りるとされている（最一判昭
和27年4月17日刑集6巻4号665頁、最三判昭和37年5月29日刑集16巻5号
528頁、最大判平成7年2月22日刑集49巻2号1頁など）。学説においても、
このような一般的職務権限の理論は広く承認されている。また、判例は、公
務員の本来の職務行為には属さないものの、その職務行為と密接に関連する
行為についても賄賂の職務関連性を肯定している（大審院大正2年12月9
日・刑録19輯1393頁、最一決昭和31年7月12日刑集10巻7号1058頁、最一
決平成22年9月7日刑集64巻6号865頁など）。学説も、一般に、職務に密接
に関連する行為について賄賂の授受が行われた場合にも、職務の公正に対す
る国民の信頼は同じように害されるとして、本来の職務と関連する行為も職
務行為に含まれるとの理解を示している。

　なお、判例は、対価関係のない中元、歳暮、餞別、見舞いのような社交的
儀礼の贈与については、対価性が認められる限りは形式および金額の多少を
問わずに賄賂罪が成立すると解されている（大判昭和4年12月4日大刑集8
巻609頁、最大判昭和10年6月18日大刑集14巻699頁）。しかし、最高裁判例
には、一応対価性・職務関連性は認められるものの、社交的儀礼で是認され
る範囲内であるために賄賂性が否定されているように解しうるものも見られ
る（最一判昭和50年4月24日裁判集刑196号175頁）。議員に対する政治献金
については、それが政治資金規正法に違反するものであっても、議員の職務
行為との間に対価関係が存在しない場合には、賄賂罪は成立しない（この問
題について、後掲コラム「政治献金と賄賂の違い」参照）。

2　あっせん利得処罰法違反

　平成 13 年 3 月 1 日から「あっせん利得処罰法」（公職にある者等のあっせん行為による利得等の処罰に関する法律）が施行された。同法 1 条 1 項では、「衆議院議員、参議院議員又は地方公共団体の議会の議員若しくは長」が「公職にある者」と定義されているが、同法は、このような公職にある者の政治活動の廉潔性を保持し、これによって国民の信頼を得ることを目的とし、公職にある者等の政治活動に対するルールを定めたものとされている。

　同法 1 条には「公職者あっせん利得罪」が規定され、議員、地方公共団体の長等が、国や地方自治体の契約や行政処分に関し、請託を受けその権限に基づく影響力を行使して公務員にその職務上の行為をさせるように、又はさせないようにあっせんすること又はしたことにつき、その報酬を収受したときは、3 年以下の懲役に処される（同法 1 条 1 項）。判例では、町議会議員および町議会建設産業常任委員であった被告人が、水道施設設計、施工等を業とする企業の支店長らから、同町が発注する施設の設計及び工事に関して請託を受け、2 度にわたって質問、調査等の権限に基づく影響力を行使してあっせんをし、同支店長らから報酬として現金 700 万円の供与を受けた事案につき、公職者あっせん利得罪を適用し、態様の悪質性、町議会議員としての権限や公共事業を私物化して経済的利益を得ようとした身勝手な動機、進んで現金の供与を求め，その供与額の上乗せを求めるなどしたという本件犯行の経緯、供与を受けた現金が多額であり、被告人が地域社会や住民に大きな衝撃を与え、公職者の政治活動の廉潔性及びこれに対する社会一般の信頼を著しく害した等と判示して、被告人に執行猶予 4 年を付した懲役 2 年の刑を言渡した例がある（福岡地（飯塚）支判平成 18 年 9 月 6 日判タ 1233 号 350 頁）。

　このほか、同法には、衆議院議員又は参議院議員の秘書が主体となるあっせん行為を処罰する「議員秘書あっせん利得罪」（2 条）、公職者あっせん利得罪または議員秘書あっせん利得罪に係る財産上の利益を供与した者を処罰する規定である「あっせん利益供与罪」（4 条）が規定されている。

図表 17 - 1　賄賂罪・職権濫用罪・あっせん利得処罰法違反の検挙人員

(平成 20 年～29 年)

年　次	賄賂罪	職権濫用罪	あっせん利得処罰法違反
平成 20 年	120	9	0
21 年	71	12	0
22 年	81	16	0
23 年	85	23	2
24 年	67	17	1
25 年	48	11	2
26 年	57	7	0
27 年	59	15	0
28 年	44	30	0
29 年	51	17	0

(出典：警察庁の統計による)

3　国家公務員法・地方公務員法違反

　明治憲法下では、官制大権および任官大権に基づき、官吏に関する制度は主として勅令事項とされていたが、戦後の公務員制度は、民主主義に基づき法律で定められることとされ、公務員法が制定された。国家公務員法および地方公務員法については、それぞれ国家公務員関係および地方公務員関係において適用すべき各般の根本基準を定めるものであり、両法は公務の民主的且つ能率的な運営を保障することを目的とする法律である。両法においては、いずれも末尾に罰則規定が設けられており、公務員の義務違反のなかで重要なものに対しては刑罰を科すこととされている。

　両公務員法における罰則規定については、国家公務員法では、109 条に 18 項目、110 条 1 項に現在は 18 項目、111 条に 1 項目、112 条に 3 項目、113 条に 2 項目の罰則が設けられ、地方公務員法では 60 条に 8 項目、61 条に 5 項目、62 条に 1 項目、63 条に 3 項目、64 条に 1 項目、65 条に 1 項目の罰則

が設けられている。平成 28 年改正において、地方公務員法でも罰則の追加
が行われたものの、両公務員法の間には、国家公務員法の方が地方公務員法
に比して罰則数が多いという相違が見られる。この相違については、国と地
方とでは影響力に相違があることのほか、国家公務員法が第二次世界大戦直
後の混乱下、公務員制度の民主化を強力に促進する必要性から、法の実施を
刑罰の威嚇によって強力に担保しようとする予防効果を強く意識してして立
法されたという背景があるのに対し、地方公務員法が制定された昭和 25 年
は、社会の混乱もかなり落ち着いており、先行して制定された国家公務員法
の実施状況も参考にしながら、必要最小限の罰則を規定することとされたこ
とによると説明されている。さらに、地方公務員法違反に対する罰則適用の
少なさの理由については、地方自治の本旨をふまえた自立的な是正がはから
れることが期待されたことの反映とも説明されている。

　公務員法違反の代表的な類型としては、国家公務員法 102 条 1 項における
政治的行為制限規定違反に対する罰則（110 条 1 項 19 号）が挙げられる。罰
則を伴って国家公務員の政治的行為の禁止に関する規定については、憲法が
保障する表現の自由等をめぐり、その合憲性が問題とされてきたが、最高裁
は猿払事件判決（最大判昭和 49 年 11 月 6 日刑集 28 巻 9 号 393 頁）において、
このような国家公務員の政治的行為の禁止に関する規定および同違反に対す
る罰則規定についての合憲性を認めている。また、平成 24 年の世田谷事件
判決（最二判平成 24 年 12 月 7 日刑集 66 巻 12 号 1722 頁）および堀越事件（最
二判平成 24 年 12 月 7 日刑集 66 巻 12 号 1337 頁）という 2 つの国家公務員法違
反事件についての最高裁判決においても、こうした規定の合憲性評価自体は
維持されている。他方、地方公務員法 36 条においても政治的行為の制限は
定められているが、この制限違反に対する罰則は設けられていない。そのた
め、政治的行為の制限に違反した地方公務員は懲戒処分の対象となることは
あっても、罰則による処罰の対象となることはない。

　なお、刑法 8 条本文に従い、国家公務員法に規定される刑罰についても、
刑法の総則規定が適用されることとなるが、国家公務員法 113 条、地方公務
員法 64 条、65 条の過料については、刑罰ではなく行政罰であるため、刑法
や刑事訴訟法は適用されず、非訟事件手続法第 5 編の規定によることとなる。

○コラム 44　ホワイト・カラー犯罪と公務員犯罪

　従来、犯罪学においては、公務員犯罪については、ホワイト・カラー犯罪
(White-Collar Crime) の一種として、その犯罪的特徴が理解されてきた。
ホワイト・カラー犯罪とは、サザランド (Edwin Hardin Sutherland 1883-
1950) が提示した概念であり、サザランドによれば「名望ある社会的地位
の高い人物がその職業上犯す犯罪」と定義されている。(サザランド, E. H. 著
平野龍一・井口浩二訳『ホワイト・カラーの犯罪』(1955))。

　ホワイト・カラー犯罪研究については、従来の犯罪研究の多くが下流階級
の犯罪性について焦点を当てたものであったことをふまえ、公務員の収賄罪
や企業幹部の横領罪や脱税のような中流から上流階級（ホワイト・カラー層）
にある者が、特権的地位を利用して巧妙に実行している犯罪に着目し、その
犯罪性の解明を試みたものである。

　ホワイト・カラー層が一般化した現在の社会状況、そして分析対象の個別
化、細分化が進む犯罪学研究の現水準においては、企業幹部などによる犯罪
と公務員犯罪とを一括りにして「ホワイト・カラー犯罪」とする理解には限
界がある。ホワイト・カラー犯罪概念が提示した問題意識をふまえつつも、
企業犯罪と公務員犯罪とでは、犯罪発生のメカニズムも成立する犯罪の罪種
も異にすると認識することも重要である。現在、公務員による犯罪につい
て、具体的解明を試みるのであれば、公務員犯罪固有の犯罪性への着目を意
識していく必要があろう。

4　政治資金の授受の規制等に関する犯罪

1　政治資金に関する犯罪

　政治資金に関する犯罪行為については、政治資金規正法において罰則付き
で禁止規定が定められているほか、一定の要件を満たした政党に対し、国か
ら政治活動費としての政党交付金を交付する政党助成法にも、不正な交付の
受領や虚偽の報告書作成や報告書未提出に対し、罰則規定が設けられてい
る。このほか、公職選挙法においても、選挙運動に関する収支の規制や寄付

の制限および規制など、選挙資金に関する罰則規定が定められている。政治資金規正法による規制は，政治スキャンダルが生じるたびに不十分さが指摘され，その強化が図られてきている。

　政治資金規正法は、議会制民主政治の下における政党その他の政治団体の機能の重要性及び公職の候補者の責務の重要性に鑑み、政治団体及び公職の候補者により行われる政治活動が国民の不断の監視と批判の下に行われるようにするため、①政治団体の届出、②政治団体に係る政治資金の収支の公開、③政治団体及び公職の候補者に係る政治資金の授受の規正、④その他の措置を講ずることにより、政治活動の公明と公正を確保し、もって民主政治の健全な発達に寄与することを目的とするものである。

　政治資金の収支の公開については、政治団体の収入、支出および資産等を記載した収支報告書の提出を政治団体に義務付け、これを公開することによって政治資金の収支の状況を国民の前に明らかにするためのものとされている。

　政治資金の授受の規制については、政治活動に関する寄附について、①会社等のする寄附の制限、②公職の候補者の政治活動に関する寄附の制限、③寄附の量的制限が定められている。会社等のする寄附の制限については、政治団体を除く会社・労働組合等の団体は、政党・政党の支部及び政治資金団体以外の者に対しては、政治活動に関する寄附が禁じられている。また、これに違反する寄附をすることを勧誘し又は要求することも禁じられている。公職の候補者の政治活動に関する寄附の制限については、何人も、公職の候補者の政治活動（選挙運動を除く）に関して金銭及び有価証券による寄附が禁じられている。寄附の量的制限については、政治活動に関しての寄附者が一年間に寄附することのできる金額についての制限で、寄附の総額の制限（総枠制限）と同一の受領者に対する寄附額の制限（個別制限）がある。

　政治資金規正法では、23 条以下（23 条から 28 条の 3 まで）において、違反行為に対する罰則規定が設けられている。主な違反行為としては、無届団体の寄附の受領、支出の禁止違反（23 条）、政治団体の会計処理に関する手続的な義務違反としては、収支報告書の不記載、虚偽記載（重過失の場合を含む）（24 条）、政治資金監査報告書の虚偽記載（25 条）、寄附の量的制限違

図表 17‒2　政治資金規正法違反に対する罰則

違反の内容	罰　則
無届団体の寄附の受領、支出の禁止違反	5 年以下の禁錮、100 万円以下の罰金
収支報告書の不記載、虚偽記載 （重過失の場合を含む）	5 年以下の禁錮、100 万円以下の罰金
政治資金監査報告書の虚偽記載	30 万円以下の罰金
政治資金監査の業務に関して知り得た 秘密の秘密保持義務違反	5 年以下の懲役、50 万円以下の罰金
寄附の量的制限違反	5 年以下の禁錮、50 万円以下の罰金
寄附の質的制限違反	3 年以下の禁錮、50 万円以下の罰金など
あっせん、関与の制限違反	6 月以下の禁錮、30 万円以下の罰金

（出典：総務省自治行政局選挙部政治資金課「政治資金規正法のあらまし」）

反（26 条）、寄附の質的制限違反（26 条の 2）、あっせん、関与の制限違反（26 条の 3、4）、政治資金監査の業務に関して知り得た秘密の秘密保持義務違反（26 条の 7）などが規定されている（図表 17‒2）。

　また、政治資金規正法に定める罪（政治資金監査報告書の虚偽記載、政治資金監査の業務等 に関して知り得た秘密の秘密保持義務違反を除く）を犯した者は、処罰内容に応じて定められた期間、公民権（公職選挙法に規定する選挙権及び被選挙権）が停止される（28 条）。政治資金規正法違反によりその公民権を停止される場合においては、選挙運動も禁止される。

　寄附の量的制限違反及び質的制限等違反による寄附に係る財産上の利益については、没収又は追徴される。また、匿名による寄附及び政治資金団体に係る寄附で振込みによらないでなされたものについては、国庫に帰属し、その保管者等が国庫に納付することとなる。

　検察統計によると、平成 29 年度の政治資金規正法違反被疑事件の処理状況は、公判請求および略式命令請求がされた事例はなく、総数 33 名のすべてが不起訴とされている。政治資金規正法違反被疑事件については、これまでも不起訴処分で処理される割合が高いという傾向が見られている。

○コラム 45　政治献金と賄賂の違い

　政治資金規正法に従い適法とされる政治献金と犯罪となる賄賂との違いは
どこにあるのであろうか。判例は、献金者の利益にかなう政治活動を一般的
に期待して行われるだけなら賄賂性は否定されるが、政治家の職務権限の行
使に関して具体的な利益を期待する趣旨なら賄賂に当たるとしている（最三
決昭和 63 年 4 月 11 日刑集 42 巻 4 号 419 頁）（大阪タクシー汚職事件）。

　政治資金と賄賂罪の関係については、上記事件の控訴審判決（大阪高判昭
和 58 年 2 月 10 日刑月 15 巻 1・2 号 1 頁）において詳細に論じられてい
る。ここでは、何らかのかたちでの利益の見返りを期待してなされた政治献
金の場合であっても、献金者の利益にかなう政治活動を一般的に期待してな
されたと認められる限り、その資金の贈与は、政治家が公務員として有する
職務権限の行使に関する行為と対価関係に立たないものとして、賄賂性は否
定されることになるとの理解が示されている。また、政治資金規正法に基づ
く政治資金の贈与であっても、政治家が公務員として有する職務権限の行使
に関する行為と対価関係に立ち、職務権限の行使に関して具体的な利益を期
待する趣旨のものと認められる場合においては、上記の政治献金の本来の性
格、贈収賄罪の立法趣旨ないし保護法益に照らし、その資金の賄賂性は肯定
されることになると解すべきとされている。このように、判例においては、
政治資金規正法の定める手続に従い献金された政治資金であっても、国家公
務員の職務に関して「対価性」を有する限り、政治献金も賄賂性を有するも
のと理解とされている。

　なお、判例の中には、政治資金規正法上の届出を経ずしてなされた献金に
ついて、公務員の職務行為との対価性が否定され、政治資金規正法によらな
い党献金として賄賂性を欠くものと認定し、無罪を言い渡した事例も見られ
る（札幌地判昭和 35 年 3 月 2 日下刑集 2 巻 3 号 405 頁）。やはり、政治資
金と賄賂の区別については、職務行為の「対価性」という点が重要となって
おり、こうした理解については、学説上も広く支持を得ている。

2　政党助成法違反

　1980 年代後半から 1990 年代前半にかけて相次いで明るみとなった汚職事
件を契機に、特定企業や団体と政治家の癒着が問題視されたため、企業や団

体などから政党・政治団体への政治献金を制限する代わりに、一定の要件を
満たした政党には、所属議員の数や得票数に応じて、国が助成を行うことを
目的した「政党助成法」が成立した。同法は、国が政党に対し政党交付金に
よる公的な助成を行うことにより、特定企業・団体との癒着の禍根を絶つこ
とを図り、政党の政治活動の健全な発達の促進及びその公明と公正の確保を
図り、もって民主政治の健全な発展に寄与することを目的とした法である。

　政党助成法には同法の規定に違反する行為に対し、43 条以下に罰則規定
が設けられており、政党が偽りその他不正な行為により政党交付金の交付を
受けたときは、その行為をした者については、5 年以下の懲役若しくは 250
万円以下の罰金に処し、又はこれを併科するものとされ、当該政党について
も、250 万円以下の罰金に処するものとされている。このほか、政党交付金
の使途等に関する報告書・支部報告書を提出せず、これらに記載すべき事項
の記載をせず、又はこれらに虚偽の記入をした者については、5 年以下の禁
錮もしくは 100 万円以下の罰金に処し、又はこれを併科するなどと規定され
ている。

5　選挙犯罪

1　選挙犯罪とは

　日本国憲法は、国民主権を基調とし、議会制民主主義を採ることを明らか
にしているが、この具体的実現手段といえる選挙制度の確立および選挙が公
明かつ適正に実施されることを確保することを目的とする法律が公職選挙法
である。公職選挙法では、衆議院議員、参議院議員並びに地方公共団体の議
会の議員および長の職を「公職」と定義している。公職選挙法は、こうした
公職の選挙などに適用されるが、ほかに、たとえば漁業法が海区漁業調整委
員の選挙に公職選挙法を準用すると定めているように、他の法律でこれを準
用するものがある。

　公職選挙法には、多くの命令・禁止規定がおかれて、罰則の章でその違反
に対する処罰が定められている。公職に就く国会議員および地方議員および
長などについては、公職選挙法において、その選出過程についても厳しいチ

ェックがなされており、犯罪学および刑事法学においては、公職選挙法が適
用される選挙により公職に就こうとする候補者や運動員などが、公職選挙法
に違反するという行為を差し、「選挙犯罪」と特徴づけ、その犯罪的特徴の
分析が進められてきている。

　選挙犯罪については、実質犯（刑事犯）と形式犯（行政犯）とに区別する
ことが可能である。実質犯（刑事犯）とは、買収や選挙運動の自由妨害等の
ように、その行為の性質として犯罪性をもついわば刑事犯的なものであり、
公職選挙法においては、罰則の章にその構成要件と処罰とを併せて定めてい
る。他方、形式犯（行政犯）については、事前運動や選挙運動での文書図画
等の違反のように、命令や禁止の規定に違反するために犯罪とされている行
政犯的なものである。

2 選挙犯罪の類型

　選挙犯罪については、おおむね 4 群に区分し、整理可能である。

　第 1 の群は、買収に関する罪である。買収行為は、不正な利益の授受によ
り選挙人の投票意思に影響を及ぼし、選挙結果を左右するものであり、公正
な選挙を侵害するという極めて悪質な行為といえる。

　このような買収行為に対し、公職選挙法では、広範かつ厳重な処罰規定を
設けている。主な内容としては、「普通買収罪（事前買収罪）及び事後報酬供
与罪（事後買収）」（221 条 1 項 1 号・3 号）、「利益誘導罪」（221 条 1 項 2 号）、
「多数人買収罪」（222 条 1 項）、「新聞紙、雑誌等の不法利用罪（言論買収罪）」
（223 条の 2 第 1 項）が挙げられる。なお、これらの買収の罪を候補者本人、
総括主宰者、出納責任者又は地域主宰者が犯した場合には、刑が加重される
（221 条 3 項、22 条 3 項、223 条の 2 第 2 項）。

　第 2 の群は、選挙妨害に関する罪である。公職選挙法では、選挙におい
て、選挙人の自由な意思表明や選挙運動の自由を妨害することに関し、罰則
規定が設けられている。選挙妨害罪としては、「選挙の自由妨害罪」（225
条）、「公務員や選挙関係者による職権濫用による選挙の自由妨害罪」（226 条
1 項）、「虚偽事項公表罪」（235 条 1 項）、などが設けられている。なお、平成
25 年 4 月、公職選挙法が改正され、インターネット等を利用する方法によ

る選挙運動の解禁に伴い、虚偽の氏名等を表示してインターネット等を利用する方法により通信した者も「氏名等の虚偽表示罪」の処罰対象となった（235 条の 5）。

　第 3 の群は、投票に関する罪である。選挙人の投票の秘密を害するような行為をはじめ、選挙結果に選挙人の正確な意思が反映されないような行為も、処罰対象とされている。主なものとして、「詐偽投票の罪」（237 条 2 項）、「投票偽造・投票増減罪」（237 条 3 項）、「投票の秘密侵害罪」（227 条）などがある。

　第 4 の群は、候補者等による寄附の制限違反に関する罪である。公職選挙法では、候補者等及び候補者等が関係する団体が行う寄附について、一定の制限が求められており、「候補者等本人の寄付の制限違反に関する罪」（249 条の 2 第 1 項・第 2 項・第 3 項）、「候補者等の関係会社等の寄付制限違反に関する罪」（249 条の 3、249 条の 4）、「候補者等の後援団体の寄付制限違反に関する罪」（249 条の 5 第 1 項）などの制限違反に対する罰則が定められている。

　選挙犯罪に対しては、公職選挙法の罰則規定より、懲役や禁錮、罰金等の刑罰が科される。例えば、選挙犯罪の中でも悪質性が高いといえる買収罪の最も典型的な類型である「普通買収罪（事前買収罪）及び事後報酬供与罪（事後買収）」（221 条 1 項 1 号・3 号）に対しては、3 年以下の懲役若しくは禁錮又は 50 万円以下という刑罰が定められている。その他に、一定の選挙犯罪については、当選人の当選無効や政治資金規正法に違反した場合と同様、所定の期間、公民権（公職選挙法に規定する選挙権及び被選挙権）が停止される。当選人の当選無効については、当選人自身の選挙犯罪による場合と当選人と一定の関係にある者による連座制の場合とがある。平成 30 年版犯罪白書によれば、平成 29 年の公職選挙法違反の検察庁新規受理人員は、194 人であった。また、平成 29 年における各種選挙違反の検挙人員（118 人）を違反態様別に見ると、「買収, 利害誘導」が 60 人（50.8％）と最も多く、次いで、「選挙の自由妨害」19 人（16.1％）、「寄附に関する制限違反」12 人（10.2％）、「文書図画に関する制限違反」10 人（8.5％）の順となっている。

　なお、平成 27 年 6 月、公職選挙法等の一部を改正する法律が成立し、選挙権を有する者の年齢が満 20 歳以上から満 18 歳以上に改められるととも

図表 17‑3　特別法犯　検察庁新規受理人員（罪名別）

(平成 19 年〜29 年)

年　次	政治資金規正法	公職選挙法	国家公務員法	地方公務員法
20 年	36	459	16	25
21 年	61	897	25	16
22 年	49	515	12	32
23 年	68	1,328	6	50
24 年	77	165	38	87
25 年	20	444	19	65
26 年	24	191	14	42
27 年	40	1,084	51	31
28 年	68	251	28	29
29 年	22	194	29	53

（出典：『平成 30 年版犯罪白書』添付の資料による）

に、選挙犯罪等について、18 歳以上 20 歳未満の者が犯した連座制に係る事件については、その罪質が選挙の公正の確保に重大な支障を及ぼすと認める場合には、家庭裁判所は、原則として、検察官への送致の決定をしなければならないこととするなどの少年法の特例等が設けられた（公選法一部改正法附則 5 条）。

6　事例と解説

【事例 1】　警視庁警部補として X 警察署地域課に勤務していた警察官である A は、公正証書原本不実記載罪等の罪の事件につき同庁 Y 警察署の署長に告発状を提出した B から、捜査情報の提供、捜査関係者への働きかけ等の有利かつ便宜な取計らいを受けたいとの趣旨の下に供与されるものであることを知りながら、現金 500 万円の供与を受けた。

事例 1 については、X 警察署地域課に勤務している警察官 A につき、勤務警察署および職務が担当外となる Y 警察署刑事課の担当する事件の捜査に関与していなかったとしても、捜査情報の提供、捜査関係者への働きかけ

等の有利かつ便宜な取計らいを受けたいとの趣旨の下に供与されるものであることを知りながら、現金 500 万円の供与を受けた行為が、その職務に関し賄賂を収受したもの言えるか否かが問われる事案である。同様の問題が争われた事案につき、最高裁は、警視庁調布警察署地域課（交番）に勤務する警部補が、同庁多摩中央警察署長に公正証書原本不実記載等の事件につき告発状を提出していた者から、告発状の検討、助言、捜査情報の提供、捜査関係者への働き掛けなどの有利かつ便宜な取り計らいを受けたいとの趣旨で現金の供与を受けた収賄事件に関し、警察法 64 条が、警察官は「都道府県警察の管轄区域内において職務を行う」と規定していることを示し、「警察法 64 条等の関係法令によれば、同庁警察官の犯罪捜査に関する職務権限は、同庁の管轄区域である東京都の全域に及ぶと解される」として、一般的職務権限の理論を適用して単純収賄罪の成立を認めている（最一決平成 17 年 3 月 11 日刑集 59 巻 2 号 1 頁）。

　この判例が示す通り、警察官の職務の特殊性を考慮すると、内部的な事務分掌は職務行為の判断にとって重要ではなく、警察官の犯罪捜査に関する一般的職務権限の範囲を勤務警察署や勤務課の単位で制限するのは適切ではなかろう。警察法 64 条に基づき、警視庁警察官は、東京都内のどの警察署に所属していても、警視庁管内における犯罪捜査に当たる権限を有していると解せよう。事例 1 については、警察法 64 条という法令の根拠もあることから、上記 A の行為と B により供与された現金とは対価関係にあるといえ、A の行為については、「職務に関し」て賄賂を収受したものと認められ、単純収賄罪（197 条 1 項前段）が成立することになろう。

参考文献

・橋本　勇『新版逐条地方公務員法（第 4 次改訂版）』（学陽書房、2016 年）
・森園幸男ほか編『逐条国家公務員法（全訂版）』（学陽書房、2015 年）
・選挙制度研究会編『実務と研修のためのわかりやすい公職選挙法（第十五次改訂版）』（ぎょうせい、2014 年）
・勝丸充啓編『わかりやすいあっせん利得処罰法 Q&A』（大成出版社、2001 年）

（渡邊一弘）

第18講◆公務に関する犯罪

キーワード

公務執行妨害罪／強制執行妨害罪／偽証罪

関連法令

刑法／民事執行法／民事保全法

1 公務に関する犯罪とは

公務に関する犯罪は多岐に渡るが、本講では、公務執行妨害罪、強制執行妨害罪等及び偽証罪について扱う。

刑法典第2編第5章では、「公務の執行を妨害する罪」について規定が置かれており、同章では、公務執行妨害罪（95条1項）、職務強要罪（同2項）、封印破棄罪（96条）、強制執行妨害目的財産損壊等罪（96条の2）、強制執行妨害行為等罪（96条の3）、強制執行関係売却妨害罪（96条の4）、加重封印等破棄等罪（96条の5）、公契約関係競売等妨害罪（96条の6）の各罪が規定されている。

これらの罪は、いずれも、公務の執行を妨害する行為を対象とし、公務を保護しようとしたものである。もっとも、公務執行妨害罪が公務員の職務を執行する場合について広く規定しているが、封印破棄罪以下の規定は、強制執行等の特定の場面を対象としている。

統計を見ると、公務執行妨害罪の認知件数は、2006（平成18）年に戦後最多の3,576件を記録したが、その後、おおむね減少傾向にあり、2017（平成29）年は2,416件（前年比56件（2.3%）減）であった（法務省法務総合研究所編『平成30年版　犯罪白書〜再犯の現状と対策のいま〜』（2018年）14頁。2017（平成29）年の、発生率（人口10万人当たりの認知件数）1.9件、検挙件数2,339件、検挙人員1,922人、検挙率96.8%であった。）。

　また、96 条（封印破棄罪）以下の規定は、2011（平成 23）年の刑法の一部改正により、従来の強制執行及び競売・入札関係の処罰規定が大幅に改正された。

　偽証罪（169 条）は、20 章「偽証の罪」に規定されている。偽証罪も広い意味では、公務の執行の妨害について規定されたものではあるが、その中でも、国家の審判作用の安全が保護の対象となる。なお、同章の中では、虚偽鑑定等罪（171 条）が規定されるとともに、自白による刑の減免（170 条）も規定されている。

2　公務執行妨害罪

1　公務執行妨害罪（95 条 1 項）

　刑法 95 条 1 項は、「公務員が職務を執行するに当たり、これに対して暴行又は脅迫を加えた者は、3 年以下の懲役若しくは禁錮又は 50 万円以下の罰金に処する」と規定している。

　まず、本罪の保護法益は、公務そのものである。本条は、「これ（公務員）に対して暴行又は脅迫を加え」とするが、公務員の身体はあくまでも暴行又は脅迫の客体であるには過ぎず、保護法益でない。判例も「刑法 95 条の規定は公務員を特別に保護する趣旨の規定ではなく公務員によつて執行される公務そのものを保護するものである」（最判昭和 28 年 10 月 2 日刑集 7 巻 10 号 1883 頁）としている。なお、平成 18 年改正により、資格制限を伴う必要のない軽微事犯に対応するため、50 万円以下の罰金も刑罰の 1 つに加えられた。

　次に、「公務員」の意義については、刑法 7 条でその定義規定が置かれている。ここでは、「国又は公共団体の職員その他法令により公務に従事する議員、委員その他の職員」とされる。議員とは、国家又は地方公共団体の意思決定機関である合議体の構成員をいう。委員とは、国家及び地方公共団体において、任命、嘱託、選挙等により、諮問に答えるなど、一定の事務を委任、移植される者で非常勤の公務員をいう。その他の職員とは、議員、委員のほか、国家又は地方公共団体の機関として、公務に従事する全ての者をい

う（以上、大コンメ 129 頁）。

「職員」に郵便集配員が含まれるかについて最高裁は、「その担当事務の性質は単に郵便物の取集め、配達というごとき単純な肉体的、機械的労働に止まらず、民訴法、郵便法、郵便取扱規程等の諸規定にもとづく精神的労務に属する事務をもあわせ担当しているものとみるべきであるから、仕事の性質からいつて公務員でないというのは当を得ず、従つて、同人がその職務を執行するに当りこれに対して暴行を加えた被告人の原判示所為は、刑法九五条の公務執行妨害罪を構成するものといわなければならない」（最判昭和 35 年 3 月 1 日刑集 14 巻 3 号 209 頁）とした。なお、この判例にあるように、単純な機会的、肉体的の労働に従事する者は「公務員」に含まれない可能性がある。

さらに、「職務」の範囲についても問題となる。すなわち、職務の範囲を公務の一切と考えると、公務は、公務執行妨害罪とともに、業務妨害罪（233 条以下）により保護されることになる。もっとも、民間にも公務と類似する業務があり、その場合には、業務妨害罪のみで保護される。このことを考えると、公務執行妨害罪による保護の範囲が広すぎるのではないか、とも思え問題となる。判例は「職務には、ひろく公務員が取り扱う各種各様の事務の全てが含まれる」（最判昭和 53 年 6 月 29 日刑集 32 巻 4 号 816 頁）としており、公務の一切が本罪により保護されるとする立場をとる。

加えて、「職務を執行するに当たり」の文言の意義も問題となる。最高裁は、「職務の執行というのは、漫然と抽象的・包括的に捉えられるべきものではなく、具体的・個別的に特定されていることを要する。」「具体的・個別的に特定された職務の執行を開始してからこれを終了するまでの時間的範囲およびまさに当該職務の執行を開始しようとしている場合のように当該職務の執行と時間的に接着しこれと切り離しえない一体的関係にあるとみることができる範囲内の職務執行にかぎ」られるとする（最判 45 年 12 月 22 日刑集 24 巻 13 号 1812 頁）。旧国鉄の駅助役が点呼終了後に暴行を加えられた事案について、本罪の成立が否定されている（最判昭和 45 年 12 月 22 日刑集 24 巻 13 号 1812 頁）。

「職務を執行するに当たり」の解釈に関連する事案として、熊本県議会事

件がある。本件では、休憩宣言後の県議会委員長に対する暴行が公務執行妨害罪の「職務を執行するに当たり」に該当するかが問題となった。最高裁は、県議会委員長が休憩を宣言して退出しようとした場合であっても、審議に関して生じた紛議に対処するなどの職務に従事していたと認められる場合には、その際委員長に対して加えられた暴行は、公務執行妨害罪を構成するとした（最判平成元年 3 月 10 日刑集 43 巻 3 号 188 頁）。

◯コラム 46　刑法における公務員とは

「公務員」の意義については、刑法 7 条でその定義規定が置かれていることは既に述べた通りである。この条文は、1 項で「官吏、公吏、法令に依り公務に従事する議員、委員、その他の職員」と規定されていたが、平成 7 年の刑法一部改正で、「官吏、公吏」などの記載は、明治憲法下の官公吏制度を前提としていたことから、削除されている。

「公務員」という言葉は、刑法の中でも頻繁に出てくる言葉の 1 つである。刑法上では、以下の 16 の条文に記載されている。具体的には、2 条 5 号（すべての者の国外犯の規定で、公務所又は公務員によってつくられるべき電磁的記録に係る 161 条の 2）、4 条（公務員の国外犯）、95 条（公務執行妨害及び職務強要）、96 条（封印等破棄）、107 条（多衆不解散）、155 条（公文書偽造等）、156 条（虚偽公文書作成等）、157 条（公正証書原本不実記載等）、161 条の 2 第 2 項（電磁的記録不正作出）、165 条（公印等偽造罪・公印等不正使用等罪）、193 条（公務員職権濫用）、197 条（（収賄、受託収賄及び事前収賄）、197 条の 2（第三者供賄）、197 条の 3（加重収賄及び事後収賄）、197 条の 4（あっせん収賄）、230 条の 2 第 3 項（公共の利害に関する場合の特例）、である。

公務員の範囲をどのように定めるかについて、これらの規定では、国又は地方公務員の職員としての身分関係を中心としている。もっとも、たとえば、自動車検査員等も公務員に従事する職員とみなすとされるが（車両法 94 条の 7）、これは、職能関係を重視したものと考えられる（大コンメ 125 頁）。

特別法上、公務員とみなされる場合も含まれる。例えば、日本銀行の職員や各種金融公庫、金庫、営団の職員などである。法令により公務に従事する

者とみなされる公法人の職員も公務執行妨害罪の客体に含まれることは最高
裁判例も示している。例えば、旧国鉄の国鉄の気動車運転士が急行列車の運
転室内で中継駅の運転士と乗務の引継・交替を行い、運転当直助役の許に赴
いて終業点呼を受けるため駅ホームを歩行していた際、右運転士に対し加え
られた本件暴行は、公務執行妨害罪を構成するとしている（最決昭和54年
1月10日刑集33巻1号1頁）。

「職務」については、明文はないものの、違法な公務を保護する必要はな
いため、適法であることが要求される。判例も、「職務」に適法性が要求さ
れることを前提とする。適法性は、書かれざる構成要件要素として説明され
る。

公務の適法性が認められる要件としては、その行為が、①当該公務員の一
般的・抽象的職務権限に属すること、②当該公務員の具体的職務権限に属す
ること、③職務行為の有効要件である法律上の重要な条件・方式を履践して
いること、が必要とされる。この中でも、③は争われることが多く、特に捜
査手続きとの関係で問題となることが多い。例えば、交通違反取締中の警察
官が、運転者に酒気帯び運転の疑いが生じたため、警察官が自動車の窓から
手を差し入れエンジンキーを回転してスイッチを切り運転を制止した行為
は、警察官職務執行法2条1項及び道路交通法67条3項の規定に基づく職
務の執行として適法である、としている（最決昭和53年9月22日刑集32巻6
号1774頁）。

○コラム47　職務行為の適法性

【事案】　S県で、昭和29年5月、知事より財政再建のため事業費・人
件費の削減を内容とする9議案が県議会に上程され、反対派議員の強硬な
抵抗により同議案は審議未了に終わったものの、同年9月の県議会に再度
上程された。同年9月18日の県議会で、反対派のX議員が議案に関する
質疑を行っていたところ、賛成派議員からXに対する懲罰の動議が提出さ
れた。これに対し、反対派議員からも賛成派議員に対する懲罰の動議が提出
された。そのため、X議員は各懲罰の動議を先議するよう主張した（なお、
S県議会会議規則では、懲罰動議が提出後、直ちに懲罰動議について議会に諮るべ

き旨の規定がある)。しかし、A 議長は再三にわたり X 議員に質疑続行を要請した。すると賛成派議員から、全ての質疑を打ち切り、討論を省略して、直ちに全議案を一括採決すべきとの動議が提出された。A 議長はこの動議が賛成多数により可決されたとして、これに基づき全議案一括採決を諮ろうとした。この措置に対して、X 議員は A 議長の措置を不当として、反対派議員らと共に議長席付近に「議長」「緊急動議」等と叫びながら殺到した。ほぼ同時に、同数の賛成派議員も駆け寄って、両者は揉み合いとなった。

　X ら反対派議員は採決を阻止しようと考え、議長の机を手でたたいて発言中止を迫り、その机を押し傾けその使用を困難にし、議長が使用しているマイクロホンやコードを引っ張り、議長の椅子の肘掛部分をつかんでは揺り動かす等の行為を行なって議長に対して暴行を行った。

　【判旨】「所論は、議長の職務執行の違法性を主張し、違法な執行に対しては公務執行妨害罪は成立しないという。しかし、議長のとつた本件措置が、本来、議長の抽象的権限の範囲内に属することは明らかであり、かりに当該措置が会議規則に違反するものである等法令上の適法要件を完全には満していなかつたとしても、原審の認定した具体的な事実関係のもとにおいてとられた当該措置は、刑法上には少なくとも、本件暴行等による妨害から保護されるに値いする職務行為にほかならず、刑法九五条一項にいう公務員の職務の執行に当るとみるのが相当であつて、これを妨害する本件所為については、公務執行妨害罪の成立を妨げないと解すべきである。」(最判昭和 42 年 5 月 24 日刑集 21 巻 4 号 505 頁)

　【解説】　本判決は、刑法 95 条は、職務の適法性について明記していないものの、職務の適法性を肯定したものとして意義を有する。本判決は、「かりに当該措置が会議規則に違反するものである等法令上の適法要件を完全には満していなかつたとしても……刑法上には少なくとも、本件暴行等による妨害から保護されるに値いする職務行為にほかならず」とした。そのため、公務執行妨害罪は適法性が要件とされていることを前提として、職務行為の有効要件である法律上の重要な条件・方式を履践していること、について判断を示したものと考えることができる。その上で、たとえ方式違反があってもその程度が軽微であれば、職務の適法性について必ずしも直ちに不適当となるものではない、と判断した考えることができるであろう。

　では、適法性の有無について、その判断をいかなる基準で行うか。ここ
は、誰を基準に判断するのかという判断者の問題と、いつを基準に判断する
のかという判断時の問題の 2 点が問題となる。前者については、当該職務を
行った公務員が適法であると信じたかどうかで判断するべきとする主観説、
裁判所が法令を解釈して客観的に判断するべきとする客観説、一般人を基準
と判断するべきとする折衷説がある。判例・通説は、客観説に立ち、裁判所
が判断するべきとする。この考え方に立った場合、裁判所は、行為当時の状
況をもとに判断するべきとする説と、事後的な要素も含めて判断するべきとす
る説に分けられる。

　判例は、客観説に立ったうえで、行為当時の状況をもとに判断するべきと
する説を採っている（最決昭和 41 年 4 月 14 日判時 449 号 64 頁）。この決定は、
「職務行為の適否は事後的に純客観的な立場から判断されるべきでなく、行
為当時の状況にもとづいて客観的、合理的に判断されるべきであり」、「たと
え Y の前示所持が……事後的に裁判所により無罪の判断を受けたとしても、
その当時の犯行状況としては Y の右挙動は客観的にみて同法違反罪の現行
犯と認めるのに十分な理由があるものと認められるから、両巡査が Y を逮
捕しようとした職務行為は適法であると解するのが相当である」とする原審
の判断を認めている。

　なお、職務の執行が違法であるにも関わらず、この職務の執行を違法であ
ると誤信して妨害した場合の処理については、説が分かれる（適法性の錯
誤）。大審院時代の判決であるが、法律の錯誤として故意を阻却しないとす
る（大判昭和 7 年 3 月 24 日刑集 11 巻 296 頁）。

　本罪の行為は「暴行又は脅迫」である。本罪の「暴行」が認められるため
には、公務員に向けられて有形力が行使されればよく（広義の暴行）、公務員
の身体に直接加えられる必要はない。また、現実に公務の執行を妨害する必
要はない。判例も同様の立場であり、「公務員の職務の執行に当りその執行
を妨害するに足りる暴行を加えるものである以上、それが直接公務員の身体
に対するものでると否とは問うところではない」（最判昭和 26・3・20 刑集 5
巻 5 号 794 頁）。本判決では、事務官らが適法な令状で押収した煙草を路上に
投げ捨てた行為について、公務の執行を不能にしており、「その暴行は間接

的には同事務官等に対するもの」と判断した。

　なお、公務執行妨害罪の手段として行った暴行又は脅迫には、別に暴行罪又は脅迫罪は成立しない。もっとも、暴行又は脅迫により、例えば、殺人や傷害が生じた場合には、別罪を構成し公務執行妨害罪と観念的競合（刑法 54条 1 項前段）となる。

2　職務強要罪（95 条 2 項）

　刑法 95 条 2 項は「公務員に、ある処分をさせ、若しくはさせないため、又はその職を辞させるために、暴行又は脅迫を加えた者も、前項と同様とする。」と規定する。

　本罪の保護法益につき、判例は、「公務員の正当な職務の執行を保護するばかりではなく、広くその職務上の地位の安全をも保護」（最判昭和 28 年 1 月 22 日刑集 7 巻 1 号 8 頁）するとしている。

　本罪は、「ある処分をさせ、若しくはさせないため、又はその職を辞させるため」とされ、将来の職務行為に向けられている点で公務執行妨害罪を補充する規定である。また、強要罪の特別規定であるという二つの機能を有する。もっとも、強要罪は義務ないことを行わせる等した場合に既遂となるのに対し、本罪は、暴行又は脅迫を加えただけで既遂となる。

3　強制執行妨害罪

1　刑法改正について

　2011（平成 23）年の刑法の一部改正（平成 23 年 6 月 24 日法律第 74 号）により、強制執行および競売・入札関係の処罰規定が拡充・整備・強化された（96 条～96 条の 3）。従来、封印破棄罪（96 条）、強制執行免脱罪（96 条の 2）、競売入札妨害罪（96 条の 3 第 1 項）、談合罪（同 2 項）とされていたが、封印等破棄罪（刑法 96 条）、強制執行妨害目的財産損壊等罪（刑法 96 条の 2）、強制執行行為妨害等罪（刑法 96 条の 3）、強制執行関係売却妨害罪（刑法 96 条の 4）、加重封印等破棄等罪（刑法 96 条の 5）、公契約関係競売等妨害罪（刑法 96 条の 6 第 1 項）、談合罪（刑法 96 条の 6 第 2 項）とした。

　これらは、バブル経済の崩壊後、債権回収のための強制執行の件数が増加したが、他方で、それを妨害する行為も増加した。これらの事態に対応するため、法改正が行われたのである。この改正は、①処罰範囲の拡大をはかり（96条、96条の2、96条の3、96条の4）、②法定刑を「三年以下の懲役若しくは二百五十万円以下の罰金に処し、又はこれを併科する」とし引き上げ懲役と罰金の併科を可能とし、さらに、③加重処罰規定を設けた（96条の5、組織犯罪3条1項1号〜4号）。

　なお、本罪は、公務執行妨害罪の一種であることから、同罪と同様に、適法性が要求される。

2　封印等破棄罪（96条）

　刑法96条では、「公務員が施した封印若しくは差押えの表示を損壊し、又はその他の方法によりその封印若しくは差押えの表示に係る命令若しくは処分を無効にした者は、三年以下の懲役若しくは二百五十万円以下の罰金に処し、又はこれを併科する」ものとされている。

　従来も、これと類似の規定が置かれていたが、そこでは、「その他の方法を以て封印又は標示を無効たらしめた者」（旧96）と規定されていた。そのため、本罪が成立するためには、行為の当時、表示が有効に存在することが前提となっていた。しかし、この規定では行為の当時、その表示が有効に存在しない場合には、命令や処分を無効にする行為を処罰できないとの不都合があった。そこで、「その他の方法によりその封印若しくは差押えの表示に係る命令若しくは処分を無効にした者」と改正された。

　このような改正の背景には、バブル崩壊後の、執行妨害事案の増加し、また態様も悪質になったことにある。既に、民事執行や民事保全の執行において、「封印又は標示」以外については、それらを損壊したものは1年以下の懲役又は100万円以下の罰金に処せられることになっていた（民執204条、民保66条）。そこで、平成23年改正において、「封印又は標示」が存在しなくなった後でも、処罰を可能にした。それとともに、本条から96条の4までもあわせて、法定刑を「三年以下の懲役若しくは二百五十万円以下の罰金に処し、又はこれを併科する」として同一にした（大コンメ176頁）。

3　強制執行妨害目的財産損壊等罪（96条の2）

　強制執行妨害目的財産損壊罪は、次のように規定する。「強制執行を妨害する目的で、次の各号のいずれかに該当する行為をした者は、三年以下の懲役若しくは二百五十万円以下の罰金に処し、又はこれを併科する。情を知って、第三号に規定する譲渡又は権利の設定の相手方となった者も、同様とする。

一　強制執行を受け、若しくは受けるべき財産を隠匿し、損壊し、若しくはその譲渡を仮装し、又は債務の負担を仮装する行為

二　強制執行を受け、又は受けるべき財産について、その現状を改変して、価格を減損し、又は強制執行の費用を増大させる行為

三　金銭執行を受けるべき財産について、無償その他の不利益な条件で、譲渡をし、又は権利の設定をする行為」

　本罪は、強制執行を妨害する目的で、財産損壊等の妨害行為を行った犯罪類型である。

　本罪は保護法益について、強制執行の機能という国家的利益とする考え方と、債権者の債権とする考え方とがある。判例は、後者で重視する考えを取り、「国家行為たる強制執行の適正に行われることを担保する趣意をもって設けられたものであることは疑いのないところであるけれども、強制執行は要するに債権の実行のための手段であって、同条は究極するところ債権者の債権保護をその主眼とする規定である」（最判昭和35年6月24日刑集14巻8号1103頁）としていた。

　もっとも、改正前の強制執行免脱罪（旧92条の2）に規定する「強制執行を免れる目的」から「強制執行を妨害する目的」へと改正されたことから、学説上、従来の判例の考えに疑問が呈されている。すなわち、改正前は妨害する主体について「強制執行を免れ」たいと考える債務者等が想定されていたのに対し、改正後は、文言上、主体が必ずしも債務者等に限られないこととなった。そのため、改正後は、債権者の債権保護を主眼とする規定と考えるよりも、むしろ、強制執行の適正・円滑な運用が主たる保護法益であるとする見解が広まってきている。平成23年改正法による改正を経た現在の本罪の保護法益の解釈としてはこのような見解を取るのが妥当であり、債権の

存在は本罪の成立の要件ではない（大コンメ197頁）などと、説明される。

○**コラム48　強制執行妨害罪の保護法益**

　強制執行妨害罪の保護法益は、果たして、強制執行が適正・円滑に行われることを担保することにあるのか、債権者の債権保護にあるのかが争われてきた。

　最高裁まで争われたのは、以下のような事案であった。すなわち、被告人が、義弟の主債務110万円の連帯保証債務について訴訟を提起された。そこで、当該債権に基づく強制執行を免れるため、妻と共謀のうえ、司法書士に贈与証書を作成させ、被告人所有の宅地建物を長女名義に仮装譲渡したという事案である。

　最高裁（最判昭和35年6月24日刑集14巻8号1103頁）は、強制執行妨害罪（旧刑法96条の2）は、強制執行が適正に行われることを担保することとともに、債権者の債権保護の規定であると解すべきであるとした。その上で、本件のように、何らの債務名義もなく、単に債権者がその債権の履行請求の訴訟を提起したというだけの事実では本罪は成立せず、刑事訴訟の審理過程において、その基本たる債権の存在が肯定されなければならないものと解すべきであり、右刑事訴訟の審理過程において債権の存在が否定されたときは、保護法益の存在を欠くものとして本条の罪の成立は否定されなければならないとした。

　このように、判例は、債権者の債権保護の観点を重視してきた。しかし、前述のように条文上「強制執行を妨害する目的」となったことから、今後の最高裁の判断が注視されるところである。

4　強制執行行為妨害等罪（96条の3）

　強制執行行為妨害等罪は次のように規定する。「偽計又は威力を用いて、立入り、占有者の確認その他の強制執行の行為を妨害した者は、3年以下の懲役若しくは250万円以下の罰金に処し、又はこれを併科する。
2　強制執行の申立てをさせず又はその申立てを取り下げさせる目的で、申立権者又はその代理人に対して暴行又は脅迫を加えた者も、前項と同様とする。」

本条は、強制執行の円滑適正な執行を保護法益とする。1 項は強制執行行
為妨害罪を規定し、2 項は強制執行申立妨害罪を規定する。執行妨害行為に
は、占有屋などのように事実上強制執行を不可能又は困難にする行為や、債
権者等による強制執行の申立て自体を不可能又は困難にする行為がある。平
成 23 年改正法で、対人的な執行妨害行為もその実態に即して適正に処罰す
るという観点から、新設されたものである（大コンメ 217 頁）。

5 強制執行関係売却妨害罪（96 条の 4）

強制執行関係売却妨害罪は次のように規定する。「偽計又は威力を用いて、
強制執行において行われ、又は行われるべき売却の公正を害すべき行為をし
た者は、3 年以下の懲役若しくは 250 万円以下の罰金に処し、又はこれを併
科する。」

旧 96 条の 3 の規定では、「公の競売又は入札」とされていたが、本条は、
「公正を害すべき行為」を処罰の対象とする。また、競売開始決定前の妨害
行為も保護の対象とするため、「行われるべき」売却も保護の対象とされて
いる。

なお、「売却」としたのは、入札、競り売りのほか民事執行規則が規定す
る特別売却をも包含することを明確にするためである。

6 加重封印等破棄等罪（96 条の 5）

加重封印等破棄等罪は次のように規定する。「報酬を得、又は得させる目
的で、人の債務に関して、第 96 条から前条までの罪を犯した者は、5 年以
下の懲役若しくは 500 万円以下の罰金に処し、又はこれを併科する。」

封印破棄罪（96 条）から強制執行関係売却妨害罪（96 条の 4）までの罪を
犯した者が、「報酬を得、又は得させる目的」で、「人の債務に関して」行っ
た場合に、適用される加重類型である。平成 23 年改正により新設された。
その背景には、暴力団等による強制執行への介入により、不当な利益を得よ
うとした事案の多発にある（大コンメ 237 頁）。例えば、占有屋が立ち退き料
を得る目的で行った場合や、上部団体である暴力団に立ち退き料を得させる
目的で行った場合などがこれにあたる。

7　公契約関係競売等妨害罪（96条の6）

公契約関係競売等妨害罪は次のように規定する。「偽計又は威力を用いて、公の競売又は入札で契約を締結するためのものの公正を害すべき行為をした者は、3年以下の懲役若しくは250万円以下の罰金に処し、又はこれを併科する。

2　公正な価格を害し又は不正な利益を得る目的で、談合した者も、前項と同様とする。」

本条は、旧96条の3を、平成23年改正により、強制執行関係売却妨害罪（96条の4）と区分したものである。2011年改正前の競売等妨害罪（96条の3）では、「公の競売又は入札」を対象としていたが、強制執行関係売却妨害罪が強制執行において行われる（行われるべき）「売却」手続きを規定し、本条はそれ以外の「公の競売又は入札で契約を締結するためのものの公正を害すべき行為」について規定した。

2項については、談合罪の規定である。談合とは「公の競売又は入札において……競争者が互いに通謀して或る特定の者をして契約者たらしめるため他の者は一定の価格以下又は以上に入札しないことを協定する」（最決昭28・12・10刑集7巻12号2418頁）のことをいう。

4　偽証罪

刑法第20章に規定される偽証の罪は、偽証罪（169条）と虚偽鑑定等罪（171条）に分かれ、あわせて、自白による刑の減免が認められている（170条）。刑法上、偽証罪は公共の信用を害する偽造の一種として位置づけているが、これらの罪の保護法益は、国家の審判作用の適正にあり、国家法益に関する罪と位置付けられている。法定刑は3月以上10年以下の懲役である。

1　偽証罪（169条）

「法律により宣誓した証人」のみが主体であることから、本罪は真正身分犯である。法律による宣誓は、民事及び刑事訴訟事件のみならず、非訟事件等でも行われる。なお、被告人は黙秘権を有するため（刑訴311条）、宣誓を

させること、さらには供述をさせることはできないことから、本罪の主体になりえない。

　問題となるのは、「虚偽の陳述」の意義である。「虚偽の陳述」の意義を、証人の記憶に反する陳述のこととする主観説と、客観的な真実に反することとする客観説が対立する。判例は、主観説の立場を取る（大判大正 3・4・29刑録 20 輯 654 頁）。両者の違いが出るのは、証人が記憶に反する陳述をしたが、偶然にも、客観的な真実と一致した場合である。主観説によれば、証人が自らの記憶に反した陳述をしている以上、「虚偽の陳述」にあたることとなる。これに対して、たとえ偶然とはいえ、客観的真実に一致する以上、客観説ではあたらない。主観説によれば、証人の記憶に反する陳述をしており国家の審判作用を抽象的に誤らせる危険があると考える。これに対して、客観説は偶然ではあれ、客観的真実と一致する以上国家の審判作用を誤らせることはない、とする。

　被告人による偽証教唆については、その可罰性が問題となっている。被告人が証人を教唆して虚偽の陳述をさせたとき、偽証教唆罪が成立するか。被告人はそもそも本罪の主体となれないため、共犯として関与した場合も共犯たりえないのではないかが問題となる。判例は、被告人には黙秘権があるものの他人に虚偽の陳述をするよう教唆したときは、偽証教唆が成立するとした。すなわち、「所論は要するに被告人には黙秘権が認められており自己の被告事件について他人を教唆して偽証させた場合は理論上自己の被告事件に関する証憑湮滅行為に外ならないから刑法 104 条の趣旨により偽証教唆罪に問擬すべきではないというに帰する。しかし被告人自身に黙秘権があるからといつて、他人に虚偽の陳述をするよう教唆したときは偽証教唆の責を免れない」（最決 28・10・19 刑集 7 巻 10 号 1945 頁、最判昭和 27・2・14 刑集 60 号 851 頁）。学説も、他人を犯罪に陥れることまでは期待可能性を欠くとは言えないとして、偽証教唆罪が成立を肯定する考えが多い。

　類似の問題として、犯人による犯人隠匿等教唆・証拠隠滅等教唆が成立するかという問題がある。これらについて、その可罰性を否定する考えも、偽証教唆については可罰性を肯定する考えが多い。というのは、そもそも、犯人に犯人隠匿等罪や証拠隠滅等罪が成立しないのは、期待可能性が欠くから

である。そのため、教唆犯についても、自ら正犯になることが出来ない以上、期待可能性が欠くと考えられる。これに対して、偽証罪については、そもそも、被告人に偽証罪が成立しないのは、被告人に黙秘権があることから被告人自身が証人となることがなく、結果として偽証罪が成立しないに過ぎない。すなわち、被告人に偽証罪が成立しない理由は、期待可能性が欠けるが故に犯罪性が無いからではない。そのため、偽証教唆罪については、肯定するのである。

2　自白による刑の減免（170条）

　偽証罪は次のような減免規定がある。「前条（169条）の罪を犯した者が、その証言した事件について、その裁判が確定する前又は懲戒処分が行われる前に自白したときは、その刑を減軽し、又は免除することができる。」

　偽証の罪については、誤った裁判や懲戒処分を未然に防止するため、自白についての特例が認められている（170条、171条）。

3　虚偽鑑定等罪（171条）

　虚偽鑑定等罪は次のように規定する。「法律の規定により宣誓した鑑定人、通訳人又は翻訳人が虚偽の鑑定、通訳又は翻訳をしたときは、前2条（169、170条）の例による。」

　虚偽の鑑定とは、自己の所信に反する意見・判断を述べることをいう。虚偽の通訳・翻訳とは、自己の所信に反する訳を伝えることをいう。

5　事例と解説

> 【事例1】　パトロール中のAとB両巡査（以下「Aら」という。）は、路上で不審な様子のXを発見したため、職務質問を行った。その際に、Xが所持していた棒状のものが、日本刀の仕込杖であることが判明した。そこで、AらはXを、銃砲刀剣類等所持取締法違反罪の現行犯として逮捕しようとした。すると、Xが、その傍らにいたYに何かを手渡している気配を感じた。A巡査が、XとYとの間に割り込んだところ、拳銃が落ちてきて、その拳銃はY

の腹の辺りから落ちたように見えた。そこで、A らは Y も同罪違反の現行犯
人として逮捕しようとしたところ、X と Y から暴行を受けた。

　なお、Y は同罪違反で起訴されたが、無罪となった。この場合に Y に公務
執行妨害罪は成立するか。査が、X と Y との間に割り込んだところ、拳銃が
落ちてきて、その拳銃は Y の腹の辺りから落ちたように見えた。そこで、A
らは Y も同罪違反の現行犯人として逮捕しようとしたところ、X と Y から暴
行を受けた。

　なお、Y は同罪違反で起訴されたが、無罪となった。この場合に Y に公務
執行妨害罪は成立するか。

　この事案は、職務の適法性を問うものである。公務執行妨害罪で規定する
「職務」については、条文上明記されていないが、判例は適法な職務行為の
みが保護されるべきであるとする。公務執行妨害罪は、円滑適正な公務の執
行を保護法益とし、違法な公務まで保護する必要がないことがその理由とさ
れる。

　さらに、公務の適法性が認められる要件は、その行為が、①当該公務員の
一般的・抽象的職務権限に属すること、②当該公務員の具体的職務権限に属
すること、③職務行為の有効要件である法律上の重要な条件・方式を履践し
ていること、が必要とされる。本件では、A らの現行犯逮捕（刑訴 212 条 1
項）は、①～③の要件を満たしている。

　もっとも、その後、Y は銃砲刀剣類等所持取締法違反被告事件について、
無罪判決を受けている。とすると、行為者の立場に立つと、有罪となる行為
をしてないにも関わらず、それを抵抗するために公務員に暴行又は脅迫を加
えることで公務執行妨害罪が成立することは酷であるようにも思われる。

　刑法上の適法性について、誰を基準に判断するかについて、①公務員本人
が適法と信じるときは適法とする主観説、②一般人が社会通念に従って適法
性を判断するべきとする折衷説、③裁判所が客観的に判断するべきとする客
観説である。判例及び通説は、③の立場に立つ。

　仮に、①の立場に立った場合、A らが適法と考えている以上、適法性の要
件を満たす。また、このような状況下では、一般人も同様に考える可能性が
高い。

　問題は、③の裁判所を基準に考える場合である。裁判所は、適法性の判断材料を、行為時を基準に考えることも、裁判時を基準にして事後的に考えることも可能である。すなわち、③の客観説は、裁判所がいつの時点を基準に判断するかにより、2つの考えに分かれる。すなわち、ア職務行為の時点で判断するべきとする行為基準説と、イ事後的に裁判の時点で判断すべきとする純粋客観説である。

　仮にアに立つと、行為の時点では適法と考えられ公務執行妨害罪は成立するが、イに立つと、無罪となっている以上公務執行妨害罪は成立しないことになる。

　本事案のベースとなった、最高裁昭和41年4月14日第一小法廷決定は、公務執行妨害罪の公務の適法性の判断基準が問題となった事案であり、職務行為の適否は事後的に純客観的な立場から判断されるべきでなく、行為当時の状況にもとづいて客観的、合理的に判断されるべきである、との判断を示したと評価されることが多い。この判例は原審を是認した形で判断を示しており、自ら積極的な判断を示していないものの、行為基準説に親和的であるとされる。原審はその中で、「職務行為の適否は事後的に純客観的な立場から判断されるべきでなく、行為当時の状況にもとづいて客観的、合理的に判断されるべきであり」、「たとえYの前示所持が……事後的に裁判所により無罪の判断を受けたとしても、その当時の犯行状況としてはYの右挙動は客観的にみて同法違反罪の現行犯と認めるのに十分な理由があるものと認められるから、両巡査がYを逮捕しようとした職務行為は適法であると解するのが相当である」とした。

　【事例2】　知事より財政再建のため事業費・人件費の削減を内容とする議案が県議会に上程された。その後の県議会で、反対派のX議員が議案に関する質疑を行っていたところ、賛成派議員からXに対する懲罰の動議が提出された。これに対し、反対派議員からも賛成派議員に対する懲罰の動議が提出された。そのため、X議員は各動議を先議するよう主張した（なお、同議会会議規では、懲罰動議が提出後、直ちに懲罰動議について議会に諮るべき旨の規定がある）。しかし、A議長は再三にわたりX議員に質疑続行を要請した。すると賛成派議員から、全ての質疑を打ち切り、討論を省略して、直ちに全場提案を

一括採決すべきとの動議が提出された。A 議長はこの動議が賛成多数により可決されたとして、これに基づき全議案一括採決を諮ろうとした。この措置に対して、X 議員は A 議長の措置を不当として採決を阻止しようと考え、議長の椅子の肘掛部分をつかんでは揺り動かす等の行為を行なって議長に対して暴行を行った。

　刑法 95 条が規定する公務執行妨害罪では、職務の適法性について明記していない。もっとも、違法な公務を保護する必要ないことから、公務の適法性が要件とされていると考えるのが一般である。その上で、適法性が認められる要件として、その行為が、①当該公務員の一般的・抽象的職務権限に属すること、②当該公務員の具体的職務権限に属すること、③職務行為の有効要件である法律上の重要な条件・方式を履践していること、が必要とされることは、既に説明したとおりである。

　もっとも、「懲罰動議が提出後、直ちに懲罰動議について議会に諮るべき旨の規定」の違反は、法律上の重要な条件・方式を履践していないとされるのかが、問題となる。

　本事案のベースとなった最判昭和 42 年 5 月 24 日（刑集 21 巻 4 号 505 頁）は、「議長のとつた本件措置が、本来、議長の抽象的権限の範囲内に属することは明らかであり、かりに当該措置が会議規則に違反するものである等法令上の適法要件を完全には満していなかつたとしても、原審の認定した具体的な事実関係のもとにおいてとられた当該措置は、刑法上には少なくとも、本件暴行等による妨害から保護されるに値いする職務行為にほかならず、刑法九五条一項にいう公務員の職務の執行に当るとみるのが相当であつて、これを妨害する本件所為については、公務執行妨害罪の成立を妨げないと解すべきである」とした。

　この判例では、たとえ方式違反があってもその程度が軽微であれば、職務の適法性について、必ずしも直ちに不適当となるものではないと考え、上記の規定違反は未だ「重要な」とは言えないと判断した。

参考文献

・井田　良、城下裕二編『刑法各論 判例インデックス』（商事法務、2016 年）
・大塚　仁等編『大コンメンタール刑法 第三版』第 6 巻（青林書院、2015 年）

（齋藤　実）

第19講◆サイバー空間に関する犯罪

キーワード

サイバー犯罪／サイバーセキュリティ／標的型攻撃／デジタル・フォレンジック／マルウエア

関連法令

サイバーセキュリティ基本法／不正アクセス禁止法／電気通信事業法／有線電気通信法／電波法

1 サイバー犯罪、サイバー攻撃とサイバーセキュリティ

　サイバー犯罪は、サイバー空間（Cyberspace）に関する犯罪といえる。Cyberspace とは、Cybernetics と space の混成語（portmanteau）であり、コンピュータ及びそれらをつなぐネットワークの総体であり、そのなかで人々が自由に情報、データのやりとりが可能となる仮想的な空間である。

　もっとも、サイバー犯罪についての法律上の定義はなく、公式の定義としては、例えば、警察庁による「インターネット等の高度情報通信ネットワークを利用した犯罪やコンピュータ又は電磁的記録を対象とした犯罪等、情報技術を利用した犯罪」という定義が認められるにすぎない（https://www.npa.go.jp/hakusyo/h19/honbun/html/j11b0000.html）。またわが国が批准している欧州評議会のサイバー犯罪に関する条約においても、サイバー犯罪についての定義規定を設けていない。同条約では、条約に規定する行為を犯罪として定めることそのような犯罪と効果的に戦うための十分な権限の付与について定めること及びそのような犯罪の探知、捜査及び訴追を国内的にも国際的にも促進すること並びに迅速で信頼し得る国際協力のための措置を定めることによって、コンピュータ・システム、コンピュータ・ネットワーク及びコンピュータ・データの秘密性、完全性及び利用可能性に対して向けられた行為並びに

コンピュータ・システム、コンピュータ・ネットワーク及びコンピュータ・データの濫用を抑止することを目的とすることが示されているのみである。いずれにも共通しているのは、サイバー犯罪はインターネット等サイバー空間を利用して行われる犯罪とサイバー空間を構成するコンピュータ、ネットワークまたは情報等を対象とした犯罪に区分される。

　そのうち、サイバー空間を利用する犯罪は、通常の業務妨害罪、名誉毀損罪、詐欺罪、児童ポルノ等に関する罪などサイバー空間以外においても実現されるものであり、その犯罪の実現を立証するために特別の情報技術（これを「デジタル・フォレンジック」という）が必要となるものの、その法解釈や刑事学的な考察にとって特段別異に扱う理由は乏しいといえる。むしろ、サイバー犯罪として固有の特徴を有し、特別の考察が必要となるのは、サイバー空間を構成するコンピュータ、ネットワークまたは情報等を対象とした犯罪であり、サイバー空間の安全性に対する攻撃としてサイバー攻撃ということができよう。サイバー攻撃は、情報システムへの不正な侵入、データの改ざん、毀損及び漏えい、情報システムの障碍の惹起等がその主たるものであり、情報技術が社会の各層に浸透している現代においてサイバー空間における障碍は、社会生活、経済生活に重大な打撃をもたらしかねないものとなってきている。したがって、サイバー攻撃をたんに犯罪として位置づけるだけでなく、サーバ攻撃に対する防禦行為としてのサイバーセキュリティの確保が重要となっている。

　2014 年に制定されたサイバーセキュリティ基本法は、「インターネットその他の高度情報通信ネットワークの整備及び情報通信技術の活用の進展に伴って世界的規模で生じているサイバーセキュリティに対する脅威の深刻化その他の内外の諸情勢の変化に伴い、情報の自由な流通を確保しつつ、サイバーセキュリティの確保を図ることが喫緊の課題となっている」（1 条）としてわが国におけるサイバーセキュリティに関する施策の基本事項およびその具体的な展開ための枠組を規定し、これに基づきサイバーセキュリティに関する施策の推進が図られる。この法律に基づき、内閣にサイバーセキュリティ戦略本部（NISC）が設置され、同時に内閣官房に内閣サイバーセキュリティセンターが設置され、国家戦略として「サイバーセキュリティ戦略」が閣議

決定され、これにもとづき NISC がセイバーセキュリティ政策を企画、立案、実施している。

　サイバーセキュリティ戦略（2015 年閣議決定、2018 年改訂）では、その基本理念として「自由、公正かつ安全なサイバー空間」を目指し、施策の立案及び実施にあたって従うべき基本原則として、①情報の自由な流通の確保、②法の支配、③開放性、④自律性、⑤多様な主体の連携を掲げ、それを堅持するものとしている。したがって、サイバー空間における犯罪に関する刑事規制もこれらの原則の下にあるとみるべきである。

2　サイバー犯罪の多様化と深刻化

　かつての情報システムまたは情報ネットワークに対する加害行為は、それが犯罪となるにしても、いわばいたずら的、愉快犯的な要素が強く表れ、単発的であり、社会的な脅威もそれほど強いものとはいえなかった。しかしながら、近年のサイバー攻撃は、積極的、意図的に、いわば本気で情報システム等の阻碍、情報の不正入手、金銭の獲得を目的とするものとなっている。そのため、情報システムの阻碍や情報の不正入手については、特定の攻撃対象に対して攻撃を仕掛ける手法をとるいわゆる標的型攻撃がその主たるものとなっている。他方で、金銭を目的とする場合は、特定の標的に対して攻撃を仕掛ける場合もあるが、大規模なマルウエア（malicious software）の拡散によりこれを実現しようとすることも多い。例えば、2017 年には Wannacry と呼ばれるランサムウエア（コンピュータ、情報システム上のデータを暗号化し、これを解除するためのキーと引き換えに金銭を要求するソフトウエア）が世界規模で拡散し、実際にデータを復号化するために金銭の支払いに応じた機関もみられた。マルウエアの拡散には、そのほか通常のウエブサイトで表示される広告を乗っ取り、またはウエブサイトを改ざんすることでマルウエアを当該サイトを閲覧したブラウザを通じて感染させるという手法（malvertisement）もある。こうした場合、マルウエアの感染により直接金銭等を取得するのではなく、次に述べる標的型攻撃のための準備としてネットワークを通じて感染した情報システムを操作するためになされることも多い

図表 19‑1　インターネットバンキングに係る不正送金事犯の発生件数の推移

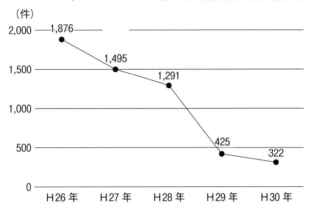

図表 19‑2　標的型メール攻撃の件数の推移

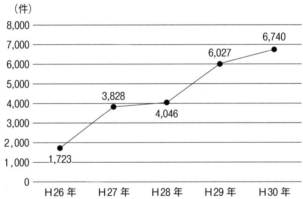

出典　警察庁「平成 30 年中におけるサイバー空間をめぐる脅威の情勢等について」
http://www.npa.go.jp/publications/statistics/cybersecurity/data/H30_cyber_jousei.pdf

（このような情報システムをボット（bot）という）。

　標的型攻撃は、特定の人または組織を攻撃対象とし、その情報システムをダウンさせまたは情報を盗み取るなどすることを目的としてなされる。そのために、攻撃対象及びその関係組織等に対してマルウエアの感染を働きかけ、そこから攻撃対象を目指して活動する。その中心的な手法が偽装メールによるマルウエアの送信である。2015 年頃まではこのような手法によるマ

ルウエアの感染は、インターネットバンキングにかかる不正送金を行うためになされることが多かったが、都市銀行を中心として対策がとられたことにより、不正送金事案はピーク時の 3 割程度にまで激減しており（図表 19 - 1 参照）、これと対照的に標的型攻撃が増加しているといえる（図表 19 - 2 参照）。

標的型攻撃とは、例えば、日本近海の海底に埋蔵されているガスハイドレートの位置情報等の取得を目的として攻撃を仕掛ける場合、海洋政策の関係者、海洋資源調査の研究者等と対象に広く偽装されたメールを送信し、そのうちの誰かが当該メールに仕込まれたマルウエアに感染することで、そこから中長期的に関係者へと感染を拡大し、最終的に海洋資源の調査データ等を管理している情報システムに侵入し、目的の情報を取得しようとする。2016 年の年金機構における情報漏えい事案は、まさにこのタイプのものである。この事案では、偽装メールに仕込まれたマルウエアの感染により外部から遠隔操作され、年金機構内部の情報が盗まれ、漏えいされたものである。

また、標的型攻撃を実施する場合、マルウエアの感染をより確実なものとするには、メールの偽装を巧妙にする必要がある。かつては、攻撃者自らが偽装メールの本文を作成していたために偽装であることが見破られがちであったが、近年は、実際に送信されたメールをベースとしているものが多くなっている。

実際に送受信されたメールを取得する方法の一つにメールサーバへの侵入がある。メールサーバへ侵入するためには、サーバのアカウト情報（認証情報）を取得する必要がある。そのためになされるがフィッシングといわれる方法である。これは、本物のメールサーバに似せたものを設置し、対象機関の多数のメールアドレスに対してシステム障害等を理由にしてサーバの認証情報を偽物のサーバに入力させるものである。こうして取得した認証情報を利用してメールサーバに侵入し、当該アカウントのメール等を窃取し、さらに偽装メールの送信等も行う。また、メールサーバへの侵入の手法としては、いわゆるリスト型攻撃といわれるものもある。これは、過去 20 年以上にわたって多数の組織から漏えいしたメールアドレス、認証情報をネットワーク上のブラックマーケットで交換、集積し、組織ごとに分類して認証情報のリストが作成されている。このリストから攻撃対象の組織のものを選択

し、リストに記載された認証情報を順次試していくことによりサーバへの侵入を図ろうとするものである。偽装メールもこのようなリストに基づいて送信されることが多い。

　以上に述べたことは、実際には一定の市場を形成しており、攻撃者は、攻撃のためのリストの取得、遠隔操作により攻撃するためのボットネットの使用等について、リストの保有者、ボットネットの管理者に対して金銭を支払うことでその手段を取得している。また、認証情報、メールアドレスのリストの保有者、ボットのネットの保有者は、そういった攻撃者へ提供することで金銭の取得を図り、そのために世界規模で多様な攻撃を仕掛けて各種の情報を入手し、またはマルウエアの感染によりボット化していこうとしている。こうしたマーケットの形態の一つといわれているのがいわゆるダークウエブといわれるものである。

3　サイバー犯罪の行為と刑罰法規

　以上の攻撃手法を整理すると、マルウエアの投入、サーバへのアクセス・メール送信、攻撃対象からの情報の入手、攻撃対象のシステムの阻碍にわけることができる。

1　マルウエアの投入

　2011 年の刑法改正により、不正指令電磁的記録に関する罪（第 19 章の 2、168 条の 2 及び 168 条の 3）が規定されることとなり、マルウエアに関する行為が処罰可能となった。この罪は、電子計算機のプログラムに対する社会一般の者の信頼を保護法益とするものであり、ここにいう信頼とは、電子計算機のプログラムが「人が電子計算機を使用するに際してその意図に沿うべき動作をさせず、又はその意図に反する動作をさせるべき不正な指令」を与えるものではないとの信頼である。対象となるのは、「人が電子計算機を使用するに際してその意図に沿うべき動作をさせず、又はその意図に反する動作をさせるべき不正な指令を与える電磁的記録」等である。情報技術的にみれば、意図に沿わない動作、意図に沿うべき動作をしないということをその中

核とすることから、いわゆるトロイの木馬の定義と類似させてマルウエアを
その規制対象としているみることができる。意図に沿わない動作には、多様
なものがありうるが、情報システムを外部から操作したり、特定の情報を摂
取するなどが主に想定されうる。もっとも処罰対象となる行為は、人の電子
計算機における実行の用に供する目的での作成、提供、取得及び保管並びに
当該電磁的記録の供用であり、その動作内容それ自体を処罰するものではな
いので、いわばサイバー攻撃の準備行為を処罰対象にしているとみることが
できる。

○コラム 49　コインハイブ（coinhive）

　コインハイブ（coinhive）とは、仮想通貨をマイニング（採掘）するため
のツールの一つであり、ウエブページに設置することで当該ページを閲覧し
た者のブラウザを通じて閲覧者のパソコンを使用し、仮想通貨をマイニング
して設置者が収益を図るためのものである。コインハイブ（coinhive）は、
通常ウエブサーバで使用されるスクリプトを閲覧に供するページに記載して
おくだけのものであり、同様のスクリプトは、ウエブ広告やウエブページの
動的生成等にも利用されている。コインハイブ（coinhive）は、閲覧者のパ
ソコンのリソースを利用するものであり、閲覧者からすると、ウエブページ
の閲覧により自己のパソコンのリソースが利用され、仮想通貨のマイニング
に利用されるということだけに着目すれば、意図に沿うべき動作をさせない
ものといえそうである。ここだけに着目すれば、コインハイブ（coinhive）
をウエブページに設置することは、不正指令電磁的記録供用罪（168 条の
3）に該当することとなる。実際にコインハイブ（coinhive）の設置者が同
罪で立件されている。
　しかし、通常のニュースサイト、マスコミの記事の閲覧ページにおいて
も、同様のスクリプトに基づき広告が表示されたり、動画が勝手に再生され
たりするようにされていたり、また多くのサイトにおいては、閲覧者のペー
ジの閲覧状況、トラッキングをするためのスクリプト等が閲覧者に見えない
形で設置されていたりする。こういったものも意図に沿うべき動作をさせな
いものとして同様に不正指令電磁的記録供用ないし保管罪に問責しようとい
う主張はみられない。不正指令電磁的記録というためには、意図に沿うべき

動作をさせない「不正な」指令であることが必要であり、コインハイブ
(coinhive) の設置は、社会通念上許容されない不正なものであるが、広告
やトラッキングは許容されうるとして両者を区別する考えもあり得よう。た
だ、現行刑法は、無体物の窃取を電気に限定しており、その他の無体物のリ
ソースの無断使用を処罰の対象外にしていること、不正指令電磁的記録に関
する罪がプログラムの動作に対する信頼といっても、情報システムのセキュ
リティに対する脅威となることから当罰的だとされていることに鑑みれば、
セキュリティ上の脅威のないコインハイブ (coinhive) を不正な指令とする
ことに消極的であるべきではないかと思料される。なお、横浜地裁平成 31
年 3 月 27 日判決は、意図に反する動作をするものであること認めつつ社
会通念上許容されるとして「不正な指令」にあらたないとした。

2　サーバへの不正なアクセス

　不正アクセス行為の禁止等に関する法律（以下、「不正アクセス禁止法」と
する。）は、いわゆる不正アクセス行為を禁止し、これを処罰している。こ
れにより「電気通信回線を通じて行われる電子計算機に係る犯罪の防止及び
アクセス制御機能により実現される電気通信に関する秩序の維持を図り、も
って高度情報通信社会の健全な発展に寄与する」ことを目的とする（1条）。
まず同法により対象となる情報システムは、「電気通信回線に接続している
電子計算機」（特定電子計算機）の当該電気通信回線を通じて行われる利用
（特定利用）である（2条1項）。この特定利用について、アクセス管理者によ
り許諾された利用権者等による利用であることを確認する識別符号（2条2
項）を確認して、特定利用を解除する機能が付されていなければならない
（これをアクセス制御機能という。2条3項）。不正アクセス行為は、アクセス
制御機能が付された特定電子計算機の特定利用について、アクセス制御機能
を回避して特定利用することとされる。すなわち、①他人の識別符号を入力
して当該特定電子計算機を作動させ、当該アクセス制御機能により制限され
ている特定利用をしうる状態にさせる行為、②アクセス制御機能による特定
利用の制限を免れうる情報・指令を入力して当該電子計算機の作動させ、そ
の制限されている特定利用を可能にする行為、及び③電気通信回線を介して

図表 19 - 3　不正アクセス行為（第 2 条第 4 項）の類型

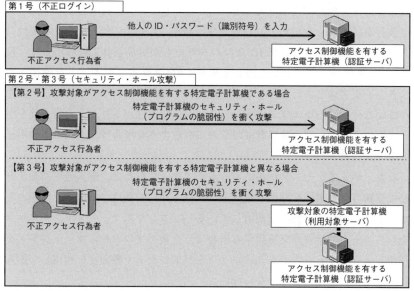

第 1 号（不正ログイン）

他人の ID・パスワード（識別符号）を入力

不正アクセス行為者

アクセス制御機能を有する
特定電子計算機（認証サーバ）

第 2 号・第 3 号（セキュリティ・ホール攻撃）

【第 2 号】攻撃対象がアクセス制御機能を有する特定電子計算機である場合

特定電子計算機のセキュリティ・ホール
（プログラムの脆弱性）を衝く攻撃

不正アクセス行為者

アクセス制御機能を有する
特定電子計算機（認証サーバ）

【第 3 号】攻撃対象がアクセス制御機能を有する特定電子計算機と異なる場合

特定電子計算機のセキュリティ・ホール
（プログラムの脆弱性）を衝く攻撃

不正アクセス行為者

攻撃対象の特定電子計算機
（利用対象サーバ）

アクセス制御機能を有する
特定電子計算機（認証サーバ）

出典　警察庁「不正アクセス行為の禁止等に関する法律の解説」
https://www.npa.go.jp/cyber/legislation/pdf/1_kaisetsu.pdf

接続された他の特定電子計算機が有するアクセス制御機能によりその特定利
用を制限されている特定電子計算機に電気通信回線を通じてその制限を免れ
うる情報・指令を入力して当該特定電子計算機を作動させ、当該アクセス制
御機能により制限されている特定利用をしうる状態にさせる行為が不正アク
セス行為となる（2 条 4 項）。

　上述のメールアドレス、パスワードのリストをもとにメールサーバにログ
インすることを試み、ログインした場合、①の不正アクセス行為となり、不
正アクセス罪が成立することになる（不正アクセス禁止法 11 条）。なお、不正
アクセス禁止法にいう識別符号は、他の利用権者等と識別できるものである
ことが必要であり、複数の者に共通して付与されている場合は、同法による
アクセス制御機能があるとはいえないこととなる。例えば、無線 LAN アク
セスポイントの SSID（Service Set IDentifier）のアクセスキーは、当該 SSID に
固有のものとして付与されており、その SSID の無線 LAN アクセスポイン

トをそのアクセスキーを知る複数の者が利用できるのであれば、識別符号とはなり得ず、無断で当該無線 LAN アクセスポイントを利用しても不正アクセス行為にはならない。これに対して、無線 LAN アクセスポインの接続にあたり個々の利用者ごとに ID 及びパスワードが付与されている場合は、他人の ID 及びパスワードを入力して無線 LAN アクセスポイントを使用するとき、不正アクセス行為となる。これに対して、インターネット上に公開されているサーバのウエブアプリケーションに脆弱性があり、その脆弱性を突くことによりサーバの管理者権限を乗っ取るような場合は、上記の②の不正アクセス行為となる。

なお、不正アクセス禁止法にいう不正アクセス行為は、電気通信回線を介して接続された電子計算機の電気通信回線を介して利用する場合を問題としている。そのため、個人で使用しているパソコンやスマートフォンのロックをパスコードや指紋等で解除する場合は、直接パソコンやスマートフォンを利用しようとするものであり、ロックをパスコードや脆弱性を利用して解除しても不正アクセス行為とならない。

さらに、今後普及が見込まれる IoT（モノのインターネット。Internet of Things）においては、ネットワーク上の機器どうしが直接接続し、情報をやりとりすることになるが、この場合、機器どうしの接続では利用権者による利用という概念、個人の識別符号ということがまったく観念できない。したがって、特定の機器によるネットワークを不正な技術的手法により乗っ取ったとしても、不正アクセス禁止法による不正アクセス行為に該当せず、犯罪の成立を認めることは困難である。

3　フィッシング行為

サーバへの不正アクセスをするためによく利用されるのがフィッシング行為である。これは、本物に類似した偽装サーバを用意し、偽装メール等を送付することで偽装サーバに本来の識別符号である ID、パスワードを入力させるものである。このような行為は、かつては処罰の対象外であったが、2012 年に不正アクセス禁止法が改正され、フィッシングサイトの設置行為（7 条 1 号）、フィッシングメールの送信（7 条 2 号）、ID、パスワード等の識

別符号の不正入手（4条）の禁止規定が追加され、その違反に対する罰則が設けられている（12条）。

4　情報の不正入手

　現行刑法は、窃盗罪等の財産犯において他人の所有しまたは所持する財物の領得行為を処罰していると解されている。この場合、財物は有体物を意味し、例外として特定の犯罪について電気が財物とみなされるにすぎない（刑法245条、251条）。また、情報の窃取といっても、財物のように管理・支配が移転するわけではなく、基本的に情報内容が複製されるにすぎず、客体の管理・支配の侵害を処罰する刑法の財産犯の規定に適するものではない。そのため、情報それ自体を不正に入手しても、刑法上の犯罪は成立しない。ただし、情報がパソコンやUSBメモリなどの外部記録媒体に記録されている状態において、パソコンや外部記録媒体ごと不正に取得する場合は、パソコンや記録媒体に対する財産犯が成立する。

　したがって、例えば、不正アクセス行為のよりサーバに侵入し、そこに蔵置されている情報をネットワークを通じて取得しても、たんなる情報の複製行為にすぎず、刑法上の犯罪は成立しない。このような情報の不正な入手行為は、現行法上、不正競争防止法における営業秘密侵害罪が成立する場合に犯罪となる（個人情報の保護に関する法律83条は、個人情報を取り扱う者がその取り扱う情報を不正に盗用等をした場合に処罰をするがこれはサイバー犯罪とは異なる態様のものである）。不正競争防止法は、不正な利益を得る目的で、またはその保有者に損害を加える目的で、詐欺等行為または管理侵害行為により営業秘密を取得する行為を処罰している（21条1項1号）。管理侵害行為には、財物の窃取、施設への侵入のほか、不正アクセス行為が含まれている。したがって、不正アクセス行為により他人の情報システムへ侵入し、そこに蔵置されている情報を取得した場合、当該情報が営業秘密に該当するときは、本罪が成立することになる。

　不正競争防止法にいう営業秘密は、「秘密として管理されている生産方法、販売方法その他の事業活動に有用な技術上又は営業上の情報であって、公然と知られていないものをいう」（2条6項）。まず、事業活動に有用な技術上

または営業上の情報であることが必要である。そのうち、非公知性及び秘密管理性の要件が満たされた場合、営業秘密となる。

○コラム50　秘密管理性と情報セキュリティ

　東京高判平成 29 年 3 月 21 日高刑集 70 巻 1 号 10 頁は、執務室への入退室の管理等により無権限者からのアクセス防止措置をとり、社内規程において、顧客情報を機密に位置づけ、研修等でアクセス権限のある従業者にその趣の浸透を図り、関係者以外に本件顧客情報を開示することを禁止した上、その 実効性を高めるため、私物パーソナルコンピュータの使用を禁止し、業務用 PC の持ち出しや外部記録媒体への書き出しを原則として禁止し、業務用 PC による本件データベースへのアクセス記録を保存するなどの情報セキュリティ対策が採られていた場合は、アカウントを通じて本件データベースへのアクセス制限かが行われていたといえるから、情報セキュリティ対策に不備があったとしても、全体として秘密管理性の要件が満たされていたとした。

5　情報システムの阻碍行為

　情報システムの脆弱性を突いて当該システムをダウンさせた場合、当該システムが業務に使用されているときは、業務妨害罪が成立しうる。この場合、人の意思を制圧するに足りる方法であれば、威力業務妨害罪（234 条）が成立する可能性もありうるが、情報システムそれ自体の機能不全を惹起している場合は、電子計算機等業務妨害罪（234 条の 2）が問題となる。電子計算機等業務妨害罪は、①電子計算機若くはその用に供する電磁的記録の損壊、②虚偽の情報若くは不正の指令の入力または③その他の方法により、電子計算機に使用目的に沿うべき動作をさせず、または使用目的に反する動作をさせることにより、業務を妨害することで成立する。業務妨害罪全般が危険犯と解されていることから、電子計算機の動作阻碍により業務が妨害される危険性が認められれば犯罪が成立することになる。また、電子計算機の動作阻碍について、三つの方法が規定されているものの、「その他の方法」は特に制約もないため、①及び②以外の方法で電子計算機の動作阻碍を惹起させうるものであればすべて犯罪の成立を肯定することができる。もっともサ

イバー攻撃等で通常使用される手法は、②のものが多いであろう。

4 サイバー犯罪の捜査・対応

サイバー空間に関する犯罪は、国内で事案が完結することもあるが、近時の攻撃は、海外からなされることも多い。また、サイバー空間を利用する犯罪も、捜査機関等による追求を困難にするため海外のサーバ等を利用することが一般化しつつある。そのため、サイバー犯罪への対応を1国だけで済ませることができなくなっている。サイバー犯罪条約は、サイバー犯罪の規制及び取り締まり等について共通の基準を定めることで、加盟国の連携のもとサイバー犯罪への対応を可能にしようとするものである。わが国は、この条約を批准するために、2011年「情報処理の高度化等に対処するための刑法等の一部を改正する法律」を成立させ、施行している。ここでは、上述の不正指令電磁的記録に関する罪を新たに犯罪化したほか、刑事訴訟法において電磁的記録に対する証拠収集方法等が新たに規定された。なかでも、電気通信事業者等への通信履歴の保全要請（刑訴法197条3項ないし5項）、リモートアクセスによる差押え（刑訴法99条2項、218条2項）が特徴的である。後者は、差押対象となるパソコン等からネットワーク経由でサーバへアクセスしている場合に、差押対象であるパソコンにより作成、変更及び消去可能なデータを保管するために使用されている場合、当該データを複製した上で差し押さえることを可能にしている。従来であれば、サーバを保有、管理する企業や組織に対して別途令状を用意して、事業者等のサーバ全部を差し押さえる必要があった。

従来型の犯罪であれば、指紋や体液等の採取、その科学的分析といったことがなされるが、サイバー犯罪においても電磁的記録等の調査により犯罪の情況を明らかにすることとなる。このような手法をデジタル・フォレンジックという。正確には、デジタル・フォレンジックとは、サイバー犯罪に限らず、インシデントレスポンス（コンピュータやネットワーク等の資源及び環境の不正使用、サービス妨害行為、データの破壊、意図しない情報の開示等、並びにそれらへ至るための行為（事象）等への対応等をいう。）や法的紛争・訴訟に

際し、電磁的記録の証拠保全及び調査・分析を行うとともに、電磁的記録の改ざん・毀損等についての分析・情報収集等を行う一連の科学的調査手法・技術のことである。ここで注意すべきことは、デジタル・フォレンジックは、たんに科学的な調査をおこなうことだけにとどまるものではなく、インシデント情況または犯罪情況を再現することにある。情報技術等の手法を投入し、それが明らかにしていること及びその限界を適切に理解し、これを手がかりとして他の通常の証拠等とも照らし合わせてインシデントまたは犯罪の全体像を合理的に推認し、描写することがデジタル・フォレンジックでは要請されることになる。

○コラム 51　PC 遠隔操作事件

　2012 年、CSRF（Cross Site Request forgeries。掲示板や問い合わせフォームなどを処理する Web アプリケーションが、本来拒否すべき他サイトからのリクエストを受信し処理する脆弱性）を仕掛けたウエブサイトを用意して、そこへのリンクをクリックさせることで殺害予告文を掲示板に記載させたり、掲示板で他人を誘導しトロイの木馬型のマルウエアを感染させ、感染したPC を遠隔操作することで、襲撃、殺害予告等をネット掲示板に記載させた一連の事件で、通信履歴等を証拠として真犯人とは別の遠隔操作された人物を逮捕、起訴した事件が起きた。捜査機関は、マルウエアの感染可能性も考慮した捜査がされたともいわれるが、「IP アドレスは指紋と同じくらい証明力がある」として捜査していたなどと報道された。

　なりすましがありうることが警察庁より注意喚起されており、他の県警の類似事件においてマルウエアの感染が見つかっている情況で、なお既存のセキュリティソフトによるチェックだけで済ませるなどの杜撰さ（https://getnews.jp/archives/261993）には疑問なしとしえない。

　サイバー攻撃は海外からのものが主たるものなっていることは、主権及び管轄の問題等から事後的に対応するだけでは十分に対応できないものとなっている。そのため、サイバー攻撃に対するセキュリティ的措置として注目されるのが、積極的な（proactive）サイバー攻撃に対する防御措置である。すなわち、先行的防御を可能にするための脅威情報の共有・活用の促進、攻撃

者の情報を集めるための攻撃誘引技術の活用、ボットネットを未然に防止できるような取組がもとめられることになる。もっとも、現行法制度をみると、電気通信事業法及び有線電気通信法は、通信の秘密の侵害を犯罪としており、上記のような措置をとる場合、通信の秘密侵害罪、さらには場合により刑法の電子計算機損壊等業務妨害罪などの犯罪に該当することが強く懸念される。現に攻撃されているのであれば、正当防衛や緊急避難などにより正当化されるとの考えもありうるが、先行的措置の場合、攻撃前の段階であることが多く、緊急状況とはいいがたいであろう。また、実際に正当防衛ないし緊急避難となるかは、裁判所による専権的な判断事項であり、個々の関与者が自ら判断して行動しても必ずしも正当防衛や緊急避難になるとは限らない。能動的、積極的にサイバー攻撃に対処するには、具体的に必要とされる手法を明らかにし立法的措置により可能とするほかはないであろう。

5 事例と解説

> 【事例1】 甲は、違法なポルノ画像がネットワークに流通していることに目をつけ、ポルノ画像ファイルにマルウエア隠し入れ、これをポルノ画像の交換サイトにアップロードした。このマルウエアは、画像を開くことでマルウエアが閲覧者のパソコンに感染し、閲覧者のパソコン内の書類や画像等のデータを順次削除していくものであり、甲自らが作成したものであった。これをダウンロードしたAは、マルウエアに気付かず画像を開いてしまし、そのため自己のプライベートで使用しているパソコン内のハードディスクに記録されていたほとんどのデータが削除されてしまった。

　甲は、実際には、パソコン内のデータを削除する機能を有するのに画像ファイルとの偽装を行っている。これは、「人が電子計算機を使用するに際して意図に沿うべき動作をさせ」ない不正な電磁的記録であるといえ、刑法168条の2第1項1号の不正指令電磁的記録に該当する。甲は、これを自ら他人に使用させて感染させることを企図して作成しているため、供用目的もあり、168条の2第1項の不正指令電磁的記録作成罪に該当する。また、作

成したものをアップロードして他人が感染することを可能にしているため、実行の用に供したといえ、不正指令電磁的記録供用罪（168 条の 3）も成立することになる。両罪は、供用目的の作成と作成したものの供用であることから、牽連犯（54 条 1 項）となる。

　甲が作成したマルウエアが A のパソコンに感染し、これにより A のパソコン内のデータがほとんど削除されてしまった。このパソコンが業務に使用されているものであれば、電子計算機損壊等業務妨害罪に該当しうるが、プライベートで使用しているものであり、本罪の成立は認められない。しかし、パソコン内のハードディスク内に記録されていたデータを削除したことから、器物損壊罪の成否が問題となる。ハードディスク内のデータを削除しただけであり、ハードディスクの使用を不能にしたわけでないことから、損壊とはいえないとの考えもありうる。しかし、「保存していた大量のファイルが読み出せなくなり、新たに書き込んだファイルもそのまま保存しておくことができない状態になったものであるところ、初期化の操作を行った場合、書き込み機能は復旧するが、保存していたファイルについては本件ウイルスで使用不能となったものを含めて全て消失する」という場合、「ハードディスクの効用が害され」、初期化の操作を行ったとしても、マルウエアが実行される以前の状態に戻るものではなく、原状回復が可能であるとは認められないのであれば、ハードディスクの効用を害した（いわゆる機能的損壊）として、器物損壊罪の成立が認められる（東京高判平 24 年 3 月 26 日高裁刑事速報（平 24）104 頁参照）ことになる。そして、前記の不正指令電磁的記録に関する罪とは併合罪（45 条）となる。

【**事例 2**】　捜査機関は、詐欺事件の捜査に関係してリモートアクセスの許可がある捜索差押令状により被疑者 A からパソコンを押収した。差押に際して、A の自宅にて当該パソコンを捜査員である X が捜査したところ、A がフリーメール G を使用していることが判明したが、そのときアドレスは判明したものの、ログインするためのパスワードはわからず、リモートアクセスできなかった。その後、押収したパソコンを解析したところ、G のアカウントのパスワードが判明し、X は、検証許可状をあらためて取得し、押収したパソコンから G のサーバへとアクセスし、そこに蔵置されているメールや通信履歴を取得し

た。なお、フリーメール G のサーバは、日本国内にあることが認められていなかった。

　リモートアクセスによるデータの差押は、パソコンを押収する際に付随して実施することが必要となる。したがって、自宅の捜索においてリモートアクセスできなかったことでリモートアクセスによるサーバからのデータの取得は断念せざるをえない。また、その後の検証令状による検証は、本件パソコンからインターネットに接続してメールサーバにアクセスし、メール等を閲覧、保存したものであるが、パスワードを用いる権限を有する者がそのパスワードの使用を承諾しておらず、権限を有する者の承諾の観点から本件メールサーバへのアクセスが正当化される余地がなく、本件検証許可状に基づいて行うことができない強制処分を行ったものである。しかも、そのサーバが外国にある可能性があったのであるから、捜査機関としては、国際捜査共助等の捜査方法を取るべきであったともいえる。そうすると、本件パソコンに対する検証許可状の発付は得ており、被告人に対する権利侵害の点については司法審査を経ていること、本件パソコンを差し押さえた本件捜索差押許可状には、本件検証で閲覧、保存したメール等について、リモートアクセスによる複写の処分が許可されていたことなどを考慮しても、本件検証の違法の程度は重大なものとなり、証拠排除されるべきである（東京高判平 28年 12 月 7 日高刑集 69 巻 2 号 5 頁参照）。

参考文献
・河村　博『概説サイバー犯罪』（青林書院、2018 年）
・大沢秀介監修『入門・安全と情報』（成文堂、2015 年）
・四方　光『サイバー犯罪対策概論』（立花書房、2014 年）

　　　　　　　　　　　　　　　　　　　　　　　　　　　（石井徹哉）

第20講 ◆ 人種に関する犯罪

キーワード

刑法／ヘイト・クライム／ヘイト・スピーチ／人種差別／国際基準／国際犯罪／ジェノサイド／アパルトヘイト／国際刑事裁判

関連法令

ジェノサイド条約／人種差別撤廃条約／自由権規約／国際刑事裁判所ローマ規程／ヘイト・スピーチ解消法／破防法

1 人種に関する犯罪

　近年、世界中でインターネットをはじめとする通信手段が進化し、個人に関する情報のみならず各種の様々な情報が瞬時に伝達されることとなった。このような高度情報化社会のなかで、我が国においても、従来、表現のひとつと捉えられてきた、いわゆるヘイト・スピーチが、今日さらに重要な課題として認識されるようになってきた。

　ヘイト・スピーチ、ヘイト・クライム[1]に関し、刑事罰を定める国もあるが、わが国の刑法典では処罰規定を設けてはいない。ヘイト・スピーチに関連しこれまで問題とされてきた主要な争点は、表現の自由との関係である。それゆえ、論者によってその定義自体に相違があるが、一般に「人種的な憎悪を煽り立て差別を扇動する言論」という意味で用いられてきた。本邦外出身者[2]に対してなされる差別的言論については、「集会、結社及び言論、出版その他一切の表現の自由は、これを保障する」という憲法21条との関係でその調和が求められてきたのである。

　しかし、時代の変化とともにヘイト・スピーチについては、表現の自由以外の関係においても検討されるべき課題であるという意識が高まってきた。刑罰導入への検討である。

　この点、ヘイト・スピーチについては、その保護法益として——生命、身体、名誉、財産といった——旧来型の類型に加え、人の属性が考慮される必要性が促されているものと考える。特定集団に属する人に対し加えられる暴力的ないし攻撃的な表現行為について、本邦外出身者にもその法益が等しく保護されるべきであるという解釈が求められている。

　人種に関する犯罪への刑罰の創設は、ナチスによって行われた第二次世界大戦中のユダヤ人に対する殺戮や、植民地支配のもとで行われた差別、人種的優越や憎悪に因って行われたアフリカ諸国の隔離政策への反省によるものと考えられる。戦時中になされた残虐行為に関連し、ヨーロッパでは戦後、とりわけ 1960 年代に入ると反ユダヤ主義思想を扇動する、いわゆるネオ・ナチズムが顕在化することとなった。同時期、南アフリカ共和国では、アパルトヘイト政策による人種差別が行われていた。このような人種、民族に対する差別は、国際連合憲章や世界人権宣言に謳われている人間の尊厳を根底から覆すものである。1965 年に国連総会で採択された人種差別撤廃条約は、こうした歴史への猛省から求められたものである。同条約には、マイノリティに対する人種差別をなくそうという目的が記されている。

　我が国は、特定の出身あるいは国籍の相違を理由にこれらの人々を排斥することを扇動する不当な差別的言動について、2016 年 5 月、「本邦外出身者に対する不当な差別的言動の解消に向けた取組の推進に関する法律」（以下、「ヘイト・スピーチ解消法」と略称）を制定した。本法は、総則（1 条から 4 条）及び基本施策（5 条から 7 条）から成る。本法第 1 章は、その目的を①本邦外出身者に対する不当な差別的言動の解消と、②解消に向けた取組に置き、③国及び地方公共団体の責務を明らかにする。続く第 2 章では、不当な差別的言動に関する相談に対する必要な体制を整備すること、のみならず教育や啓発等について定めている。

　本法にいう、「不当な差別的言動」とは、以下のものを指す。すなわち、本邦外出身者に対する差別的意識を助長し又は誘発する目的で公然とその生命、身体、自由、名誉若しくは財産に危害を加える旨を告知し又は本邦外出身者を著しく侮蔑するなど、本邦の域外にある国又は地域の出身であることを理由として、本邦外出身者を地域社会から排除することを煽動する不当な

差別的言動をいう。

　わが国では、こうした差別的な言動に関し、具体的状況のもとでなされた当該表現が差別的言動に当たるか否か、それが行われた個別的事情ほかを考慮し総合的に判断されるべきとされており、ヘイト・スピーチに関する確立した定義を明示するには至っていない。ヘイト・クライムについても、一義的な定義は見出されていない。上述したように我が国においては、ヘイト・スピーチ、ヘイト・クライム両者について、処罰する法は2017年9月現在、存在しない。

　ヘイト・スピーチ、ヘイト・クライムについて画一的な定義もなく、また刑罰規定が存在しないなか、本稿においてはヘイト・スピーチを中心に検討し、ひとまずこれを「本邦外出身者を地域社会から排除することを煽動する不当な差別的言動」と捉えることとする。

2　国際基準

1　人種差別撤廃条約

　人種に関する犯罪との関係で、国際基準とされるものに人種差別撤廃条約が挙げられる。同条約は、その前文で（1）国際連合憲章や（2）世界人権宣言等に言及している。すなわち、（1）国際連合憲章が、①すべての人間に固有の尊厳を認め、②平等の原則に基礎を置いていること、並びに③すべての加盟国が人種、性、言語又は宗教による差別なく人権及び基本的自由を尊重し遵守する、という目的を確認する。続いて同条約は、（2）世界人権宣言に触れ、①すべての人間は生まれながらにして自由であり、②いかなる差別、とりわけ人種、皮膚の色又は国民的出身による差別を受けることなく同宣言に掲げるすべての権利及び自由を享有することができることを謳っている。前文の最後では「あらゆる形態の人種差別の撤廃」に関し、実際的な措置の早期確保について言及している。

　本条約は、前文及び3部で構成され、全25条から成る。同条約の特徴として、「人種差別の定義」を明らかにする1条、「締約国の基本的義務」を定める2条、「アパルトヘイトの禁止等」を明示する3条、「人種的優越又は憎

悪に基づく思想の流布、人種差別の扇動等の処罰義務」を定める4条などが挙げられよう。

　同条約1条が定める人種差別とは、「人種、皮膚の色、世系又は民族的若しくは種族的出身に基づくあらゆる区別、排除、制限又は優先であって、政治的、経済的、社会的、文化的その他のあらゆる公的生活の分野における平等の立場での人権及び基本的自由を認識し、享有し又は行使することを妨げ又は害する目的又は効果を有するもの」をいう。同条約は、続く4条で締約国に対し、「人種的優越又は憎悪に基づくあらゆる思想の流布」、「人種差別の扇動」等につき、締約国国内での処罰立法措置をとることを求めている。すなわち、以下の行為が処罰されるべき犯罪であることを明示する。(a) 人種的優越又は憎悪に基づく思想のあらゆる流布、人種差別の扇動、いかなる人種若しくは皮膚の色若しくは種族的出身を異にする人の集団に対するものであるかを問わずすべての暴力行為又はその行為の扇動及び人種主義に基づく活動に対する資金援助を含むあらゆる援助の提供、(b) 人種差別を助長し及び扇動する団体及び組織的宣伝活動その他のすべての宣伝活動を違法であるとして禁止するとし、そのような団体又は活動への参加については、法律で処罰すべき犯罪であり、締約国はその処罰が義務づけられるとしている。

　我が国は同条約の締結にあたり、上記4条(a)及び(b)に留保を付している。留保の理由について、政府見解は以下のような説明を示している。すなわち、①本条に掲げる行為については、様々な行為を含む極めて広い概念であり、そのすべてを刑罰法規で規制することについては、憲法が保障する「集会、結社、表現の自由」等を不当に制約する危険性がある。②正当な言論について、これらの概念を刑罰法規の構成要件として用いることは、刑罰の対象となる行為とそれ以外の境界を明確にし得ず、罪刑法定主義に反する疑いがある。③我が国では、具体的な法益侵害又はその侵害の危険性が認められる行為について、名誉毀損罪や侮辱罪等を刑法典に置いている。④同条約4条の定める処罰立法義務を不足なく履行することは、上記の諸点に照らし、憲法上の問題を生ぜしめるおそれがある。以上の理由により、我が国は憲法と抵触しない限度において、同条約4条の義務を履行する旨の留保を付したことを明らかにしている。

　本条約の適用上、「人種」とは、社会通念上、皮膚の色、髪の形状等身体の生物学的諸特徴を共有するとされている人々の集団を指し、また、「民族的若しくは種族的出身」とは、社会通念上、言語、宗教、慣習等文化的諸特徴を共有するとされている人々の集団の出身をいう。さらに「世系」とは、過去の世代における人種又は皮膚の色及び過去の世代における民族的又は種族的出身に着目した概念であり、生物学的・文化的諸特徴にかかる範疇を超えないもの、と説明されている。[4]

2　自由権規約

　1966年、国連総会で「市民的及び政治的権利に関する国際規約」（以下、「自由権規約」と略称）が採択された。

　本規約は2条において、締約国は「すべての個人に対し、人種、皮膚の色、性、言語、宗教、政治的意見その他の意見、国民的若しくは社会的出身、財産、出生又は他の地位等によるいかなる差別もなしにこの規約において認められる権利を尊重し、及び確保することを約束する」と規定している。また同20条2項は「差別、敵意又は暴力の扇動となる国民的、人種的又は宗教的憎悪の唱道は、法律で禁止する」と定め、戦争のための宣伝と人種差別等を扇動する行為を禁じている。続く24条では「すべての児童は、人種、皮膚の色、性、言語、宗教、国民的若しくは社会的出身、財産又は出生によるいかなる差別もなしに、未成年者としての地位に必要とされる保護の措置であって家族、社会及び国による措置について権利を有する」ことを規定する。次いで、26条は「あらゆる差別を禁止し及び人種、皮膚の色、性、言語、宗教、政治的意見その他の意見、国民的若しくは社会的出身、財産、出生又は他の地位等のいかなる理由による差別に対しても平等のかつ効果的な保護をすべての者に保障する」とする。さらに、27条において、「種族的、宗教的又は言語的少数民族が存在する国において、当該少数民族に属する者は、その集団の他の構成員とともに自己の文化を享有し、自己の宗教を信仰しかつ実践し又は自己の言語を使用する権利を否定されない」と定めている。

3　各国の国内法整備

　各国では差別行為について、これを犯罪と位置づけ、刑法典のなかに処罰規定を設け、または特別法を制定している[5]。

　イギリスでは、1986 年の公共秩序法（Public Order Act 1986）18 条によって、以下の行為が罰せられる。すなわち、「人種的憎悪を煽り故意でまたは四囲の状況から人種的憎悪が起こるおそれのある状況のもとで、脅迫し、罵倒し若しくは侮辱する言動を行う行為、または、脅迫し、罵倒し若しくは侮辱する文書を陳列する行為[6]」は、処罰され得る。同国では、今世紀に入り反イスラム主義が台頭し深刻な社会問題となっている。これに対処すべく人種的・宗教的増悪扇動規制法（Racial and Religious Hatred Act 2006）が制定された。同法の成立により宗教的憎悪扇動に関する諸規定が 1986 年公共秩序法に第 3A 部として置かれることとなった。また 86 年公共秩序法には、刑事司法及び移民法（Criminal Justice and Immigration Act 2008）の改正を経て扇動の対象類型に「性的指向に基づく憎悪」が追加された[7]。

　オーストラリアでも、1975 年に人種差別禁止法が制定されている。同法 18 条 C は、以下の行為について禁止する。すなわち、「公共の場で、人種、皮膚の色、国籍若しくは民族的出身を理由として、人又は集団に不快を与え、侮辱し、屈辱に陥れ又は脅迫する行為」を禁止している。同法は、禁止される行為を明記するものの、処罰へと連動していく性質のものではない。他方で、同国各州においては、差別禁止法（Anti-Discrimination Act 1977）や人種及び宗教的寛容法（Racial and Religious Tolerance Act 2001）が制定され、「人種を理由とする憎悪の扇動」行為について一定の要件のもとこれを処罰することを定めている[8]。

　カナダでは、刑法 319 条において、公共の場における人種、皮膚の色、宗教、性別によって区別される団体に対する憎悪の扇動他について処罰規定を置いている[9]。

　スペイン刑法 510 条 1 項は、「人種差別的、反ユダヤ的な理由により、またはイデオロギー、宗教、信条、家族状況、民族もしくは人種への帰属、国

民的出身、性別、性的指向、疾病または障害に関わるその他の理由により、集団または結社に対する差別、憎悪若しくは暴力を扇動する」[10]行為について処罰されることを定めている。

　スイスは、人種差別撤廃条約の批准に際し、同条約4条で求められる処罰義務に関する国内法の整備として、刑法261条bis 4で以下の規定を設けた。すなわち「公然と、言葉、文書、図画、身ぶり、暴力行為又はその他の方法で、個人又は人の集団を、その人種、種族又は宗教を理由に、人間の尊厳に反する方法で、誹謗し若しくは差別し、又はこれらの理由の一つから、民族謀殺若しくはその他の人道に対する罪の実在を否定し、著しく矮小化し若しくは正当化しようとした者は、軽懲役又は罰金に処す」[11]とし、科刑の実効性を図るべく、刑罰を明文化するに至っている。

　ドイツにおいては、ユダヤ人（のみならずロマ人ほか、精神疾患者等）に対するナチスのジェノサイドに関し、その歴史的事実を否定し矮小化する言論は、「アウシュヴィッツの嘘」として民衆扇動罪が問われる。ドイツ刑法には、もとより130条に民衆扇動罪が置かれていた。民衆扇動罪の由来は、1819年のフランスにおける階級闘争の扇動に対抗するためのプレス法に遡るという[12]。これが1851年ドイツ・プロイセン刑法100条に規定された後、1871年ドイツ刑法典130条として置かれることとなった[13]。

　第二次大戦時のユダヤ人虐殺を正当化する演説等について階級扇動罪や侮辱罪で問責されたものの、無罪判決を下した裁判所に対する市民の反発や憤りが、刑法130条改正の動きへと向かうことになった。同国では、1950年代に台頭していた反ユダヤ主義運動やこれに関する事件に対処するため、1960年に刑法改正が行われた。その際、従来からの階級扇動罪に代わって、（また保護の対象をユダヤ人に限定しない）「住民の一部」を攻撃する、いわゆるヘイト・スピーチを禁止すべく、上述した民衆扇動罪（130条1項及び2項）が新設された。民衆扇動罪は、その後改正を経ている。その結果、ユダヤ人のみならずユダヤ人「他」の集団に対して向けられた憎悪の扇動や暴力に関する誘発行為も、民衆扇動罪として処罰の対象となった。過去への猛省から民衆扇動罪については、名誉毀損罪や侮辱罪よりも重い刑が科せられる。

　1970 年代に入ると、（西）ドイツではホロコーストを否定する表現が社会問題となり、90 年代には外国人に対する排斥運動が顕著化した。このような事態を背景に同国では 1994 年、いわゆる「アウシュヴィッツの嘘」を禁止するホロコースト否定罪が（ドイツ刑法）130 条 3 項に新設された。すなわち「公然と又は集会において、公共の平穏を害するのに適した方法により、ナチスの支配下に行われた刑法二二〇条 a（民族謀殺）一項において規定する態様の行為を、是認し、事実でないと否定し、矮小化した者は、五年以下の自由刑又は罰金刑に処す[14]」という規定が設けられたのである。2005 年、これにナチス暴力支配賛美罪が追加された。2011 年には 130 条 1 項及び 2 項の行為客体が、集団から個人にも拡大されるに至っている[15]。同国は、人種差別撤廃条約 4 条 a に基づき、人種差別処罰に関する国内整備について、積極的な姿勢を示してきたといえる。

　フランスも、人種差別について積極的な対応を示してきた国のひとつといえる。同国におけるヘイト・スピーチ規制の起源は、「出版の自由に関する 1881 年 7 月 29 日法律」に求められる[16]。同国は、1965 年に人種差別撤廃条約を批准した。これを受け、人種差別主義との闘いに関する 1972 年 7 月 1 日法律において、「個人又は集団に対し、その出自を理由として、又は民族、国家、人種若しくは特定の宗教に属すること若しくは属しないことを理由に、差別、憎悪若しくは暴力を扇動した」行為につき処罰規定を創設した。同国では旧来より社会問題として挙げられていた移民、人種、性的指向に対する差別に加え、HIV 感染者に対する差別を解消するという目的のもとに、①欧州連合指令を国内法化した差別禁止法（差別との闘いの領域における共同体法の適用にかかる諸条項に関する 2008 年 5 月 27 日法律）と、②被害者救済のための差別防止機構設置法（差別と闘い平等を促進する高等機構創設に関する 2004 年 12 月 30 日法律）を制定している[17]。

　○コラム 52　ブルカ禁止法
　フランスで法律の違憲審査を担う憲法会議は、2010 年 10 月 7 日、イスラム教徒女性の全身を覆う衣装ブルカやニカブの公共の場所での着用を禁じた「ブルカ禁止法」は合憲との判断を下した。（中略）同法は公共の場所

での着用に150ユーロ（約1万7千円）の罰金や公民権講座の受講を義務
付けているほか、着用を強制した者には1年の禁固刑と3万ユーロの罰金
を定めている。[18]

　2011年4月11日、同国では「ブルカ禁止法」が施行された。同様の
法律の施行は欧州で初めて。フランスに住むイスラム教徒は500万人強と
西欧諸国で最も多いが、実際に「ブルカ」や「ニカブ」を着用している女性
は2000人に満たないとみられている。[19]

　このような中で、パキスタン系のフランス人女性が欧州人権裁判所に起こ
していた注目の裁判に判決が下された。女性は、ブルカ禁止法は差別的な法
律だと訴え、治安上の理由で必要な場合にのみブルカを脱ぐ用意があるとし
ていた。だが同裁判所は先週、ブルカで顔を覆い隠す行為は治安維持や人々
の共生を難しくする恐れがあるというフランス政府の主張を認め、着用禁止
は思想・良心・信教の自由を侵害していないとの判断を示した。

　国際人権団体アムネスティ・インターナショナルは「国家は人々に何を着
るべきか指示すべきでなく、個人の選択の自由を認めるべきだ」と反発して
いる。[20]

4　国際裁判

　1998年に常設国際刑事裁判所規程（以下、「ローマ規程」と略称）が採択さ
れた。ローマ規程は、重大な国際犯罪の首謀者個人に対する刑事責任を追及
する条約であり、5条以下に列挙犯罪を定めている。

　ローマ規程6条は、集団殺害犯罪（＝ジェノサイド）の定義に関し、1948
年に採択されたジェノサイド条約に拠っている。もとよりジェノサイドとい
う用語は、国際法学者であるラファエル・レムキンによって1946年に創り
出された造語である。ギリシャ語 genos（「種族、国家、民族」の意）とラテ
ン語 cide（「殺」の意）を合わせたものといわれている。[21] ローマ規程の適用
上、「集団殺害犯罪＝ジェノサイド」とは、国民的、民族的、人種的又は宗
教的な集団の全部又は一部に対し、その集団自体を破壊する意図をもって行
う次のいずれかの行為をいう。すなわち、(a) 当該集団の構成員を殺害する

こと、(b) 当該集団の構成員の身体又は精神に重大な害を与えること、(c) 当該集団の全部又は一部に対し、身体的破壊をもたらすことを意図した生活条件を故意に課すること、(d) 当該集団内部の出生を妨げることを意図する措置をとること、(e) 当該集団の児童を他の集団に強制的に移すこと、をいうとされている。

　続いて、本規程 7 条では人道に対する犯罪を定めている。すなわち、「人道に対する犯罪」とは、文民たる住民に対する攻撃であって広範又は組織的なものの一部として、そのような攻撃であると認識しつつ行う次のいずれかの行為をいうと定め、人種に関する幾つかの規定を置いている。同条は、1 項(h)で「政治的、人種的、国民的、民族的、文化的又は宗教的な理由他に基づく特定の集団又は共同体に対する迫害」を、また(j)で「アパルトヘイト」を挙げている。なお、アパルトヘイトについては、「一の人種的集団が他の一以上の人種的集団を組織的に抑圧し、及び支配する制度化された体制との関連において、かつ、当該体制を維持する意図をもって行うもの」と定義されている。

　上述のように、多くの国でヘイト・スピーチに関する規制法が制定され、また人種に関する犯罪がローマ規程の対象犯罪と定められるなか、欧州人権裁判所も人種又は宗教に関する扇動的言論（表現）については、違法である旨の判決を示している。

　ジェノサイドや人道に対する犯罪に関しては、人種や文化・宗教の違いからヘイト・スピーチがなされ、当該言論と密接な関連性を有した態様で犯される場合が極めて多い。ユダヤ人に対する虐殺のみならず、ルワンダにおけるツチ・フツ族間で行われたエスニック・クレンジング（民族浄化）などもその例として挙げられる。このように、ジェノサイドや人道に対する犯罪については、人種や宗教の相違から犯される危険が極めて高い。「人種・民族を理由とする不当な言論」をヘイト・スピーチと捉えるならば、特定の人種や集団の破壊を意図する目的をもってなされるジェノサイドは、同質性を有する犯罪と解することができる。このような点から、ローマ規程 25 条 3 項 (e)は、集団殺害犯罪（＝ジェノサイド）に関し、「他の者に対して集団殺害の実行を直接にかつ公然と扇動」した者につき、刑事責任が追及されること

を明らかにしている。

　以上のように、人種に関する犯罪の定義については、歴史の惨劇を背景として創り出された国際法規のなかにその国際基準が示されている。また、国際裁判も主だってこれに拠っている。

5　わが国の対応

　我が国の刑法典には、人種差別の表現行為について、直接的な刑罰規定が置かれてはいない。旧来、人種差別や憎悪の流布、扇動については、可罰的評価の対象外とされていた。各国で人種差別や憎悪の流布・扇動に関し処罰法が整備される潮流にあるなか、我が国では以下の見解が示されている。すなわち、特定の個人や集団の名誉又は信用を害する表現については、名誉毀損罪（230条）や侮辱罪（231条）あるいは脅迫罪（222条）のほか信用毀損・業務妨害罪（233条）の規定が刑法典に置かれ、具体的な行為態様によってこれらの罪の成立が認められ得る。このような考え方は、刑法上「行為」としての表現は可罰的であるが、他方で内心の表れとしての「表現」は可罰的評価の外に置かれるという見解に立脚するものであると思われる。また、人種的優越や憎悪の流布、扇動という概念については、画一的な定義を付与し得ず、罪刑法定主義に反する危険性さえ払拭できない、という考えによるものと思われる。今後、これらの問題をどのように刑法学上解決していくかが課題とされよう。

　我が国の判例では名誉毀損の対象を（団体について）は、「社会において統一的な意思のもとに行動していると認められる団体」とされている。判例によれば、名誉毀損罪又は侮辱罪の被害者について、特定した人又は人格を有する団体とし、「東京市民又は九州人と云うがごとき漠然たる表示に依」る場合、名誉毀損罪は成立しない（大判大15年3月24日刑集5巻117頁）とされている。

　他方で、一部の住民に対し共同で絶交する、いわゆる村八分の通告は、刑法222条の「生命、身体、自由、名誉または財産に対する害悪の告知」のなか、名誉に対する脅迫罪が成立するという判決がある（〔後掲・コラム〕大阪

高判昭 32 年 9 月 13 日高刑集 10 巻 7 号 602 頁、その他大判大 13 年 11 月 26 日刑集 3 巻 831 頁等)。

　この点、我が国の刑法典では、既述した通りヘイト・スピーチ及びヘイト・クライムに関する直接的規定は置かれていない。したがって、「特定の（民族的）集団そのものに向けられる害悪の告知」をもって脅迫罪の成立を認めることは、困難であるといえよう。

　そのようななか、「北朝鮮のスパイ養成学校、朝鮮学校を日本から叩き出せ」「何が子どもじゃ、こんなもん、お前、スパイの子どもやないか」等の言辞につき、侮辱罪の成立を認めた判例（〔後掲・コラム〕最判平 24 年 2 月 23 日判時 2208 号 74 頁）が注視された。

○コラム 53　マイノリティへの害悪告知

　最判平 24 年 2 月 23 日〔判時 2208 号 74 頁〕　(1)「在日特権を許さない市民の会（以下、「在特会」と略称)」が、京都朝鮮第一初級学校に集合し、日本国旗や「在日特権を許さない市民の会」及び「主権回復を目指す会」などと書かれた各のぼり旗を掲げ、同校校長らに向かってこもごも怒声を張り上げ、拡声器を用いるなどして、「お前らがな、日本人ぶち殺してここの土地奪ったんやないか」「約束というものは人間同士がするものなんですよ。人間と朝鮮人では約束は成立しません」などと怒号し、公然と同学校を侮辱し、(2) 同学校反対側に位置する公園内に置かれていたサッカーゴールを倒すなどして、これらの引き取りを執拗に要求して喧噪を生じさせ、もって威力を用いて同校の業務を妨害した事件において、裁判所は威力業務妨害罪、侮辱罪、建造物侵入罪等の成立を認めた。

　大阪高判昭 32 年 9 月 13 日〔高刑集 10 巻 7 号 602 頁〕　当該地域における多数者が結束して絶交を告げる、いわゆる村八分を通告することは、被通告者を「その集団社会における共同生活圏内から除去して孤立させ、それらの者のその圏内において享有する、他人と交際することについての自由とこれに伴う名誉とを阻害することの害悪を告知することに外ならない」という判断を示している。

　我が国では、既述したドイツ刑法典で定められている民衆扇動罪（130条）について、同様の行為に関し刑法上の処罰規定を設けていない。各国は、それぞれ固有の歴史を有するものであり、法文化や法制度、宗教ほか多くの点で異なるため、（国際社会全体の関心事として認められるコア・クライム〔上述したローマ規程の対象犯罪〕以外の）同一行為について、国内法上（量刑を含む）同様の刑罰を置くことが妥当であるとは必ずしもいえない。

　我が国は、特別法として破壊活動防止法を設けている。同法は、39条で「政治上の主義若しくは施策を推進し又は反対する目的をもって、放火や公務執行妨害を扇動する行為」を、続く40条で「騒乱の罪等を扇動する行為」に関する処罰規定を設けている。

　同法39条及び40条の適用に関しては、近時、最高裁判所が示した判例が注視される。本件（最判平2年9月28日判時1370号42頁）は、「渋谷の機動隊員を撃滅し、一切の建物を焼き尽くして渋谷大暴動を必ず実現するということをはっきりと決意表明したい」という演説が、破壊活動防止法39条及び40条の扇動に当たるか否かについて問題となったものである。

　裁判所は、以下のように判示した。すなわち、同法39条及び40条は、(1) 扇動として外形に現れた客観的な行為を処罰の対象とするものであって、行為の基礎となった思想、信条を処罰するものではないこと、また (2) 戦時特別刑法の性質を有するものではなく、憲法9条に違反するものではないこと、(3) 表現活動といえども、無制限に許容されるものではなく、公共の福祉に反し表現の自由の限界を逸脱するときには制限を受けるのはやむを得ないもの、他方で、本件のような「扇動は、公共の安全を脅かす現住建造物放火罪、騒擾罪等の重大犯罪を引き起こす可能性のある社会的に危険な行為」に当たり、このような行為を処罰することは、憲法21条1項に違反するものでないこと、(4) 扇動の概念は同法4条2項の定義規定により明らかであって、その犯罪構成要件があいまいで漠然としているものとはいい難く、憲法31条に反しないことを示した。

　ただし、本判決に対しては、学説から強い批判が加えられている[22]。すなわち、扇動の処罰に関しては、明白かつ現在の危険、害悪発生の切迫性が認められる場合に限定されるべきであるという見解が示されているのである[23]。

　同法は、暴力主義的な破壊活動を行う団体に対する規制措置を定めるほ
か、暴力主義的な破壊活動に関する刑罰規定を補い、公共の安全を確保する
ことを目的とする法律である。他方で、刑罰は個人の自由及び権利を制限す
る最も峻厳な制裁手段であることから、刑罰権の行使については常時謙抑性
が求められることはいうまでもない。

　ヘイト・スピーチに関しては、ヘイトの定義が明らかにされた場合であっ
ても、また処罰の必要性が認められた場合であっても、その基準が明確化さ
れなければならないという課題のほかに、表現の自由との関係いかんが検討
されなければならない。さらに、当該行為がヘイトに因った場合、加重処罰
の根拠について合理的に説明されなければならない。結果を重視する我が国
の伝統的な刑罰論によれば、史実への否定が刑法上、可罰的であると認めら
れるのかという問題が生じてくる。すなわち、ヘイト・スピーチに対する刑
罰法規の導入の必要性が認識されつつあるが、他方で、思想における違法は
認められない。刑法はあくまで行為、すなわち結果を法的評価の対象とする
ものであるためである。このような考え方にのみによるならば、差別表現自
体は法の評価外に置かれるものとも考えられる。換言すれば、差別言論自体
を処罰の対象とするのか、または具体的ないし抽象的な法益侵害を根拠とし
て当該行為に刑が科され得るのかという問題が解決されなければならない。
当該表現について、刑法理論上、それを表現と捉えるのかまたは表現行為と
捉えるのかという問題が存在しているのである。当該「表現」自体が可罰的
なのか、あるいは表現「行為」が可罰的なのか、という評価の対象に関する
問題である。

　また、ヘイト・スピーチが処罰され得る場合、その保護法益は何か、とい
う問題も生じてくる。この点、ドイツ刑法 130 条 3 項の民衆扇動罪の保護法
益について、これを「公共の安全（平和）」と解する見解もある。[24]民衆扇動
罪の保護法益について、（特定の民族や集団に対してなされた人道に対する犯罪
やジェノサイド＝集団殺害犯罪への否定的評価を被害者個人に対する侵害と解す
ならば）これを「公共の安全（平和）」としてのみ捉えることについて十分な
説明がなされない、と考える。

　従来の刑法理論によれば、ヘイト・スピーチは、人種差別の表現そのもの

ではなく、人種的憎悪を煽り立てる故意または人種的憎悪を惹起させるおそれのある「行為」として科刑の対象となる、と解される。その意味から、人種に関する犯罪は抽象的危険犯と位置づけられよう。内心の現れではなく、結果を生じさせ得る行為のみを問題とすべきであるという見解である。このような考え方は、行為者の帰責を「行為――結果――因果関係」という認定の下に認める我が国の刑法思考にそうものであり、伝統的な考え方によるものであると思われる。しかしながら、上述の考え方にのみよれば人種に関する犯罪の成否において、表現と表現行為との区別を明確化することはできず、その結果、ヘイト・スピーチの認定を狭めてしまうおそれがある。

　以上の検討から、①ヘイトないしヘイト・スピーチの本質は何か。刑法上の可罰性の対象は、内心の②「動機」か、「表現」か、または表現「行為」なのか、③「差別思想」か、「差別自体」なのかなど、根本的な問題が解決されなければならない。さらに差別に関しては、仮に④差別「思想」自体に刑法上の「保護」が求められると考えるならば、⑤憲法 19 条の例外は認められるのか、⑥認められるとすれば何を基準にいかなる要件の充足をもってそれが認められるのか、という点につき合理的かつ理論的な根拠が示されなければならない。これらの問題は、憲法 19 条の趣旨に戻って検討されなければならない課題であると考える。

　わが国は、1995 年 12 月、人種差別撤廃条約に 146 番目の締約国として加入した。日本は既述したように、人種差別撤廃条約の締約国ではあるものの、本条約 4 条(a)及び(b)については留保を付していることから、差別の禁止や撤廃の実効性に疑義が持たれている。このような疑念を払しょくするためにも、留保は撤回されるべきである。いうまでもなく、①刑罰創設の必要の是非が慎重に検討されることが必要であるが、②刑罰創設の必要性が認められた場合、差別や扇動についての定義のみならず、ヘイト・スピーチ自体の構成要件については、ジェノサイド条約や人種差別撤廃条約などの国際条約に拠ることが妥当であると考える。[25]

　人種に関する犯罪は、社会的ないし宗教的差別や経済的な格差との関係において惹起されることが多い。その意味からは、差別に対する意識の変化が求められるが、その前提として異なる出身や宗教のみならず異なる法文化を

有する人との「共存」という意識が求められると考える。今日、人種に関する犯罪を予防するためには、各締約国における国内法の整備が求められよう。そのためには、人への偏見や差別を防止する教育や啓発が求められると考える。[26]

6　事例と解説

> 【事例】　在日韓国・朝鮮人排斥を掲げる A 会の会長 B は、在日朝鮮人のフリーライターX について、X を名指した上「立てば大根、座ればどてかぼちゃ、歩く姿はドクダミ草」、「朝鮮人のババア」等の表現を用い、X の容姿を侮辱的な表現で揶揄したり人格を不適切な表現で攻撃する投稿をインターネット上にアップさせた。

　B の表現行為は、上述した人種差別撤廃条約の趣旨及び同条約 2 条 1 項柱書、6 条に違反する。在日朝鮮人に対する差別を助長し増幅させる故意をもって行った差別発言の結果、人格権を侵害された X は、B に対し X の名誉毀損、侮辱等について不法行為（709 条）に基づく損害賠償を請求することができる。また A に対しては一般社団法人及び一般財団法人に関する法律 78 条の類推適用に基づく損害賠償として、弁護士費用を含む慰謝料の請求をすることができる。

　他方、刑事責任については、行為に関する仔細な検討が加えられる必要がある。インターネット上に掲載された情報に関しては、ひとたびアップされた後には意図的に削除されない限り、投稿の URL（Uniform Resource Locator）における永続性が認められ、検索機能の使用によって、世界中から随時、当該情報を取得することができる。さらに入手した情報については、転送機能の使用による拡散性が極めて高いことが指摘される。これらの点で、従来型の情報伝達媒体であった新聞や雑誌等による名誉毀損ないし侮辱の被害程度と比し、著しい危険性を伴うことがインターネットにおける侵害の特徴といえる。インターネット上に X の名誉を毀損し侮辱し又は脅迫及び業務妨害に当たる表現を用いて投稿した行為については、名誉毀損罪又は侮辱罪の成

立の余地はあるが、従来の判例は民事上の賠償責任を認めるにとどまるもの
が多いことが指摘されよう。

1 アメリカでは、近時、多くの州でヘイト・クライム法が制定されている。時代の流
れとともに次第にヘイト・クライムの行為類型が拡張化される傾向が認められる。ヘ
イト・クライムは、通常犯罪よりも重い刑罰が科されている。合衆国連邦は、「ヘイ
ト・クライム統計法（Hate Crime Statistics Act)」で司法省にヘイト・クライム統計の
収集及びその公刊を義務づけている。

2 本稿において、本邦外出身者とは、もっぱら本邦の域外にある国若しくは地域の出
身である者又はその子孫であって適法に居住する者を指す。

3 http://www.mofa.go.jp/mofaj/gaiko/jinshu/top.html（2017 年 9 月 30 日最終アクセス閲覧）

4 前掲注 3)

5 この点については、光信一宏「フランスにおける人種差別的表現の法規制（4・
完）」愛媛法学会雑誌第 43 巻 1・2 号（2016. 8）45-66 頁、特に 46 頁以下。

6 田中利幸「差別表現・憎悪表現の禁止に関する国際人権法の要請と各国の対応—日
本法への示唆 刑法の観点から」国際人権 24 号（2013）73-76 頁、特に 75 頁。

7 小笠原美喜「米英独仏におけるヘイトスピーチ規制」レファレンス 784 号（2016.
5）29-43 頁、特に 36 頁。

8 田中・前掲注 6) 75-76 頁。

9 田中・前掲注 6) 76 頁。

10 光信一宏「ジェノサイドを否定する言論とスペイン憲法裁判所：2007. 11. 7 のスペ
イン憲法裁判所大法廷判決」愛媛法学会雑誌第 36 巻 3・4 号（2010. 6）23-41 頁、特
に 23 頁。

11 楠本孝「『アウシュヴィッツの嘘』に対する各国の刑事立法について」法学セミナ
ー 514 号（1997. 10）31-34 頁。

12 鈴木秀美「ドイツの民衆扇動罪と表現の自由：ヒトラー『わが闘争』再出版を契機
として」日本法学第 82 巻 3 号（2016. 12）393-429 頁、特に 396 頁。

13 鈴木・前掲注 12) 396 頁。

14 楠本・前掲注 11) 31 頁。なお、ドイツ刑法 130 条の変遷については、鈴木・前掲
注 12) 396 頁以下。

15 小笠原・前掲注 7) 38 頁。

16 小笠原・前掲注 7) 40 頁。

17 鈴木尊紘「フランスにおける差別禁止法及び差別防止機構法制」外国の立法 242 号
（2009. 2）44-70 頁、特に 44 頁。

18 https://www.nikkei.com/article/DGXNASGM0800W_Y0A001C1000000/ （2017 年 9 月 30 日最終アクセス閲覧）

19 朝日新聞（ロイター・パリ）2011 年 4 月 11 日。

20 http://www.newsweekjapan.jp/stories/world/2014/07/post-3325.php （2017 年 9 月 30 日 最終アクセス閲覧）

21 Raphael Lemkin, Axis Rule in Occupied Europe, 2008, p. 79.

22 曽根威彦「批判」判例時報第 1388 号 218 頁以下。

23 金尚均「ヘイト・スピーチ規制における『明白かつ現在の危険』：刑法からの視点」 龍谷政策学論集第 4 巻 2 号（2015. 3）79-106 頁他。

24 楠本・前掲注 11）32 頁。

25 ヘイト・スピーチの定義については、金尚均「ヘイト・スピーチの定義」龍谷法学 第 48 巻 1 号（2015. 10）19-60 頁、特に 56 頁以下他。

26 なお、2016 年 1 月、「大阪市ヘイトスピーチへの対処に関する条例」が制定されて いる（同年 7 月 1 日実施）。本条例は、1 条に条例制定の目的及び趣旨を記し、2 条で ヘイト・スピーチの定義等を明確化している。続く 3 条ではヘイト・スピーチによる 人権侵害に関する市民の関心と理解を深めるための啓発に関する規定を置いている。 また、4 条から 6 条ではヘイト・スピーチ拡散防止措置及び認識等の公表について、 続く 7 条から 10 条では中立機関による審査に関する規定を置く。2017 年 9 月現在、 川崎市でも「本邦外出身者に対する不当な差別的言動の解消に向けた取組の推進に関 する法律に基づく「公の施設」利用許可に関するガイドライン（案）に関する意見募 集」を行っている。

参考文献

・桧垣伸次『ヘイト・スピーチ規制の憲法学的考察』（法律文化社、2017 年）。

・「法令解説 ヘイトスピーチ解消法の制定：本邦外出身者に対する不当な差別的言動の 解消に向けた取組の推進に関する法律（平成 28 年法律第 68 号）平 28. 6. 3 公布・施 行」時の法令 2009 号（2016. 9）4-13 頁。

・藤井正希「ヘイトスピーチの憲法的研究—ヘイトスピーチの規制可能性について」群 馬大学社会情報学部研究論集第 23 巻（2016. 3）69-85 頁。

・金尚均「ヘイト・スピーチの定義」龍谷法学第 48 巻 1 号（2015. 10）19-60 頁、同 「ヘイト・スピーチとしての歴史的事実の否定、再肯定表現に対する法的規制」同第 48 巻 2 号（2015. 11）835-877 頁。

・毛利透「ヘイトスピーチの法的規制について：アメリカ・ドイツの比較法的考察」法 学論叢第 176 巻 2・3 号（2014. 12）210-239 頁。

・中村英樹「判例評釈 人種差別的示威活動と人種差別撤廃条約」北九州市立大学法政

論集第 42 巻 1 号（2014. 7）77-95 頁。
・金尚均 ［編］ 森千香子ほか ［著］『ヘイト・スピーチの法的研究』（法律文化社、2014年）。
・師岡康子『ヘイト・スピーチとは何か』（岩波書店、2013 年）。

（安藤泰子）

第21講◈医療に関する犯罪

キーワード

医行為／医療事故調査制度／医療過誤／人工妊娠中絶／臓器移植／脳死／終末期医療／臨床試験／再生医療／クローン技術

関連法令

刑法／医師法／あはき法／柔整法／保助看法／医療法／母体保護法／臓器移植法／医薬品医療機器等法／再生医療安全性確保法／クローン技術規制法

1　医療の法的意義

1　医療・医学とは何か

　医療の意味を広く解するのであれば、それは、病気や怪我を治すための専門的な支援ということになろう。この専門性を支えるために体系化された知識が医学ということになる。実際のところ、この医療・医学という言葉に含まれる営為の内実は、時代や地域によっても、大きく異なる。例えば、帝政ローマ初期（1～2世紀）の医療・医学に関して、フランスの哲学者ミシェル・フーコーは、次のように指摘している。「医学は、病気のさいに薬や手術の助けをかりる対処の技術としてのみ理解されていたのではなかった。さらにまた、知と規則の一つの集成の形のもと、医学は何らかの生き方を、自分との、自分の肉体との、食べ物との、目覚めや眠りとの、種々の活動との、そして環境との、熟慮にもとづく関係様式を、規定するはずのものでもあった。さらに医学は、養生法という形のもと、意志的で合理的な行為の仕組を提唱しなければならなかった。」（ミシェル・フーコー（田村俶：訳）『性の歴史Ⅲ：自己への配慮』新潮社（1987）136頁）

このフーコーの分析は、非常に興味深い。当時において、医学は、病気や怪我を「治すこと」だけに尽きない。それは、およそ日々の生活全般に関わる行為規範として成立していたことが分かる。すなわち、医療者は、人間の生き方そのものを示唆することが求められていた（その意味で、医療・医学が抱える問題は、「生命倫理」という領域とも重なり合う）。

従って、医療・医学という言葉における一般化された法的定義は、見出し難い。なぜなら、それは、極めて多様な要素を考慮しなければならないからである。すなわち、医療・医学という言葉が意味するところは、何らかの法理論により演繹的なかたちで定められるべきものではない。むしろ、医療・医学の社会的な在り様こそが法制度を方向付けるものと考えるべきであろう。

2　法概念としての「医業」・「医行為」・「医業類似行為」

以上で指摘したように、医療・医学の内実は、社会的状況に応じて変化する。そのような領域において、我が国の法制度は、どのような規定を施しているのか。その手掛かりとなる法概念として、「医業」・「医行為」・「医業類似行為」が挙げられる。

例えば、医師法によると、その17条は、「医師でなければ、医業をなしてはならない」と規定している（医業独占）。そして、本条に違反した者は、無資格診療の犯罪として、3年以下の懲役若しくは100万円以下の罰金に処せられ、又はこれらが併科される（医師法31条1項1号）。

ここでいう「医業」とは、判例によれば、「反復継続の意思を以って医行為に従事することをいう」と定義されている（最判昭和30年5月24日刑集9巻7号1093頁）。この定義に従うならば、次に、そもそも「医行為」とは何かということが問題となろう。

しかし、この肝心の医行為の定義に関しては、法文が無く、必ずしも明らかではない。この点、学説上は、広義と狭義に分類されている。

広義の医行為とは、健康を回復又は維持するための目的で実施される行為であり、その目的に適うのであれば、高度な医学的専門知識・技能を必要としない行為も含まれる。特に保健目的で、電気・指圧・温熱・刺激・手技療

法を用いる施術に関しては、「医業類似行為」として法的に概念化されている。現在、このような医業類似行為を規制する法律として、「あん摩マッサージ指圧師、はり師、きゅう師等に関する法律（あはき法）」や「柔道整復師法（柔整法）」がある。ここで規制された有資格者が行う医療業務は、「法定4業務」と言われる。この法定4業務を無資格者が業として実施した場合、50万円以下の罰金に処せられる（あはき法13条の7、柔整法29条）。ただし、医業類似行為に関しても、法文上の明確な定義規定があるわけではない。従って、上記法定4業務以外にも、医業類似行為として把握される民間療法が幾つか存在する（例えば、カイロプラクティク、気功等）。判例によれば、この法定化されていない医業類似行為を業として実施した場合、人の健康に害を及ぼす危険性が認められるときに限り、前掲された法律の趣旨に照らして処罰されうる（最判昭和35年1月27日刑集14巻1号33頁）。

　上記に対して、狭義の医行為とは、判例上、患者の診断や手術というように「医師が行うのでなければ保健衛生上危害を生ずるおそれのある行為」であるとされている（最決平成9年9月30日刑集51巻8号671頁）。医師は、この意味における医行為を独占しており、これは、学説上、「絶対的医行為」とも表現されている。もっとも、何が絶対的医行為に該当するかは、前述したように、その行為が実施される社会的状況を踏まえて検討されており、明確な範囲が確定化されているわけではない。

○コラム54　タトゥーを彫る行為は「医行為」か

　彫師が「針を取り付けた施術用具」で「上腕部等の皮膚に色素を注入する」行為（いわゆる「タトゥー施術」）は、医師法17条の「医行為」に該当するか。大阪地判平成29年9月27日は、同条違反により有罪という判断を下した。その一方で、大阪高判平成30年11月14日は、同条に違反せず無罪という判断を下した（令和元年10月末日時点、上告審で係争中）。大阪地裁の判断は、従前の判例・通説において示されてきた医行為の定義（前掲「医師が行うのでなければ保健衛生上危害を生ずるおそれのある行為」）に従い、特に「危険性」を強調する。しかし、大阪高裁は、タトゥーの施術のように、「医療関連性」が見出せない業務内容にまで、医師法上の無資格医

業の罪は適用するべきではないと判断した。確かに、単なる「危険性」という観点のみを規制根拠として、「医行為」を広く解釈することには問題があろう。ただし、何をもってして、「医療関連性」の有無を判断するべきかは、未だ議論の余地がある（例えば、ピアッシングは、それ自体、医療関連性が希薄であるにもかかわらず、医療機関で行われている）。このような疑問は、全て法律上の「医行為」概念が不明確であることに由来する。

更に、狭義の医行為においては、看護師等の「医師以外の医療従事者」が可能な行為も存在する。これは、「相対的医行為」と表現されている。保健師助産師看護師法（保助看法）は、看護師の業務を「療養上の世話又は診療の補助」とした上で（保助看法 5 条）、看護師でない者は、そのような業務をしてはならないとして（保助看法 31 条）、これに違反した者は、2 年以下の懲役又は 50 万円以下の罰金に処せられ、又はこれらが併科される（保助看法 43 条 1 項 1 号）。これにより、看護師は、「療養上の世話」に加えて、医師の指示の下で診療機械の使用、医薬品の授与等の「診療の補助」を独占的に行うことができる（保助看法 37 条）。

2　行為者規制としての特徴

1　医療従事者に対する刑事規制

以上で指摘したように、個々の医療従事者は、法的な意味における医行為としての医療を担うことになる。しかし、何が法的な規制に値する医行為であるのかは、未だ曖昧である。そのことを受けて、医療の領域では、行為に着目した規制というよりも、行為者に義務を課す規制による運用が前面に出てくる。従って、個々の医療従事者における身分・資格内容を規制する法律により、職務上の義務違反行為に対する罰則規定が設けられている（例えば、医師法 31 条以下、保助看法 43 条以下）。

○コラム 55　医師による「異状死」の届出義務
　医師法 21 条において、「医師は、死体又は妊娠 4 月以上の死産児を検案

して異状があると認めたときは、24 時間以内に所轄警察署に届け出なければならない」と規定されている。この届出義務に違反すると 50 万円以下の罰金に処せられる（同法 33 条の 2）。しかし、この届出の対象となる「異状死（体）」の定義は、法文上、明確ではなく、医学上も争いがある。また、この義務が医療事故死に関する警察捜査の端緒というかたちで運用されるのであれば、憲法 38 条で規定された自己負罪拒否特権に反する可能性も生じる。

　この点が争われた「都立広尾病院事件（最判平成 16 年 4 月 13 日刑集 58 巻 4 号 247 頁）」の判示によれば、「犯罪発見や被害拡大防止という公益が高い目的があり、また届出人と死体との関連の犯罪行為を構成する事項の供述までも強制されるわけではなく、捜査機関に対して自己の犯罪が発覚する端緒を与える可能性になり得るなどの一定の不利益を負う可能性は（人の生命を直接左右する診療行為を行う社会的責務を課する）医師免許に付随する合理的根拠のある負担として許容されるべき」とされている。

2　医療提供機関に対する刑事規制

　医療従事者に対する規制のみならず、医療を組織的に提供する機関・法人に関しても、そこでの安全性を確保する上での規制が必要となる。そのような医療提供機関に関する開設・管理・整備の方法を規定した法律が医療法である。そして、そこでの各種違反行為には罰則が科されることになる（医療法 71 条の 7 以下）。ここでは、直接的な違反行為者を罰するのみならず、その法人自体に対する刑事責任も併せて追及されうる（両罰規定：医療法 75 条）。

3　一般的な臨床医療と犯罪

1　医的侵襲行為の法的意義

　前述した医行為の中でも、診断・治療目的において身体に侵襲を加える行為は、学説上、特に「医的侵襲行為」と呼ばれることがある（例えば、外科手術、X 線の照射等）。そのような行為は、傷害罪（刑 204 条）の構成要件に

該当する行為であると一般的に解釈されている。しかし、①目的の正当性、②医術的相当性、③患者の同意という適法化のための3要件が満たされていれば、それは、正当業務行為（刑35条後段）として、違法性が阻却されるものとも考えられている。従って、治療目的において医術的相当性を有する行為が実施されたとしても、それが患者の同意を得たものではない場合（この同意を得るために、医師が十分な説明を尽くさなければならない過程は、「インフォームド・コンセント」と呼ばれる）、それは、特に「専断的治療行為」と呼ばれ、正当化されないことになる。

2　いわゆる「医療過誤」の問題

　医療従事者が医的侵襲行為において、何らかの過失により患者に後遺障害を残したか、患者を死亡させたりした場合、民事法上の損害賠償責任が問われるのみならず、刑法上の責任として業務上過失致死傷罪（刑211条）で処罰されることもある。この医療従事者の過失による医療事故は、一般的に「医療過誤」と呼ばれている。

　ここで問題とされる刑法上の過失とは、注意義務違反のことである。そして、その注意義務の内容は、行為者の置かれた状況下において、一般人であれば結果発生を予見することができる場合に、その結果発生を予見し、それを回避する義務であると解されている。すなわち、結果予見義務と結果回避義務で構成される。もっとも、ここでいう「一般人」とは、判例・通説によれば、およそ平均的な通常人を指すのではなく、行為者と同じ立場にある者の内の平均的な通常人を指している。例えば、行為者が医師であれば、通常の平均的医師が基準とされる。また、結果回避義務違反も同様に、この意味における一般人が基準とされる。特に、医療過誤が問題となる場合、この結果回避義務の内容は、「医療水準」として具体化される。日々進化していく臨床医療の現場に応じて、この医療水準も変化していくことになる。

　更に、医療過誤において刑事責任が認められるためには、医的侵襲行為と結果との間に因果関係が存在しなければならない。この点に関しては、通常人であれば誰でも疑いを差しはさまない程度に真実らしいと確認できるだけの厳格な立証が検察官に求められる。

○コラム 56　刑事医療過誤事件の動向

　医療事故に関する公的統計資料は、民事事件に関して、1970 年以降、最高裁判所事務総局により作成されている（最近の数値は、最高裁判所のウェブサイト上で確認可能）。しかし、刑事事件に関する公的統計資料は、今のところ、作成されていない。

　この点、ある研究によれば、医療不信を喚起する刑事事件の発生を受けて、2000 年以降、刑事医療過誤事件は、増加傾向にあることが示されている（後掲参考文献における飯田英男の著書を参照）。そこでは、戦後から 1999 年までの約 50 年間において、刑事医療過誤事件は 137 件であったのに対し、1999 年から 2004 年までの約 5 年間で 79 件、2004 年から 2010 年までの約 6 年間で 104 件という数値が示されている。

　そのような中にあって、最近では、いわゆる「福島県立大野病院事件（福島地判平成 20 年 8 月 20 日季刊刑事弁護 57 号 185 頁）」等、刑事医療過誤事件における幾つかの無罪判決も注目を浴びている。これらの無罪事件においては、特に刑事司法機関（警察・検察）による医療事故捜査の限界が指摘されてきた。

　この点に関する議論を受けて、2014 年の医療法改正により、医療機関の管理者は、医療事故が発生した場合、速やかに、その原因を明らかにするため、必要な調査を行わなければならないことが義務付けられた（医療法 6 条の 11）。しかし、ここにおける事故調査制度は、法的責任追及を目的とはしないかたちで手続設計されており、専ら事故原因を明らかにするための情報収集及び整理に尽きる点に注意を要する。従って、医療過誤における刑事責任の追及は、未だ刑事司法機関の手に委ねられているといえよう。

3　チーム医療と刑事過失責任

　今日における臨床医療の現場は、複数の医療専門職により分担・協力して実施される体制が一般的である。これは「チーム医療」と呼ばれている。このようなチーム医療が実施される中で、医療過誤が発生した場合、チーム内の医療従事者における刑事責任の所在が問題となる。

　この点、個別行為責任という刑法上の原則に従えば、直接的に患者の生命・身体に危害を加えた者（直接行為者）が主として問責されなければなら

ないようにも思われる。しかし、チーム医療においては、直接行為者の監督者における指導の不適切さが医療過誤の発生に関連付けられる場合がある。このような場合には、その監督者に対する間接的な問責が認められるべきである。これを「監督過失」という。この監督過失は、過失の一種であることから、そこでも結果予見義務違反と結果回避義務違反が求められる。従って、監督者には、直接行為者における不適切な行為の予見可能性が必要とされる。

しかし、医療の高度化に伴い、複雑な手順の処理が要求される現場において、その全体像の把握が困難であることも十分に考えられる。その場合、指導的な立場にある医療従事者に監督義務を課すことは、無理を強いるに等しい。また、分業による医療の効率性を維持するためには、一定程度、他の専門職が適切な行動に出るであろうことを信頼して、業務を遂行する必要性もある。この意味での信頼に十分な正当性が認められる場合、他の専門職における不適切な行動に由来して法益侵害結果が発生しても、そこで刑事責任が問われるべきではない。このような解釈論は、一般的に「信頼の原則」と呼ばれる。裁判例においては、チーム医療における監督過失に関して、この原則の適用が認められることもある（例えば、北大電気メス事件：札幌高判昭和51 年 3 月 18 日高刑集 29 巻 1 号 78 頁）。これに対して、学説では、この原則の適用に慎重な見解もある。それによれば、被害者である患者の犠牲の下で当該原則は適用されるべきではないと考えられている。

4　確立された特殊な医療と犯罪

1　人工妊娠中絶

一般的に人工妊娠中絶とは、器具類を用いて意図的に妊娠を中断させることをいう。妊娠自体は、疾病ではない。従って、それに関わる施術も厳密な意味では、治療行為には含まれない。しかし、そこでは医学的な観点から安全性の確保が求められる。このことから、広い意味で医療に含めて考えるべき事柄である。

この人工妊娠中絶に関しては、刑法上、堕胎罪（刑 212 条以下）の適用が

問題となる。学説上、堕胎とは「自然の分娩期に先立って人為的に胎児を母体から分離、排出させること」と解釈されている。これに対して、「母体保護法」によれば、「人工妊娠中絶とは、胎児が、母体外において、生命を保続することのできない時期に、人工的に、胎児及びその附属物を母体外に排出すること」と定義されている（母体保護2条2項）。

　そして、この母体保護法においては、人工妊娠中絶を合法的に実施しうる適応事由（違法性阻却事由）が規定されている。そこでは、都道府県医師会が指定した医師により、本人と配偶者の同意を得た上で、人工的妊娠中絶を合法化する要件が設定されている。第1に「妊娠の継続又は分娩が身体的又は経済的理由により母体の健康を著しく害するおそれのあるもの」が挙げられる（身体的及び経済的理由：母体保護14条1項1号）。第2に「暴行若しくは脅迫によって又は抵抗若しくは拒絶することができない間に姦淫されて妊娠したもの」が挙げられる（倫理的理由：母体保護14条1項2号）。これらの要件を満たさない場合、人工妊娠中絶は、刑法上の堕胎罪として把握されることになる。

2　臓器移植医療

　臓器移植医療とは、ドナー（提供者）から採取した臓器をレシピエント（受容者）に植え込み、レシピエントの疾病や臓器等の機能不全を改善する治療法である。その方法には、死体から臓器の提供を受けて実施される「死体移植」と生きている人から臓器の提供を受けて実施される「生体移植」がある。両者は、共に当初からドナー自身の健康回復を目的しておらず、むしろ、その者の献身により成立する医療である。そのような意味で一般の医療行為にはない特殊性を有している。

　死体移植に関しては、それを適切なかたちで推進するために、「臓器の移植に関する法律（臓器移植法）」が施行されている。この法律及び厚労省令の定める要件と手続に則った脳死判定により、脳幹を含む全脳の機能が不可逆的に停止するに至ったとされた者の身体（いわゆる「全脳死」における脳死体）を含む死体から、一定の臓器を摘出することが合法化されている。ここにおける要件及び手続を踏まない施術は、刑法上、殺人罪（刑199条）又は

死体損壊等罪（刑 190 条）として把握されることになる。

　しかし、日本で実施される移植医療は、この死体移植よりも、生体移植の方が一般化している実態がある。そして、生体移植の要件・手続に関しては、臓器売買が禁止されていることを除いて（臓器移植法 11 条）、臓器移植法に規定がない。この点、日本移植学会が生体移植に関する倫理指針を定めている。しかし、この指針は、当該学会会員の医師に対して、事実上の拘束力を有するにすぎないものである。そのような中で、当該学会会員以外の医師による生体移植に絡んだ臓器売買事件も幾つか発生している。臓器移植法により禁止された臓器売買が行われた場合、5 年以下の罰金若しくは 500 万円以下の罰金に処せられ、又はこれらが併科される（臓器移植法 20 条）。今後、このような生体移植に関する法的規制も含めた臓器移植法の改正が必要になるものと考えられる。

○コラム 57　臓器売買事件

　宇和島徳洲会病院事件（松山地宇和島支判平成 18 年 12 月 26 日判例集未搭載）　慢性腎不全に罹患していた X が内縁の妻である Y と共に、知人である Z に対して腎臓の提供を依頼し、移植手術を受け、その対価として現金及び普通乗用車を供与した事件。同事件では、X 及び Y に懲役 1 年執行猶予 3 年、Z に罰金 100 万円（及び没収・追徴）が言い渡された。

　暴力団臓器売買仲介事件（東京高判平成 24 年 5 月 31 日判例集未搭載）　慢性腎不全に罹患していた医師 X が暴力団関係者を介して、臓器提供者と虚偽の養子縁組をし、親族間同士の生体腎移植を装いながら移植手術を受け、その対価として現金を供与した事件。同事件では、X に懲役 3 年の実刑判決が言い渡された。

3　終末期医療

　終末期医療とは、人生の終焉期に施される生活支援的な医療である。病気の治癒を目的としていない点において、一般の医療行為にはない特殊性を有している。医療技術の発展により人工的な生命維持が相当程度に可能となった現在、そのような生命維持を拒絶する患者に対して、医療関係者は、どの

ような対応をするべきかという深刻な問題に直面している。このような法的
議論は、世間の耳目を集めた事件により喚起される。特に、ここでは、いわ
ゆる「安楽死」・「尊厳死」を巡る刑事事件が重要な意義を有している。

安楽死とは、耐え難い苦痛に苛まれる者の希望に応じて、その苦痛の除去
を他者が意図しながら、その者における死期の繰り上げをもたらす行為とし
て一般的に概念化されたものである。従って、安楽死は、その要請が真摯な
ものであっても、刑法上、同意殺人罪（刑 202 条）として把握されうる行為
である。

わが国では、安楽死に関する判例（例えば、〔東海大学附属病院事件〕横浜地
判平成 7 年 3 月 28 日判時 1530 号 28 頁）の動向を受け、当事者における客観
的な状況（例えば、死期の切迫性、回復可能性等）に加え、行為者の主観面
（例えば、治療目的か否か等）を要素として組み合わせることで、その正当化
のための議論が重ねられてきた。しかし、学説上、未だに結論が得られてい
ない。

また、尊厳死とは、専ら人間性が損なわれているとして問題視されてきた
延命治療ないしは生命維持処置を本人の推定的な意思を忖度しながら中止す
る行為として一般的に概念化されたものである。この状況においては、患者
の意識が失われていることから、その苦痛の直接的確認が困難であり、ま
た、死期が切迫しているとは限らない場合が想定されている。この在り様が
本人の意思を確認できる安楽死の場面よりも悩ましいとされる。ここでいう
本人意思の忖度ができない状況での治療中止は、刑法上、不作為による殺人
罪（刑 199 条）としても把握されうる。

この尊厳死に関わる重要な事件として、いわゆる「川崎協同病院事件（最
決平成 21 年 12 月 7 日刑集 63 巻 11 号 1899 頁）」が挙げられる。しかし、この
最高裁決定は、一般的な適法化のための基準を定式化したものではないと評
価されている（いわゆる「事例判決」）。この点、学説上、患者の自己決定権
に加え、医学的な判断に基づく治療義務の限界を実体的な根拠として、そこ
において適切な手続が保障されていたかを検証しながら、延命治療中止の正当
化を試みる論証が一般的である。

5　未確立の実験的医学研究と犯罪

1　医薬品・医療機器の開発

　医学の進歩は、歴史的に新たな医学的知見を獲得するための人体実験と密接不可分の関係にある。例えば、新たな医薬品又は医療機器の研究開発において実施される「臨床試験」は、その典型例として挙げられる。

　ここでいう臨床試験は、被験者の生命・身体・自由に重大な侵害をもたらしうるものである。仮に、そのような臨床試験が被験者の同意を得て実施されたものであったとしても、被験者に専ら不利益しかもたらさず、その同意による法益処分権の範囲を超える内容に関しては、刑法上、無効なものとして評価される可能性が生じてくる。

　また、医薬品・医療機器を新規に開発するための臨床試験手続（我が国では、特に「治験」と呼ばれる）に関しては、「医薬品、医療機器等の品質、有効性及び安全性の確保等に関する法律（医薬品医療機器等法）」において、厳密な規制が施されており、そこでの各種違反行為には罰則が科されることになる（薬機法 84 条以下）。

2　再生医学研究

　最先端研究として、我が国では、再生医学に対する期待が高い。再生医学とは、身体の自己修復力を手段として、健康を回復させる医療を開発する研究分野である。将来的には、これを臨床医療の現場で一般的に実施可能となることが目指されている。しかし、現時点において、それは、あくまで実験的な試行段階にある。患者・被験者の安全性を確保する上でも、そのような最先端医学研究の臨床試験においては、慎重さが求められる。また、再生医療と称して効果不明な医療を実施する医療機関が多数、出現してきたことも受けて、この領域に関する法規制の必要性も生じてきた。このような動向を受けて、「再生医療等の安全性の確保等に関する法律（再生医療安全性確保法）」が策定されている。そして、そこでの各種違反行為には罰則が科されることになる（再生医療安全性確保法 59 条以下）。

　また、ここでいう再生医学においては、様々な細胞・組織・臓器に分化し
うる多能性幹細胞が実験試料として用いられる。そして、それを実際に生体
へと移植する場合、自己免疫拒否反応の問題を克服するために、移植先と同
一の遺伝子配列を持たせる技術等（例えば、核移植術）も必要となる。しか
し、特に、このような技術は、一度、濫用されると、同一遺伝子配列が複製
されたヒト・クローン個体を産み出す危険性をも有している。このような技
術がもたらす社会的害悪を見据えて、医学研究上の有用性に乏しいヒト・ク
ローン個体、人と動物のキメラ・ハイブリッド個体の産生行為は、「ヒトに
関するクローン技術等の規制に関する法律（クローン技術規制法）」におい
て、規制されている。すなわち、同法によれば、上記のような特殊な個体を
産出する可能性がある胚を人又は動物の胎内に移植する行為を禁止し（クロ
ーン技術規制法3条）、その違反行為には、10年以下の懲役若しくは1000万
円以下の罰金に処せられ、又はこれらが併科される（クローン技術規制法16
条）。また、上記の胚に加えて、それに類似する個体を産出する可能性のあ
る胚は、法律上「特定胚」として規制されており、その作製・譲渡・輸入に
関しては、文部科学省令による届出が義務付けられている（クローン技術規
制法6条1項）。そして、当該届出をしない場合又は虚偽の届出をした場合、
1年以下の懲役又は100万円以下の罰金に処せられる（クローン技術規制法
17条）。

6　事例と解説

【事例1】　交通事故により重傷を負い、病院に救急搬送されたAは、宗教上
の理由から、輸血を強く拒否した。そこで、医師Xは、輸血をすることなく
手術すると偽り、Aに無断で輸血をしながら手術を実施した。その結果、A
は、九死に一生を得た。

　本問を検討するに際して参考となる事例が既に民事事件として最高裁判所
により判断されている（東大医科研病院事件：最判平成12年2月29日民集54

巻 2 号 582 頁）。その民事事件は、いわゆる「エホバの証人」の信者である患者が手術に際して予め輸血を拒否していたにもかかわらず、その者の同意を得ることなく、当該手術中に輸血が実施されたというものである。被告の病院は、患者における人格権の一内容を侵害したとして、民事上の損害賠償請求責任を負うと評価された。本問は、当該判例とは異なり、緊急の事例を想定して、そこでの刑事責任を仮に検討してみようというものである。

　本問の事例においては、A による輸血拒否の意味するところが法的に最も重要であろう。A が単に輸血をすることなく他の治療選択肢を求めるにすぎないという趣旨で拒否していたのだとすれば、それは、死を容認したものとして評価することはできない。その一方で、輸血拒否により死に至る危険性が高いことを理解していたのであれば、それは、死を容認したものとして評価することもできる。

　また、生命侵害の危険性が認められる場合にまで、そのような状況を惹き起こす本人の治療拒否が尊重されるかどうかには争いがある。このような危険性がある場合においても、本人の意思を尊重するべきと考える立場によれば、X の救命は、専断的治療行為として、傷害罪（刑 204 条）が成立しうるであろう。

　その一方で、わが国の刑法では、同意殺人・自殺関与罪（刑 202 条）が規定されていることから、生命侵害の高度な危険性が惹き起こされる場合、本人の治療拒否は、一定程度、制限されるべきという解釈も可能である（同意殺人・自殺関与罪は、刑 203 条により未遂という危険性も処罰しているから）。この場合、X の救命行為は、傷害罪の構成要件に該当しながらも、緊急避難（刑 37 条）を理由として正当化の余地が検討されることになろう。

　もっとも、X の救命行為を正当化する場合、A の信教の自由という憲法上の法益（人格権）が侵害されてしまうという問題も残る。この点、憲法 20 条の信教の自由は、X の救命行為を処罰してまでも、A における信教の自由を保護しなければならないとする積極的義務を求めるものではないと評価する向きが学説上は一般的である。

【事例 2】　患者 A は、終末期のがん患者である。既に意識がなく、人工呼吸器なしでは延命が困難な状況にあり、主治医 X は、A の余命を数日と診断していた。患者 A は、自分が死に至る状況を見越して、数年前に延命治療を拒否する内容の手記を残していた。この手記の内容を巡り、患者 A を熱心に看病していた家族（A の妻と母）の間で意見が分かれている。患者 A の妻は、A の意思を尊重して、延命治療の中止に同意している。それに対して、患者 A の母は、A の意思表示は不明確であり、出来るだけの延命を希望している。このような状況において、医師 X は、A の意思を忖度して、その手記にある通り、治療を中止した。

　本問は、いわゆる尊厳死を巡る事例である。この点、前述したように、最高裁判所は、いわゆる「川崎協同病院事件」で、延命治療の中止を考慮するに当たり、法律上、重視されるべき事柄に関して、一定の方向性を示唆している。すなわち、第 1 に、延命治療中止に際しては、十分な医学的検査が行われ、患者の回復可能性や余命に関して的確な判断が下せる状況にあり、第 2 に、家族に適切な情報が伝えられた上で、その延命治療中止の判断が患者の推定的意思に沿うものであることも求められている。

　本問のように、患者が事前に延命治療に関する意思を表示している場合、それは、実際に延命治療中止を検討する段階において、その患者の推定的意思を認定するための有力な証拠になると考えられている。ただし、そのような意思表示が余りにも前の時点でなされたものであるとか、その内容が漠然としたものにすぎないとき、例えば、家族のような身近な者が患者の推定的意思を改めて忖度する必要性も生じるものと考えられている。

　しかし、患者の推定的意思を忖度して補うにしても、本問のように、患者にとって最も身近な家族間で意見の不一致がある場合、どのように対応するべきかは、困難な問題であり続ける。

　この点、家族の判断が患者本人の意思を補う役割を果たしているにすぎないと考えるのであれば、必ずしも家族全員の同意を要求する必要はないようにも思われる。ただし、そうであったとしても、本人の意思を最も良く推測できる者から意見を聞くべきであろう。しかし、本問の場合、患者の妻と母

親は、そのような者に相当し、両者の間に優劣が見出せない状況であるように思われる。従前から、このような場合には、主治医 X は、妻と母親の 2 人が家族としての統一した考えを形成するまで待つしかないものと考えられてきた。そして、そのような合意形成を待たずに、独断で治療を中止した場合、本人の推定的意思を見出せなかったものとして、刑法上、不作為による殺人罪（刑 199 条）で問責される可能性も生じてくる。

　以上から、結果として、延命治療が行われてしまうとき、患者は、望まない生の強制を受けるかもしれず、また、深刻な決断を迫られた身近な者の間においても、深刻な対立が生じうる。そして、延命治療を行う主治医も孤独な役割を担い続けなければならない。

　従って、何らかの形で延命治療中止の判断に関する心理的負担を軽減するためのシステム作りが政策的に求められている。そのような意味で終末期医療における問題は、未だ山積した状況にあるといえよう。

　【事例 3】　以前よりクローン技術に強い関心を有していた産科婦人科医 X は、臓器移植が必要な子供 A1 を有する夫婦 B 男・C 女から、その子供 A1 の命を助ける目的で、A1 と免疫に関連する遺伝子型が同一の子供 A2 を出産することに関して相談を受けていた。産科婦人科医 X は、その夫婦が形振りかまわず、そのような子供 A2 の出産を希望していることに乗じて、秘密裡にクローン技術を用いて、子供 A1 と同一遺伝子型を有する人クローン胚を複数個、作成した。その上で、それらの人クローン胚を全て C 女の子宮に戻した。しかし、技術の未熟さからか、原因不明のまま、C 女は、妊娠するに至らなかった。

　本問は、いわゆる「救世主兄弟（Saviour sibling）」を巡る事例を参考にして、若干の脚色を加えたものである。救世主兄弟とは、移植が必要な難病の兄・姉を救うために、遺伝子型を操作された弟・妹のことをいう。ちなみに、このような救世主兄弟は、着床前における受精卵の段階で HLA（＝ヒト白血球抗原）型の遺伝子診断を実施し、兄・姉と同一の HLA 型を有する受精卵を選別した上で、それを母親の子宮内に移植するという方法が一般的で

ある。このことから、本問におけるような人クローン胚を作成する手順を踏むことは、特異な場合である。

　この救世主兄弟が生まれている実態に関しては、実際、海外では既に実施例が次々と報道されており、規制化の動きも見られる。このような施術が行われる背景には、臓器移植医療において、臓器が不足している現状も指摘できる。我が国では、特に小児における移植医療が遅れており、その臓器は不足している。また、救世主兄弟に関する法規制も存在しない（ただし、日本移植学会の倫理指針では、原則として、ドナーは、成人に限られ、例外的に18歳以上とされる）。このことから、本問のような濫用事例の発生も想定しうるであろう。

　先ず、本問において、無届けによる人クローン胚の作成は、クローン技術規制法6条1項に違反する行為である。この点に関して、1年以下の懲役又は100万円以下の罰金が科されうる（クローン技術規制法17条）

　更に、医師Xは、結果的にC女を妊娠させることができなかったとしても、人クローン胚を胎内へ移植していること自体が問題となる。クローン技術規制法3条は、そのような行為を試みただけでも処罰する趣旨の規定であり、従って、この点に関するXの行為に対しては、10年以下の懲役若しくは1000万円以下の罰金、又は両者の併科という重い法定刑により処罰されうる（クローン技術規制法16条）

　最後に、ここで根本的に検討されるべきことは、以上のような刑事的規制が違法な研究を抑止する効果を真に持ち得るのか、また、違法な医学研究を行った者に対する改善・更生・社会復帰の機会に資するものなのかという点であろう。この先端医学研究に対する刑事的規制は、そのような研究に従事する者に対して一定の規範に従うことを要求している。一方で、その規範を実効的に担保する仕組みとしては、未だ不適切さが見出される。このことは、刑法学における今後の課題であるように思われる。

参考文献

・甲斐克則（編）『ブリッジブック医事法（第2版）』（信山社、2018年）
・手嶋　豊『医事法入門（第5版）』（有斐閣、2018年）
・米村滋人『医事法講義』（日本評論社、2016年）

・山中敬一『医事刑法概論Ⅰ』（成文堂、2014 年）
・甲斐克則＝手嶋　豊（編）『医事法判例百選（第 2 版)』（有斐閣、2014 年）
・飯田英男『刑事医療過誤Ⅲ』（信山社、2012 年）

（神馬幸一）

第22講◆少年の福祉に関する犯罪

キーワード

福祉犯／児童買春／児童ポルノ／淫行／未成年者の喫煙飲酒／児童虐待

関連法令

刑法／児童福祉法／児童買春・児童ポルノ禁止法／出会い系サイト規制法／風営適正化法／労働基準法／学校教育法／未成年者喫煙禁止法／未成年者飲酒禁止法／青少年健全（保護）育成条例

1　福祉犯とは

　子どもが健やかに成長することは、すべての親の願いであり、万人の喜びとするところである。また子ども自身も、成長発達することをその権利としてもとより保有するものである。親も、そして社会も、子どもの成長を見守ることで、子どもの成長発達を擁護し、援助しなければならない。それゆえに、まず親に監護する権利と義務が認められ、その範囲でかつ子どもの最善の利益のために、監護権を含む親権が法的にも容認されるところである。親の監護が不適切であったり、また不十分であったりすることで、子どもの成長が危うくなれば、子どもの利益のために、社会は法的手段を用いて親権を制限したり、親に代わって子どもを保護することを行わなければならない。さらには、子どもの成長発達を害する大人たちの有害行為に対して法律を整備することで規制し、場合によってはそれらを罰する必要も生じてくる。たとえば後述の事例に見られるように、子どもの成長を害し、かつ人格の尊厳を脅かす行為は多様である。したがって、これに対応する法律も多岐にわたっている。

　子どもの成長を害する行為に対応する法的整備は、その基本となる児童福祉法に由来する。それゆえこれを「福祉犯」とよぶのが通例である。正確に

428 第 22 講◆少年の福祉に関する犯罪

表現すれば、「少年福祉阻害犯」ということになるが、これは、おおむね 3
つの群に大別することができよう。

　その 1 は、子どもの性と尊厳を守り、被害をうけた子どもを保護するため
に整備された法令群であり、具体的には、児童福祉法 34 条 1 項（1947 年制
定）に列挙されるような「酒席にはべらす行為」（5 号）や「淫行させる行
為」（6 号）などが典型事例である。これを補うために整備された各自治体の
「淫行罪」も長い歴史をもつ（1951 年の和歌山県青少年保護育成条例以来）。自
治体の条例は、さらに子どもに悪影響を与えるおそれがある図書等の頒布規
制や有害興業の規制を伴っている。またそれはテレホンクラブの規制等へと
発展した。平成期に登場した児童買春・児童ポルノ禁止法（1999 年制定）や
出会い系サイト規制法（2003 年制定）もこの群に属する。また、2017 年のい
わゆる性刑法の改正において導入された新たな刑法 179 条が、監護者による
18 歳未満者へのわいせつ行為及び性交等を処罰化し、たとえば親による子
どもへの性的虐待行為を規制することになった。

　その 2 は子どもの健康に害のある行為を規制する法令群であり、子どもに
喫煙や飲酒をさせないための法令である「未成年者喫煙禁止法」（1900 年制
定）や、「未成年者飲酒禁止法」（1922 年制定）がこれに含まれる。薬物規制
関連の法令、とりわけシンナーの乱用規制を内容の一部とする「毒劇法」
（1972 年改正法）も、子どもによる有機溶剤の乱用を防止し、その身体と健
康を守るものである。また、労働者として雇用することの規制や、有害な労
働環境の下におくことの規制は、「労働基準法」（1947 年制定）や「風俗営業
適正化法」（1984 年改正法）によって行われる。

　その 3 は子どもの教育や人格形成、そして生存そのものをも脅かす行為に
係る法令群である。「学校教育法」（1947 年制定）が教師による懲戒行為とし
ての体罰を禁止したことも（11 条但書）、保護者が子どもを就学させないこ
とを規制したのも（16 条及び 17 条 1 項、2 項）これに属する。また「児童虐
待防止法」（2000 年制定）が、児童虐待を法的に定義したうえで、罰則をも
たぬまでも明確に禁止したこともこの群に位置づけられる。

　1948 年に制定された少年法は、その第 37 条において、当時、福祉犯とし
て認識されていた児童福祉法違反、学校教育法違反、労働基準法違反、未成

図表 22 - 1　福祉犯の法令別送致件数の推移

法　令 ＼ 年	21 年	22 年	23 年	24 年	25 年	26 年	27 年	28 年	29 年	30 年
検　挙　件　数　（件）	7,753	8,146	8,256	7,909	7,687	7,533	7,551	7,195	7,597	7,943
未 成 年 者 飲 酒 禁 止 法	157	148	179	132	134	120	131	103	127	125
未 成 年 者 喫 煙 禁 止 法	804	1,059	1,271	1,375	1,146	1,076	1,040	785	798	685
風 営 適 正 化 法	425	379	400	367	363	316	338	297	274	231
売 春 防 止 法	104	66	62	92	46	56	43	25	18	14
児 童 福 祉 法	457	402	431	371	402	382	383	320	277	235
児童買春・児童ポルノ禁止法	2,030	2,296	2,297	2,291	2,353	2,489	2,666	2,906	3,369	3,924
労 働 基 準 法	58	38	44	81	81	71	75	55	65	40
職 業 安 定 法	34	22	78	52	46	44	31	17	33	19
毒 物 及 び 劇 物 取 締 法	111	66	28	29	4	1	1	0	0	0
覚 せ い 剤 取 締 法	137	119	124	94	56	44	66	73	40	26
青 少 年 保 護 育 成 条 例	3,013	3,078	2,860	2,635	2,698	2,633	2,496	2,346	2,436	2,499
み だ ら な 性 行 為 等	1,644	1,534	1,351	1,222	1,344	1,312	1,266	1,305	1,390	1,537
深 夜 外 出 の 制 限	1,183	1,335	1,295	1,210	1,123	1,101	1,030	858	898	812
出 会 い 系 サ イ ト 規 制 法	348	404	451	360	337	278	235	219	97	79
そ の 他 の 特 別 法	75	69	31	30	21	23	46	49	63	66

（出典：警察庁『平成 30 年中における少年の補導及び保護の概況』）

年者喫煙・飲酒禁止法違反を、少年犯罪（非行）の原因を供与する犯罪として捉え、これらの違反によって被害を受けた子どもを保護し、福祉を推進するために、家庭裁判所への公訴提起を規定していた。しかし、子どもの福祉を害する犯罪はこれらの違反行為に限定されるものではなく、その後の社会事情の変化に伴い、条例ほか多くの関係法令の違反が福祉犯として登場してきた（図表 22 - 1 参照）。これらの福祉犯をすべて家庭裁判所の所管にすることも考えられるが、刑事事件の特性に鑑みれば、福祉犯は、少年保護事件を専門に扱う家庭裁判所ではなく、簡易裁判所や地方裁判所において処理するほうが望ましくもある。2008 年の少年法一部改正によって、少年福祉阻害犯罪は、刑事裁判所の所管となった。

　なおここでは「子ども」という表現を用いてきたが、子どもを保護する法令の立法趣旨にともなって、用語とその対象年齢は異なっている。たとえば、児童福祉法では「児童」であり、条例では「青少年」である。それらは

いずれも 18 歳未満者を対象年齢としている。また未成年者喫煙・飲酒禁止法は、「未成年」であって 20 歳未満者を保護対象年齢とし（2018 年の 18 歳を成年年齢とする改正民法が、2022 年に施行されるが、これにともない、未成年者喫煙・飲酒禁止法の名称は「20 歳未満者喫煙・飲酒禁止法」に改名される。）、労働基準法は「年少者」という用語でもって 15 歳未満者と 18 歳未満者、そして未成年者の保護規定を置いている。さらに刑法典においては、その 176条（強制わいせつ）及び 177 条（強制性交等）が、13 歳未満の子どもの合意の有無を問わずに、性犯罪の成立を構成して、13 歳未満者の性を保護している。また新たに 179 条（監護者わいせつ・性交等）が、監護者（親）の影響下にある 18 歳未満者の性を監護者（親）から保護することになった。このように、それぞれの法令の立法趣旨とともに、その保護対象年齢と多様な用語が少年福祉阻害犯罪の問題を複雑にしている。警察庁が把握する福祉犯の法令及び過去 10 年間の送致件数の状況は図表 1 のとおりである。

2　子どもの性と尊厳を害する犯罪

　性行為は、ある一定の年齢（刑法典では 13 歳以上）であれば、当人同士の合意のもと犯罪を構成することはない。個人の意思を尊重することで、市民的自由と個人の尊厳が擁護されるからである。ここでは性行為についての自由な意思が重要である。刑法 176 条及び 177 条は、13 歳未満者には、その自由な意思決定をするだけの能力が欠如しているという法的擬制を明文化するものであるから、たとえば、10 歳の児童が自らの意思で担任教師宅を訪ね、教師の求めるまま、自らの意思で性交渉をもったとしても、教師は強制性交または強制わいせつの罪を免れないことになる。ここには「教師たるもの」であるとか「子どもに対しては」といった規範的視点は存在しない。これを強調する声もあろうが、現行の刑法規範は、それらの視点とは無関係である。13 歳未満者であることが性的に自由な意思決定を行うことができないと擬制されるので、児童の意思には意味がないのである。刑法 176 条及び177 条が守ろうとする保護法益は、あくまでも個人の性的自由である。監護者わいせつ・性交等罪（179 条）も同様に、18 歳未満の子がその監護者の強

い影響下にあって、性的に自由な判断を下しにくいという観点からのもので、性的自由への侵害として規定されている。

　では、児童が 15 歳であったならばどうであろうか。監護者性交等の場合を除いて、自由な意思であることが推論できる状況にある場合には刑法 176 条及び 177 条を適用することは難しい。しかし、教師は、児童に事実上の影響力を与える立場にあって、児童に有害な影響を与える行為（ここでは「わいせつ行為」）をする目的で自己の支配下に置いた者（児童福祉法 34 条 1 項 9 号）であり、懲役 3 年以下又は 100 万円以下の罰金（60 条 2 項）に処せられる。児童の意思は関係ない。児童（18 歳未満）は成長途上にある者であり、法はその成長発達を守る必要があるからである。法令が守ろうとする保護法益は、児童の性的自由ではなく、児童としての人格の尊厳であり、成長発達の権利である。児童の成長に有害な影響をあたえてその福祉を害することになる行為を、法は容認していない。また、教師が児童と性交または口淫などの性交類似行為を行った場合には、たとえ合意のもとであったとしても、児童に「淫行をさせる」ものであり、児童福祉法 34 条 1 項 6 号に該当して、懲役 10 年以下又は（及び）300 万円以下の罰金に処せられる（60 条 1 項）。教師が児童をホテルに誘い、性具（バイブレーター）を与えてわいせつな行為をさせた場合にも「淫行させる」行為として児童福祉法 1 項 6 号の成立を認めた判例もある（最三決平成 10 年 11 月 2 日刑集 52 巻 8 号 505 頁）。

　それでは、児童がたまたま盛り場で知り合った者と性関係をもった場合はどうであろうか。この場合、児童と相手方との間に事実上の影響力を及ぼす関係はなく、その意味で双方の関係は自由である。「事実上の影響力」を及ぼす関係とは、教師と生徒のほかには、親または親に代わって監護権を行使する者と子、使用者と労務者といった関係が想定される。こうした関係にない場合には、児童福祉法の適用はない。しかし、それでは児童の尊厳と福祉は阻害され、健やかな成長はのぞめないことになる。そこで、各自治体は、それぞれ固有の青少年健全育成条例を整備し、「なんびとも青少年（18 歳未満者）と淫行をしてはならない」とする淫行規制条項を設定した。設定当初は、30 万円以下の罰金程度のものであったが、今日では「2 年以下の懲役又は 100 万円以下の罰金」とする規定にまで展開し、重く処罰されている。し

たがって、自治体ごとで規制の程度や仕方に違いがあるが、特定の関係になくても「淫行罪」（わいせつを含む）の適用は免れない。

　それではさらに、教師であれ、一般人であれ、児童の歓心を買うために、金銭を含め何らかの利益を供与した場合には、どうであろうか。いわゆる児童買春の場合である。この場合、最初は好奇心やお金への魅力といった児童の一時的気分は、児童自身の性と性行為に関する認識に歪みを生じさせ、児童の健やかな情操の形成や精神的成長を著しく害することになるであろう。売買春が禁止されるのは、健全な性道徳秩序の維持もあるが、性を売ることにともなう痛みを防ぐためでもある。18 歳未満の成長期にある児童（青少年）を苦痛の陥穽に陥らせてはならない。児童買春行為は、それゆえ厳しく規制されることになったのである（児童買春・児童ポルノ禁止法 4 条 5 年以下の懲役又は 300 万円以下の罰金）。また、インターネットの異性紹介サイト上で、児童を言葉巧みに誘うことも禁止されている（出会い系サイト規制法 6 条）。児童を性交等の相手方になるように出会い系サイト上で誘引し、出会った児童と性交又は性交類似行為を行えば、出会い系サイト規制法違反（100 万円以下の罰金）と県条例の淫行罪に該当する。両者は、併合罪関係にある。規制法における児童への誘引行為は、淫行罪の予備的行為として位置づけられるものであり、児童が性交等の対象にならないように未然に防止することが本来の狙いである。

○コラム 58　児童ポルノと有害図書（不健全図書）

　児童ポルノは、被害児童の尊厳と成長、すなわち福祉を守るために、その概念を設定したものである。したがって、特定の被害者が想定されない「二次元ポルノ」については、その製造・頒布・所持を犯罪として規制する意味合いが異なるものである。東京都青少年健全育成条例は、児童ポルノとは別に、漫画やアニメなどで強姦など犯罪となる性交や性交類似行為のほか、近親者間の性交等を不当に賛美し、誇張する描写物について、不健全図書の指定をし、18 歳未満者への頒布を規制する条項を導入した（7 条 3 号及び 8 条 1 項 2 号）。コミック界を中心に反対の声が湧き起こったが、2010 年改正条例が成立した。これらの表現物に青少年が接することで、青少年の性に関する健全な判断能力の形成が妨げられ、青少年の健全な成長を阻害するお

それがあるものと推断されたからである。ほとんどの自治体に整備された青少年条例は、青少年の閲覧に問題がある描写物をいわゆる有害図書として知事が指定し、有害図書の頒布規制を行っている。過度の残虐表現や差別的表現、犯罪を助長する表現物などと並び、一定の要件を満たす性表現内容も有害図書として指定されてきた。東京都条例は、そこに「二次元ポルノ」もその対象とすることを明記したものである。

3　子どもの健康を害する犯罪

　子どもの福祉の根幹は、生命の安全と健康である。子どもが犯罪の被害にあわないための予防的対応もたしかに子どもを守るという視点から導き出されるが、ここでは、子どもの成長にともなって生じさせる害を福祉阻害としてとりあげる。これには、いくつかの法令がかかわるが、比較的年齢の高い層であってもその保護の対象としている点に特色がある。未成年者とは、現行では20歳未満者をいうので、大学1・2年生の年齢であってもこの保護対象ということになる。したがって、大学入学を機会に、親がわが子に飲酒を勧める行為は、未成年者飲酒禁止法2条2項に該当し科料（1万円未満の金銭的制裁）に処せられる行為となる。居酒屋の店主が事情を知りながら、年齢を確認することなく酒類を提供する場合には、法2条3項に該当し50万円以下の罰金に処せられる。喫煙にしても同様であり、親が子どもの喫煙を黙認したり、買い与えたりすれば、未成年者喫煙禁止法3条1項により科料、コンビニ店員が未成年者にタバコを販売すると法5条により50万円以下の罰金に処せられる。これまで未成年者喫煙禁止法の適用事例はさほど多くはなかったが、全般的な喫煙防止への取組みの強化とともに、平成25年前後には送致件数が激増した（図表22−1参照）。もっとも裁判事案にまで展開するかといえばそうではなく、不起訴になる流れであり、多くは警察及び検察での指導でとどまるか、せいぜい略式命令請求であろう。ただし、1964年の東京オリンピック当時には、同法の適用にともなう一連の家裁判決があることに注目したい。

○コラム 59　家裁の福祉犯判決例（未成年者喫煙禁止法違反）

　大津家裁昭和 39 年 2 月 21 日判決（家庭裁判月報 16 巻 7 号 104 頁）　昭和 37 年 12 月から昭和 38 年 11 月にわたり、16 歳の少年がしばしば喫煙するのを知りながらこれを制止しなかった母親に対して、科料 800 円を言渡した。

　金沢家裁昭和 39 年 4 月 27 日判決（家庭裁判月報 16 巻 9 号 194 頁）　昭和 38 年月中旬から昭和 39 年 2 月中旬まで、16 歳の少年が毎日タバコ「新生」を 5 本程度喫煙しているのを知りながら、これを制止しなかった母親に、科料 900 円が言渡された。

　札幌家裁小樽支部昭和 39 年 5 月 27 日判決（家庭裁判月報 16 巻 11 号 176 頁）　昭和 38 年 8 月下旬から昭和 39 年 3 月中旬まで、16 歳の少年が連日にわたって喫煙するにあたり、その情を知りながらこれを制止しなかった母親は、科料 800 円の刑に処せられた。

　上に示した事案はすべて、親権を行使する母親がその監護権の範囲の中で、わが子が不良行為に走ることを黙認していることに対する警告的な意味合いが強く、またオリンピックをひかえた当時の社会事情との関連性が強い。営業者の側が処罰されたケースとして、名古屋高裁昭和 40 年 3 月 18 日判決（判タ 193 号 202 頁）が参考になる。被告人は、喫茶店のウェイトレスであったが、14 歳と 15 歳の少年客 2 人の求めに応じてピース 3 箱を販売したものであるが、名古屋家裁は昭和 39 年 12 月 18 日において従業員である被告人は処罰対象から除外されるものと判断していたところ、控訴審である名古屋高裁では、販売した者が従業員であろうと同法の規制対象となるものと判示して、罰金刑を言渡している。またさらに現行法 6 条では、行為者が従業員であっても、同店営業者の処罰を可能にする両罰規定を置いている。喫煙にせよ、飲酒にせよ、子どもの成長にとって望ましくない行為を助長することを社会全体で対応する必要がある。自販機による販売は、以前から問題とされてきたが、業界の自主的な取組みによって、自販機販売に制限がかけられている。また神奈川県では「喫煙飲酒防止条例」（2007 年施行）が整備され、和歌山県の「喫煙防止条例」（2008 年施行）と並んで、青少年の喫

煙飲酒防止環境を整える努力をしている。

　また労働基準法は、「年少者」を労働者として使用することを制限しており、原則として 15 歳未満者の使用は、就学に影響しないことや労働基準監督署の監督のもとで例外的に許容されるほかは禁止されている。年少者の保護規定が、第 6 章 56 条以下 64 条までに置かれている。その第 61 条は、18 歳未満者を深夜業務（午後 10 時から午前 5 時。ただし、16 歳以上の男子については交替制などの例外規定はある）に就かせることを禁止するとともに、第 62 条により「危険有害業務」を禁止し、第 63 条で坑内労働を禁止している。

4　子どもの生存そのものを害する犯罪

　近時通報件数が増加して社会の耳目を集めている問題に、児童虐待がある。家庭という外からは見えにくい状況下にあって、子どもにとって、信頼し助けを求める相手であるはずの親から受ける虐待は、ますます深刻化してきている。児童虐待防止法（2000 年）が整備されたことで、児童虐待の概念が以前より明確に定義され（法 2 条）、一般社会においても問題に対する認識が広まった。そのことが、以前にも増して、家庭に潜む虐待の状況を顕在化（早期発見）させ、被害児童の権利利益を守り、児童の福祉を促進させている。警察庁が把握している虐待の種別と検挙件数の推移は、図表 22 - 2 のとおりである。これらのうち身体的虐待と性的虐待事例に顕著な増加が見られるが、身体的虐待には傷害事件だけでなく殺人も含まれている。

　これらの検挙事案に対し、どのような法令が適用されることになるのであろうか。身体的虐待の多くは、傷害罪又は暴行罪、傷害致死罪などが考えられる。図表 22 - 2 の警察庁資料 16 頁によると、平成 30 年の身体的虐待事案 1095 件に対して、傷害罪が最も多く 571 件（このうち傷害致死罪 5 件）、暴行罪が 454 件となっているが、未遂を含む殺人も 52 件記録されている。性的虐待事案については、強制性交等 83 件、強制わいせつ 101 件、児童福祉法違反 23 件となっているほか、児童ポルノ製造など、児童買春児童ポルノ禁止法違反が 14 件ある。怠慢又は拒否事案（いわゆるネグレクト）には、保護責任者遺棄罪や学校教育法違反が適用されている。また心理的虐待事案に

図表 22‐2　児童虐待の態様別検挙状況

	15年	16年	17年	18年	19年	20年	21年	22年	23年	24年	25年	26年	27年	28年	29年	30年	構成比	前年対比	
検挙総数（件）	212	284	275	348	348	357	385	387	421	521	514	740	822	1,081	1,138	1,380	100.0%	242	21.3%
身体的虐待	164	230	209	250	259	255	282	302	305	387	376	564	679	866	904	1,095	79.3%	191	21.1%
性的虐待	29	39	55	75	69	82	91	67	96	112	103	150	117	162	169	226	16.4%	57	33.7%
怠慢・拒否	0	15	11	23	20	20	12	18	19	16	19	15	8	22	21	24	1.7%	3	14.3%
心理的虐待	242	0	0	0	0	0	0	0	1	6	16	11	18	31	44	35	2.5%	-9	-20.5%
検挙人員（人）	241	311	295	382	373	371	407	421	446	539	530	763	849	1,113	1,176	1,419	—	243	20.7%
被害児童数（人）	241	310	290	381	385	382	411	404	441	539	526	757	853	1,108	1,168	1,394	—	226	19.3%
死亡児童数（人）	103	100	83	111	90	98	75	67	72	78	62	53	58	67	58	36	—	-22	-37.9%
被害児童数に占める死亡児童数の割合	42.7%	32.3%	28.6%	29.1%	23.4%	25.7%	18.2%	16.6%	16.3%	14.5%	11.8%	7.0%	6.8%	6.0%	5.0%	2.6%			

（出典：警察庁「平成 30 年における少年非行、児童虐待及び子供の性被害の状況」）

は、その立証に困難がともなうとはいえ、強要罪や脅迫罪の適用が可能である。近年、配偶者間暴力が子どもの前で引き起こされる面前 DV による心理的虐待が児童相談所への通告件数を増加させているが、それだけでは検挙事案化されにくい。

　児童虐待は、逃げ場のない子どもに対して、継続的に繰り返し行われる行為であり、身体的虐待を例にとっても、第三者から被る暴力的被害とは異なるものである。それらの暴力は継続するものではなく、ましてや親によるものではない。通常の暴力に対する法的非難よりも強く非難されてしかるべきであって、その違法性は強い。しかし、現行では特別構成要件は存在しない。せいぜい刑法典上の生命侵害や身体侵害に対する法的非難として構成するほかないのである。「児童虐待罪」や「虐待致死罪」を構成要件を整備して、厳しくその違法性を示す必要があるものと思われる。早急な立法的解決を期待したい。

　児童の福祉を害する犯罪は、以上述べてきたところに尽きるものではな

い。犯罪として構成要件を規定することについては、用語や概念上の難しさもある。事態によっては最終的な刑罰を用いるのではなく、規範のみを訓示的に示すような場合もある。もちろん、既に犯罪構成要件が定立されている場合には、児童の福祉を守るという観点から、慎重に個々の事例にあたらねばならない。

5　事例と解説

> 【事例1】　10歳の女子児童Aが通う小学校の教師X（36歳）は、訪ねてきた児童Aを自宅に泊めてわいせつな行為を教え、児童Aの裸体を撮影した。児童Aは教師Xに以前より憧れを抱いており、自分を特別な子として扱ってほしいとの思いからXの自宅を訪ねたものであるが、Xの言うままに裸になって、Xとわいせつな行為を行った。Xの自宅にあるPCには、他の児童の裸体画像が100枚以上保存されていた。

　Xの行為は、まず児童にわいせつな行為を教えた点については、児童福祉法34条1項9号違反に該当するものと思われるが、平成10年の最高裁判例（前出平成10年11月2日決定）のように、ひろく淫行概念を捉えると、6号の「淫行させる」行為にもあてはまる。もちろん、Aが性行為同意年齢に達していないので、刑法176条（強制わいせつ）の成立する余地もなくはないが、性具を使ってわいせつな行為を教えることを、わいせつ行為そのものとすることには、疑問がある。しかしその後、Xとの間でわいせつな行為を行わせることは、この時点で13歳未満の者を相手にわいせつ行為を行うことであり、176条違反が成立する。

　さらに本件では、児童Aの裸体を撮影した。撮影された画像の中身にもよるが、「殊更に児童の性的な部位（性器等若しくはその周辺部、臀部又は胸部をいう。）が露出され又は強調されているものであり、かつ、性欲を興奮させ又は刺激するもの」（児童買春・児童ポルノ禁止法2条3項3号）であれば、「児童ポルノ」の製造罪（7条4項）に該当し、かつ自ら作成した児童ポルノを自己の性的好奇心を満たす目的で所持したものと認定されることになるで

あろうから、所持罪（7 条 1 項）にも該当することになる。所持罪は、1 年以下の懲役又は 100 万円以下の罰金、製造罪は 3 年以下の懲役又は 300 万円以下の罰金である。両罪の関係は、併合罪として処理される。

　以上から、X は、刑法 176 条違反及び児童買春・児童ポルノ禁止法 7 条 1 項、同 4 項違反が成立し、それらは併合罪関係にある。

　また X が児童 A に対償を与えていれば、児童買春罪（児童買春・児童ポルノ禁止法 4 条）により、5 年以下の懲役又は 300 万円以下の罰金に処せられる。刑法 176 条との関係は観念的競合として処理されることになろう。

　【事例 2】　16 歳の男子 B は、家出をして知人の Y（22 歳）のところに身を寄せたが、アルバイトとして、自分が勤めるホストクラブを紹介した。その際、店長 L には B が 18 歳であるものと偽っていたが、L は 18 歳未満であることをうすうす感じつつも年齢を確認せず、従業員名簿にも記載せずに、客の接待にあたらせていた。B が喫煙することも黙認していたが、アルコールについては売り上げをあげるためもあって積極的に飲酒させた。

　本事例では、監護権のない知人 Y や店長 L が、B をなお未成年であるものと認識しつつ喫煙・飲酒を黙認し助長としていたとしても、未成年者喫煙禁止法違反・同飲酒禁止法違反で処罰することはできない。主体はあくまでも監護権を含む親権の行使者であるからである。ただ、18 歳未満者であることを知りつつ、営業者として B に飲酒させていたことにつき、L は飲酒禁止法違反が問われ得る。また B がホストクラブという「接待飲食等営業」（風俗営業適正化法 2 条 4 項）に従業員として働かせていた L は風俗営業適正化法 22 条 1 項 3 号（18 歳未満者に客の接待をさせることの禁止）に違反し、1 年以下の懲役若しくは 100 万円以下の罰金、又はこれらを併科されることになる（50 条 4 号）。あわせて、店主 L には氏名・年齢・住所等が明記された従業員名簿の保管が義務づけられているので（36 条）、これに反する行為は 100 万円以下の罰金にあたる（53 条 3 号）。法令の適用としては、このほか労働基準法所定の規定に照らして問擬することも可能である。

　店長 L は、労働基準法 62 条 2 項の「福祉に有害な場所における業務」に

Bを従事させたものである。「福祉に有害な場所」とは、年少者労働基準規則8条44号の「酒席に侍する業務」であり、また45号の「特殊の遊興的接客業における業務」であるところ、Bの業務はまさしく45号に該当するものであろう。有害業務に従事させたLは、6月以下の懲役又は30万円以下の罰金を科されることになるが、あわせて、年少者の戸籍証明書の保管義務（57条）違反でもあるので、30万円以下の罰金（120条1号）が科されることにもなる。風俗営業適正化法との関係は、択一的法条競合であるので、Lへの刑事規制は風俗営業適正化法の範疇で対処されればよい。Yには、道義的責任があるとは言え、風俗営業適正化法にいう営業者ではないので、法的責任を負わせられない。他方、店長Lは、同法22条1項3号違反及び同6号違反、並びに同法36条の2の罪が成立する。未成年者飲酒禁止法1条3号違反については、風俗営業適正化法22条1項6号違反に吸収される。

> **【事例3】**　8歳の女子児童Cは、行動が遅く手のかかる子であり、これまでも何度か苛立った母親Yの同居人Zから殴られたことがある。5歳のとき、骨折して病院に連れて行かれ、その後児童相談所で保護されたこともあった。しかしZの暴力をYは阻止することもなく、むしろZとの関係をつづけるために容認していた。怪我の絶えないCは、学校にも行かせてもらえず、訪ねてきた学校教師には、親戚に預けていると嘘を言ってごまかしていたところ、栄養失調で意識不明となり、死亡した。

本事例のCは、同居人Zから何度かにわたって殴られており、5歳のときには骨折までしている。このときZの暴行につき、傷害罪の適用が可能であった。児童相談所のかかわり方も関係するが、何より母親Yが事件をおさめてしまうことは優に考えられることである。学校に通うことで、被害が顕在化することもあるのだが、ほぼ監禁状況にあるとすれば、この状態をもって監禁罪の成立もありうるし、学校教育法における「就学させない罪」も成立させ得よう。結果として、栄養失調の状態を招来して死亡させるに至っているのであるから、少なくとも母親Yには、保護責任者遺棄致死罪の罪責は免れない。同居人Zは、Cの死亡について暴行や監禁との因果関係

の立証問題があるとはいえ、傷害致死罪の責任を問うことができよう。いずれにせよ、こうした事態を惹起させないように、児童虐待防止法が整備されたのであろうから、病院や学校、そして児童相談所といった多機関が情報を共有して事件を未然に防止することが必要である。そのためには、暴行監禁状態下にある段階で、警察の協力体制も重要であろう。

　以上まとめると、母親 Y は、C の死亡につき刑法 219 条（保護責任者遺棄致死罪）及び個々の暴力事件の共犯者として刑法 204 条（傷害罪）、並びに学校教育法違反が問われることになる。これらはすべて併合罪関係にある。また同居人 Z には、個々の暴力事件について刑法 204 条が、そして C の死を招いた因果関係の立証が必要であるが、刑法 205 条（傷害致死罪）の罪が成立する。219 条の罪については、親権行使者でない以上保護責任者とは言い難いので対象外であるが、法定刑では、保護責任者遺棄致死罪も傷害致死罪も同一であるので、205 条の罪でもって対処できればよいことになる。204条と 205 条の関係は、個々の暴力事件の傷害罪と死に直接つながる暴力行為とその放置とを別々に評価すると、併合罪関係になる。

参考文献

・安部哲夫『新版青少年保護法（補訂版)』（成文堂、2014 年）
・園田　寿＝曽我部真裕『改正児童ポルノ禁止法を考える』（日本評論社、2014 年）

（安部哲夫）

第23講◆親密領域に関する犯罪

キーワード

法は家庭に入らず／つきまとい等／ストーカー行為／警告／禁止命令／
ドメスティック・バイオレンス(DV)／保護命令(接近禁止命令、電話等禁
止命令、退去命令)

関連法令

軽犯罪法／迷惑防止条例／ストーカー規制法／配偶者暴力防止法

1 親密領域と法的介入

1 「法は家庭に入らず」

親密領域に関する犯罪とは、たとえば男女間のトラブルや家庭内のいさか
い、子どもへの虐待など、被害者と加害者の間に密接な関係性があり、その
関係性の中で、あるいはその関係性が破綻した後に行われる犯罪行為の総称
である。こうした類の犯罪に対して、我が国の捜査機関は長らく「民事不介
入」あるいは「法は家庭に入らず」の原則を徹底し、積極的に介入すること
を避けてきた（安部哲夫2003年、末尾文献参照、園田寿2000年、末尾文献参
照）。刑法典にも、そうした「不介入主義」の名残は残されている。

2 親族相盗例

刑法典に残されている不介入主義の例として、親族相盗例（刑法244条）
があげられる。親族相盗例は、親族間で行われた窃盗等の特例を定めた規定
である。本来、他人の財物を窃取した者は窃盗（刑法235条）の罪に問われ、
10年以下の懲役又は50万円以下の罰金に処されるべきところ、それが配偶
者・直系血族又は同居の親族との間で行われた場合は、例外的に刑が免除さ
れるのである。これは、「法は家庭に入らず」の思想に基づく「不介入主義」

の具体化であり、家庭内の紛争に国家は干渉せず、親族間の財産上の紛争は親族間の処分に委ねる方が望ましいという政策的な理由に基づくものと解されている（最決平成 20 年 2 月 18 日刑集 62 巻 2 号 37 頁）。

3 「不介入主義」からの脱却

　上記のような「不介入主義」は、日本国憲法の掲げる個人の権利や自由を保障する上で重要な役割を果たしてきた。特に戦後民主主義の流れの中で、警察が個人の領域に干渉しすぎることのないよう警察権の濫用を防いできたのである（園田・前掲 2 頁）。しかし、警察の謙抑的な対応が加害者の行為をエスカレートさせ、場合によっては重大な事件に発展するなど、逆に個人の権利や自由が侵害されるケースが目立つようになった。とりわけ親密領域で行われる犯罪は、その閉鎖性の故に発見が遅れ、取り返しのつかない甚大な結果が生ずる危険性が高かった。

　こうした事態に対応すべく成立したのが、「ストーカー行為等の規制等に関する法律」（以下、ストーカー規制法）、「児童虐待の防止等に関する法律」（児童虐待防止法）、「配偶者からの暴力の防止及び被害者の保護に関する法律」（以下、配偶者暴力防止法）である。本稿では、このうち「ストーカー規制法」及び「配偶者暴力防止法」について説明する。

2　ストーカー規制法

1　ストーカー規制法の成立

　2000 年 5 月 24 日に公布され、同年 11 月 24 日に施行された「ストーカー規制法」（平成 12 年法律第 81 号）は、前述の通り、従来の不介入主義に一石を投じる法律であった。もちろん、既存の法律によっても、ストーカーによる加害行為に対して一定の刑事法的対応をとることは可能であった。たとえば、行為の態様によっては、殺人罪、傷害罪、脅迫罪等の刑法による処罰の対象となり、のぞきやつきまとい等は窃視や追随等の罪として軽犯罪法による規制の対象ともなり得る（瀬川晃「ストーキングと刑事規制」産大法学 34 巻 3 号 113 頁〈2000〉）。また、各都道府県の迷惑防止条例等において、つきま

といや文書・電話等による嫌がらせを刑事規制の対象として定める例もあった（安部・前掲 67 頁、瀬川・前掲 116-117 頁）。

　しかし、既存の刑事法的対応は、ストーカー行為がエスカレートして手遅れになった段階で初めて可能な場合も少なくなく（殺人罪はその最たる例である）、つきまとい等それ自体を対象とした規定であっても、前述の不介入主義の影響の下、迅速な対応がとれないケースが相次いだ。その間にも各都道府県警察におけるつきまとい等の相談件数は増加の一途を辿り、それに対する有効な対策も見出せない中、すでに全国的な問題となっていたストーキング行為について、都道府県レベルではなく、国レベルで早急に対応する必要性が叫ばれていた（瀬川・前掲 117 頁）。一方、そうしたストーキング行為の中には、必ずしも既存の法律で処罰の対象とならない行為も含まれていたため、それらを規制することは憲法上の権利や自由との関係で困難であるともみられていた（瀬川・前掲 115 頁、園田・前掲 2 頁）。

　そうした中で起きたのが、埼玉県桶川市の女子大生刺殺事件（以下、桶川事件）である。桶川駅前で女子大生が元交際相手の兄らに刺殺されたこの事件は、ストーカー被害の象徴的なケースとしてセンセーショナルに報道され、ストーカーに対する市民の関心や不安が一気に高まった。この事件を受けて法整備の流れが加速し、市民の安全に対する要請に応える形で成立したのが「ストーカー規制法」である。本法には、多種多様な方法で繰り返されるストーキング行為を規制し、それらの行為が重大犯罪へとエスカレートすることを未然に防ぐ様々な施策が用意されている。

◯コラム 60　桶川事件とは

　1999 年 10 月 26 日、埼玉県桶川市の桶川駅前で起きた殺人事件。被害者の女子大生は、元交際相手に中傷ビラをまかれたり、インターネット上に個人情報を載せられたりした上、被害者の父親の勤務先にまで中傷文書が届くなど、執拗なストーキングや嫌がらせ行為を受けていた。被害者は家族とともに何度か警察に相談したが、当時警察は「民事不介入」を理由に十分な捜査を行わなかった。その後、女子大生は元交際相手の兄らによって桶川駅前で刺殺された。3 か月後、ストーキングを行っていた元交際相手の男

は自殺し、男の兄らは殺人罪でそれぞれ有罪判決を受けた。また、この事件を担当した警察官 3 名も懲戒免職処分となった。後に遺族が当時の警察の対応を不服として国家賠償請求訴訟を行ったことでも知られている。

　この事件は、ストーカー規制法制定の契機となっただけでなく、当時の警察の対応や報道の在り方など刑事政策の多岐にわたる問題を提起した点でも重要である。

2　ストーカー規制法の改正

　2000 年に制定されたストーカー規制法は、ストーカー事案への対策として重要な役割を果たしてきたが、その後もストーカー事案は相次ぎ、法制定当初は予想もしていなかった数々のケースに対応するため、法は改正を迫られた。とりわけ 2011 年 12 月に長崎県西海市で起きた殺人事件（西海事件）と翌年 11 月に神奈川県逗子市で起きた殺人事件（逗子事件）は、従来のストーカー規制法の対象範囲の不備や各都道府県警察間の連携不足を露呈するものであった（横山佳祐「ストーカー行為等の規制等に関する法律の一部を改正する法律について」捜査研究 793 号 17 頁〈2017〉）。これを受けて、2013 年 6 月に議員立法によって法改正がなされ、電子メールの連続送信が規制対象として追加されるとともに、禁止命令等を行える公安委員会等の拡大等の措置が講じられた。また、改正法附則 5 条には、さらなる法改正を含む全般的な検討を行うこと（同条 1 項）や、その検討を行う際、政府は協議会の設置等の措置を講ずること（同条 2 項）が定められた（改正の経緯については、種谷良二「ストーカー行為等の規制等に関する法律の一部を改正する法律について」警察学論集 70 巻 1 号 2-3 頁〈2017〉参照）。

　一方、警察庁においてもストーカー対策に向けた動きが加速し、2013 年12 月に「人身安全関連事案に対処するための体制の確立について（通達）」（平成 25 年 12 月 6 日付警察庁丙生企発第 132 号等）及び「恋愛感情等のもつれに起因する暴力的事案への迅速かつ的確な対応の徹底について（通達）」（平成 25 年 12 月 6 日付警察庁丙生企発第 133 号等）が発され、ストーカー事案等の人身安全関連事案への取組みが強化された（篠崎真佐子「ストーカー対策の

現状と課題」警察学論集 70 巻 1 号 65 頁及び 68 頁以下〈2017〉）。また、2014 年
10 月には、全閣僚がメンバーである「すべての女性が輝く社会づくり本部」
において「すべての女性が輝く政策パッケージ」が策定され、ストーカー対
策の抜本的強化に向けた総合対策を打ち出すことになった。これを受けて、
翌年 3 月のストーカー総合対策関係省庁会議において「ストーカー総合対
策」が取りまとめられた（篠崎・前掲 71 頁以下。同総合対策は、2017 年 4 月に
改訂されている）。

　このほか、前述の改正法附則 5 条を受けて、警察庁はストーカー規制法の
改正を視野に入れた有識者検討会を計 8 回開催し、その提言として「ストー
カー行為等の規制等の在り方に関する報告書」をまとめた（同報告書の詳細
は、ストーカー行為等の規制等の在り方に関する有識者検討会「ストーカー行為
等の規制等の在り方に関する報告書」〈2014〉参照）。同報告書の内容を踏まえ、
2016 年 12 月 14 日に「ストーカー行為等の規制等に関する法律の一部を改
正する法律」（平成 28 年法律第 102 号）が公布され、2017 年 1 月 3 日に一部
を除いて施行、同年 6 月 14 日に全面施行されている。本改正は、規制対象
行為の拡大から禁止命令・罰則制度の見直し、ストーカー行為等に係る情報
提供の禁止、ストーカー行為等の相手方に対する措置やストーカー行為の防
止等に資するための措置に至るまで、従来指摘されていた様々な問題点に対
応するものであった。

　以下では、改正法の規定に基づき、ストーカー規制法の内容を概観する。

　◯**コラム 61　逗子事件とは**

　2012 年 11 月 6 日、神奈川県逗子市で被害者が元交際相手の男に殺害
された。事件を起こした元交際相手は、被害者に対する脅迫罪により保護観
察付執行猶予を受けている最中であった。それにも関わらず、男は再び大量
のメールを送りつけるようになり、不安を感じた被害者は警察に相談した
が、当時のストーカー規制法では電子メールの連続送信は規制対象外であっ
た。

　事件前、被害者は警察を通じて DV 等支援措置を申し出て、市に対して
個人情報の閲覧制限を要請していた。しかし、男は探偵業を営んでいた第三

者を通じて市役所から被害者の自宅の情報を取得し、翌日、同自宅に赴いて被害者を殺害した。その後、男は自殺している。

　この事件を巡っては、警察が逮捕状読み上げの際に被害者の結婚後の姓や住所の一部を読み上げたことや、市の職員が被害者の夫を装った第三者に住所を漏えいしたことが明らかになり、こうした警察や自治体の対応に大きな批判が寄せられた。事件後、市は遺族から提訴され、国家賠償法 1 条 1 項に基づく損害賠償の支払いを命じられている。

　この事件（及び前年に起きた西海事件）を受けて、2013 年 6 月、議員立法によりストーカー規制法が改正され、電子メールの連続送信が規制対象に追加されるとともに、禁止命令等をすることができる公安委員会等も拡大された。また、警察庁はストーカー事案について逮捕状請求の段階から個人情報の取り扱いに配慮するよう都道府県警に通達（平成 24 年 12 月 20 日警察庁刑企発第 239 号）を出すとともに、保護観察付執行猶予者の動向に関し保護観察所と連携を図るよう指示した。

3　ストーカー規制法の概要

(1)　法の目的

　ストーカー規制法の目的は、ストーカー行為等について必要な規制を行うとともに、その相手方に対する援助の措置等を定めることにより、個人の身体、自由及び名誉に対する危害の発生を防止し、あわせて国民の生活の安全と平穏に資することである（ストーカー規制法 1 条、以下、「法」と記載）。ストーカー行為等の特徴は、その行為自体は必ずしも既存の法令で処罰の対象とはならないが、特定の者に対して繰り返し行われることによって、その相手方に不安を覚えさせるとともに、行為が次第に（ないし急速に）エスカレートして、相手方の身体（生命を含む）や自由又は名誉に対する重大な危害を与える危険性を有する点である。そのため、当該行為がエスカレートすることを未然に防ぎ、国民が安全かつ平穏に暮らせるように、ストーカー規制法は罰則による事後的介入だけでなく、行政措置を通じた予防的介入の制度を設けている（改正法の詳細については、高野磨央「ストーカー行為等の規制等に関する法律の一部を改正する法律の逐条解説等について」警察学論集 70 巻 1 号

〈2017〉参照)。

(2) 法の規制対象

　法が規制対象としている行為は、「つきまとい等」と「ストーカー行為」の2つである。「つきまとい等」の行為を同一の者に対して反復して行った場合は、「ストーカー行為」となる (法2条3項)。つまり、「つきまとい等」はストーカー行為の前段階、いわば基本となる行為類型であり、以下の8つに分類される (法2条1項1〜8号)。各号の行為は、いずれも特定の者に対する恋愛感情その他の好意の感情又はそれが満たされなかったことに対する怨恨の感情を充足する目的で行われる必要がある。

　　①つきまとい、待ち伏せ、立ちふさがり、見張り、押しかけ、うろつき (1号)
　　②行動を監視していると告げる行為 (2号)
　　③面会・交際等の要求 (3号)
　　④著しく粗野又は乱暴な言動 (4号)
　　⑤無言電話、拒まれたにもかかわらず連続電話、ファックス・電子メール・SNS 等の連続送信 (5号)
　　⑥汚物、動物の死体等の送付 (6号)
　　⑦名誉を傷つける行為 (7号)
　　⑧性的羞恥心の侵害 (8号)

　上記のうち、住居等付近のうろつき及び SNS 関連の規定は、2017年の改正で規制対象に追加されたものである。特に SNS を利用したつきまとい等については、近年の科学技術の進歩に伴うコミュニケーション手段の変化等に対応した改正となっている。相手方に拒まれたにもかかわらず、連続してSNS によるメッセージ等を送信することのほか、たとえばブログ等の個人のページに連続してコメント等を送ることも規制の対象となる。

　ところで、ストーカー事案の特徴は、行為者が恋愛感情等を抱く特定の相手方だけでなく、その周りの者も標的となる危険性がある点である。実際、西海事件では、つきまとい等の行為がエスカレートした結果、ストーカー被害を受けていた女性の母親と祖母が殺害されている。また、桶川事件のように、家族の職場に中傷ビラがまかれるケースもある。そのため、当該特定の者のほか「その配偶者、直系若しくは同居の親族その他当該特定の者と社会

生活において密接な関係を有する者」(いわゆる密接関係者) も行為の客体に含めている (法 2 条 1 項)。

　法は、上記の 8 つの行為を行政措置の対象としている。ただし、法が禁止しているのは、単なる「つきまとい等」ではなく、「つきまとい等」をして、その相手方に不安を覚えさせる行為である (法 3 条)。上記 8 つの行為のいずれかを行い、相手方に対して一定の不安を覚えさせた場合には、「警告」や「禁止命令」といった行政措置の対象となる。

(3)　行政処分①警告

　「警告」(法 4 条) は、行為者が「つきまとい等」をして相手方に不安を覚えさせ (3 条違反行為)、さらに反復して当該行為をするおそれがあるとき、被害者からの申出に基づいて、警察本部長等が行う行政指導である。さらに反復して当該行為をしないよう行為者の自発的な行為の中止を求めるものであり、通常は警告書を交付して行う (文書警告)。行政指導である以上、行為者に対する法的拘束力はなく、違反した場合の罰則はない。

　ストーカー事案の現場で行われる警告には、ストーカー規制法による文書警告のほかに、警察が事実上行っている指導警告 (口頭注意など) も存在する。2013 年 4 月から 6 月にかけて警察がいずれかの警告を行った場合、その約 8 ～ 9 割に効果が見られ、警告を受けた行為者の大半が行為を止めているという (ストーカー行為等の規制との在り方に関する有識者検討会・前掲報告書 6 頁)。

(4)　行政処分②禁止命令

　「禁止命令」(法 5 条) は、行為者が 3 条違反行為を行い、さらに反復して当該行為をするおそれがあるとき、被害者からの申出又は職権により、公安委員会が発する行政処分である。同命令によって「さらに反復して当該行為をしてはならないこと (法 5 条 1 項 1 号)」及び「さらに反復して当該行為が行われることを防止するために必要な事項 (法 5 条 1 項 2 号)」を命ずることができ、同命令に違反した場合には罰則の対象となる (ただし、罰則の対象となるのは 1 号に係る命令違反のみ)。

　2017 年の改正により警告前置制度が廃止され、警告を経ずに禁止命令を発することができるようになり (法 5 条 1 項)、これまで禁止命令を発する際

に必要だった事前の聴聞手続も、緊急の場合には事後的な意見聴取の手続に替えることが可能となった（緊急禁止命令、法5条3、4項）。さらに、禁止命令等をはじめ公安委員会の権限に属する事務を警察本部長等に委任できるようになった（法17条）。一連の改正は、事態が急展開して重大な事件に発展する危険性のあるストーカー事案に対し、より迅速かつ効果的な対応をすることを目的としたものである。一方、3条違反行為の反復のおそれがなくなった行為者に対して、いつまでも禁止命令の効力を存続させるのは行為者の法的地位を鑑みても適当ではないため、同命令に有効期間を設け、1年ごとの更新制とした（法5条8～10項）。

(5)　刑事処分

ストーカー規制法は、警告や禁止命令といった行政措置だけでなく、一定の行為を犯罪として刑罰を科すことも予定している。すなわち、「禁止命令違反罪（法19条、20条）」と「ストーカー行為罪」（法18条）である。

①　禁止命令違反罪（法19条、20条）

禁止命令違反罪は、文字通り、禁止命令に違反した場合の罰則である。ただし、処罰の対象となるのは、法5条1項1号（「更に反復して当該行為をしてはならない」）に違反した場合のみである。罰則の内容は、ストーカー行為に係る禁止命令等違反罪については、2年以下の懲役又は200万円以下の罰金（法19条）である。法19条1項は、禁止命令等を受けた者が、さらに反復して当該行為（3条違反行為）を行い、それがストーカー行為となる場合の規定である。一方、同条2項は、禁止命令等を受けた者が、さらに当該行為（3条違反行為）を行い、それが禁止命令等を受ける前の行為から通じてストーカー行為と評価される場合の規定である。また、法20条は、上記以外の禁止命令等違反罪について、6月以下の懲役又は50万円以下の罰金を定めている。本条は、いわば純粋な禁止命令違反罪であり、禁止命令後はもちろん、禁止命令を受ける前の行為から通じて評価してもストーカー行為に該当しない場合に適用される（檜垣重臣『ストーカー規制法解説〔改訂版〕立花書房（2006）87-90頁参照』）。

②　ストーカー行為罪（法18条）

法2条で規制対象とされた「つきまとい等」の8つの行為（法2条1項1

～ 8 号）のいずれかを反復して行った場合は「ストーカー行為」と認定さ
れ、「ストーカー行為罪」（法 18 条）として処罰の対象となり（ただし、法 2
条 1 項 1 号から 4 号及び 5 号の一部行為については「不安方法」が必要。後述参
照）、1 年以下の懲役又は 100 万円以下の罰金が科せられる。本罪は行政措
置を経ることなく科される直罰規定であり、謙抑主義の観点から、可能な限
り処罰範囲を画定させる必要がある（佐野文彦「ストーカー行為罪に関する解
釈論と立法論の試み」東京大学法科大学院ローレビューvol. 10、4 頁）。

　この点、問題となるのが「反復して」の解釈である。判例は、「ストーカ
ー規制法 2 条 2 項（現在は 2 条 3 項）にいう「反復して」の文言は、つきま
とい等を行った期間、回数等に照らし、おのずから明らかとなるものであ」
るとして、その「期間や回数等」に照らして反復性を判断することとしてい
る（最判平成 15 年 12 月 11 日刑集 57 巻 11 号 1147 頁）。たとえば、「つきまと
い等」を 3 度行ったケースを想定した場合、判例の解釈に従えば、間隔をあ
けて「つきまとい等」を 3 度行うよりも、間髪入れずに 3 度連続して「つき
まとい等」を行う場合の方が、反復性は高いといえるだろう（佐野・前掲 11
頁）。つまり、反復性は形式的に判断し得るものではなく、その期間及び回
数等を総合的に勘案した上で決せられるべきものである。

　ところで、法は「つきまとい等」の行為を単に反復しただけで「ストーカ
ー行為」と認定しているわけではなく、一定の限定を設けている。具体的に
は、法 2 条 1 項 1 号から 4 号までの行為及び 5 号の電子メールの送信等に係
る行為については、それが「身体の安全、住居等の平穏若しくは名誉が害さ
れ、又は行動の自由が著しく害される不安を覚えさせるような方法（以下、
「不安方法」）により行われた」場合のみ、それを反復して行うことを「スト
ーカー行為」と呼ぶのである。そこで、「不安方法」の解釈が問題となるが、
この点、大阪高裁は「ストーカー行為の相手方となった者をして、通常、そ
の身体の安全等が害されるという不安、言い換えると、身体の安全等に関し
ていかなる危害を加えられるかも知れないという不安を覚えさせるような方
法一般をいう」とし、具体的には「行為者と被害者との人的関係、行為の具
体的態様、それにより被害者に告げられた内容、同種行為の回数や頻度、更
には、警察による警告や禁止命令との前後関係などを総合的に勘案して決す

べきもの」と判示している（大阪高判平成 16 年 8 月 5 日研修 677 号 105 頁）。
本判決によれば、「不安方法」に該当するか否かは、そのような境遇に立た
された被害者が通常どう思うかを基準に、上記に掲げた加害者との関係性や
行為態様等を総合的に勘案して判断することになる（高野磨央「ストーカー
規制法に係る裁判例の概観」警察学論集 70 巻 3 号 51 頁〈2017〉）。

　このほか、「不安方法」は「当該行為の時点で相手方がそれを認識してい
たかどうかを問わず、相手方が当該行為を認識した場合に相手方に上記不安
を覚えさせるようなものかどうかという観点から判断すべきもの」と解され
ている（東京高判平 24 年 1 月 18 日判例時報 2199 巻 142 号）。したがって、被
告人が被害者に知られないように「つきまとい等」を行ったとしても、被害
者がそれを知れば不安を覚えるのが通常であると認められる場合には、「不
安方法」に該当する（ストーカー行為罪における反復性や不安方法に関する詳細
な考察として、佐野・前掲 10-30 頁参照）。

　2007 年の改正によって、ストーカー行為罪は非親告罪化されるとともに、
同罪と禁止命令等違反罪の法定刑が引き上げられた（法 18 〜 20 条）。

　ストーカー規制法は、このほかにも、ストーカー行為等の被害者に対する
援助等の措置やストーカー行為等にかかる情報提供の禁止、ストーカー行為
等の防止に資するための措置など関係諸機関の連携を前提とした様々な規定
を設け、ストーカー被害の防止及び国民生活の安全と平穏に資することとし
ている。

4　ストーカー事案の現状と今後の課題

　全国の警察署等で受理したストーカー事案（執拗なつきまといや無言電話等
のうち、ストーカー規制法やその他の刑罰法令に抵触しないものも含む）の相談
等件数は、2011 年を境に急増しており、同年 14,618 件であったものが、
2013 年以降は毎年 2 万件を突破している。2018 年は 21,556 件で、前年に比
べ 1,523 件減少（前年比 − 6.6%）したものの、引き続き高い水準で推移して
いる（図表 23 - 1 参照）。

　ストーカー規制法に基づく行政措置の内訳をみると、2016 年以降、警告
が減少する一方、禁止命令が急増していることがわかる（図表 23 - 2 参照）。

2017 年の改正法施行により、警告前置制度が廃止されるとともに、緊急禁止命令が可能になったことも影響しているとみられる。

　また、ストーカー規制法違反の検挙件数の内訳をみると、2018 年にはストーカー行為罪が 762 件、禁止命令違反罪が 108 件である。ここ 5 年間の統計をみると（図表 23‐3 参照）、2017 年まではストーカー行為罪が圧倒的多数（95％以上）を占めていたが、2018 年は 9 割に届かなかった。前年の改正法施行の影響により、禁止命令の発動件数が急増するに伴い、禁止命令違反罪による検挙件数も増加したためと考えられる。

　2018 年のストーカー事案の相談等件数の内訳は、次の通りである。被害者が女性の事案は 18,949 件（87.9％）、男性の事案は 2,607 件（12.1％）であり、ここ 5 年間の統計をみても、女性の被害者からの相談等が 9 割弱を占めている。とはいえ、その割合は少しずつ減少しており、それに伴い、男性の被害者からの相談等が増加傾向にある（2013 年の 9.7％から 2018 年には 12.1％へ）。ストーカーに対する認識が深まるにつれ、女性だけでなく男性からも被害を訴えやすい環境が整いつつあるとも考えられ、今後の傾向を注視すべきである。

　次に、ストーカー事案における被害者・加害者の関係性に目を向けると、交際相手（元含む）の場合が 9,323 件（43.3％）、配偶者（内縁・元含む）の場

図表 23‐1　ストーカー事案の相談等件数の推移

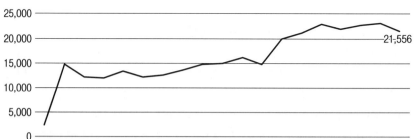

※ 2000 年については、ストーカー規制法の施行日（2000 年 11 月 24 日）以降の件数である。
出典：警察庁生活安全局生活安全企画課・刑事局捜査第一課（平成 31 年 3 月 28 日）「平成 30 年におけるストーカー事案及び配偶者からの暴力事案等の対応状況について」https://www.npa.go.jp/safetylife/seianki/stalker/H30taioujoukyou_shousai.pdf（2019 年 6 月 12 日最終閲覧）

合が 1,667 件（7.7％）である（図表 23 - 4 参照）。ここ 5 年間の統計をみると、相談等件数に占める交際相手（元含む）・配偶者（内縁・元含む）の割合は減少傾向にあるが、なお過半数を超えており、被害者と加害者との間に親密な

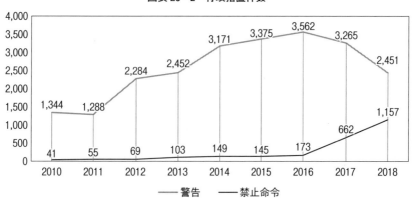

図表 23 - 2 行政措置件数

出典：警察庁生活安全局生活安全企画課・刑事局捜査第一課〈平成 31 年 3 月 28 日〉「平成 30 年におけるストーカー事案及び配偶者からの暴力事案等の対応状況について」https://www.npa.go.jp/safetylife/seianki/stalker/H30taioujoukyou_shousai.pdf（2019 年 6 月 12 日最終閲覧）

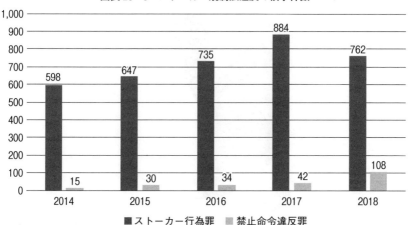

図表 23 - 3 ストーカー規制法違反の検挙件数

出典：警察庁生活安全局生活安全企画課・刑事局捜査第一課〈平成 31 年 3 月 28 日〉「平成 30 年におけるストーカー事案及び配偶者からの暴力事案等の対応状況について」https://www.npa.go.jp/safetylife/seianki/stalker/H30taioujoukyou_shousai.pdf（2019 年 6 月 12 日最終閲覧）

関係性のあるケースが多い点もストーカー事案の特徴といえる。このほか、知人・友人の事案が 2,762 件（12.8％）、勤務先同僚・職場関係者での事案が 2,786 件（12.9％）であり、被害者と加害者の間に面識がないケースは、1,617 件（7.5％）である。

　ストーカー事案に対して有効な対策を講じるためには、それが密接な関係性の中で行われやすい犯罪であることを理解する必要がある。そうした関係性を踏まえながら、被害者に対して多方面から支援を行うことはもちろん、加害者に対してもその行為をエスカレートさせないための様々な働きかけを行う必要があるだろう（太田達也 2016 年、小早川明子 2016 年、末尾文献参照）。ストーカーによる被害を最小限に止めるためには、関係諸機関と連携の上、できるだけ早期の段階で厳正な措置と必要な支援とを組み合わせながら、事案の根本的な解決を図らなければならない（機関連携の課題については、安部哲夫 2019 年、232 頁以下末尾文献参照）。

図表 23 - 4　相談等件数の内訳（2018）─被害者と加害者の関係性─

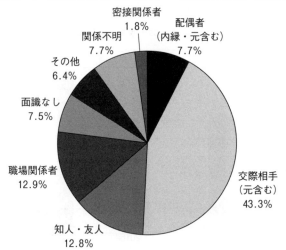

※「密接関係者」とは、恋愛感情等の対象となった者の家族や友人等が被害を受けた場合をいう。
出典：警察庁生活安全局生活安全企画課・刑事局捜査第一課〈平成 31 年 3 月 28 日〉「平成 30 年における
　　　ストーカー事案及び配偶者からの暴力事案等の対応状況について」https://www.npa.go.jp/safetylife/
　　　seianki/stalker/H30taioujoukyou_shousai.pdf（2019 年 6 月 12 日最終閲覧）

3 配偶者暴力防止法

1 配偶者暴力防止法の成立

　配偶者暴力防止法もストーカー規制法と同様に、従来の「法は家庭に入らず」の原則とは一線を画しつつ、被害の未然防止のために公的機関の予防的介入を可能にする新しい法律である。

　1980年代以降、世界各国で女性に対する暴力の撤廃に向けた様々な宣言が打ち出され、特に1995年9月に北京で開催された「第4回世界女性会議」では、女性に対するあらゆる暴力の根絶へ向けた取組を推進する「北京宣言」及び「行動綱領」が採択された。さらに、2000年6月の国連特別総会「女性2000年会議」においては「北京宣言及び行動綱領実施のための更なる行動とイニシアチブ」が採択され、あらゆる形態の配偶者からの暴力（ドメスティック・バイオレンス、以下、DV）に対応するための法律の制定等が各国に求められた（南野知惠子ほか『詳解改正DV防止法』ぎょうせい6頁〈2004年〉、安部・前掲67頁以下）。

　こうした流れを受けて、我が国においても、1996年に女性への暴力を人権問題と位置づける「男女共同参画2000年プラン」が発表され、1999年に初めて総理府（当時）による「男女間における暴力に関する調査」が実施された（以後3年毎に実施）。こうした実態調査を経て、女性に対する暴力の現状が明らかになるにつれ、それに対する対策の必要性が認識されるようになった。2000年4月には超党派の議員による「女性に対する暴力に関するプロジェクトチーム」が発足され、このプロジェクトチームを中心に度重なる検討を行った（以上の経緯については、南野ほか・前掲4頁以下参照）。同チームによって策定された新たな法律案をもとに、2001年4月13日に公布され、同年10月13日に施行（一部は翌年4月1日に施行）されたのが「配偶者暴力防止法」である。

2 配偶者暴力防止法の改正

　配偶者暴力防止法は、これまでに3度の改正を経ている（改正の経緯及び

詳細については、宮園久栄「DV 防止法制定から 14 年　DV 防止法はどこへ向かうのか―被害者の保護を目指して―」被害者学研究 25 号 60 頁以下〈2015〉、村松秀樹『平成 25 年配偶者暴力防止法改正に伴う保護命令制度の改正の概要』法律のひろば 20 頁以下〈2013〉参照)。

　2004 年の改正では、それまで身体的暴力に限定されていた「配偶者からの暴力」に精神的暴力や性的暴力が追加され、原則として婚姻関係にある者(事実婚も含む)だけを対象としていた「配偶者」の中に、離婚後の元配偶者も含まれるようになった。これにより、離婚後も保護命令の申立てが可能になったほか、退去命令の期間や接近禁止命令の範囲の拡大など保護命令制度の拡充が図られるとともに、被害者の自立支援や外国籍・障害のある被害者への配慮についても明記された。

　2007 年の改正では、さらなる保護命令制度の拡充が図られ、生命等に対する脅迫を受けた被害者も保護命令の対象とされた。このほか、禁止行為として電話やメール等による接触も追加され、被害者の親族等への接近禁止命令も可能となった。また、市区町村に対して配偶者からの暴力防止及び被害者の保護のための施策に関する基本計画の策定や支援センターの設置を促す努力義務が規定された。

　2013 年の改正においても保護命令等の拡充が図られ、「生活の本拠を共にする交際相手」(元含む)からの暴力やその被害者も、本法の対象に含まれることになった。これは、「交際相手」という概念の不明確さやストーカー規制法との棲み分けの困難さから長年見送られてきた部分であった。しかし、2011 年、元交際相手から暴力を受け、その被害を警察に訴えていた女性の家族 2 名が殺害される西海事件が起こったことで、生活の本拠を共にする交際相手からの暴力に対しても、配偶者間の暴力と同様に捉え、配偶者暴力防止法の規定を準用する法改正が実現したのである。

　以下、改正法の規定をもとに、配偶者暴力防止法の内容について概観する。

3　配偶者暴力防止法の概要

　本法における「配偶者」には、前述の通り、事実婚の相手や元配偶者も含

まれる。これらの者に加え、「生活の本拠を共にする交際相手（元含む）」も、保護命令等の対象となる（配偶者暴力防止法28条の2、以下「法」と記載）。また、男女の別を問わず、DVの被害者として本法による保護の対象となる（現行法の内容を一般読者にもわかりやすく伝えるものとして、内閣府男女共同参画局『STOP THE 暴力—配偶者からの暴力で悩んでいる方へ—』〈平成28年度改訂版〉参照）。

　本法における「暴力」には身体的暴力のみならず、精神的・性的暴力も含まれるが、保護命令の申立てができるのは、身体に対する暴力又は生命等に対する脅迫行為を受けた被害者のみである（法10条、12条）。

　身体に対する暴力を受けている被害者または生命等に対する脅迫を受けた被害者が、配偶者からの（さらなる）身体に対する暴力により、その生命または身体に重大な危害を受けるおそれが大きいときは、当該被害者の申立てにより、裁判所は配偶者に対し、「保護命令」を出す。

　「保護命令」の内容は、次の3種類に大別される。第一に、「接近禁止命令」であり、被害者の身辺につきまとったり、被害者の住居や勤務先等の付近をはいかいしたりすることを禁ずるものである（法10条1項1号）。2004年及び2007年の改正によって、一定の要件の下で、被害者と同居する子（法10条3項）や被害者の親族等（法10条4項）に対する接近禁止命令も可能になった。接近禁止命令の期間は6か月である。

　第二に、「電話等禁止命令」である（法10条2項各号）。具体的には、被害者に対する面会の要求、監視の告知、乱暴な言動、無言電話・緊急時以外の連続電話・ファックス・メール送信、緊急時以外の夜間の電話・ファックス、メール送信、汚物等の送付、名誉を害する行為、性的羞恥心の侵害等を禁ずるものである。電話等禁止命令の対象は被害者本人に限定されており、期間は6か月である。ただし、被害者の子又は親族等への接近禁止命令及び被害者本人への電話等禁止命令は、いずれも被害者本人への接近禁止命令の実効性を確保するための規定であるため、その期間は被害者本人への接近禁止命令が発令されている間に限られる。

　第三に、「退去命令」である（法10条1項2号）。これは、被害者と共に住む住居からの退去を命ずるものであり、2004年の改正によって、その期間

が 2 週間から 2 か月に拡大された。退去命令の期間は、被害者が生活の本拠からの転居を完了するための期間を意味しており、従来は相手方の居住の自由や財産権の行使に配慮して 2 週間とされていたが、それではあまりにも短すぎると判断され、被害者と子の安全及び平穏な生活を確保するために期間が拡大された。

　これらの保護命令に違反した場合は、罰則（1 年以下の懲役又は 100 万円以下の罰金）の対象となる（法 29 条）。各保護命令の期間が過ぎた場合の延長や更新の制度は存在しないが、再度の申立ては可能である。ただし、退去命令については、相手方の居住の自由や財産権の行使に配慮して、他の保護命令よりも申立てを認める要件が厳しくなっている（法 18 条）。

　配偶者暴力防止法は、このほかにも、配偶者からの暴力の防止と被害者の保護を図るため、相談やカウンセリング、一時保護や自立支援・シェルターの利用に関する情報提供など配偶者暴力相談支援センターによる援助や、配偶者からの暴力に係る通報、警察による被害の防止や福祉事務所による自立支援など、関係諸機関の連携を前提とした様々な規定を置いている。

○コラム 62　DV における暴力のサイクル

　DV 事案の特徴として、加害者が常に暴力を振るうわけではなく、循環的に暴力に出る点が挙げられる。実際に暴力を振るう「爆発期」を過ぎると、被害者に対して「二度としない」と誓ったり、時には土下座をして謝ったり、優しく思いやりのある態度を示す加害者も少なくない。これがいわゆる「ハネムーン期」（開放期）であり、この時期は被害者・加害者双方の間に信頼に似た穏やかな空気が生まれ、被害者も「この人には私が必要だ」、「私にはこの人しかいない」、「今度こそやり直せるに違いない」といった淡い期待を抱いてしまう。しかし、ハネムーン期はそう長くは続かない。その間、加害者は徐々に緊張を募らせ（緊張形成期）、被害者は再び恐怖を感じながらも、「私さえ頑張れば済む」、「本当は良い人なんだ」といった思考で耐え忍んでいるうちに、再び加害者は爆発期に突入する。これを繰り返すうちに、加害者の暴力の程度が激しくなっていき、最終的に被害者が重篤な危害を被るケースもある（DV の暴力のサイクルについては、日本 DV 防止・情報センター編著『知っていますか？　ドメスティック・バイオレンス一問一答［第 4 版］』

解放出版社 13 頁以下〈2008〉参照）。

　DV 事案と向き合う際には、被害者と加害者の間の密接な関係性と、その中で繰り返される暴力の特徴を理解した上で、関係諸機関と緊密に連携しながら対策にあたる必要がある。

[DV における暴力のサイクル]

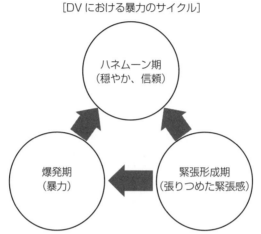

出典：日本 DV 防止・情報センター編著『知っていますか？　ドメスティック・バイオレンス一問一答［第 4 版］』解放出版社 14 頁（2008）

4　DV 事案の現状と今後の課題

　全国の警察署等で受理した配偶者からの暴力事案等の相談等件数（配偶者からの身体に対する暴力又は生命等に対する脅迫を受けた被害者の相談等を受理した件数）は、2018 年に 77,482 件に達し、調査を開始した 2001 年以降、過去最多の数字となっている。法改正において被害者の範囲が拡大されたこともその要因の一つであろう。

　相談等件数のうち、被害者が女性の事案は 61,518 件（79.4％）、男性の事案は 15,964 件（20.6％）である。ストーカー事案と同様、被害者が女性であるケースは多いものの、近年、男性の割合が増えていることにも注目すべきである。男性の被害者による相談等の割合は、2013 年の 6.6％から 2018 年には 20.6％まで増加している。今後は、被害者が男性である場合の適切な対応策がより求められるだろう。

図表 23 - 5　配偶者等からの暴力事案の相談等件数の推移

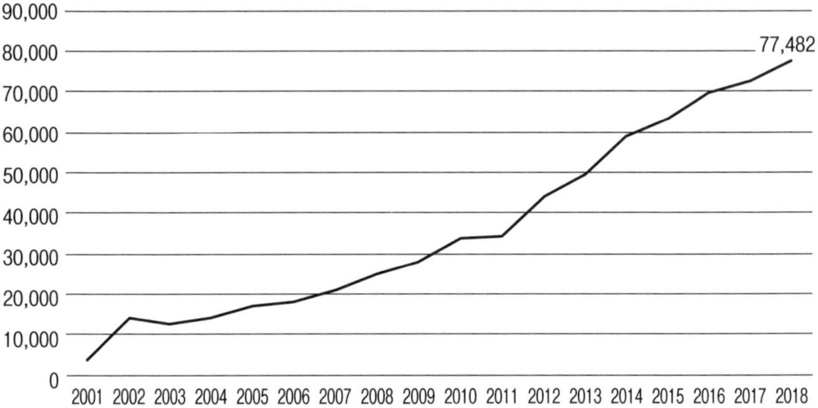

※法改正を受け、2004 年 12 月 2 日以降は離婚後に引き続き暴力等を受けた事案、2008 年 1 月 11 日以降は
　生命等に対する脅迫を受けた事案、2014 年 1 月 3 日以降は生活の本拠を共にする交際関係にある相手方
　からの暴力事案についても計上されている。
出典：警察庁生活安全局生活安全企画課・刑事局捜査第一課〈平成 31 年 3 月 28 日〉「平成 30 年における
　ストーカー事案及び配偶者からの暴力事案等の対応状況について」https://www.npa.go.jp/safetylife/
　seianki/stalker/H30taioujoukyou_shousai.pdf（2019 年 6 月 12 日最終閲覧）

　また、被害者と加害者との関係性を見ると、婚姻関係（元含む）が 58,928
件（76.1％）、内縁関係（元含む）が 5,897 件（7.6％）、生活の本拠を共にする
交際関係（元含む）が 12,657 件（16.3％）、である。生活の本拠を共にする交
際関係が追加された 2014 年以降のデータをみても、婚姻関係（元含む）の
割合が常にトップで 75％以上を維持している。
　DV は特に密接な関係性の中で行われるため、その背後に複雑な事情が絡
み合っているケースが少なくない。その関係性と閉鎖性の故に発見が遅れ、
重大な事案に至る危険性も高い。当事者の置かれた複雑な状況を理解し、可
能な限り早期の段階で関係諸機関による適切な規制及び支援を行うことが求
められている。

4 事例と解説

【事例1】 Aは、大学のサークルの先輩であったXと交際していたが、他に気になる人が現れたため別れ話を切り出したところ、Xはこれを断固拒否し、翌日から数週間にわたって昼夜を問わずAにラインを送るようになった。Aは怖くなって「もう連絡しないで」と頼んだが、その後もXは一方的にラインを送り続け（第1行為）、Aがこれを無視すると、「また既読スルー？」、「もう一度やり直そう」、「会いたい」といったメッセージを次々と送るようになった（第2行為）。

Aの携帯電話にも再三にわたってXから連絡があり、一層不安を覚えたAは、Xからの電話を着信拒否したが、Xはその後も計30回以上Aに電話をかけており、Aは着信履歴を見てそれを確認した（第3行為）。

Aから何のリアクションも得られないXは苛立ちを募らせ、それから5日間にわたり、Aの自宅付近をはいかいするようになった（第4行為）。

Aからの相談を受けた友人Bが、Xにつきまとい等をやめるよう忠告したが、逆にXはAとBの仲を邪推し、Aに対する憎しみを覚えるようになった。

Aに対する憎しみを抱える一方、どうしてもAと別れたくないXは、一人で悶々と悩んだ結果、一旦は躊躇したものの、結局A、Bを含む仲間4人のグループラインにAと交際していた頃の写真を載せた上、Aを誹謗中傷するメッセージを送信した（第5行為）。

2017年のストーカー規制法改正により、相手方に拒まれたにも関わらず連続してSNSを送信する行為も「つきまとい等」の行為類型に追加されたため（ストーカー規制法2条1項5号、2項、以下、「法」と記載）、Xの第1行為はこれに該当する。

Xの第2行為は、脅迫や暴行を用いていないため、刑法上の脅迫罪（刑法222条）や強要罪（刑法223条）にはあたらないが、Xはラインを用いて執拗に「もう一度やり直そう」、「会いたい」などのメッセージを送っており、本行為は「面会・交際等の要求」（法2条1項3号）にあたる。

Xの第3行為も、SNSの連続送信と同様に、法2条1項5号に該当する。

たとえ A が着信を拒否していたとしても、着信履歴を見れば X が執拗に電話をかけてきたことが確認できる以上、これにより A が不安感を抱くおそれは十分に保護に値するものと解される（東京高判平成 15 年 3 月 5 日判例時報 1897 号 143 頁）。

X の第 4 行為は、法 2 条 1 項 1 号に規定された「うろつき」に該当する。これも 2017 年の法改正によって新たに同項の規制対象に加わったものである。

X の第 5 行為は、「名誉を傷つける行為」（法 2 条 1 項 7 号）に該当する。刑法の名誉毀損罪（刑法 230 条 1 項）や侮辱罪（刑法 231 条）とは異なり、その要件として公然性は要求されないため、特定少数の者だけに告げる行為であっても、それが対象者に認識されていれば足りる。また、仮に X の掲載した写真がわいせつな内容を含む画像であった場合には、法 2 条 1 項 8 号の「性的羞恥心を害する行為」にも該当する可能性がある。

次に、一連の X による行為が「ストーカー行為」と評価できるか検討する。ストーカー行為とは、同一の者に対し「つきまとい等」を反復する行為（法 2 条 3 項）である。これを本件についてみると、第 1 行為から第 4 行為は反復して行われているが、第 5 行為は一度しか行っていない。しかし、ストーカー行為と認定されるには、1 号から 8 号に掲げられた行為のいずれかを反復すれば足り、特定の号に示された行為を反復する場合に限るものではない（いわゆる「号またぎ」の問題、最判平成 17 年 11 月 25 日刑集 59 巻 9 号 1819 頁）。

また、法 2 条 1 項 1 号から 5 号（電子メールの送信等に係る部分に限る）までに記載された行為については、相手方の身体の安全、住居等の平穏若しくは名誉が害され、又は行動の自由が著しく害される不安を覚えさせるような方法によって為され、それが反復された場合にのみ「ストーカー行為」となるが（法 2 条 3 項）、本件における A の立場に立てば、通常、X のいずれの行為に対しても不安を覚えることは明らかであり、X とのこれまでの関係性や X の行為態様等を総合的に勘案しても、「不安方法」の要件はクリアしていると考えられる。これらの行為を反復した X の行為は「ストーカー行為」と認定されるため、本件 X はストーカー行為罪（法 2 条 3 項、18 条）の罪責

を負うと解するのが相当である。

　ところで、Xの一連の行為は、いずれも重大な結果を招く危険をはらむものである。たとえば、Aの自宅付近をはいかいしていたXが、路上でたまたまAと遭遇したものの、無視されたことに腹を立て、カッとなってAを刺し殺してしまうことも考えられる。こうした重大な結果を招く前に、たとえばXの第1行為から第5行為までのいずれかが行われた時点で、Aとして何か対策をとることはできないだろうか。

　ストーカー規制法は、「つきまとい等」をして相手方に不安を覚えさせる行為（3条違反行為）に対し、様々な対策を定めている。Xがさらに反復して当該行為を行うおそれがある場合、Aは警察に警告（事実上の指導警告ないしストーカー規制法上の文書警告）の申出をすることができるほか、2017年の法改正で警告前置制度が廃止されたため、Aは警告を経ずに禁止命令の申出をすることもできる。警告と禁止命令のいずれを選ぶかについては、Aの相談内容や意思、Xの性格やこれまでの行為態様等から、Xが自発的に行為を中止できるかどうかを総合的に判断する必要があるだろう（自発的に中止できると判断されれば警告で足りると考える）。

　このほか、Aは警察に援助の申出をすることができるし、配偶者暴力相談支援センターや各種NPOなど警察以外の専門機関に相談することもできる。また、本件ではXも悩んでおり、一旦は躊躇するなど立直りの兆しも見せているため、今後は加害者側への働きかけの方法（たとえばカウンセリングや更生プログラムの受講など）についても、関係諸機関と連携しながら充実させていく必要がある。

参考文献

・守山　正編著『ストーキングの現状と対策』（成文堂、2019年）
・警察庁生活安全局生活安全企画課・刑事局捜査第一課「平成30年におけるストーカー事案及び配偶者からの暴力事案等の対応状況について〈平成31年3月28日〉」（2019年）https://www.npa.go.jp/safetylife/seianki/stalker/H30taioujoukyou_shousai.pdf（2019年6月12日最終閲覧）
・高野磨央「改正ストーカー規制法の施行に伴うストーカー規制法施行規則等の改正について（上）／（下）」警察学論集70巻7号140-154頁／同70巻8号113-129頁

（2017 年）

・高野磨央「ストーカー規制法に係る裁判例の概観」警察学論集 70 巻 3 号 38-62 頁
　（2017 年）

・「特集 ストーカー規制法の一部改正」警察学論集 70 巻 1 号（2017 年）

・横山佳祐「ストーカー行為等の規制等に関する法律の一部を改正する法律について」
　捜査研究 793 号 16-26 頁（2017 年）

・内閣府男女共同参画局『STOP THE 暴力・配偶者からの暴力で悩んでいる方へ（平成
　28 年度改訂版）』（2017 年）http://www.gender.go.jp/policy/no_violence/e-vaw/book/pdf/
　stoptheboryoku.pdf（2019 年 6 月 12 日最終閲覧）

・太田達也「ストーカー行為に対する刑事法的規制の在り方」刑法雑誌 55 巻 3 号 493-
　504 頁（2016 年）

・小早川明子「当 NPO におけるストーカー被害者と加害者の実像、解決のための支援
　体制について思うこと」被害者学研究 26 号 102-115 頁（2016 年）

・佐野文彦「ストーカー行為罪に関する解釈論と立法論の試み」東京大学法科大学院ロ
　ーレビュー Vol. 10、3-30 頁（2015 年）

・宮園久栄「DV 防止法制定から 14 年　DV 防止法はどこへ向かうのか─被害者の保護
　を目指して─」被害者学研究 25 号 60-69 頁（2015 年）

・ストーカー行為等の規制等の在り方に関する有識者検討会『ストーカー行為等の規制
　等の在り方に関する報告書〈平成 26 年 8 月 5 日〉』（2014 年）https://www.npa.go.jp/
　safetylife/seianki/stalker/report/report.pdf（2019 年 6 月 12 日最終閲覧）

・村松秀樹「平成 25 年配偶者暴力防止法改正に伴う保護命令制度の改正の概要」法律
　のひろば 66 巻 12 号 20-26 頁（2013 年）

・森田邦郎「〈研修講座〉入門シリーズ・ストーカー規制法（1）／（2）・完」研修 732 号
　99-108 頁／同 734 号 119-126 頁（2009 年）

・松村歌子「DV 防止法の改正とこれからの被害者支援」関西福祉科学大学紀要 11 巻
　163-188 頁（2008 年）

・日本 DV 防止・情報センター編著『知っていますか？　ドメスティック・バイオレン
　ス一問一答 第 4 版』（解放出版社、2008 年）

・檜垣重臣『ストーカー規制法解説〔改訂版〕』（立花書房、2006 年）

・安部哲夫「ストーカー規制法と DV 防止法をめぐって」法律時報 75 巻 2 号 67-71 頁
　（2003 年）

・南野知恵子ほか監修『詳解 DV 防止法』（ぎょうせい、2001 年）

・岩井宜子「配偶者からの暴力の防止及び被害者の保護に関する法律─ DV 防止法」法
　学教室 251 号 76-80 頁（2001 年）

・「特集 ドメスティック・バイオレンス防止に向けて」法律のひろば 54 巻 9 号（2001

年）

・瀬川晃「ストーキングと刑事規制」産大法学 34 巻 3 号 112-124 頁（2000 年）
・園田寿「ストーカー─規制法の成立とその背景─」法学教室 239 号 2-3 頁（2000 年）

（堀田晶子）

犯罪関連法令年表

公布年月	西暦	法令名	概要　　　　　その他
明治時代			
元年	1868	「仮刑律」	
3 年	1870	「新律綱領」	
5 年	1872	「監獄則」	
6 年	1873	「改定律例」	
13 年	1880	旧「**刑法**」（明治15年施行） 「治罪法」（明治15年施行） 「集会条例」	自由民権運動（1874〜1890年）
17 年	1884	「爆発物取締罰則」（明治18年施行）	加波山事件、秩父暴動事件
18 年	1885	「違警罪即決令」	
22 年	1889	旧「刑事訴訟法」 「決闘罪ニ関スル件」	足尾銅山鉱毒事件 （1880〜1900年代）
28 年	1895	「古物商取締法」	
30 年	1897	「阿片法」	
33 年	1900	「治安警察法」 「未成年者喫煙禁止法」 「感化法」 「精神病者監護法」	
34 年	1901	「狩猟法」（大正8年の改正により「鳥獣保護 及狩猟ニ関スル法律」に改題）	
38 年	1905	「外国裁判所ノ嘱託ニ因ル共助法」	日比谷焼打事件
40 年	1907	「**刑法**」（明治41施行）	
41 年	1908	「監獄法」 「感化法」改正 旧「森林法」 「警察犯処罰令」	不良少年の処遇を感化院へ統合 浮浪徘徊や密売淫行等の規制
44 年	1911	「鉄砲火薬類取締法」	
大正時代			
8 年	1919	「自動車取締令」	
10 年	1921	「**刑法**」改正	業務上横領罪の法定刑の引下げ 刑法全面改正の諮問（臨時法制審議会）
11 年	1922	旧「少年法」 「未成年者飲酒禁止法」	
12 年	1923	「陪審法」（昭和3年10月1日施行）	
14 年	1925	「無線通信法」 「治安維持法」	皇室及び私有財産制の保護
15 年	1926	「暴力行為等処罰ニ関スル法律」（暴力行為等 処罰法）	説教強盗妻木松吉事件 （大正15年〜昭和4年）

				法制審・刑法改正網領の議決
昭和時代				
2 年	1927	「兵役法」		刑法改正予備草案の編成
5 年	1930	「盗犯等ノ防止及処分ニ関スル法律」（盗犯等防止法）		
8 年	1933	「少年教護法」 「児童虐待防止法」		
9 年	1934	「不正競争防止法」		
11 年	1936	「思想犯保護観察法」		
13 年	1938	「国家総動員法」		
15 年	1940	「国民優生法」		
16 年	1941	**「刑法」改正**	強制執行不正免脱、競売入札妨害、談合、事前収賄、第三者供賄、おう法収賄、事後収賄、安寧秩序に対する罪等の新設	
		「治安維持法」改正 「国家保安法」	適用対象の拡大、予防拘禁（2 年間、更新可）の導入	
17 年	1942	「食糧管理法」		
18 年	1943	「陪審法ノ停止ニ関スル法律」	昭和 18 年 4 月 1 日に施行停止	
20 年	1945	「ポツダム宣言ノ受諾ニ伴ヒ発スル命令ニ関スル件」公布		
22 年	1947	**「刑法」改正**	①皇室に対する罪、外患罪の一部、安寧秩序等に対する罪、姦通罪等の廃止、②公務員職権濫用、特別公務員職権濫用、特別公務員暴行陵虐、暴行、脅迫などの法定刑引上げ、③暴行罪の非親告罪化、④重過失致死傷罪の新設、⑤名誉毀損罪の事実の証明に関する規定の設置、⑥刑の執行猶予可能範囲の拡大、⑦刑の消滅に関する規定の新設	
		「学校教育法」 「労働基準法」 「私的独占の禁止及び公正取引の確保に関する法律」（独占禁止法） 「国家公務員法」 「児童福祉法」 「郵便法」 「あん摩マッサージ指圧師、はり師、きゅう師、柔道整復師等に関する法律」 「恩赦法」		
23 年	1948	「証券取引法」 「軽犯罪法」 「公認会計士法」 「風俗営業取締法」（風営法） 「大麻取締法」 「刑事訴訟法」（昭和 24 年 1 月 1 日施行）		「集団殺害罪の防止及び処罰に関する条約」（ジェノサイド条約）

		「少年法」（昭和24年1月1日施行） 「政治資金規正法」 「薬事法」 「人身保護法」 「医師法」 「保健婦助産婦看護婦法」（保助看法） 「医療法」 「行政執行法人の労働関係に関する法律」（行労法）（昭和24年6月1日施行） 「優生保護法」 「罰金等臨時措置法」 「検察審査会法」	
24年	1949	「労働組合法」 「外国為替及び外国貿易法」（外為法） 「犯罪者予防更生法」	
25年	1950	「公職選挙法」 「精神衛生法」 「電波法」 「地方公務員法」 「保護司法」 「更生緊急保護法」	通報制度、措置入院制度の創設
26年	1951	「行政書士法」 「道路運送車両法」 「覚せい剤取締法」 「出入国管理及び難民認定法」（入管法） 「和歌山県青少年保護育成条例」	
27年	1952	「旅行業法」 「破壊活動防止法」（破防法） 「会社更生法」	
28年	1953	「麻薬及び向精神薬取締法」（「麻薬取締法」改正、改称） 「有線電気通信法」 「逃亡犯罪人引渡法」 **「刑法」改正**	刑の執行猶予の要件緩和、一定要件下の再度の執行猶予（保護観察付）
29年	1954	「関税法」 「あへん法」 「覚せい剤取締法」改正 「日米相互防衛援助協定等に伴う秘密保護法」（日米秘密保護法） **「刑法」改正** 「交通事件即決裁判手続法」 「執行猶予者保護観察法」	法定刑の引き上げ 初度の刑の執行猶予に保護観察 警察、検察、裁判所の三者即日処理方式の導入
30年	1955	「自動車損害賠償保障法」（自賠法）	
31年	1956	「売春防止法」（昭和32年4月1日順次施行）	買春助長行為、路上等客引き、管理売春等の処罰

32 年	1957	「犯罪捜査規範」（国家公安委員会規則第 2 号）	
33 年	1958		「人身売買及び他人の売春からの搾取の禁止に関する条約」（人身売買禁止条約）（昭和 33 年 7 月 30 日公布、発効）
		「銃砲刀剣類等所持取締法」 **「刑法」改正**	①あっせん収賄罪新設、②証人等威迫罪、凶器準備集合及び結集罪等の新設、③輪姦的形態による強姦罪及び強制わいせつ罪等の非親告罪化
		「婦人補導院法」 「証人等の被害についての給付に関する法律」	
34 年	1959	「最低賃金法」	
35 年	1960	「道路交通法」（道路交通取締法の廃止） 「薬事法」改正 **「刑法」改正**	医薬品販売業の細分化 不動産侵奪罪、境界毀損罪の新設
37 年	1962	「自動車の保管場所の確保等に関する法律」（保管場所法） 「公衆に著しく迷惑をかける暴力的不良行為等の防止に関する条例」（東京都迷惑防止条例）	
39 年	1964	**「刑法」改正**	①身代金目的の略取等の罪、その予備罪等の新設、②持凶器傷害罪の新設、③常習的暴力行為の法定刑引上げ、④常習的暴力行為に傷害（204 条）を付加
			ライシャワー事件（3 月）
40 年	1965	「法人税法」 「精神衛生法」改正	
42 年	1967	「公害対策基本法」 「道路交通法」改正	交通反則通告制度の導入
43 年	1968	**「刑法」改正**	業務上（重）過失致死傷罪の法定刑引上げ
			新宿騒乱事件（10 月）
			永山則夫連続射殺事件（10 月-11 月）
45 年	1970	「柔道整復師法」（柔整法）（「あん摩マッサージ指圧師、はり師、きゅう師、柔道整復師等に関する法律」から分離、単独法）	よど号ハイジャック事件（3 月）
		「あん摩マッサージ指圧師、はり師、きゅう師等に関する法律」（あはき法）（改称） 「航空機の強取等の処罰に関する法律」（ハイジャック処罰法） 「廃棄物の処理及び清掃に関する法律」（廃棄物処理法） 「水質汚濁防止法」 「人の健康に係る公害犯罪の処罰に関する法律」（公害罪法）（昭和 46 年 7 月 1 日施行）	
46 年	1971		渋谷暴動事件（11 月）
47 年	1972	「火炎びんの使用等の処罰に関する法律」（火	

		炎びん処罰法）	
48 年	1973	「覚せい剤取締法」改正	法定刑引き上げ
			尊属殺規定最高裁違憲判決（4 月）
			ドバイ日航機ハイジャック事件（7 月）
49 年	1974	「航空の危険を生じさせる行為等の処罰に関する法律」（航空危険行為等処罰法）	
			改正刑法草案答申（5 月）
			三菱重工ビル爆破事件（8 月）
52 年	1977		ダッカ日航機ハイジャック事件（9 月）
53 年	1978	「人質による強要行為等の処罰に関する法律（人質強要処罰法）」	
54 年	1979	「民事執行法」（昭和 55 年 10 月 1 日施行）、「市民的及び政治的権利に関する国際規約」（自由権規約）	
55 年	1980	**「刑法」改正** 「犯罪被害者等給付金等支給法」（昭和 56 年 1 月 1 日施行） 「国際捜査共助等に関する法律」	収賄罪、あっせん贈賄罪の法定刑引上げ
			新宿西口バス放火死傷事件（8 月）
56 年	1981	「出入国管理及び難民認定法」（「出入国管理令」改正、改称）	深川無差別殺傷事件（6 月）
			監獄法改正の骨子となる要綱（11 月）
			刑事治療処分の提案（法務省刑事局）（12 月）
57 年	1982		刑事施設法案および留置施設法案（4 月）
58 年	1983		宇都宮病院事件（4 月、12 月）
59 年	1984	「電気通信事業法」（電通事法）	
		「風俗営業等の規制及び業務の適正化等に関する法律」（「風営法」改正、改称）	
60 年	1985		豊田商事会長刺殺事件（6 月）
62 年	1987	「精神保健法」（「精神衛生法」改正、改称） **「刑法」改正**	①電磁的記録不正作出等の罪、電子計算機損壊等による業務妨害罪、電子計算機使用詐欺罪の新設、②公正証書原本不実記載・同行使罪、公用文書等毀棄罪・私用文書等毀棄罪の客体に電磁的記録を包含
平成時代			
平成元年	1989		
12 月 22 日		「民事保全法」（「民事執行法」の一部分離、単独法）	
平成 2 年	1990		
9 月 21 日			「児童の権利に関する条約」（児童の権利条約）署名（平成 6 年 4 月 22 日批准、同年 5 月 22 日発効）

10 月 21 日		丹羽兵助代議士刺殺事件
平成 3 年	1991	
4 月 13 日		東海大学病院安楽死事件
4 月 17 日	「罰金の額等の引上げのための刑法等の一部を改正する法律」	罰金・科料額の引上げ（罰金等臨時措置法の適用対象外、刑法の直接改正）
5 月 15 日	「暴力団員による不当な行為の防止等に関する法律」（暴力団対策法）（平成 4 年 3 月 1 日施行）	指定暴力団の行為・活動を規制
10 月 5 日	「国際的な協力の下に規制薬物に係る不正行為を助長する行為等の防止を図るための麻薬及び向精神薬取締法等の特例等に関する法律」（麻薬特例法）（平成 4 年 7 月 1 日施行）	国連麻薬新条約に締結するための国内法で、不正収益の規制策を導入
平成 4 年		
6 月 26 日	「少年の保護事件に係る補償に関する法律」（少年事件補償法）	
平成 5 年	1993	
5 月 19 日	「不正競争防止法」改正（平成 6 年 5 月 1 日施行）	①条文のひらがな化、②法目的の明記、③不正競争行為の類型拡充、④損害額推定規定の新設
11 月 19 日	「環境基本法」（「公害対策基本法」改正、改称）	
平成 6 年	1994	
2 月 4 日	「公職選挙法」改正（一部を除き 12 月施行）	連座制の強化として、①連座制の対象に秘書、組織的選挙運動管理者等を加え、②5 年間の立候補制限を規定
2 月 4 日	「政治資金規正法」改正（一部を除き平成 7 年 1 月施行） 「政党助成法」	
6 月 27 日		松本サリン事件
平成 7 年	1995	
3 月 20 日		地下鉄サリン事件
4 月 21 日	「サリン等による人身被害の防止に関する法律」（サリン防止法）	
5 月 8 日	「更生保護事業法」（平成 8 年 4 月 1 日施行）	旧来の更生保護会を法人化し、財政的な優遇措置を受けられるようにすることを内容とする
5 月 12 日	**「刑法」改正** 「銃砲刀剣類所持等取締法」改正	刑法の条文を現代語に表記、尊属殺人罪規定等の削除
5 月 19 日	「精神保健福祉法」（「精神保健法」改正、改称）	
12 月 15 日		「あらゆる形態の人種差別の撤廃に関する国際条約」（人種差別撤廃条約）加入（平成 7 年 12 月 20 日公布）

平成 8 年	1996		
2 月			「被害者連絡制度」（警察）
3 月 29 日		「証人等の被害についての給付に関する法律」改正（4 月 1 日施行）	
4 月 27 日			京都京北病院安楽死事件
6 月 26 日		「母体保護法」（「優生保護法」改正、改称）	
8 月 29 日			児童の商業的性的搾取に反対する世界会議　「宣言」
平成 9 年	1997		
2 月			神戸児童連続殺傷事件（2 月～5 月）
5 月 1 日		「入管法」改正（同日施行）	①集団密航に係る罪、営利目的等不法入国等援助罪、不法入国者等蔵匿・隠避罪の新設、②不法入国罪の処罰範囲の拡大
6 月 6 日		「暴力団対策法」改正	
6 月 18 日		「廃棄物の処理及び清掃に関する法律」改正	産業廃棄物の不法投棄に対する罰則強化
7 月 16 日		「臓器の移植に関する法律」（臓器移植法）	臓器移植を行うに際して、脳死を人の死とすることを定めた法律
8 月 1 日			永山則夫死刑執行
11 月 28 日			世田谷小二男児ひき逃げ事件
平成 10 年	1998		
10 月 2 日		「感染症の予防及び感染症の患者に対する医療に関する法律」（感染予防法）（一部を除き平成 11 年 4 月 1 日施行）	
平成 11 年	1999		
4 月			「被害者等通知制度」（検察）
5 月 19 日		「検察審査会法」改正「犯罪被害者等の保護を図るための刑事手続に付随する措置に関する法律」	
5 月 26 日		「児童買春、児童ポルノに係る行為等の処罰及び児童の保護等に関する法律」（児童買春・児童ポルノ禁止法）	
8 月 13 日		「不正アクセス行為の禁止等に関する法律」（不正アクセス禁止法）（一部を除き平成 12 年 2 月 13 日施行）	不正アクセス行為、不正アクセス助長行為に対する罰則を規定
8 月 18 日		「組織的な犯罪の処罰及び犯罪収益の規制等に関する法律」（組織的犯罪処罰法）（平成 12 年 2 月 1 日施行）「犯罪捜査のための通信傍受に関する法律」（平成 12 年 8 月 15 日施行）「刑事訴訟法」改正	
10 月 26 日			桶川女子大生ストーカー殺人事件

11月28日			東名高速飲酒運転二児死亡事件
12月17日	「無差別大量殺人行為を行った団体の規制に関する法律」		
12月22日	「民事再生法」（「和議法」（大正11年）の全面改正）		
平成12年	**2000**		
1月28日			新潟少女監禁事件の犯人逮捕
5月3日			佐賀バスジャック事件
5月12日	「犯罪被害者等の保護を図るための刑事手続に付随する措置に関する法律」（被害者保護法）	被害者の公判傍聴、公判記録の閲覧、加害者・被害者の和解の効果等を定める	
5月19日	「刑事訴訟法」改正	性犯罪の親告期間の撤廃	
5月24日	「ストーカー行為等の規制等に関する法」（ストーカー規制法）「児童虐待の防止に関する法律」（児童虐待防止法）	恋愛や怨恨による「つきまとい」行為に対して警告、禁止命令等を規定	
11月29日	「公職にある者等のあっせん行為による利得等の処罰に関する法律」（あっせん利得処罰法）（平成13年3月1日施行）	国会議員・地方議会議員等が公務員等に口利きを行い報酬を受け取る行為、国会議員公設秘書等の同様の行為を処罰	
12月6日	「少年法」改正（平成13年4月1日施行）

「ヒトに関するクローン技術等の規制に関する法律」（クローン技術規制法） | 旧少年法を大幅変更、①刑事処分年齢の引き下げ、②重大事件の検察官関与と国選付添人、③救済・抗告制度の拡大、④被害者への配慮 | |
12月12日			国際組織犯罪防止条約の署名
平成13年	**2001**		
4月13日	「犯罪被害者等給付金の支給等に関する法律」（「犯罪被害者等給付金支給法」改正、改称）「配偶者からの暴力の防止及び被害者の保護に関する法律」（DV防止法）	重傷病給付金の新設、支給対象の拡大、給付基礎額の引上げDV被害者を保護するため、加害者に対する保護命令等を規定	
6月8日			附属池田小学校児童殺傷事件
6月20日	「道路交通法」改正（平成14年6月1日施行）	悪質・危険な運転行為（救護義務違反、酒酔い、過労運転、無免許運転など）に対する罰則の引上げ	
7月4日	**「刑法」改正**	クレジットカード・銀行キャッシュカードの偽造に対する処罰する規定を有価証券偽造罪に追加（163条の2以下）	
9月11日			9.11テロ事件（米国）
11月8日			欧州評議会サイバー犯罪条約の採択
11月16日	「テロリストによる爆弾使用の防止に関する国際条約の締結に伴う関係法律の整備に関する法律」		
12月5日	**「刑法」改正**	①危険運転致死傷罪（208条の2）の創設、②軽微な	

			自動車運転による致傷につき裁量的刑の免除（211条2項）を規定
12月12日		「保健師助産師看護師法」（「保健婦助産婦看護婦法」改正、改称）	
平成14年	2002		
4月8日			日韓「犯罪人引渡条約」署名（同年6月21日発効）
4月26日		「金融機関等による顧客等の本人確認等に関する法律」（本人確認法）（平成15年1月6日施行）	資金洗浄防止やテロ資金対策のため金融機関に本人の確認とその記録の保存および特定取引に関する記録保存を義務づけ
5月27日			名古屋刑務所事件
6月12日		「国際受刑者移送法」（平成15年6月1日施行）「公衆等脅迫目的の犯罪行為のための資金の提供等の処罰に関する法律」（テロ資金提供処罰法）	国際移送条約の締結のための国内法として、他国で服役中の受刑者を移送する規定をおくテロ資金供与防止条約の締結のため国内法整備のための法律
7月31日		「民間事業者による信書の送達に関する法律」（信書便法）（一部を除き平成15年4月1日施行）「入札談合等関与行為の排除及び防止並びに職員による入札等の公正を害すべき行為の処罰に関する法律」（官製談合防止法）（平成15年1月6日施行）	
12月13日		「会社更生法」（全面改正）	
平成15年	2003		
5月14日			「国際組織犯罪防止条約」国会承認
5月30日		「個人情報の保護に関する法律」（個人情報保護法）	
5月18日			スーパーフリー事件発覚
6月4日		「特殊開錠用具の所持の禁止等に関する法律」（ピッキング防止法）	ピッキング用具の所持などを処罰
6月13日		「インターネット異性紹介事業を利用して児童を誘引する行為の規制等に関する法律」（出会い系サイト規制法）	出会い系サイトにより児童を性交等の相手方とする誘引行為を処罰
7月1日			長崎男児誘拐殺害事件
7月16日		「心神喪失等の状態で重大な他害行為を行った者の医療及び観察等に関する法律」（精神医療観察法）（一部を除き、平成17年7月15日施行）	精神障害で重大な他害行為を行い責任能力の問えない者に対して、裁判所が入退院の処遇決定を行い、地域での継続的な治療を確保
8月5日			「日米刑事共助条約」署名（平成18年6月21日批准、同年7月21日発効）
9月			犯罪対策閣僚会議設置（9月）
12月			行刑改革会議報告書（12月）

			犯罪に強い社会の実現のための行動計画（犯罪対策閣僚会議）（12月）
平成16年	2004		
1月25日			岸和田男子中学生虐待事件
4月14日	「児童虐待防止法」改正		児童虐待の人権侵害性を明記、児童虐待の定義の明確化
4月21日			サイバー犯罪条約の国会承認
5月28日	「裁判員の参加する刑事裁判に関する法律」（裁判員法）（平成21年5月21日施行）		裁判員制度の導入
	「検察審査会法」改正		同一事件で検察審査会が再度起訴相当とした起訴議決に法的拘束力
	「道路交通法」改正		①運転中の携帯電話使用自体の処罰、②酒酔い・酒気帯び運転の罰則強化、③騒音運転の罰則新設、④違法駐車取締業務の民間委託
6月1日			佐世保同級生女児殺害事件
6月2日	「破産法」（旧「破産法」（大正11年）の全面改正）		
	「DV防止法」改正		①離婚後も保護の対象、②精神的虐待を定義に追加、③被害者の子に対する接近禁止
	「入国管理法」改正		不法入国罪等の罰金刑の引き上げ、上陸拒否期間の拡大、在留資格取消制度の創設
6月18日	「児童買春・児童ポルノ禁止法」改正		①法定刑の全般的な引き上げ、②電磁的ポルノを対象、③提供目的のポルノ保管行為の処罰
11月17日			奈良女児誘拐殺人事件
12月3日	「児童虐待防止法」改正（平成17年4月1日施行）		児童虐待の人権侵害性を明記、児童虐待の定義の明確化
12月8日	**「刑法」改正**（平成17年1月1日施行）		①有期刑上限の変更、②公訴時効期間の変更、③集団強姦罪の新設、など
	「刑事訴訟法」改正（平成17年4月1日施行）		公訴時効期間の延長
	「犯罪被害者等基本法」（平成17年4月1日施行）		①犯罪被害者のための施策に関する基本理念の明示、②犯罪被害者等基本計画の策定、③犯罪被害者等施策推進会議の設置など
12月10日	「金融機関等による顧客等の本人確認等及び預金口座等の不正な利用の防止に関する法律」改正		預貯金通帳等の有償譲受け等に関する罰則規定の新設
平成17年	2005		
2月4日			愛知安城幼児殺害事件
4月15日	「携帯音声通信事業者による契約者等の本人確認等及び携帯音声通信役務の不正な利用の防止に関する法律」（平成18年4月1日施行）		振り込め詐欺防止のため、携帯電話事業者の本人確認を義務づけ、その不正譲渡・貸与への罰則を新設
4月27日	「独占禁止法」改正（平成18年1月4日施行）		課徴金制度の見直し、課徴金減免制度、公正取引委員会の犯則調査権限の導入

日付	法令等	内容
5 月 12 日		綾瀬少女ネット監禁事件犯人逮捕
5 月 25 日	「刑事施設及び受刑者の処遇等に関する法律」（受刑者処遇法）（平成 18 年 5 月 24 日施行）	監獄法の廃止
6 月 22 日	**「刑法」改正**	国連条約に対する国内法整備のため、①人身売買罪・加害目的の略取・誘拐罪の新設、②逮捕・監禁罪、未成年者略取・誘拐罪の法定刑引き上げ
6 月 29 日	「商法」改正（平成 18 年 5 月 1 日施行） 「証券取引法」改正	特別背任罪等の国外犯処罰規定の新設、株主の権利行使に関する利益供与罪に対する任意的自首減免規定の新設 虚偽記載の有価証券届出書等の提出、風説流布・偽計、相場操作、インサイダー取引に対する法定刑上限の引き上げ
7 月 26 日	「会社法」（平成 18 年 5 月 1 日施行）	旧商法第 2 編、旧有限会社法などを一本化
9 月 15 日		「核によるテロリズムの行為の防止に関する国際条約」署名（平成 19 年 7 月 7 日発効）
11 月 22 日		広島女児殺害事件
12 月 1 日		栃木女児誘拐殺害事件
平成 18 年　2006		
1 月 7 日		下関駅放火事件
1 月 16 日		ライブドア事件
1 月 20 日		「刑事に関する共助に関する日本国と大韓民国との間の条約」署名（平成 18 年 12 月 27 日批准、19 年 1 月 26 日発効）
5 月 8 日	**「刑法」改正**	窃盗罪および公務執行妨害罪につき、軽微な事案への対応として罰金刑を規定、211 条の罰金額引き上げ
6 月 7 日	「児童虐待防止法」改正（平成 19 年 4 月 1 日施行）	児童相談所職員による住居への立ち入り、臨検捜索を規定
6 月 8 日	「刑事収容施設及び被収容者等の処遇に関する法律」（刑事収容施設法）（「受刑者処遇法」改正、改称）（平成 19 年 6 月 1 日施行）	「刑事施設ニ於ケル刑事被告人ノ収容等ニ関スル法律」の廃止、未決拘禁者・死刑確定者の処遇を含めて受刑者処遇法との一般化を実現
6 月 14 日	「金融商品取引法」（「証券取引法」改正、改称）（平成 19 年 9 月 30 日施行）	開示書類の虚偽記載及び不公正取引の罰則強化
6 月 28 日		「更生保護を考える有識者会議」報告書
8 月 25 日		福岡飲酒運転三児死亡事件
12 月 15 日	「入札談合等関与行為防止法」改正（平成 19 年 3 月 14 日施行）	国家公務員等の入札等の公正を害する行為への罰則創設
12 月 20 日	「貸金業の規制等に関する法律等」改正 「入札談合等関与行為の排除及び防止並びに職員による入札等の公正を害すべき行為の処	グレーゾーン金利廃止、ヤミ金融業者の高利貸付けに対する罰則強化、無登録営業に対する罰則強化

	罰に関する法律」(「官製談合防止法」改正、改称)		
平成 19 年	2007		
3 月 31 日	「犯罪による収益の移転防止に関する法律」(犯罪収益移転防止法)(一部平成 20 年 3 月 1 日施行)	サイバー条約締結による国内法整備のため不正指令電磁的記録の作成の処罰、記録媒体の証拠収集に関する規定を設置
4 月 17 日			長崎市長射殺事件
4 月 27 日			「国際刑事裁判所に関するローマ規程」国会承認(平成 19 年 10 月 1 日発効)
5 月 23 日	**「刑法」改正**	①自動車運転過失致死傷罪(211 条 2 項)の新設、②二輪車の危険運転致死傷罪の対象化
6 月 1 日	「少年法」改正	①触法少年事件に関する警察の調査権限の整備、②少年院送致可能年齢の引下げ、③保護観察遵守事項違反に対する措置、④特定重大事件に対する国選付添人制度の導入
6 月 15 日	「更生保護法」	犯罪者予防更生法と執行猶予者保護観察法を整理統合し、かつ犯罪被害者保護の規定を設置
6 月 20 日	「道路交通法」改正	①酒酔い運転、酒気帯び運転の法定刑の引上げ、②悪質な飲酒運転幇助行為に対する罰則規定の新設、③救護義務違反の法定刑引上げ
6 月 27 日	「刑事訴訟法」改正	①刑事裁判への被害者参加制度の創設、②損害賠償命令制度の創設、③被害者の氏名等の情報保護制度の創設
7 月 11 日	「DV 防止法」改正(平成 20 年 1 月 11 日施行)	保護命令の対象及び範囲の拡充し、無言電話禁止のための保護命令を規定
11 月 8 日			佐賀入院患者射殺事件
11 月 30 日	「銃刀法」「武器等製造法」改正	暴力団等によるけん銃犯罪の重罰化、罰金刑の引上げなど
12 月 1 日			「刑事に関する共助に関する日本国と中華人民共和国との間の条約」署名(平成 20 年 10 月 24 日批准、20 年 11 月 23 日発効)
12 月 14 日			ルネサンス佐世保散弾銃乱射事件
12 月 21 日	「犯罪利用預金口座等に係る資金による被害回復分配金の支払等に関する法律」(振り込め詐欺救済法)	
平成 20 年	2008		
4 月 18 日	「犯罪被害者等給付金支給法」改正	題名の改正、犯罪被害者等給付金の拡充、やむを得ない理由のため申請できなかった場合の特例の創設など
4 月 23 日	「犯罪被害者等の権利利益の保護を図るための刑事手続に付随する措置に関する法律及び総合法律支援法の一部を改正する法律」	国選被害者参加弁護士制度の新設

5月2日		「暴力団対策法」改正	暴力団の代表者等に対する民事責任の追及、組織的暴力の助長行為の規制、行政対象暴力の規制など
5月23日			「刑事に関する共助に関する日本国と中華人民共和国香港特別行政区との間の協定」署名（平成21年9月24日発効）
6月8日			秋葉原無差別殺傷事件
6月18日		「少年法」改正	被害者等による記録の閲覧・謄写の範囲の拡大、意見聴取対象者の拡大、少年審判傍聴制度、審判状況説明制度の新設など
		「オウム真理教犯罪被害者等を救済するための給付金の支給に関する法律」	オウム真理教犯罪被害者等給付金制度の創設（平成22年12月17日に原則的申請期間が終了）
12月5日		「銃刀法」改正（平成21年1月5日一部施行）	ダガーナイフ等の所持禁止、銃砲刀剣類の所持許可の要件の厳格化、実包等の所持に関する規制の強化など
平成21年	2009		
3月13日			ソマリア沖・アデン湾における海賊行為対処のための海上警備行動・発令
5月12日			「刑事に関する共助に関する日本国とロシア連邦との間の条約」署名（平成22年11月13日批准、23年2月11日発効）
6月19日		「著作権法」改正（平成22年1月1日施行（一部を除く））	違法な著作物等の流通の抑止に関する規定の整備など
6月24日		「海賊行為の処罰及び海賊行為への対処に関する法律」（海賊対処法）	海賊行為に関する罪の新設など
7月17日		「臓器移植法」改正	
7月22日			「刑を言い渡された者の移送及び刑の執行における協力に関する日本国とタイ王国との間の条約」署名（平成22年7月29日批准、22年8月28日発効）
12月15日			「刑事に関する共助に関する日本国と欧州連合との間の協定」署名（平成23年1月2日発効）
平成22年	2010		
4月27日		**「刑法」**「刑事訴訟法」改正	公訴時効・刑の時効の廃止・延長など
平成23年	2011		
4月28日		「犯罪収益移転防止法」改正（平成25年4月1日施行）	特定事業者の追加、取引時の確認事項の追加、罰則の強化など
6月3日		「民法等の一部を改正する法律」（平成24年4月1日施行）	児童虐待防止のための親権制度の見直し、親権停止制度の新設、未成年後見制度等の見直しなど
6月8日		「不正競争防止法」改正	営業秘密を保護するための刑事訴訟手続の整備、技術的制限手段回避装置等提供行為に対する規律の強化など

6 月 24 日	「障害者虐待防止法」制定（平成 24 年 10 月 1 日施行）	障害者虐待の禁止、障害者虐待防止等に関する規定の整備など	
10 月 11 日			大津市いじめ中 2 自殺事件
12 月 16 日			西海市ストーカー殺人事件
平成 24 年	2012		
3 月 31 日	「不正アクセス行為禁止法」改正	フィッシング行為、ＩＤ・パスワードの不正取得等の禁止・処罰、不正アクセス行為に係る罰則の法定刑の引上げなど	
6 月 22 日	「死因究明等の推進に関する法律」	死因究明等の総合的かつ計画的な推進のための死因究明推進法、死因究明等推進会議の設置、死因究明等推進計画の策定など	
	「警察等が取り扱う死体の死因又は身元の調査等に関する法律」（平成 25 年 4 月 1 日施行）	警察等による死体の取扱いに関する規定の整備、遺族の承諾なしの新解剖制度の創設など	
6 月 27 日	「著作権法」改正	違法ダウンロードの刑事罰化に係る規定の整備	
7 月 4 日	「サイバー犯罪に関する条約」公布・告示	サイバー犯罪に関する実体及び手続規定の整備・国際協力等を規定	
8 月 1 日	「暴力団対策法」改正	特定抗争指定暴力団等に係る規定の創設、都道府県暴力追放運動推進センターによる事務所使用差止請求制度の導入など	
9 月 5 日	「海上保安庁法及び領海等における外国船舶の航行に関する法律の一部を改正する法律」	海上保安官の執行権限の充実強化、遠方離島における犯罪対処など	
9 月 12 日	「金融商品取引法等の一部を改正する法律」（1 年半内の政令日施行）	課徴金制度の見直し、インサイダー取引規制の見直し	
11 月 6 日			逗子ストーカー殺人事件
平成 25 年	2013		
2 月 12 日			グアム無差別殺傷事件
5 月 17 日	「麻薬及び向精神薬取締法及び薬事法の一部を改正する法律」	麻薬取締官等の処分権・立入検査権、指定薬物等の試験のための収去権限の追加など	
6 月 12 日	「犯罪被害者等の権利利益の保護を図るための刑事手続に付随する措置に関する法律及び総合法律支援法の一部を改正する法律」	被害者参加旅費等支給制度の創設、被害者参加人のための国選弁護制度における資力要件の緩和	
6 月 14 日	「道路交通法の一部を改正する法律」（平成 26 年 6 月 1 日、9 月 1 日一部施行）	一定の病気等に係る運転者、悪質・危険運転者、自転車利用者の対策強化	
6 月 19 日	「刑法等の一部を改正する法律」「薬物使用等の罪を犯した者に対する刑の一部の執行猶予に関する法律」（平成 28 年 6 月 1 日施行（平成 27 年 6 月 1 日一部施行））	刑の一部の執行猶予制度、社会貢献活動の創設	
6 月 28 日	「いじめ防止対策推進法」	いじめ防止に関する国・地方公共団体等の責務の明確化	
7 月 3 日	「DV 防止法」改正（26 年 1 月 3 日施行）	「生活の本拠を共にする交際相手からの暴力及びその被害者」も DV 防止法の対象に	

		「ストーカー規制法」改正	電子メール送信行為の規制対象化、被害者からの禁止命令等の申出の新設など
10 月 8 日			三鷹ストーカー殺人事件
11 月 27 日		「再生医療等の安全性の確保等に関する法律」（再生医療安全性確保法）	
11 月 27 日		「自動車の運転により人を死傷させる行為等の処罰に関する法律」（自動車運転死傷行為処罰法）（平成 26 年 5 月 20 日施行）	危険運転致死傷罪、自動車運転過失致死傷罪を刑法から移転、危険運転致死傷罪に新類型を追加、発覚免脱罪の新設など
11 月 27 日		「医薬品、医療機器等の品質、有効性及び安全性の確保等に関する法律」（薬機法）（「薬事法」改正、改称）	
12 月 13 日		「薬事法及び薬剤師法の一部を改正する法律」（平成 26 年 4 月 1 日一部施行）	指定薬物の所持、使用等の禁止など（危険ドラッグ対策）
平成 26 年	2014		
1 月 24 日			「刑を言い渡された者の移送に関する日本国とブラジル連邦共和国との間の条約」署名（平成 28 年 2 月 14 日発効）
2 月 7 日			「重大な犯罪を防止し、及びこれと戦う上での協力の強化に関する日本国政府とアメリカ合衆国政府との間の協定」署名
3 月 27 日			袴田事件、再審開始決定（静岡地裁）
4 月 18 日		「少年法」改正	国選付添人制度と検察官関与制度の対象事件の範囲拡大、少年の刑事事件に関する処分の規定の見直し
6 月 4 日		「重大な犯罪を防止し、及びこれと戦う上での協力の強化に関する日本国政府とアメリカ合衆国政府との間の協定の実施に関する法律」	重大犯罪に関連する疑いのある人物の指紋情報のオンライン照会と自動回答、人定・犯罪経歴等の追加情報の提供に関する枠組みの構築
6 月 11 日		「少年院法」改正（平成 27 年 6 月 1 日一部施行、7 月 1 日全面施行）	少年院の種類変更、少年院視察委員会の設置、在院者の権利義務関係の明確化、不服申立制度の創設など
		「少年鑑別所法」（平成 27 年 6 月 1 日施行、7 月 1 日全面施行）	鑑別対象者の鑑別、在所者の観護処遇、健全育成支援、権利義務の範囲、不服申立手続、市域社会における非行防止に関する援助、施設委員会の設置など
6 月 24 日			池袋危険ドラッグ吸引暴走死亡事故
6 月 25 日		「児童買春、児童ポルノに係る行為等の規制及び処罰並びに児童の保護等に関する法律」（「児童買春・児童ポルノ禁止法」改正、改称）	3 号ポルノの定義の明確化、児童ポルノ所持罪、盗撮による児童ポルノ製造罪の新設など
7 月 26 日			佐世保女子高生殺害事件
11 月 27 日		「サイバーセキュリティ基本法」	
11 月 27 日		「私事性的画像記録の提供等による被害の防止に関する法律」（リベンジポルノ防止法）	リベンジポルノの犯罪化、公表罪、公表目的提供罪の新設など

11月27日	「国際連合安全保障理事会決議第千二百六十七号等を踏まえ我が国が実施する国際テロリストの財産の凍結等に関する特別措置法」（平成27年10月5日施行）	国際テロリストの公告・指定、財産凍結等の措置	
11月27日	「犯罪収益移転防止法」改正	疑わしい取引の判断方法の明確化、為替業務等の代行契約時の厳格な確認、事業者が行う体制整備等の努力義務の拡充	
平成27年	2015		
1月9日			「刑を言い渡された者の移送に関する日本国とイラン・イスラム共和国との間の条約」署名
6月12日	「裁判員の参加する刑事裁判に関する法律の一部を改正する法律」	長期間審判事件等の除外対象可能化、被害者の氏名等の情報保護規定等の整備	
6月17日	「道路交通法の一部を改正する法律」（公布日より2年以内施行）	高齢運転者対策の推進に関する規定、運転免許の種類等に関する規定の整備	
6月24日	「風俗営業等の規制及び業務の適正化等に関する法律の一部を改正する法律」（平成28年3月23日一部施行、平成28年6月23日全面施行）	客にダンスをさせる営業に係る規制範囲の見直し、特定遊興飲食店営業に関する規定の整備等	
9月2日	「矯正医官の兼業及び勤務時間の特例等に関する法律」	矯正医官の診療兼業の法務大臣による承認化、フレックスタイム制の導入	
平成28年	2016		
6月3日	「本邦外出身者に対する不当な差別的言動の解消に向けた取組の推進に関する法律」（ヘイトスピーチ対策法）		
	「刑事訴訟法」改正（一部規定を除き、公布日から3年以内に施行）	取調べの一部可視化、司法取引制度の導入、通信傍受対象犯罪の拡大、裁量保釈判断考慮事情の明確化、被疑者国選弁護制度対象事件の拡大、証拠開示制度の拡充など	
	「児童福祉法」「児童虐待防止法」改正	児童福祉法の理念の明確化、児童虐待発生予防、発生時の迅速確実な対応、被虐待児童への自立支援に関する規定の整備、児童相談所による臨検捜索手続きの簡便化	
6月7日	「国外犯罪被害弔慰金等の支給に関する法律」	国外犯罪被害弔慰金等至急制度の新設	
7月26日			相模原やまゆり園事件
11月28日	「外国人の技能実習の適正な実施及び技能実習生の保護に関する法律」（外国人技能実習適正化法）		
12月14日	「ストーカー規制法」改正（平成29年1月3日施行）		
平成29年	2017		
5月24日	「金融商品取引法」改正	高速取引などの処罰化	
6月16日	「廃棄物処理法」改正	産業廃棄物管理票の交付・写し送付・回付義務違反、	

			虚偽交付、虚偽記載、写し保存義務違反等産業廃棄物管理票に関する罪の法定刑の引上げ	
6月21日		「組織的犯罪処罰法」改正	国際的な組織犯罪の防止に関する国際連合条約の締結に伴う国内法の整備（テロ等準備罪）	
6月23日		**「刑法」改正**	性犯罪規定の改正（強制性交等罪、監護者性交等罪の新設、非親告罪化）	
7月14日				「国際的な組織犯罪の防止に関する国際連合条約を補足する人（特に女性及び児童）の取引を防止し、抑止し及び処罰するための議定書」（国際組織犯罪防止条約人身取引議定書）
平成30年	2018			
3月2日				目黒女児虐待死事件
平成31年	2019			
1月24日				野田市女児虐待死事件
令和時代				
令和元年	2019			
6月5日		「道交法」改正	「スマホ等ながら運転」の罰則強化	
6月19日		「児童福祉法」「児童虐待防止法」改正（令和2年4月1日施行）	親による体罰禁止、DV対応機関との連携、児相の介入機能の強化、転居後の切れ目のない支援確保	
6月26日		「DV防止法」改正	被害者保護の機関として児童相談所を明記	

事項索引

執筆者一覧（掲載順）

守 山　　正（もりやま ただし）拓殖大学政経学部教授　第1講、第11講

安 部 哲 夫（あべ てつお）獨協大学法学部教授　第1講、第3講、第22講

中 空 壽 雅（なかぞら としまさ）明治大学法学部教授　第2講

平 山 真 理（ひらやま まり）白鴎大学法学部教授　第4講

若 尾 岳 志（わかお たけし）獨協大学法学部教授　第5講

渡 邉 泰 洋（わたなべ やすひろ）拓殖大学政経学部特任講師　第6講、第15講

内 山 良 雄（うちやま よしお）明治大学専門職大学院法務研究科教授　第7講

上 田 正 和（うえだ まさかず）帝京大学法学部教授　第8講

星 周 一 郎（ほし しゅういちろう）東京都立大学法学部教授　第9講

柴 田　　守（しばた まもる）長崎総合科学大学共通教育部門准教授　第10講

川 出 敏 裕（かわいで としひろ）東京大学大学院法学政治学研究科教授　第12講

神 例 康 博（かんれい やすひろ）岡山大学大学院法務研究科教授　第13講

関 根　　徹（せきね つよし）獨協大学法学部教授　第14講

柑 本 美 和（こうじもと みわ）東海大学法学部教授　第16講

渡 邊 一 弘（わたなべ かずひろ）専修大学法学部教授　第17講

齋 藤　　実（さいとう みのる）弁護士、獨協大学法学部特任教授　第18講

石 井 徹 哉（いしい てつや）大学改革支援・学位授与機構研究開発部教授　第19講

安 藤 泰 子（あんどう たいこ）青山学院大学法学部教授　第20講

神 馬 幸 一（じんば こういち）獨協大学法学部教授　第21講

堀 田 晶 子（ほった あきこ）帝京大学法学部准教授　第23講

ビギナーズ犯罪法

2020年6月20日　初版第1刷発行

| 編 著 者 | 守　山　　　正 |
| | 安　部　哲　夫 |

発 行 者　　阿　部　成　一

〒162-0041　東京都新宿区早稲田鶴巻町514番地

発 行 所　　株式会社　成　文　堂

電話 03(3203)9201（代）Fax(3203)9206
http://www.seibundoh.co.jp

製版・印刷　シナノ印刷　　　　　　　製本　弘伸製本
☆乱丁・落丁本はおとりかえいたします☆　検印省略
INSN978-4-7923-5304-9　C3032

定価(本体3200円＋税)